단단한 일본어 문법의 벽을 단숨에 격파할

해커스일본어 200%

KB100679

교재 MP3

해커스일본어(japan.Hackers.com) 접속 후 로그인 ▶
상단의 [교재/MP3 → MP3/자료]를 클릭하세요.

해커스일본어 [MP3/자료]
바로가기 ▲

· JLPT N5-N3 기출 문형 자료(PDF)
· 동사 활용 연습표(PDF)
· 문형·표현 인덱스(PDF)

해커스일본어(japan.Hackers.com) 접속 후 로그인 ▶
상단의 [교재/MP3 → MP3/자료]를 클릭하세요.

해커스일본어 [MP3/자료]
바로가기 ▲

일본어 문법/어휘 무료 동영상강의

해커스일본어(japan.Hackers.com) 접속 ▶ [무료강의/자료] ▶ [무료강의]를 클릭하세요.

해커스일본어 [무료강의]
바로가기 ▲

일본어 문법 실력을 더 빠르게 완성하고 싶다면?
일본어 교육 1위 해커스와 인강으로 만

KB100

해커스일본어 단과/종합 인강 30% 할인쿠폰

CA3K70665A599000

* 쿠폰 유효기간: 쿠폰 등록 후 30일

[이용 방법]

해커스일본어 사이트(japan.Hackers.com) 접속 후 로그인 ▶
메인 우측 하단 [쿠폰&수강권 등록]에서 쿠폰번호 등록 후 강의 결제 시 사용 가능

* 본 쿠폰은 ID당 1회에 한해 등록 가능합니다.
* 이 외 쿠폰과 관련된 문의는 해커스 고객센터(02-537-5000)로 연락 바랍니다.

쿠폰 등록 바로가기 ▶

* 한경비즈니스 선정 2020 한국브랜드선호도 교육(온·오프라인 일본어) 부문 1위

해커스일본어를 선택한 선배들의
일본어 실력 수직상승 비결!

해커스일본어와 함께라면
일본어 실력상승의 주인공은 바로 여러분 입니다.

답답한 마음을 마치 사이다같이 뚫어주는 꿀팁!
해커스일본어 수강생 이*희

해커스일본어를 통해 공부하기 시작하니 그동안 잃었던 방향을 찾고 꽉 막힌 미로 속에서 지도를 찾은 기분이었고, 덕분에 혼자 공부를 하면서도 아주 만족하면서 공부를 할 수 있었던 것 같습니다. 특히나 혼자 책으로 공부했다면 절대 몰랐을 여러 선생님들의 설명들이 답답한 마음을 마치 사이다같이 뚫어주셔서 꿀팁들이 나올 때마다 마음속으로 정말 환호를 질렀습니다.

해커스일본어수강생 오*혜
일본어 왕초보도 N3 자격증을 취득할 수 있었습니다.

한자의 뜻과 외우는 방법과 그 한자의 발음 등을 하나하나 자세하게 설명해 주셨고 그림과 함께 이해하기 쉽도록 강의를 진행해 주셨어요. 덕분에 한자가 들어간 단어를 보면 어느 정도 왜 이 단어가 만들어졌는지, 정확하겐 모르지만 대충 어떠한 단어겠거니 하는 유추가 가능해졌고 그게 JLPT의 시험에 많은 도움이 되었습니다.

한자를 보면 바로 나올 정도로 기억이 오래가요!
해커스일본어수강생 감*환

해커스일본어 강의 덕에 한자들을 단순 암기로 접근하는 것이 아닌 그림으로 연상시켜 외우게 되었습니다. 그 결과, 한자에 대한 부담과 스트레스는 줄어들었고 한 번 외운 한자가 단순 암기로 했을 때보다 기억에 훨씬 더 오래 남게 되었습니다.

해커스일본어수강생 황*희
일본어 한자 걱정 따위는 하지 않게 되었습니다!

강사님이 꼭 알아두면 좋은 한자나 닮아서 헷갈릴 수 있는 한자 등 중요한 부분만 딱딱 짚어서, 가끔 재밌는 예시도 들어주시면서 쉽게 설명해 주셔서 외우기 어려운 한자들도 쏙쏙 잘 이해되더라구요! 강사님 덕분에 한자를 외우는데 점점 재미도 들리기 시작했고, 한자 때문에 막막하기만 하던 독해 실력도 늘어나서 일석이조 같다는 생각이 들었습니다.

기초 문법부터 회화 · JLPT까지 한 권으로 끝!

쉽게 끝내는

해커스
일본어 문법

해커스 어학연구소

목차

1편 문장의 기초가 되는 품사

2편 문장을 풍부하게 만드는 품사

3편 문장의 틀이 되는 문형 1

5편 문장을 다채롭게 만드는 표현

4편 문장의 틀이 되는 문형 2

책의 특징과 구성

1 필수 일본어 문법을 쉽게 끝낼 수 있습니다.

● 핵심만 뽑아 정리한 **문법 포인트**

일본어 문법을 품사부터 기본 문형까지 핵심만 뽑아 포인트별로 한 페이지에 정리하여 복잡하게만 느껴지던 문법을 부담없이 쉽게 이해할 수 있습니다.

● 문법이 한 눈에 보이는 **도식**

뜻에 따라 형태가 다양하게 바뀌는 복잡한 문법 활용을 도식으로 정리해 문법을 쉽고 빠르게 이해할 수 있습니다.

● 문법의 알맞은 용법을 알 수 있는 **예문**

예문을 통해 실제로 문법이 어떻게 쓰이는지 확인할 수 있고, 문법의 올바른 쓰임을 더 쉽게 이해할 수 있습니다.

● 문법을 곧바로 적용해 보는 **바로 체크**

모든 문법 포인트에 수록된 '바로 체크'를 통해 학습 내용을 간단하게 바로 적용하고 점검해 볼 수 있어, 문법을 더 쉽고 확실하게 익힐 수 있습니다.

2 실전 회화와 JLPT 대비까지 가능합니다.

● 복습과 회화 연습, JLPT 대비까지 되는 **실력 Up 연습문제**

회화 문제와 JLPT 문법 파트 유형 문제가 수록된 '실력 Up 연습문제'로 학습 내용 복습과 동시에 실생활 회화 연습과 JLPT 시험 대비까지 할 수 있어 전반적인 일본어 실력을 높일 수 있습니다.

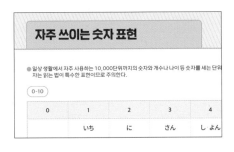

● 회화에 꼭 필요한 **자주 쓰이는 숫자 표현**

일본어 회화에 자주 사용되어 반드시 알아야 할 기본적인 숫자 및 숫자를 세는 단위 표현까지 학습할 수 있습니다.

복습을 돕는 '문법 핵심 요약 노트'

• 별책으로 구성된 '문법 핵심 요약 노트'를 통해 간편하게 가지고 다니며 문법 핵심만 빠르게 복습할 수 있습니다.

모든 일본어 문장을 들으며 학습할 수 있는 MP3

• 교재 내에 수록된 예문과 '바로 체크', '실력 Up 연습문제'의 MP3를 통해 원어민의 일본어 발음과 억양을 효과적으로 학습할 수 있습니다. 교재 내에 삽입된 QR 코드로 간편하게 음성을 이용할 수 있으며, 해커스일본어 사이트(japan. Hackers.com)에서 MP3 파일 무료 다운로드도 가능합니다.

학습 플랜

30일 완성 학습 플랜

- 일본어 학습을 처음 시작하는 학습자에게 추천합니다.
- p.8 '히라가나·가타카나'로 일본어의 기본 문자인 히라가나와 가타카나를 익힌 다음, 문법 학습을 시작하는 것을 추천합니다.

1일	2일	3일	4일	5일
1편 01	1편 02	1편 03	1편 04	1편 05
6일	**7일**	**8일**	**9일**	**10일**
1편 06	1편 07	2편 01	2편 02	2편 03
11일	**12일**	**13일**	**14일**	**15일**
2편 04	2편 05	2편 06	2편 07	3편 01
16일	**17일**	**18일**	**19일**	**20일**
3편 02	3편 03	3편 04	3편 05	4편 01
21일	**22일**	**23일**	**24일**	**25일**
4편 02	4편 03	4편 04	4편 05	4편 06
26일	**27일**	**28일**	**29일**	**30일**
4편 07	5편 01	5편 02	5편 03	5편 04

20일 완성 학습 플랜

• 일본어를 학습해 본 경험이 있거나 빠르게 문법 학습을 마치고 싶은 학습자에게 추천합니다.

1일	2일	3일	4일	5일
1편 01, 02	1편 03, 04	1편 05, 06, 07	2편 01, 02, 03	2편 04, 05
6일	**7일**	**8일**	**9일**	**10일**
2편 06, 07	3편 01, 02	3편 03	3편 04	3편 05
11일	**12일**	**13일**	**14일**	**15일**
4편 01, 02	4편 03	4편 04	4편 05	4편 06
16일	**17일**	**18일**	**19일**	**20일**
4편 07	5편 01	5편 02	5편 03	5편 04

히라가나 · 가타카나

1 히라가나 | 가장 기본적인 일본어 문자

히라가나는 외래어를 제외한 모든 일본어와 한자 발음을 표기할 때 사용한다.

1. 청음

청음은 성대를 울리지 않는 맑은 소리로, 히라가나의 가장 기본적인 문자이자 발음이다.

	あ단	い단	う단	え단	お단
あ행	あ 아 [a]	い 이 [i]	う 우 [u]	え 에 [e]	お 오 [o]
か행	か 카 [ka]	き 키 [ki]	く 쿠 [ku]	け 케 [ke]	こ 코 [ko]
さ행	さ 사 [sa]	し 시 [shi]	す 스 [su]	せ 세 [se]	そ 소 [so]
た행	た 타 [ta]	ち 치 [chi]	つ 츠 [tsu]	て 테 [te]	と 토 [to]
な행	な 나 [na]	に 니 [ni]	ぬ 누 [nu]	ね 네 [ne]	の 노 [no]
は행	は 하 [ha]	ひ 히 [hi]	ふ 후 [fu]	へ 헤 [he]	ほ 호 [ho]
ま행	ま 마 [ma]	み 미 [mi]	む 무 [mu]	め 메 [me]	も 모 [mo]
や행	や 야 [ya]		ゆ 유 [yu]		よ 요 [yo]
ら행	ら 라 [ra]	り 리 [ri]	る 루 [ru]	れ 레 [re]	ろ 로 [ro]
わ행	わ 와 [wa]				を 오 [wo]
ん			ん 응 [n]		

ん은 어떤 행/단에도 속하지 않는다.

2. 탁음, 반탁음

탁음과 반탁음은 성대를 울리는 탁한 소리로, 청음 글자에 탁점(˚)을 붙여 표기한 것을 탁음, 반탁점(˚)을 붙여 표기한 것을 반탁음이라고 한다.

	あ단	い단	う단	え단	お단
が행	が 가 [ga]	ぎ 기 [gi]	ぐ 구 [gu]	げ 게 [ge]	ご 고 [go]
ざ행	ざ 자 [za]	じ 지 [ji]	ず 즈 [zu]	ぜ 제 [ze]	ぞ 조 [zo]
だ행	だ 다 [da]	ぢ 지 [ji]	づ 즈 [zu]	で 데 [de]	ど 도 [do]
ば행	ば 바 [ba]	び 비 [bi]	ぶ 부 [bu]	べ 베 [be]	ぼ 보 [bo]
ぱ행	ぱ 파 [pa]	ぴ 피 [pi]	ぷ 푸 [pu]	ぺ 페 [pe]	ぽ 포 [po]

3. 요음

청음, 탁음, 반탁음 일부 글자에 작은 や(야)·ゆ(유)·よ(요)를 붙여서 읽는 것을 요음이라고 한다.

	や	ゆ	よ
か행	きゃ 캬 [kya]	きゅ 큐 [kyu]	きょ 쿄 [kyo]
さ행	しゃ 샤 [sha]	しゅ 슈 [shu]	しょ 쇼 [sho]
た행	ちゃ 챠 [cha]	ちゅ 츄 [chu]	ちょ 쵸 [cho]
な행	にゃ 냐 [nya]	にゅ 뉴 [nyu]	にょ 뇨 [nyo]
は행	ひゃ 햐 [hya]	ひゅ 휴 [hyu]	ひょ 효 [hyo]
ま행	みゃ 먀 [mya]	みゅ 뮤 [myu]	みょ 묘 [myo]

	や	ゆ	よ
ら행	りゃ 랴 [rya]	りゅ 류 [ryu]	りょ 료 [ryo]
が행	ぎゃ 갸 [gya]	ぎゅ 규 [gyu]	ぎょ 교 [gyo]
ざ행	じゃ 쟈 [ja]	じゅ 쥬 [ju]	じょ 죠 [jo]
ば행	びゃ 뱌 [bya]	びゅ 뷰 [byu]	びょ 뵤 [byo]
ぱ행	ぴゃ 퍄 [pya]	ぴゅ 퓨 [pyu]	ぴょ 표 [pyo]

4. 촉음

つ를 작게 쓴 것의 발음을 촉음이라고 한다. か행 앞에 올 때는 'ㄱ' 받침, さ행이나 た행 앞에 올 때는 'ㄷ' 받침, ぱ행 앞에 올 때는 'ㅂ' 받침으로 발음한다.

がっき [가ㄱ키] 악기　**あさって** [아사ㄷ테] 모레　**しっぽ** [시ㅂ포] 꼬리

2 가타카나 | 외래어를 표기하는 일본어 문자

가타카나는 외래어나 문장에서 특별히 강조하고 싶은 단어를 표기할 때 사용한다.

1. 청음

	ア단	イ단	ウ단	エ단	オ단
ア행	ア 아 [a]	イ 이 [i]	ウ 우 [u]	エ 에 [e]	オ 오 [o]
カ행	カ 카 [ka]	キ 키 [ki]	ク 쿠 [ku]	ケ 케 [ke]	コ 코 [ko]
サ행	サ 사 [sa]	シ 시 [shi]	ス 스 [su]	セ 세 [se]	ソ 소 [so]
タ행	タ 타 [ta]	チ 치 [chi]	ツ 츠 [tsu]	テ 테 [te]	ト 토 [to]
ナ행	ナ 나 [na]	ニ 니 [ni]	ヌ 누 [nu]	ネ 네 [ne]	ノ 노 [no]
ハ행	ハ 하 [ha]	ヒ 히 [hi]	フ 후 [fu]	ヘ 헤 [he]	ホ 호 [ho]
マ행	マ 마 [ma]	ミ 미 [mi]	ム 무 [mu]	メ 메 [me]	モ 모 [mo]
ヤ행	ヤ 야 [ya]		ユ 유 [yu]		ヨ 요 [yo]
ラ행	ラ 라 [ra]	リ 리 [ri]	ル 루 [ru]	レ 레 [re]	ロ 로 [ro]
ワ행	ワ 와 [wa]				ヲ 오 [wo]
ン			ン 응 [n]		

ン은 어떤 행/단에도 속하지 않는다.

2. 탁음, 반탁음

	ア단	イ단	ウ단	エ단	オ단
ガ행	ガ 가 [ga]	ギ 기 [gi]	グ 구 [gu]	ゲ 게 [ge]	ゴ 고 [go]
ザ행	ザ 자 [za]	ジ 지 [ji]	ズ 즈 [zu]	ゼ 제 [ze]	ゾ 조 [zo]
ダ행	ダ 다 [da]	ヂ 지 [ji]	ヅ 즈 [zu]	デ 데 [de]	ド 도 [do]
バ행	バ 바 [ba]	ビ 비 [bi]	ブ 부 [bu]	ベ 베 [be]	ボ 보 [bo]
パ행	パ 파 [pa]	ピ 피 [pi]	プ 푸 [pu]	ペ 페 [pe]	ポ 포 [po]

3. 요음

	ヤ	ユ	ヨ
カ행	キャ 캬 [kya]	キュ 큐 [kyu]	キョ 쿄 [kyo]
サ행	シャ 샤 [sha]	シュ 슈 [shu]	ショ 쇼 [sho]
タ행	チャ 챠 [cha]	チュ 츄 [chu]	チョ 쵸 [cho]
ナ행	ニャ 냐 [nya]	ニュ 뉴 [nyu]	ニョ 뇨 [nyo]
ハ행	ヒャ 햐 [hya]	ヒュ 휴 [hyu]	ヒョ 효 [hyo]
マ행	ミャ 먀 [mya]	ミュ 뮤 [myu]	ミョ 묘 [myo]

	ヤ	ユ	ヨ
ラ행	リャ 랴 [rya]	リュ 류 [ryu]	リョ 료 [ryo]
ガ행	ギャ 갸 [gya]	ギュ 규 [gyu]	ギョ 교 [gyo]
ザ행	ジャ 쟈 [ja]	ジュ 쥬 [ju]	ジョ 죠 [jo]
バ행	ビャ 뱌 [bya]	ビュ 뷰 [byu]	ビョ 뵤 [byo]
パ행	ピャ 퍄 [pya]	ピュ 퓨 [pyu]	ピョ 표 [pyo]

4. 촉음

ツ를 작게 쓴 것을 촉음이라고 한다.

クッキー [쿠ㄱ키-] **쿠키**　**ポケット** [포케ㄷ토] **포켓**　**カップ** [카ㅂ푸] **컵**

5. 장음

음을 길게 늘여 발음하는 것을 장음이라고 한다. 가타카나 단어의 장음은 「ー」를 사용해서 표기한다.

コーラ [코-라] **콜라**　**コーヒー** [코-히-] **커피**

품사 · 문장 성분

1 품사 | 단어의 유형

일본어 단어는 기능과 성격에 따라 명사, 형용사, 동사, 조사, 부사, 접속사, 연체사, 감동사, 조동사로 나눌 수 있다.

1. 명사
사람, 사물, 장소, 개념 등의 이름을 나타내는 말이다.

예 　猫(ねこ) 고양이　　日本(にほん) 일본　　山田(やまだ) 야마다(일본의 성씨)　　一つ(ひと) 하나

2. 형용사
사물의 성질이나 상태, 모양을 나타내는 품사이다. な형용사와 い형용사로 나뉜다.

예 　い형 可愛い(かわい) 귀엽다　　い형 大きい(おお) 크다　　な형 きれいだ 예쁘다　　な형 大切だ(たいせつ) 소중하다

3. 동사
동작이나 상태를 나타내는 말이다. 1그룹 동사, 2그룹 동사, 3그룹 동사로 나뉜다.

예 　동1 喜ぶ(よろこ) 기뻐하다　　동2 見る(み) 보다　　동2 変える(か) 바꾸다　　동3 する 하다

4. 조사
다른 품사에 붙어 문장 속 말과 말의 관계를 나타내거나 뜻을 더해주는 말이다.

예 　～は ~은/는　　～を ~을/를　　～か ~까?　　～ね ~네

5. 부사
동사, 형용사, 다른 부사, 또는 문장 전체를 꾸며주는 말이다.

예 　非常に(ひじょう) 매우　　少し(すこ) 조금　　ほとんど 거의　　なかなか 좀처럼

6. 접속사
단어와 단어, 문장과 문장 등을 연결하는 말이다.

예 　それで 그래서　　しかし 그러나　　及び(およ) 및　　つまり 즉

7. 연체사
명사 앞에서 명사를 꾸며주는 말이다.

예 　いろんな 다양한　　ある 어느　　我が(わ) 우리　　大した(たい) 대단한

8. 감동사
다양한 감정을 표현하는 말이다. 대답하는 말이나 인사말도 포함한다.

예 　ああ 아아　　あら 어라　　はい 네　　こんにちは 안녕하세요

9. 조동사
명사, 동사 등 다른 품사에 붙어 뜻을 더해주는 말이다.

예 　～だ ~이다　　～です ~입니다　　～ない ~않다　　～よう ~해야지

2 문장 성분 | 문장을 만드는 재료

일본어 문장을 만드는 재료로 주어, 술어, 접속어, 독립어, 수식어가 있고, 이를 문장 성분이라고 한다.

1. 주어

동작이나 상태의 주체가 되는 말로, '누가, 무엇이'에 해당한다. 보통 ～は(~은, 는)나 ～が(~이, 가)와 같은 조사가 붙는다.

> 예 私は**歩いた**。나는 걸었다.
> お腹が**痛い**。배가 아프다.

2. 술어

주어의 동작이나 상태를 나타내는 말로, 문장에 반드시 필요한 성분이므로 생략할 수 없다.

> 예 **私は**歩いた。나는 걸었다.
> **お腹が**痛い。배가 아프다.

3. 접속어

앞 내용과 뒤 내용을 연결하는 말로, 앞 내용과 뒤 내용의 관계성을 나타낸다.

> 예 春**なのに、**暑い。봄인데, 덥다.
> 暑い。**しかし、**まだ春だ。덥다. 하지만, 아직 봄이다.

4. 독립어

다른 문장 성분 없이 홀로 쓰여도 문장이 되는 말이다. 문장 속에 쓰일 때는 보통 문장 앞에 위치하고 뒤에 쉼표(、)가 붙는다.

> 예 **あれ、**おかしい。어라, 이상하다.
> **はい、**わかりました。네, 알겠습니다.

5. 수식어

다른 문장 성분을 꾸미는 말로, 주어, 술어, 접속어, 독립어 외의 모든 문장 성분이다. 일본어에서는 '~을, 를'과 같은 목적어도 수식어에 포함된다.

> 예 **おいしい**クッキーがある。맛있는 쿠키가 있다.
> 兄が**クッキーを**食べた。형이 쿠키를 먹었다.

1편

편

문장의 기초가 되는 품사

일본어 문장의 기초가 되는 품사로는 명사, 형용사, 동사, 조사가 있다. 명사, 형용사, 동사는 주요 문장 성분인 주어, 술어로 활용하고, 조사는 이 품사들 뒤에 쓰여 문장에 문법적 의미를 더해준다. 문장에서 명사, 형용사, 동사가 어떻게 활용되는지, 그리고 조사가 문장에 어떤 의미를 더해주는지 알아두는 것이 중요하다.

01 명사로 문장 만들기

명사란 사물이나 사람의 이름을 나타내는 품사이다. 이러한 명사를 사용해 현재형, 과거형 등의 문장을 만드는 방법을 알아보자.

▲ MP3 바로 듣기

포인트 01 명사의 현재형

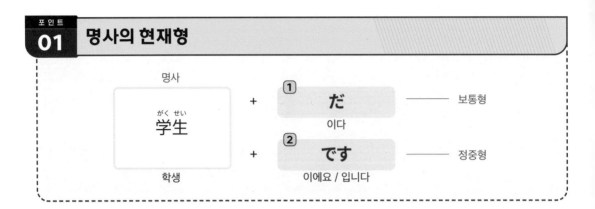

명사

学生(がくせい)

학생

\+ ① だ — 보통형

이다

\+ ② です — 정중형

이에요 / 입니다

① ～だ ~이다

명사 뒤에 ①～だ를 붙이면 '~이다'라는 뜻이 된다. 이러한 '~이다'와 같은 반말체를 '보통형'이라고 부른다.

- 学生(がくせい)だ。 학생이다.
- 花(はな)だ。 꽃이다.
- 動物(どうぶつ)だ。 동물이다.

② ～です ~이에요 / ~입니다

명사 뒤에 ～です를 붙이면 '~이에요', '~입니다'라는 뜻이 된다. 이러한 '~이에요', '~입니다'와 같은 경어체를 '정중형'이라고 부른다.

- 学生(がくせい)です。 학생이에요.
- 月曜日(げつようび)です。 월요일이에요.
- 今日(きょう)です。 오늘입니다.

실력 PLUS

① ～だ를 붙이지 않고 명사로 문장을 끝마치면 '~이야'라는 뜻이 된다.

[예] 私(わたし)、学生(がくせい)。 나, 학생이야.

[어휘]

学生 [がくせい] [명] 학생
花 [はな] [명] 꽃
動物 [どうぶつ] [명] 동물
月曜日 [げつようび] [명] 월요일
今日 [きょう] [명] 오늘

바로 체크 문장 작문하기

1. 4명입니다. (4人(よにん))
   = ______________________

2. 여름 방학이다. (夏休(なつやす)み)
   = ______________________

정답 및 해설 p.342

명사		1 **ではない**	—— 보통형
		이 아니다	
がく せい **学生**	+	2 **ではないです**	⎤
		이 아니에요	⎥ 정중형
학생	+	3 **ではありません**	⎦
		이 아닙니다	

1 ～ではない ~이 아니다

명사 뒤에 ①~②ではない를 붙이면 '~이 아니다', '~이 아니야'라는 뜻이 된다.

- がくせい
学生ではない。　　　　　　　학생이 아니다.
- ゆめ
夢ではない。　　　　　　　　　꿈이 아니다.

2 ～ではないです ~이 아니에요

명사 뒤에 ～ではないです를 붙이면 '~이 아니에요', '~이 아닙니다'라는 뜻이 된다. ～ではない(~이 아니다)에 ～です(~입니다)가 합쳐져 정중형이 된 것이다.

- がくせい
学生ではないです。　　　　　학생이 아니에요.
- **うそではないです。**　　　　　　거짓말이 아니에요.

3 ～ではありません ~이 아닙니다

명사 뒤에 ～ではありません을 붙이면 '~이 아닙니다', '~이 아니에요'라는 뜻이 된다. ～ではないです(~이 아니에요) 보다 조금 더 정중한 표현이다.

- がくせい
学生ではありません。　　　　학생이 아닙니다.
- かんこくじん
韓国人ではありません。　　　한국인이 아닙니다.

실력 PLUS

① ～ではない의 말끝을 올려 말하면 '~이 아니야'처럼 의문을 나타내는 말이 된다. 명사의 현재 보통형을 제외한 보통형은 모두 말끝을 올리면 의문을 나타낼 수 있다.

② では는 じゃ로 줄여 말할 수 있다. 실제 회화에서는 じゃ가 사용된 표현이 더 많이 쓰인다.

예 **ではない → じゃない**

어휘
夢 [ゆめ] 몡 꿈
うそ 몡 거짓말
韓国人 [かんこくじん] 몡 한국인

바로 체크　**문장 작문하기**

1. 커플이 아니에요. (カップル)

　= _____

2. 올해가 아니다. (こ とし
今年)

　= _____

정답 및 해설 p.342

포인트 03

명사의 과거형

명사				
学生(がくせい)	+	① だった	———	보통형
		이었다		
	+	② でした	———	정중형
학생		이었어요 / 이었습니다		

① ~だった ~이었다

명사 뒤에 ~だった를 붙이면 '~이었다', '~이었어'라는 뜻이 된다.

- 学生(がくせい)だった。 학생이었다.
- 誕生日(たんじょうび)だった。 생일이었다.
- おにぎりだった。 주먹밥이었어.
- 歌手(かしゅ)だった。 가수였어.

② ~でした ~이었어요 / ~이었습니다

명사 뒤에 ~でした를 붙이면 '~이었어요', '~이었습니다'라는 뜻이 된다.

- 学生(がくせい)でした。 학생이었어요.
- 雨(あめ)でした。 비였어요.
- 先生(せんせい)でした。 선생님이었습니다.
- 弟(おとうと)でした。 남동생이었습니다.

실력 PLUS

[어휘]
誕生日 [たんじょうび] [명] 생일
おにぎり [명] 주먹밥
歌手 [かしゅ] [명] 가수
雨 [あめ] [명] 비
先生 [せんせい] [명] 선생(님)
弟 [おとうと] [명] 남동생

바로 체크 문장 작문하기

1. 만석이었습니다. (満席(まんせき))
= ______________________

2. 불꽃놀이였다. (花火大会(はなびたいかい))
= ______________________

정답 및 해설 p.342

포인트 04

명사의 과거부정형

명사			
学生(がくせい) 학생	+ ① ではなかった 이 아니었다	보통형
	+ ② ではなかったです 이 아니었어요	정중형
	+ ③ ではありませんでした 이 아니었습니다	정중형

① ～ではなかった ~이 아니었다

명사 뒤에 ～ではなかった를 붙이면 '~이 아니었다', '~이 아니었어'라는 뜻이 된다.

- 学生(がくせい)ではなかった。 학생이 아니었다.
- 医者(いしゃ)ではなかった。 의사가 아니었다.

② ～ではなかったです ~이 아니었어요

명사 뒤에 ～ではなかったです를 붙이면 '~이 아니었어요', '~이 아니었습니다'라는 뜻이 된다. ～ではなかった(~이 아니었다)에 ～です(~입니다)가 합쳐져 정중형이 된 것이다.

- 学生(がくせい)ではなかったです。 학생이 아니었어요.
- 妹(いもうと)ではなかったです。 여동생이 아니었어요.

③ ～ではありませんでした ~이 아니었습니다

명사 뒤에 ～ではありませんでした를 붙이면 '~이 아니었습니다', '~이 아니었어요'라는 뜻이 된다. ～ではありません(~이 아닙니다)에 ～でした(~이었습니다)가 합쳐져 과거형이 된 것이다. ～ではなかったです(~이 아니었어요)보다 조금 더 정중한 표현이다.

- 学生(がくせい)ではありませんでした。 학생이 아니었습니다.
- 人形(にんぎょう)ではありませんでした。 인형이 아니었습니다.

실력 PLUS

[어휘]
医者 [いしゃ] [명] 의사
妹 [いもうと] [명] 여동생
人形 [にんぎょう] [명] 인형

바로 체크 문장 작문하기

1. 입구가 아니었다. (入口(いりぐち))
= ____________________

2. 꽃집이 아니었습니다. (花屋(はなや))
= ____________________

정답 및 해설 p.342

포인트 05

명사의 현재의문형

명사

学生(がくせい)

학생

+ [1] ですか 입니까?	긍정형	
+ [2] ではないですか 이 아니에요?	부정형	
+ [3] ではありませんか 이 아닙니까?		

[1] ～ですか ~입니까?

명사 뒤에 ～ですか를 붙이면 '~입니까?', '~이에요?'라는 뜻이 된다. ～です(~입니다)에 의문의 뜻을 가진 ～か가 합쳐져 의문형이 된 것이다.

- 学生(がくせい)ですか[1]。 학생입니까?
- 今月(こんげつ)ですか。 이번 달입니까?

[2] ～ではないですか ~이 아니에요?

명사 뒤에 ～ではないですか를 붙이면 '~이 아니에요?', '~이 아닙니까?'라는 뜻이 된다.

- 学生(がくせい)ではないですか。 학생이 아니에요?
- 牛肉(ぎゅうにく)ではないですか。 소고기가 아니에요?

[3] ～ではありませんか ~이 아닙니까?

명사 뒤에 ～ではありませんか를 붙이면 '~이 아닙니까?', '~이 아니에요?'라는 뜻이 된다. ～ではないですか(~이 아니에요?)보다 조금 더 정중한 표현이다.

- 学生(がくせい)ではありませんか。 학생이 아닙니까?
- 来年(らいねん)ではありませんか。 내년이 아닙니까?

실력 PLUS

[1] 일본어에서는 의문문 뒤에 마침표(。)를 붙인다. 물음표(?)를 붙이기도 하지만 기본적으로는 마침표를 붙인다.

[어휘]

今月 [こんげつ] [명] 이번 달
牛肉 [ぎゅうにく] [명] 소고기
来年 [らいねん] [명] 내년

바로 체크 문장 작문하기

1. 호수가 아니에요? (湖(みずうみ))
   = ______________________

2. 지하입니까? (地下(ちか))
   = ______________________

정답 및 해설 p.342

포인트 06

명사의 과거의문형

명사				
学生(がくせい) 학생	+	① でしたか 이었습니까?	긍정형
	+	② ではなかったですか 이 아니었어요?	부정형
	+	③ ではありませんでしたか 이 아니었습니까?	부정형

① ～でしたか ~이었습니까?

명사 뒤에 ～でしたか를 붙이면 '~이었습니까?', '~이었어요?'라는 뜻이 된다.

- 学生(がくせい)でしたか。 학생이었습니까?
- 友達(ともだち)でしたか。 친구였습니까?

② ～ではなかったですか ~이 아니었어요?

명사 뒤에 ～ではなかったですか를 붙이면 '~이 아니었어요?', '~이 아니었습니까?'라는 뜻이 된다.

- 学生(がくせい)ではなかったですか。 학생이 아니었어요?
- 独身(どくしん)ではなかったですか。 독신이 아니었어요?

③ ～ではありませんでしたか ~이 아니었습니까?

명사 뒤에 ～ではありませんでしたか를 붙이면 '~이 아니었습니까?', '~이 아니었어요?'라는 뜻이 된다. ～ではなかったですか(~이 아니었어요?)보다 조금 더 정중한 표현이다.

- 学生(がくせい)ではありませんでしたか。 학생이 아니었습니까?
- さとうではありませんでしたか。 설탕이 아니었습니까?

실력 PLUS

[어휘]
友達 [ともだち] [명] 친구
独身 [どくしん] [명] 독신
さとう [명] 설탕

바로 체크 문장 작문하기

1. 자매가 아니었습니까? (姉妹(しまい))
= ______________________

2. 세일이었습니까? (セール)
= ______________________

정답 및 해설 p.342

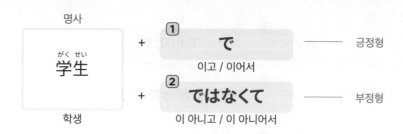

명사
학생

学生
[がくせい]

+ ① で ——— 긍정형
이고 / 이어서

+ ② ではなくて ——— 부정형
이 아니고 / 이 아니어서

---

① **～で** ~이고 / ~이어서

명사 뒤에 ^①～で를 붙이면, '~이고', '~이어서'라는 뜻이 된다.

- 学生[がくせい]でアイドルだ。　　　　　　학생이고 아이돌이다.
- 中学生[ちゅうがくせい]で女[おんな]の子[こ]です。　　중학생이고 여자아이입니다.
- 今日[きょう]^②は台風[たいふう]で休業[きゅうぎょう]です。　오늘은 태풍이어서 휴업입니다.
- 雨[あめ]で中止[ちゅうし]です。　　　　　비여서 중지합니다.

② **～ではなくて** ~이 아니고 / ~이 아니어서

명사 뒤에 ～ではなくて를 붙이면 '~이 아니고', '~이 아니어서'라는 뜻이 된다.

- 学生[がくせい]ではなくてアイドルだ。　　학생이 아니고 아이돌이다.
- とり肉[にく]ではなくて豚肉[ぶたにく]です。　닭고기가 아니고 돼지고기예요.
- 大人[おとな]ではなくて無理[むり]だ。　　어른이 아니어서 무리다.
- 合格[ごうかく]ではなくてショックだった。　합격이 아니어서 충격이었다.

실력 PLUS

① て나 で를 사용하기 때문에 연결
형은 て형이라고 부르기도 한다.
で를 사용하더라도 で형이라고 부
르지는 않는다.

② ～は는 '~은, 는'이라는 뜻의 조사
이다. p.66에서 자세히 학습할 수
있다.

어휘

アイドル ⑱ 아이돌
中学生 [ちゅうがくせい] ⑱ 중학생
女の子 [おんなのこ] ⑱ 여자아이
今日 [きょう] ⑱ 오늘
～は ㊈ ~은, 는
台風 [たいふう] ⑱ 태풍
休業 [きゅうぎょう] ⑱ 휴업
中止 [ちゅうし] ⑱ 중지
とり肉 [とりにく] ⑱ 닭고기
豚肉 [ぶたにく] ⑱ 돼지고기
大人 [おとな] ⑱ 어른
無理 [むり] ⑱ 무리
合格 [ごうかく] ⑱ 합격
ショック ⑱ 충격, 쇼크

바로 체크 문장 작문하기

1. 형이 아니고 남동생이다. (兄[あに], 弟[おとうと])

= _____

2. 독감이어서 결석입니다. (インフルエンザ, 欠席[けっせき])

= _____

정답 및 해설 p.342

실력 Up 연습문제 01 명사로 문장 만들기

1 질문에 답하기

(1) **A** 友達でしたか。　친구였어요?

B はい、＿＿＿＿＿＿＿＿＿＿。(友達)　네, 친구였습니다.

(2) **A** 日本人ですか。　일본인이에요?

B いいえ、＿＿＿＿＿＿＿＿＿＿。(日本人)　아니요, 일본인이 아닙니다.

(3) **A** 猫ではなかったですか。　고양이가 아니었습니까?

B はい、＿＿＿＿＿＿＿＿＿＿。(猫)　네, 고양이가 아니었어요.

2 대화 읽고 빈 칸 채우기

(1) **A** 「100円ですか。」

B 「いいえ、100円 (　　　) 150円です。」

① で　　　　　　　　② では　　　　　　　　③ ではなくて

(2) **A** 「2年生 (　　　)。」

B 「はい、2年生です。」

① ではない　　　　② ではありませんでした　　　③ ではないですか

(3) **A** 「公園は右ですか。」

B 「いいえ、左 (　　　)。」

① です　　　　　　② ではありません　　　③ でしたか

3 선택지 배열하고 ★에 들어갈 것 고르기

(1) 先生 ＿＿＿ ★ ＿＿＿。

① で　　　　　　　② です　　　　　　　③ マラソン選手

(2) 誕生日は ＿＿＿ ★ ＿＿＿。10月15日だ。

① ない　　　　　　② では　　　　　　　③ 10月13日

정답 및 해설 p.342

02 형용사로 문장 만들기

▲ MP3 바로 듣기

형용사란 사물의 성질이나 상태, 모양을 나타내는 품사이다. 일본어에서는 명사를 수식할 때 끝 글자가 な인 형용사를 な형용사, い인 형용사를 い형용사라고 한다. 형용사를 활용한 현재형, 과거형 등의 문장을 만드는 방법을 알아보자.

포인트 01 형용사의 명사 수식형

① **な형용사**
有名だ → な
유명한

＋

명사
温泉
온천

→

有名な温泉
유명한 온천

② **い형용사**
温かい
따뜻한

＋

명사
温泉
온천

→

温かい温泉
따뜻한 온천

---

1 〜な ~한

な형용사는 명사를 수식할 때 ①〜だ가 〜な로 바뀌고 '~한'이라는 뜻이 된다.

· **有名な温泉**　　　유명한 온천

· **便利なもの**　　　편리한 것

· **まじめな人**　　　성실한 사람

2 〜い ~한

い형용사는 명사를 수식할 때 형태의 변화 없이 그대로 명사를 수식하며, '~한'이라는 뜻이 된다.

· **温かい温泉**　　　따뜻한 온천

· **寂しい心**　　　쓸쓸한 마음

· **涼しい日**　　　시원한 날

실력 PLUS

①〜だ로 끝나는 **有名だ**와 같은 형태를 な형용사의 기본형이라고 하고, 〜い로 끝나는 **温かい**와 같은 형태를 い형용사의 기본형이라고 한다.

어휘

有名だ [ゆうめいだ] な형 유명하다
温泉 [おんせん] 명 온천
便利だ [べんりだ] な형 편리하다
もの 명 것
まじめだ な형 성실하다
人 [ひと] 명 사람
温かい [あたたかい] い형 따뜻하다
寂しい [さびしい] い형 쓸쓸하다
心 [こころ] 명 마음
涼しい [すずしい] い형 시원하다
日 [ひ] 명 날

바로 체크　문장 작문하기

1. 소중한 추억 (大切だ, 思い出)

　= ＿＿＿＿＿＿＿＿＿＿＿＿＿＿＿＿

2. 험한 길 (険しい, 道)

　= ＿＿＿＿＿＿＿＿＿＿＿＿＿＿＿＿

정답 및 해설 p.342

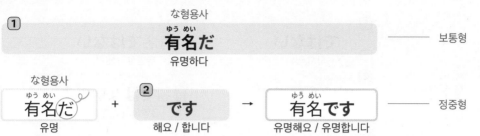

な형용사
ゆう めい
有名だ ——— 보통형
유명하다

な형용사
ゆう めい
有名だ + ② **です** → **有名です** ——— 정중형
유명　　　해요 / 합니다　　유명해요 / 유명합니다

① 〜だ ~하다

な형용사는 형태의 변화 없이 그대로 ①~하다'라는 뜻이 된다.

ゆうめい
· **有名**だ。　　　유명하다.

ひつよう
· **必要**だ。　　　필요하다.

げん き
· **元気**だ。　　　건강하다.

しず
· **静か**だ。　　　조용하다.

② 〜です ~해요 / ~합니다

な형용사는 〜だ를 떼고 〜です를 붙이면 '~해요', '~합니다'라는 뜻이 된다.

ゆうめい
· **有名**です。　　　유명해요.

しあわ
· **幸せ**です。　　　행복해요.

りっ ぱ
· **立派**です。　　　훌륭합니다.

じゅうよう
· **重要**です。　　　중요합니다.

실력 PLUS

① '~하다'가 아니라 '~해'라는 뜻의 문
장을 만들 때는 な형용사에서 だ를
뗀다.
ゆうめい
예 **有名**。 유명해.

어휘

必要だ [ひつようだ] な형 필요하다
元気だ [げんきだ] な형 건강하다
静かだ [しずかだ] な형 조용하다
幸せだ [しあわせだ] な형 행복하다
立派だ [りっぱだ] な형 훌륭하다
重要だ [じゅうようだ] な형 중요하다

바로 체크　문장 작문하기

しんぱい
1. 걱정입니다. (心配だ)

= ＿＿＿＿＿＿＿＿＿＿＿＿＿＿＿＿

ま しろ
2. 새하얗다. (真っ白だ)

= ＿＿＿＿＿＿＿＿＿＿＿＿＿＿＿＿

정답 및 해설 p.343

1 〜ではない ~하지 않다

な형용사는 〜だ를 떼고 〜ではない를 붙이면 '~하지 않다', '~하지 않아'라는 뜻이 된다.

- **有名**ではない。 　　　　　　유명하지 않다.
- **正直**ではない。 　　　　　　솔직하지 않다.

2 〜ではないです ~하지 않아요

な형용사는 〜だ를 떼고 〜ではないです를 붙이면 '~하지 않아요', '~하지 않습니다'라는 뜻이 된다.

- **有名**ではないです。 　　　　유명하지 않아요.
- **まじめ**ではないです。 　　　성실하지 않아요.

3 〜ではありません ~하지 않습니다

な형용사는 〜だ를 떼고 〜ではありません을 붙이면 '~하지 않습니다', '~하지 않아요'라는 뜻이 된다. 〜ではないです(~하지 않아요)보다 조금 더 정중한 표현이다.

- **有名**ではありません。 　　　유명하지 않습니다.
- **暇**ではありません。 　　　　한가하지 않습니다.

실력 PLUS

어휘
正直だ [しょうじきだ] な형 솔직하다
暇だ [ひまだ] な형 한가하다

바로 체크 　문장 작문하기

1. 같지 않아요. (同じだ)

= _____

2. 정확하지 않습니다. (確かだ)

= _____

정답 및 해설 p.343

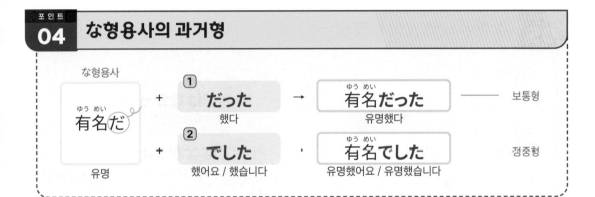

1 〜だった ~했다

な형용사는 〜だ를 떼고 ①〜だった를 붙이면 '~했다', '~했어'라는 뜻이 된다.

- **有名**だった。 　　　　유명했다.
- **適当**だった。 　　　　적당했다.
- **親切**だった。 　　　　친절했다.
- **簡単**だった。 　　　　간단했어.

2 〜でした ~했어요 / ~했습니다

な형용사는 〜だ를 떼고 〜でした를 붙이면 '~했어요', '~했습니다'라는 뜻이 된다.

- **有名**でした。 　　　　유명했어요.
- **すてき**でした。 　　　　근사했어요.
- **複雑**でした。 　　　　복잡했습니다.
- **丁寧**でした。 　　　　정중했습니다.

실력 PLUS

① 〜だった(~했다)에 〜です(~합니다)를 붙인 〜だったです라는 표현은 없다.

어휘

適当だ [てきとうだ] な형 적당하다
親切だ [しんせつだ] な형 친절하다
簡単だ [かんたんだ] な형 간단하다
すてきだ な형 근사하다
複雑だ [ふくざつだ] な형 복잡하다
丁寧だ [ていねいだ] な형 정중하다

바로 체크 　문장 작문하기

1. 의외였다. (意外だ)

= _____

2. 완만했습니다. (なだらかだ)

= _____

정답 및 해설 p.343

な형용사

+ ① **ではなかった** → ゆうめい **有名ではなかった** ── 보통형
하지 않았다   유명하지 않았다

ゆうめい
有名だ + ② **ではなかったです** → ゆうめい **有名ではなかったです** ┐
하지 않았어요   유명하지 않았어요   │ 정중형
                                                            │
유명 + ③ **ではありませんでした** → ゆうめい **有名ではありませんでした** ┘
하지 않았습니다   유명하지 않았습니다

---

① **～ではなかった** ~하지 않았다

な형용사는 ～だ를 떼고 ～ではなかった를 붙이면 '~하지 않았다', '~하지 않았어'라는 뜻이 된다.

ゆうめい
· **有名ではなかった。**   유명하지 않았다.
じょうず
· **上手ではなかった。**   잘하지 않았다.

② **～ではなかったです** ~하지 않았어요

な형용사는 ～だ를 떼고 ～ではなかったです를 붙이면 '~하지 않았어요', '~하지 않았습니다'라는 뜻이 된다.

ゆうめい
· **有名ではなかったです。**   유명하지 않았어요.
かんたん
· **簡単ではなかったです。**   간단하지 않았어요.

③ **～ではありませんでした** ~하지 않았습니다

な형용사는 ～だ를 떼고 ～ではありませんでした를 붙이면 '~하지 않았습니다', '~하지 않았어요'라는 뜻이 된다. ～ではなかったです(~하지 않았어요)보다 조금 더 정중한 표현이다.

ゆうめい
· **有名ではありませんでした。**   유명하지 않았습니다.
ま くら
· **真っ暗ではありませんでした。**   캄캄하지 않았습니다.

실력 PLUS

어휘
上手だ [じょうずだ] な형 잘하다
真っ暗だ [まっくらだ] な형 캄캄하다

바로 체크 문장 작문하기

1. 마음 편하지 않았다. (気楽だ)
   = _____

2. 손쉽지 않았습니다. (手軽だ)
   = _____

정답 및 해설 p.343

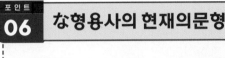

06 な형용사의 현재의문형

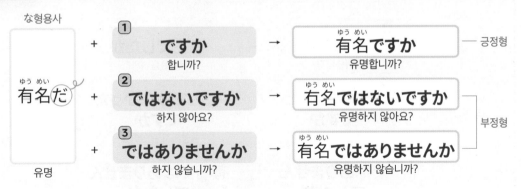

1 ～ですか ~합니까?

な형용사는 ～だ를 떼고 ～ですか를 붙이면 '~합니까?', '~해요?'라는 뜻이 된다.
～です(~합니다)에 의문의 뜻을 가진 ～か가 합쳐져 의문형이 된 것이다.

· **有名**ですか。   유명합니까?
· **特別**ですか。   특별합니까?

2 ～ではないですか ~하지 않아요?

な형용사는 ～だ를 떼고 ～ではないですか를 붙이면 '~하지 않아요?', '~하지 않습니까?'라는 뜻이 된다.

· **有名**ではないですか。   유명하지 않아요?
· **大切**ではないですか。   소중하지 않아요?

3 ～ではありませんか ~하지 않습니까?

な형용사는 ～だ를 떼고 ～ではありませんか를 붙이면 '~하지 않습니까?', '~하지 않아요?'라는 뜻이 된다. ～ではないですか(~하지 않아요?)보다 조금 더 정중한 표현이다.

· **有名**ではありませんか。   유명하지 않습니까?
· **変**ではありませんか。   이상하지 않습니까?

실력 PLUS

어휘
特別だ [とくべつだ] **な형** 특별하다
大切だ [たいせつだ] **な형** 소중하다
変だ [へんだ] **な형** 이상하다

바로 체크 **문장 작문하기**

1. 중요합니까? (重要だ)

 = _____

2. 반대이지 않아요? (逆だ)

 = _____

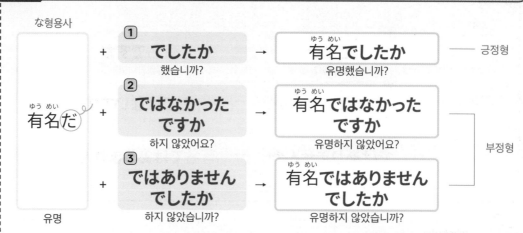

1 ～でしたか ~했습니까?

な형용사는 ～だ를 떼고 ～でしたか를 붙이면 '~했습니까?', '~했어요?'라는 뜻이 된다.

- 有名でしたか。　　　　　　　　　유명했습니까?
- 不便でしたか。　　　　　　　　　불편했습니까?

2 ～ではなかったですか ~하지 않았어요?

な형용사는 ～だ를 떼고 ～ではなかったですか를 붙이면 '~하지 않았어요?', '~하지 않았습니까?'라는 뜻이 된다.

- 有名ではなかったですか。　　　　유명하지 않았어요?
- 十分ではなかったですか。　　　　충분하지 않았어요?

3 ～ではありませんでしたか ~하지 않았습니까?

な형용사는 ～だ를 떼고 ～ではありませんでしたか를 붙이면 '~하지 않았습니까?', '~하지 않았어요?'라는 뜻이 된다. ～ではなかったですか(~하지 않았어요?)보다 조금 더 정중한 표현이다.

- 有名ではありませんでしたか。　　유명하지 않았습니까?
- 丈夫ではありませんでしたか。　　튼튼하지 않았습니까?

실력PLUS

어휘
不便だ [ふべんだ] な형 불편하다
十分だ [じゅうぶんだ] な형 충분하다
丈夫だ [じょうぶだ] な형 튼튼하다

바로 체크 문장 작문하기

1. 거대했습니까? (巨大だ)

= _____

2. 잘하지 않았습니까? (得意だ)

= _____

정답 및 해설 p.343

な형용사의 연결형

1 ～で ~하고 / ~해서

な형용사는 ～だ를 떼고 ～で를 붙이면 '~하고', '~해서'라는 뜻이 된다.

・有名でおいしい店	유명하고 맛있는 가게
・まじめで熱心だ。	성실하고 열심이다.
・楽で満足だ。	편해서 만족한다.
・苦手できらいだ。	잘 못해서 싫어한다.

2 ～ではなくて ~하지 않고 / ~하지 않아서

な형용사는 ～だ를 떼고 ～ではなくて를 붙이면 '~하지 않고', '~하지 않아서'라는 뜻이 된다.

・有名ではなくて静かな観光地	유명하지 않고 조용한 관광지
・危険ではなくて安全だ。	위험하지 않고 안전하다.
・親切ではなくていやだった。	친절하지 않아서 싫었다.
・深刻ではなくて安心です。	심각하지 않아서 안심입니다.

실력 PLUS

어휘

おいしい [い형] 맛있다
熱心だ [ねっしんだ] [な형] 열심이다
楽だ [らくだ] [な형] 편하다
満足だ [まんぞくだ] [な형] 만족하다
苦手だ [にがてだ] [な형] 잘 못하다
きらいだ [な형] 싫어하다
観光地 [かんこうち] [명] 관광지
危険だ [きけんだ] [な형] 위험하다
安全だ [あんぜんだ] [な형] 안전하다
いやだ [な형] 싫다
深刻だ [しんこくだ] [な형] 심각하다
安心 [あんしん] [명] 안심

바로 체크 문장 작문하기

1. 고급스럽지 않고 싼 호텔 (高級だ, 安い, ホテル)

   = _____

2. 독특하고 단 냄새다. (独特だ, 甘い, 匂い)

   = _____

정답 및 해설 p.343

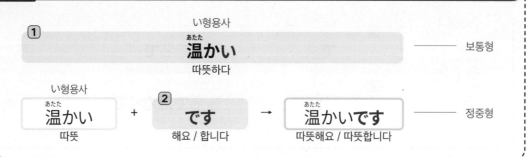

い형용사
温かい
따뜻하다
—— 보통형

い형용사
温かい 따뜻 **＋** **です** 해요 / 합니다 **→** **温かいです** 따뜻해요 / 따뜻합니다
—— 정중형

---

1 **〜い** ~하다

①い형용사는 형태의 변화 없이 그대로 '~하다', '~해'라는 뜻이 된다.

· **温かい。** 따뜻하다.

· **優しい。** 상냥하다.

· **すごい。** 굉장하다.

· **強い。** 강해.

2 **〜です** ~해요 / ~합니다

い형용사 바로 뒤에 〜です를 붙이면 '~해요', '~합니다'라는 뜻이 된다.

· **温かいです。** 따뜻해요.

· **力②が弱いです。** 힘이 약해요.

· **おとなしいです。** 얌전합니다.

· **たのもしいです。** 믿음직합니다.

실력 PLUS

① い형용사 보통형의 말끝을 올려 말하면 '~해?'처럼 의문을 나타내는 말이 된다.

② 〜が는 '~이(가)'라는 뜻의 조사이다. p.66에서 자세히 학습할 수 있다.

어휘
優しい [やさしい] い형 상냥하다
すごい い형 굉장하다
強い [つよい] い형 강하다
力 [ちから] 명 힘
〜が 조 ~이, 가
弱い [よわい] い형 약하다
おとなしい い형 얌전하다
たのもしい い형 믿음직하다

바로 체크 문장 작문하기

1. 귀엽다. (かわいい)

= _____

2. 좋습니다. (良い)

= _____

정답 및 해설 p.343

1 〜くない ~하지 않다

い형용사는 〜い를 떼고 〜くない를 붙이면 '~하지 않다', '~하지 않아'라는 뜻이 된다.

· 温かくない。 　　　　　　　　따뜻하지 않다.

· 子供①にきびしくない。 　　　아이에게 엄격하지 않다.

2 〜くないです ~하지 않아요

い형용사는 〜い를 떼고 〜くないです를 붙이면 '~하지 않아요', '~하지 않습니다'라는 뜻이 된다.

· 温かくないです。 　　　　　따뜻하지 않아요.

· 固くないです。 　　　　　　딱딱하지 않아요.

3 〜くありません ~하지 않습니다

い형용사는 〜い를 떼고 〜くありません을 붙이면 '~하지 않습니다', '~하지 않아요'라는 뜻이 된다. 〜くないです(~하지 않아요)보다 조금 더 정중한 표현이다.

· 温かくありません。 　　　　따뜻하지 않습니다.

· 詳しくありません。 　　　　상세하지 않아요.

실력 PLUS

① 〜に는 '~에', '~에게'라는 뜻의 조사이다. p.76에서 자세히 학습할 수 있다.

어휘
子供 [こども] 명 아이
〜に 조 ~에, 에게
きびしい い형 엄격하다
固い [かたい] い형 딱딱하다
詳しい [くわしい] い형 상세하다

바로 체크　문장 작문하기

1. 높지 않아요. (高い)

= _____

2. 바쁘지 않습니다. (忙しい)

= _____

い형용사
温か<u>い</u> + ① **かった** 했다 → 温か**かった** 따뜻했다 —— 보통형

따뜻

+ ② **かったです** 했어요 / 했습니다 → 温か**かったです** 따뜻했어요 / 따뜻했습니다 —— 정중형

① 〜かった ~했다

い형용사는 〜^①い를 떼고 〜かった를 붙이면 '~했다', '~했어'라는 뜻이 된다.

· 温かかった。 따뜻했다.
· 危なかった。 위험했다.
· やわらかかった。 연했다.
· 涼しかった。 시원했어.

② 〜かったです ~했어요 / ~했습니다

い형용사는 〜い를 떼고 〜かったです를 붙이면 '~했어요', '~했습니다'라는 뜻이
된다. 〜かった(~했다)에 〜です(~합니다)가 합쳐져 정중형이 된 것이다.

· 温かかったです。 따뜻했어요.
· ひどかったです。 심했어요.
· すばらしかったです。 훌륭했습니다.
· 悔しかったです。 분했습니다.

실력 PLUS

① い를 떼고 〜かった를 붙이지 않
는 예외적인 단어가 있다. いい(좋
다)의 경우 '좋았다'라고 할 때 い
かった라고 하지 않고 よかった(좋
았다)라고 한다.

어휘
危ない [あぶない] い형 위험하다
やわらかい い형 연하다
ひどい い형 심하다
すばらしい い형 훌륭하다
悔しい [くやしい] い형 분하다

바로 체크 문장 작문하기

1. 아름다웠습니다. (美しい)

= _____

2. 더러웠다. (汚い)

= _____

정답 및 해설 p.343

い형용사의 과거부정형

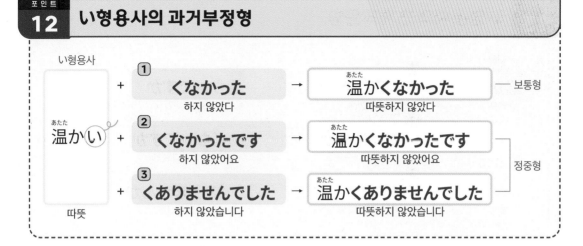

い형용사

温か(い)

따뜻

① **くなかった** 하지 않았다 → **温かくなかった** 따뜻하지 않았다 — 보통형

② **くなかったです** 하지 않았어요 → **温かくなかったです** 따뜻하지 않았어요 ⎤

③ **くありませんでした** 하지 않았습니다 → **温かくありませんでした** 따뜻하지 않았습니다 ⎦ 정중형

① **～くなかった** ~하지 않았다

い형용사는 ～い를 떼고 ～くなかった를 붙이면 '~하지 않았다', '~하지 않았어'라는 뜻이 된다.

· **温かくなかった。** 따뜻하지 않았다.

· **強くなかった。** 강하지 않았다.

② **～くなかったです** ~하지 않았어요

い형용사는 ～い를 떼고 ～くなかったです를 붙이면 '~하지 않았어요', '~하지 않았습니다'라는 뜻이 된다. ～くなかった(~하지 않았다)에 ～です(~합니다)가 합쳐져 정중형이 된 것이다.

· **温かくなかったです。** 따뜻하지 않았어요.

· **かしこくなかったです。** 현명하지 않았어요.

③ **～くありませんでした** ~하지 않았습니다

い형용사는 ～い를 떼고 ～くありませんでした를 붙이면 '~하지 않았습니다', '~하지 않았어요'라는 뜻이 된다. ～くなかったです(~하지 않았어요)보다 조금 더 정중한 표현이다.

· **温かくありませんでした。** 따뜻하지 않았습니다.

· **怪しくありませんでした。** 수상하지 않았습니다.

실력 PLUS

어휘
かしこい (い형) 현명하다
怪しい [あやしい] (い형) 수상하다

바로 체크 문장 작문하기

1. 낮지 않았다. (低い)

= _____

2. 이상하지 않았습니다. (おかしい)

= _____

정답 및 해설 p.343

1 **〜ですか** ~합니까?

い형용사 바로 뒤에 〜ですか를 붙이면 '~합니까?', '~해요?'라는 뜻이 된다.

· 温かいですか。 　　　　　따뜻합니까?

· おかしいですか。 　　　　　이상합니까?

2 **〜くないですか** ~하지 않아요?

い형용사는 〜い를 떼고 〜くないですか를 붙이면 '~하지 않아요?', '~하지 않습니까?'라는 뜻이 된다.

· 温かくないですか。 　　　　따뜻하지 않아요?

· 寂しくないですか。 　　　　쓸쓸하지 않아요?

3 **〜くありませんか** ~하지 않습니까?

い형용사는 〜い를 떼고 〜くありませんか를 붙이면 '~하지 않습니까?', '~하지 않아요?'라는 뜻이 된다. 〜くないですか(~하지 않아요?)보다 조금 더 정중한 표현이다.

· 温かくありませんか。 　　　따뜻하지 않습니까?

· 珍しくありませんか。 　　　희귀하지 않습니까?

실력 PLUS

어휘
おかしい (い형) 이상하다
珍しい [めずらしい] (い형) 희귀하다

바로 체크 **문장 작문하기**

1. 작지 않아요? (小さい)

　= _____

2. 진하지 않습니까? (濃い)

　= _____

정답 및 해설 p.343

い형용사의 과거의문형

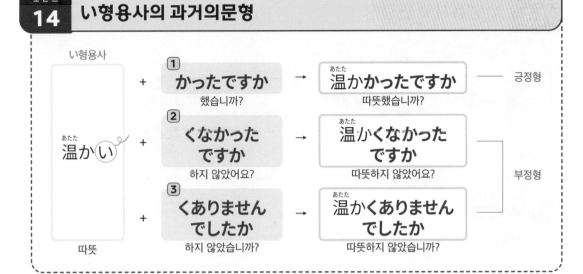

① ~かったですか ~했습니까?

い형용사는 ~い를 떼고 ~かったですか를 붙이면 '~했습니까?', '~했어요?'라는 뜻이 된다. ~かったです(~했습니다)에 ~か가 합쳐져 의문형이 된 것이다.

· 温かかったですか。　　　　　　따뜻했습니까?

· 彼①と親しかったですか。　　　　그와 친했습니까?

② ~くなかったですか ~하지 않았어요?

い형용사는 ~い를 떼고 ~くなかったですか를 붙이면 '~하지 않았어요?', '~하지 않았습니까?'라는 뜻이 된다.

· 温かくなかったですか。　　　　따뜻하지 않았어요?

· 明るくなかったですか。　　　　환하지 않았어요?

③ ~くありませんでしたか ~하지 않았습니까?

い형용사는 ~い를 떼고 ~くありませんでしたか를 붙이면 '~하지 않았습니까?', '~하지 않았어요?'라는 뜻이 된다. ~くなかったですか(~하지 않았어요?)보다 조금 더 정중한 표현이다.

· 温かくありませんでしたか。　　따뜻하지 않았습니까?

· かっこよくありませんでしたか。　근사하지 않았습니까?

실력 PLUS

① ~とは '~와(과)'라는 뜻의 조사이다. p.72에서 자세히 학습할 수 있다.

어휘
彼 [かれ] 명 그
~と 조 ~와
親しい [したしい] い형 친하다
明るい [あかるい] い형 환하다
かっこいい い형 근사하다

바로 체크　문장 작문하기

1. 상세하지 않았어요? (詳しい)

= _____

2. 어렵지 않았습니까? (難しい)

= _____

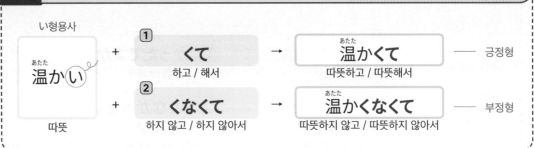

い형용사

温か~~い~~ + ① **くて** 하고 / 해서 → **温かくて** 따뜻하고 / 따뜻해서 —— 긍정형

따뜻 + ② **くなくて** 하지 않고 / 하지 않아서 → **温かくなくて** 따뜻하지 않고 / 따뜻하지 않아서 —— 부정형

---

① **〜くて** ~하고 / ~해서

い형용사는 〜い를 떼고 ①〜くて를 붙이면 '~하고', '~해서'라는 뜻이 된다.

· 温かくて心地よい。 따뜻하고 편안하다.

· つまらなくてくだらない。 시시하고 하찮다.

· 優しくて好きだ。 상냥해서 좋아한다.

· 強くてたのもしい。 강해서 든든하다.

② **〜くなくて** ~하지 않고 / ~하지 않아서

い형용사는 〜い를 떼고 〜くなくて를 붙이면 '~하지 않고', '~하지 않아서'라는 뜻이 된다.

· 温かくなくて冷たい。 따뜻하지 않고 차갑다.

· ゆるくなくてきつい。 느슨하지 않고 꼭 끼다.

· きびしくなくて良かった。 엄격하지 않아서 다행이다.

· 寂しくなくていい。 쓸쓸하지 않아서 좋다.

실력 PLUS

① 〜くて가 아니라 〜く만 붙여도
'~하고', '~해서'라는 뜻이 된다.

예 暑**い** 덥다
→ 暑**く** 덥고, 더워서

어휘
心地よい [ここちよい] (い형) 편안하다
つまらない (い형) 시시하다
くだらない (い형) 하찮다
冷たい [つめたい] (い형) 차갑다
ゆるい (い형) 느슨하다
きつい (い형) 꼭 끼다
良い [よい] (い형) 다행이다
いい (い형) 좋다

바로 체크 문장 작문하기

1. 멋있고 세련되다. (かっこいい, おしゃれだ)

= _____

2. 깊지 않고 얕습니다. (深い, 浅い)

= _____

회화 대비
1 질문에 답하기

(1) **A** きれいでしたか。 예뻤습니까?

　　B はい、＿＿＿＿＿＿＿＿＿＿。(きれいだ) 네, 예뻤습니다.

(2) **A** ひまですか。 한가합니까?

　　B いいえ、＿＿＿＿＿＿＿＿＿＿。(ひまだ) 아니요, 한가하지 않습니다.

(3) **A** 古かったですか。 오래되었습니까?

　　B いいえ、＿＿＿＿＿＿＿＿＿＿。(古い) 아니요, 오래되지 않았습니다.

JLPT/회화 대비
2 대화 읽고 빈 칸 채우기

(1) **A**「部屋、（　　　）。」

　　B「はい、暑いです。」

　　① 暑かったです　　　　　　② 暑くありません　　　　　　③ 暑くありませんか

(2) **A**「運転、得意ですか。」

　　B「いいえ、得意（　　　）苦手です。」

　　① ではなくて　　　　　　② くなくて　　　　　　③ な

(3) **A**「（　　　）ぼうしですか。かわいいです。」

　　B「はい、ありがとうございます。」

　　① 新しい　　　　　　② 新しくない　　　　　　③ 新しかった

JLPT 대비
3 선택지 배열하고 ★에 들어갈 것 고르기

(1) 西田君は ＿＿＿ ＿★＿ ＿＿＿ 人です。

　　① いい　　　　　　② で　　　　　　③ まじめ

(2) テストは ＿＿＿ ＿★＿ ＿＿＿。

　　① でした　　　　　　② 難しく　　　　　　③ ありません

정답 및 해설 p.343

03 동사 알맞게 활용하기 ①

동사란 사물의 동작을 나타내는 품사이다. 일본어 동사는 형태가 어떻게 변화하는지에 따라 1그룹, 2그룹, 3그룹 동사로 나뉜다. 각 그룹별 동사와 동사를 활용한 과거형, 정중형 등의 기본적인 문장을 만드는 방법을 알아보자.

▲ MP3 바로 듣기

포인트 01 **동사의 종류**

① 1그룹 동사 **〜う단**

② 2그룹 동사 **〜い단 / え단 + る**

③ 3그룹 동사 **する・来る**

---

1 〜う단 1그룹 동사

1그룹 ①동사는 う단으로 끝나면서 아래에서 배우는 2그룹 동사와 3그룹 동사를 제외한 동사를 말한다. 1그룹 동사는 과거형 등으로 ②활용할 때 끝 글자인 う단이 다른 글자로 바뀐다.

・学生になる。   학생이 되다.
　がくせい

・牛肉を買う。   소고기를 사다.
　ぎゅうにく か

・雨が降る。   비가 내리다.
　あめ ふ

2 〜い단 / え단 + る 2그룹 동사

2그룹 동사는 る로 끝나면서 ③る 앞의 글자가 い단이나 え단인 동사를 말한다. 2그룹 동사는 과거형 등으로 활용할 때 끝 글자인 る를 떼고 활용한다.

・花を見る。   꽃을 보다.
　はな み

・おにぎりを食べる。   주먹밥을 먹는다.
　　　　　た

・さとうを入れる。   설탕을 넣다.
　　　　　い

3 する・来る 3그룹 동사

3그룹 동사는 する(하다)와 来る(오다) 딱 2개이다. 3그룹 동사는 과거형 등으로 활용할 때 불규칙하게 바뀐다.

・合格をする。   합격을 하다.
　ごうかく

・妹が来る。   여동생이 오다.
　いもうと く

실력 PLUS

① 동사는 모두 **う단**으로 끝나고 이를 '동사 기본형'이라고 한다. 기본적으로 '~하다', '~한다'라는 뜻으로 현재 상태를 나타내지만 '~할 것이다'와 같이 앞으로 일어날 일을 나타내기도 한다.

② 활용이란 어떤 의미를 나타내거나 다른 말에 연결되기 위해 단어의 형태가 변화하는 것을 말한다.

③ **る** 앞의 글자가 **い단**이나 **え단**이어서 2그룹 동사처럼 보이는 1그룹 동사도 있다. 이를 예외 1그룹 동사라고 한다.

　예 知る(알다), 切る(자르다),
　　　し　　　　き
　　 走る(달리다), 入る(들어가다)
　　　はし　　　　はい

어휘

なる 동1 되다
買う [かう] 동1 사다
降る [ふる] 동1 (비, 눈이) 내리다
見る [みる] 동2 보다
食べる [たべる] 동2 먹다
入れる [いれる] 동2 넣다

바로 체크   알맞은 동사 그룹 쓰기

1. 話す _____그룹
　　はな

2. する _____그룹

3. 言う _____그룹
　　い

4. 数える _____그룹
　　かぞ

정답 및 해설 p.344

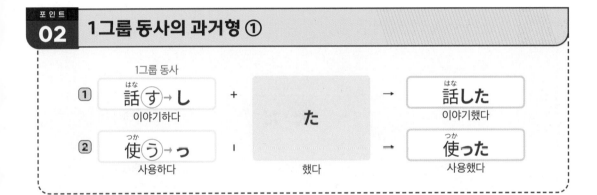

포인트 02

1그룹 동사의 과거형 ①

1그룹 동사				
① 話(はな)す → し 이야기하다	+	た	→	話(はな)した 이야기했다
② 使(つか)う → っ 사용하다	+	했다	→	使(つか)った 사용했다

① ～した ~했다

す로 끝나는 1그룹 동사는 끝 글자를 し로 바꾸고 ～た를 붙이면 '~했다'라는 뜻이 된다. 동사 과거형은 동사 た형이라고도 한다.

- 友達(ともだち)と話(はな)した。 친구와 이야기했다.
- 鍵(かぎ)①をなくした。 열쇠를 잃어버렸다.
- 手紙(てがみ)を渡(わた)した。 편지를 건넸다.
- 妻(つま)を起(お)こした。 아내를 깨웠다.

② ～った ~했다

う, つ, る로 끝나는 1그룹 동사는 끝 글자를 っ로 바꾸고 ～た를 붙이면 '~했다'라는 뜻이 된다.

- パソコンを使(つか)った。 컴퓨터를 사용했다.
- チャイムが鳴(な)った。 종이 울렸다.
- 落(お)とし物(もの)を拾(ひろ)った。 분실물을 주웠다.
- コップを割(わ)った。 컵을 깨뜨렸다.

실력 PLUS

① ～を는 '~을(를)'이라는 뜻의 조사이다. p.68에서 자세히 학습할 수 있다.

어휘

友達 [ともだち] [명] 친구
話す [はなす] [동1] 이야기하다
鍵 [かぎ] [명] 열쇠
なくす [동1] 잃어버리다
手紙 [てがみ] [명] 편지
渡す [わたす] [동1] 건네다
妻 [つま] [명] 아내
起こす [おこす] [동1] 깨우다
パソコン [명] 컴퓨터
使う [つかう] [동1] 사용하다
チャイム [명] 종, 차임벨
～が [조] ~이, 가
鳴る [なる] [동1] 울리다
落とし物 [おとしもの] [명] 분실물
拾う [ひろう] [동1] 줍다
割る [わる] [동1] 깨뜨리다

바로 체크 A, B 중 올바른 활용 고르기

1. 渡(わた)す　A 渡(わた)った　B 渡(わた)した
2. 使(つか)う　A 使(つか)った　B 使(つか)した

정답 및 해설 p.344

1그룹 동사

① 着<u>く</u>→い + → 着いた
도착하다   た・だ   도착했다

② 頼<u>む</u>→ん +   → 頼んだ
부탁하다   했다   부탁했다

① **〜いた・〜いだ** ~했다

①く, ぐ로 끝나는 1그룹 동사는 끝 글자를 い로 바꾸고 〜た, 〜だ를 붙이면 '~했다'
라는 뜻이 된다.

· 駅に着いた。   역에 도착했다.

· 席が空いた。   자리가 비었다.

· コートを脱いだ。   코트를 벗었다.

· お金を稼いだ。   돈을 벌었다.

② **〜んだ** ~했다

ぬ, ぶ, む로 끝나는 1그룹 동사는 끝 글자를 ん으로 바꾸고 〜だ를 붙이면 '~했다'
라는 뜻이 된다.

· 掃除を頼んだ。   청소를 부탁했다.

· 金魚が死んだ。   금붕어가 죽었다.

· 荷物を運んだ。   짐을 옮겼다.

· 薬を飲んだ。   약을 먹었다.

실력 PLUS

①く로 끝나는 동사 중 行く(가다)
의 た형은 예외로 行いた가 아닌
行った(갔다)이다.

어휘
駅 [えき] 몡 역
着く [つく] 동1 도착하다
席 [せき] 몡 자리, 좌석
空く [あく] 동1 비다
コート 몡 코트
脱ぐ [ぬぐ] 동1 벗다
お金 [おかね] 몡 돈
稼ぐ [かせぐ] 동1 벌다
掃除 [そうじ] 몡 청소
頼む [たのむ] 동1 부탁하다
金魚 [きんぎょ] 몡 금붕어
死ぬ [しぬ] 동1 죽다
荷物 [にもつ] 몡 짐
運ぶ [はこぶ] 동1 옮기다
薬 [くすり] 몡 약
飲む [のむ] 동1 (약을) 먹다

바로 체크 A, B 중 올바른 활용 고르기

1. 読む   A 読んだ   B 読いだ   2. 置く   A 置んだ   B 置いた

정답 및 해설 p.344

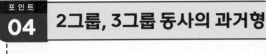

포인트 04 · 2그룹, 3그룹 동사의 과거형

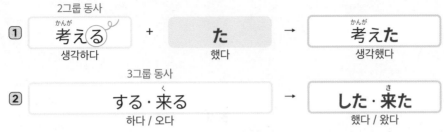

① 考え る (생각하다) + た (했다) → 考えた (생각했다)

2그룹 동사

② する · 来る (하다 / 오다) → した · 来た (했다 / 왔다)

3그룹 동사

① **〜た** ~했다

2그룹 동사는 끝 글자인 る를 떼고 〜た를 붙이면 '~했다'라는 뜻이 된다.

- 方法を考えた。　　　방법을 생각했다.
- ふたを開けた。　　　뚜껑을 열었다.
- 歴史を教えた。　　　역사를 가르쳤다.
- 日が暮れた。　　　날이 저물었다.

② **した · 来た** 했다 / 왔다

3그룹 동사 する의 과거형은 した(했다), 来る의 과거형은 来た(왔다)이다.

- ゴルフをした。　　　골프를 했다.
- 入院をした。　　　입원을 했다.
- 友達が来た。　　　친구가 왔다.
- 春が来た。　　　봄이 왔다.

실력 PLUS

어휘

方法 [ほうほう] 명 방법
考える [かんがえる] 동2 생각하다
ふた 명 뚜껑
開ける [あける] 동2 열다
歴史 [れきし] 명 역사
教える [おしえる] 동2 가르치다
暮れる [くれる] 동2 저물다
ゴルフ 명 골프
入院 [にゅういん] 명 입원
友達 [ともだち] 명 친구
春 [はる] 명 봄

바로 체크 · A, B 중 올바른 활용 고르기

1. 来る　　　A 来た　　　B 来た

2. 食べる　　　A 食べいた　　　B 食べた

정답 및 해설 p.344

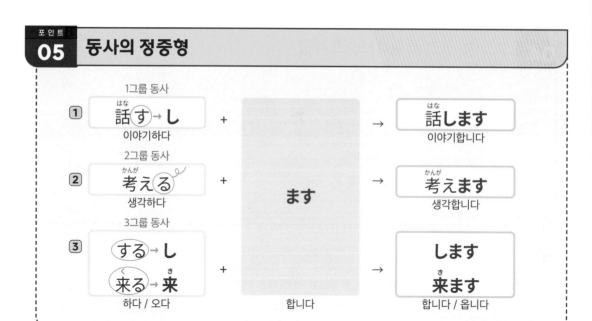

1그룹 동사
話す→し 이야기하다 + → 話します 이야기합니다

2그룹 동사
考える 생각하다 + ます → 考えます 생각합니다

3그룹 동사
する→し
来る→来 하다 / 오다 + 합니다 → します 来ます 합니다 / 옵니다

---

① **〜い단 + ます** ~합니다

1그룹 동사의 끝 글자인 う단을 い단으로 바꾸고 〜ます를 붙이면 '~합니다'라는 뜻이 된다. 동사 정중형에서 ます를 뗀 형태를 동사 ます형이라고 한다.

· 友達と話します。   친구와 이야기합니다.
· 手を洗います。   손을 씻습니다.

② **〜ます** ~합니다

2그룹 동사의 끝 글자인 る를 떼고 〜ます를 붙이면 '~합니다'라는 뜻이 된다.

· 方法を考えます。   방법을 생각합니다.
· 値段を比べます。   가격을 비교합니다.

③ **します・来ます** 합니다 / 옵니다

3그룹 동사 する의 정중형은 します(합니다)이고, 来る의 정중형은 来ます(옵니다)이다.

· 運転をします。   운전을 합니다.
· 車が来ます。   차가 옵니다.

실력 PLUS

어휘
手 [て] 몡 손
洗う [あらう] 튕 씻다
値段 [ねだん] 몡 가격
比べる [くらべる] 튕2 비교하다
運転 [うんてん] 몡 운전
車 [くるま] 몡 차

바로 체크   A, B 중 올바른 활용 고르기

1. する   A すます   B します   2. 泳ぐ   A 泳ぎます   B 泳ます

정답 및 해설 p.344

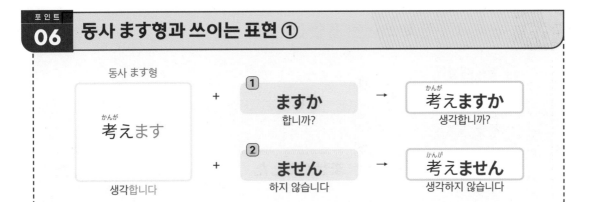

동사 ます형

考えます
_{かんが}

생각합니다

+ ① **ますか** → **考えますか**
합니까? _{かんが}
생각합니까?

+ ② **ません** → **考えません**
하지 않습니다 _{かんが}
생각하지 않습니다

---

① **〜ますか** ~합니까?

〜ますか는 동사 정중형의 의문형으로 '~합니까?', '~해요?'라는 뜻이다. 동사 ます형 뒤에 붙는다.

· **方法を考えますか。** 방법을 생각합니까?
_{ほうほう} _{かんが}

· **切手を集めますか。** 우표를 모읍니까?
_{きって} _{あつ}

· **飲み物を頼みますか。** 음료를 주문합니까?
_の _{もの} _{たの}

· **警官を呼びますか。** 경찰관을 부릅니까?
_{けいかん} _よ

② **〜ません** ~하지 않습니다

〜ません은 동사 정중형의 부정형으로 '~하지 않습니다', '~하지 않아요'라는 뜻이다. 동사 ます형 뒤에 붙는다.

· **方法を考えません。** 방법을 생각하지 않습니다.
_{ほうほう} _{かんが}

· **彼女をあきらめません。** 그녀를 포기하지 않습니다.
_{かのじょ}

· **人を頼りません。** 남을 의지하지 않습니다.
_{ひと} _{たよ}

· **友達と話しません。** 친구와 이야기하지 않습니다.
_{ともだち} _{はな}

실력 PLUS

어휘
切手 [きって] 몡 우표
集める [あつめる] 동2 모으다
飲み物 [のみもの] 몡 음료
警官 [けいかん] 몡 경찰관
呼ぶ [よぶ] 동1 부르다
彼女 [かのじょ] 몡 그녀
あきらめる 동2 포기하다
人 [ひと] 몡 남
頼る [たよる] 동1 의지하다

바로 체크 문장 작문하기

1. 요리를 돕습니까? (料理, ~を, 手伝う)
_{りょうり} _{てつだ}

= _____

2. 인구가 늘지 않습니다. (人口, ~が, 増える)
_{じんこう} _ふ

= _____

정답 및 해설 p.344

동사 ます형

かんが
考えます

생각합니다

+ ① **ました** → かんが
考えました
했습니다 생각했습니다

+ ② **ませんでした** → かんが
考えませんでした
하지 않았습니다 생각하지 않았습니다

---

① **～ました** ~했습니다

~ました는 동사 정중형의 과거형으로 '~했습니다', '~했어요'라는 뜻이다. 동사 ま
す형 뒤에 붙는다.

ほうほう かんが
· **方法を考えました。** 방법을 생각했습니다.

よ やく と け
· **予約を取り消しました。** 예약을 취소했습니다.

は がき おく
· **葉書を送りました。** 엽서를 보냈습니다.

たん ご しら
· **単語を調べました。** 단어를 조사했습니다.

② **～ませんでした** ~하지 않았습니다

~ませんでした는 동사 정중형의 과거 부정형으로 '~하지 않았습니다', '~하지 않
았어요'라는 뜻이다. 동사 ます형 뒤에 붙는다.

ほうほう かんが
· **方法を考えませんでした。** 방법을 생각하지 않았습니다.

つか
· **ペンを使いませんでした。** 펜을 사용하지 않았습니다.

りょうきん はら
· **料金を払いませんでした。** 요금을 지불하지 않았습니다.

せんせい
· **先生はほめませんでした。** 선생님은 칭찬하지 않았습니다.

실력 PLUS

어휘
予約 [よやく] 몡 예약
取り消す [とりけす] 동1 취소하다
葉書 [はがき] 몡 엽서
送る [おくる] 동1 보내다
単語 [たんご] 몡 단어
調べる [しらべる] 동2 조사하다
ペン 몡 펜
料金 [りょうきん] 몡 요금
払う [はらう] 동1 지불하다
ほめる 동2 칭찬하다

바로 체크 **문장 작문하기**

けいえいがく まな
1. 경영학을 배웠습니다. (経営学, ～を, 学ぶ)

= _____

か
2. 비밀번호를 바꾸지 않았습니다. (パスワード, ～を, 変える)

= _____

정답 및 해설 p.344

포인트 08 동사의 부정형

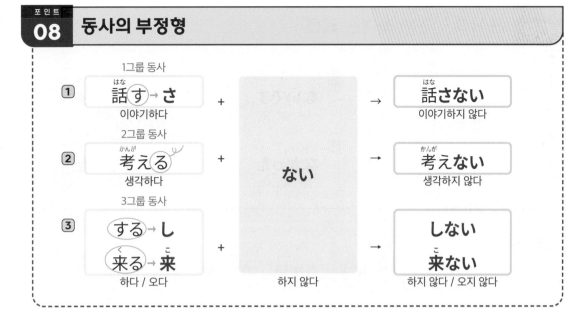

1 〜あ단 + ない ~하지 않다

1그룹 동사의 끝 글자인 う단을 ①あ단으로 바꾸고 〜ない를 붙이면 '~하지 않다'라는 뜻이 된다. 동사 부정형에서 ない를 뗀 형태를 동사 ない형이라고 한다.

· 友達と話さない。　　　　친구와 이야기하지 않다.

· 道は混まない。　　　　길은 혼잡하지 않다.

2 〜ない ~하지 않다

2그룹 동사의 끝 글자인 る를 떼고 〜ない를 붙이면 '~하지 않다'라는 뜻이 된다.

· 方法を考えない。　　　　방법을 생각하지 않다.

· 言葉が通じない。　　　　말이 통하지 않다.

3 しない・来ない 하지 않다 / 오지 않다

3그룹 동사 する의 부정형은 しない(하지 않다)이고, 来る의 부정형은 来ない(오지 않다)이다.

· 掃除をしない。　　　　청소를 하지 않다.

· 友達が来ない。　　　　친구가 오지 않다.

실력 PLUS

① あ단으로 바꿀 때 동사의 끝 글자가 う인 경우 끝 글자를 あ가 아닌 わ로 바꾼다.
　예 買う(사다)
　　→ 買わない(사지 않다)

어휘
道 [みち] 명 길
混む [こむ] 동1 혼잡하다
言葉 [ことば] 명 말
通じる [つうじる] 동2 통하다

바로 체크　A, B 중 올바른 활용 고르기

1. 来る　　　A 来ない　　　B 来ない　　　　2. 見る　　　A 見らない　　　B 見ない

정답 및 해설 p.344

동사 ない형

<ruby>考<rt>かんが</rt></ruby>えない	
생각하지 않다	

① **ないです** 하지 않아요 → <ruby>考<rt>かんが</rt></ruby>えないです 생각하지 않아요

② **なかった** 하지 않았다 → <ruby>考<rt>かんが</rt></ruby>えなかった 생각하지 않았다

---

1 **～ないです** ~하지 않아요

~ないです는 동사 부정형의 정중형으로 '~하지 않아요', ①'~하지 않습니다'라는 뜻이다. 동사 ない형 뒤에 붙는다.

・<ruby>方法<rt>ほうほう</rt></ruby>を<ruby>考<rt>かんが</rt></ruby>えないです。　　방법을 생각하지 않아요.

・<ruby>彼<rt>かれ</rt></ruby>は<ruby>答<rt>こた</rt></ruby>えないです。　　그는 대답하지 않아요.

・お<ruby>金<rt>かね</rt></ruby>を<ruby>使<rt>つか</rt></ruby>わないです。　　돈을 사용하지 않아요.

・<ruby>荷物<rt>にもつ</rt></ruby>は<ruby>運<rt>はこ</rt></ruby>ばないです。　　짐은 운반하지 않아요.

2 **～なかった** ~하지 않았다

~なかった는 동사의 과거부정형으로 '~하지 않았다', '~하지 않았어'라는 뜻이다. 동사 ない형 뒤에 붙는다.

・<ruby>方法<rt>ほうほう</rt></ruby>を<ruby>考<rt>かんが</rt></ruby>えなかった。　　방법을 생각하지 않았다.

・<ruby>理由<rt>りゆう</rt></ruby>を<ruby>伝<rt>つた</rt></ruby>えなかった。　　이유를 전하지 않았다.

・<ruby>兄<rt>あに</rt></ruby>は<ruby>謝<rt>あやま</rt></ruby>らなかった。　　형은 사과하지 않았다.

・<ruby>返事<rt>へんじ</rt></ruby>を<ruby>急<rt>いそ</rt></ruby>がなかった。　　답변을 재촉하지 않았다.

실력 PLUS

① '~하지 않습니다'라는 뜻인 ～ま せん과 같은 뜻이지만, 덜 정중한 표현이다.

어휘
答える [こたえる] 동2 대답하다
理由 [りゆう] 명 이유
伝える [つたえる] 동2 전하다
兄 [あに] 명 형, 오빠
謝る [あやまる] 동1 사과하다
返事 [へんじ] 명 답변
急ぐ [いそぐ] 동1 재촉하다

바로 체크 **문장 작문하기**

1. 모자를 쓰지 않아요. (ぼうし, ～を, かぶる)

= _____

2. 손님이 오지 않았다. (<ruby>客<rt>きゃく</rt></ruby>, ～が, <ruby>来<rt>く</rt></ruby>る)

= _____

정답 및 해설 p.344

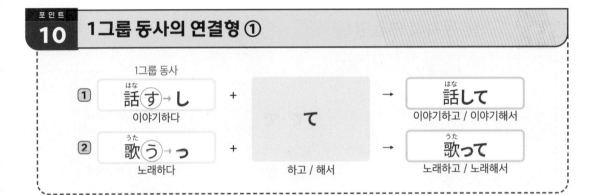

1그룹 동사			
① 話す→し 이야기하다	+	て	→ 話して 이야기하고 / 이야기해서
② 歌う→っ 노래하다	+	하고 / 해서	→ 歌って 노래하고 / 노래해서

---

① ～して 하고 / ~해서

す로 끝나는 1그룹 동사는 끝 글자를 し로 바꾸고 ～て를 붙이면 '~하고', '~해서'라는 뜻이 된다. 동사 연결형은 동사 ①て형이라고도 한다.

· 母に話して遊ぶ。　　　　　　　　어머니에게 이야기하고 논다.

· しおを足して混ぜる。　　　　　　소금을 더하고 섞는다.

· 場所を移して話し合う。　　　　　장소를 이동해서 서로 이야기한다.

· スマホを落として画面が割れた。　스마트폰을 떨어뜨려서 화면이 깨졌다.

② ～って 하고 / ~해서

う, つ, る로 끝나는 1그룹 동사는 끝 글자를 っ로 바꾸고 ～て를 붙이면 '~하고', '~해서'라는 뜻이 된다.

· 歌って踊ります。　　　　　　　　노래하고 춤춥니다.

· かばんを買って帰った。　　　　　가방을 구입하고 돌아갔다.

· 箸を使って食べる。　　　　　　　젓가락을 사용해서 먹는다.

· 服を洗って着ます。　　　　　　　옷을 세탁해서 입습니다.

실력 PLUS

① て형으로 문장을 마치면 '~해 줘.'라는 뜻이 된다.
예 掃除して。청소해 줘.

어휘

母 [はは] 명 어머니
遊ぶ [あそぶ] 동1 놀다
しお 명 소금
足す [たす] 동1 더하다
混ぜる [まぜる] 동2 섞다
場所 [ばしょ] 명 장소
移す [うつす] 동1 이동하다
話し合う [はなしあう] 동1 서로 이야기하다
スマホ 명 스마트폰
落とす [おとす] 동1 떨어뜨리다
画面 [がめん] 명 화면
割れる [われる] 동2 깨지다
歌う [うたう] 동1 노래하다
踊る [おどる] 동1 춤추다
かばん 명 가방
帰る [かえる] 동1 돌아가다
箸 [はし] 명 젓가락
服 [ふく] 명 옷
洗う [あらう] 동1 세탁하다
着る [きる] 동2 입다

바로 체크 A, B 중 올바른 활용 고르기

1. 返す　　A 返って　　B 返して　　　2. 割る　　A 割って　　B 割りて

1그룹 동사의 연결형 ②

1그룹 동사

① 弾く → い
연주하다
+ て · で → 弾いて
연주하고 / 연주해서

② 運ぶ → ん
운반하다
하고 / 해서 → 運んで
운반하고 / 운반해서

---

1 **〜いて · 〜いで** ~하고 / ~해서

① く, ぐ로 끝나는 1그룹 동사는 끝 글자를 い로 바꾸고 〜て, 〜で를 붙이면 '~하고', '~해서'라는 뜻이 된다.

· ピアノを弾いて歌います。　　피아노를 연주하고 노래합니다.

· 泳いで遊びます。　　수영하고 놉니다.

· 急いで駅に向かいます。　　서둘러서 역으로 향합니다.

· 風が吹いて寒かった。　　바람이 불어서 추웠다.

2 **〜んで** ~하고 / ~해서

ぬ, ぶ, む로 끝나는 1그룹 동사는 끝 글자를 ん으로 바꾸고 〜で를 붙이면 '~하고', '~해서'라는 뜻이 된다.

· いすを運んで並べる。　　의자를 운반하고 늘어놓는다.

· 飲み物を選んで注文した。　　음료를 고르고 주문했다.

· ペットが死んで悲しい。　　반려동물이 죽어서 슬프다.

· 転んでけがをしました。　　넘어져서 상처를 입었어요.

실력 PLUS

① く로 끝나는 동사 중 行く(가다)의 て형은 예외로 行いて가 아닌 行って(가고/가서)이다.

어휘

弾く [ひく] 동1 연주하다
泳ぐ [およぐ] 동1 수영하다
向かう [むかう] 동1 향하다
風 [かぜ] 명 바람
吹く [ふく] 동1 불다
寒い [さむい] い형 춥다
いす 명 의자
並べる [ならべる] 동2 늘어놓다
選ぶ [えらぶ] 동1 고르다
注文 [ちゅうもん] 명 주문
ペット 명 반려동물
悲しい [かなしい] い형 슬프다
転ぶ [ころぶ] 동1 넘어지다
けが 명 상처

바로 체크 A, B 중 올바른 활용 고르기

1. 開く　　　A 開んで　　　B 開いて　　　2. 飛ぶ　　　A 飛んで　　　B 飛いで

정답 및 해설 p.344

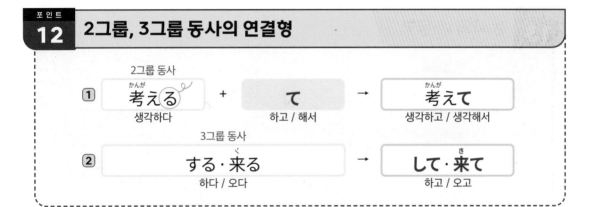

2그룹 동사		
① 考える 생각하다	+ て 하고 / 해서	→ 考えて 생각하고 / 생각해서

3그룹 동사	
② する・来る 하다 / 오다	→ して・来て 하고 / 오고

① **～て** ~하고 / ~해서

2그룹 동사는 끝 글자인 る를 떼고 ～て를 붙이면 '~하고', '~해서'라는 뜻이 된다.

· 次を考えて行動する。　　　　　다음을 생각하고 행동한다.

· 仕事を終えて退勤した。　　　　일을 끝내고 퇴근했다.

· 机が汚れて拭いた。　　　　　　책상이 더러워져서 닦았다.

· 辛い物を食べて舌が痛い。　　　매운 것을 먹어서 혀가 아프다.

② **して・来て** 하고 / 오고 (해서 / 와서)

3그룹 동사 する의 연결형은 して(하고, 해서)이고, 来る의 연결형은 来て(오고, 와서)이다.

· テニスをしてシャワーを浴びた。　テ니스를 하고 샤워를 했다.

· ダイエットをしてやせた。　　　　다이어트를 해서 살이 빠졌다.

· 秋が来て葉が落ちた。　　　　　　가을이 오고 잎이 떨어졌다.

· タクシーが来て乗った。　　　　　택시가 와서 탔다.

실력 PLUS

어휘
次 [つぎ] 똉 다음
行動 [こうどう] 똉 행동
仕事 [しごと] 똉 일
終える [おえる] 동2 끝내다
退勤 [たいきん] 똉 퇴근
机 [つくえ] 똉 책상
汚れる [よごれる] 동2 더러워지다
拭く [ふく] 동1 닦다
辛い [からい] 이형 맵다
舌 [した] 똉 혀
痛い [いたい] 이형 아프다
シャワーを浴びる [シャワーをあびる]
샤워를 하다
やせる 동2 살이 빠지다
秋 [あき] 똉 가을
葉 [は] 똉 잎
落ちる [おちる] 동2 떨어지다
乗る [のる] 동1 타다

바로 체크 A, B 중 올바른 활용 고르기

1. する　　A すて　　B して　　　　2. 着る　　A 着て　　B 着って

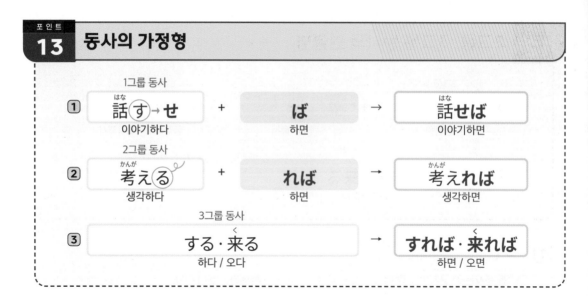

1 ～え단 + ば ~하면

1그룹 동사는 끝 글자인 う단을 え단으로 바꾸고 ～ば를 붙이면 '~하면'이라는 뜻이 된다. 동사 가정형은 동사 ば형이라고도 한다.

· 日本語で話せば通じます。 일본어로 이야기하면 통합니다.

· マフラーを巻けば寒くない。 머플러를 두르면 춥지 않다.

2 ～れば ~하면

2그룹 동사는 끝 글자인 る를 떼고 ～れば를 붙이면 '~하면'이라는 뜻이 된다.

· 解決方法を考えればいい。 해결 방법을 생각하면 된다.

· この山を越えれば町がある。 이 산을 넘으면 마을이 있다.

3 すれば・来れば 하면 / 오면

3그룹 동사 する의 가정형은 すれば(하면), 来る의 가정형은 来れば(오면)이다.

· 修理をすれば直ります。 수리를 하면 고쳐집니다.

· 朝が来れば太陽が昇る。 아침이 오면 태양이 뜬다.

실력 PLUS

어휘

日本語 [にほんご] 몡 일본어
マフラー 몡 머플러
巻く [まく] 뙹1 두르다
解決 [かいけつ] 몡 해결
この 이
山 [やま] 몡 산
越える [こえる] 뙹2 넘다
町 [まち] 몡 마을
ある 뙹1 있다
修理 [しゅうり] 몡 수리
直る [なおる] 뙹1 고쳐지다
朝 [あさ] 몡 아침
太陽 [たいよう] 몡 태양
昇る [のぼる] 뙹1 뜨다, 오르다

바로 체크 A, B 중 올바른 활용 고르기

1. する   A すれば   B しれば   2. 来る   A 来れば   B 来れば

정답 및 해설 p.344

---

1 질문에 답하기

(1) **A** 遅れますか。 늦습니까?

　　B はい、＿＿＿＿＿＿＿＿＿＿。(遅れる) 네, 늦습니다.

(2) **A** 部長は来ますか。 부장님은 옵니까?

　　B いいえ、＿＿＿＿＿＿＿＿＿＿。(来る) 아니요, 오지 않습니다.

(3) **A** 出かけた？ 외출했어?

　　B いや、＿＿＿＿＿＿＿＿＿＿。(出かける) 아니, 외출하지 않았어.

2 대화 읽고 빈 칸 채우기

(1) **A** 「試験に（　　　）。」

　　B 「本当ですか。おめでとうございます。」
　　① 合格する　　　　　　② 合格しました　　　　　　③ 合格しなかった

(2) **A** 「昨日、デパートに行きました。」

　　B 「私は海に（　　）泳ぎました。」

　　① 行って　　　　　　　② 行った　　　　　　　　③ 行けば

(3) **A** 「ご飯を食べて、カフェに寄らない？」

　　B 「ううん、（　　　）。」
　　① 寄る　　　　　　　　② 寄って　　　　　　　③ 寄らない

3 선택지 배열하고 ★에 들어갈 것 고르기

(1) 雪は30分後に ＿＿＿＿ ★ ＿＿＿＿。

　　① でした　　　　　　　② 止んで　　　　　　　③ 積もりません

(2) この薬を ＿＿＿＿ ★ ＿＿＿＿ ます。

　　① 下がり　　　　　　　② 熱が　　　　　　　　③ 飲めば

정답 및 해설 p.344

04 동사 알맞게 활용하기 ②

▲ MP3 바로 듣기

일본어 동사는 목적어의 유무에 따라 자동사와 타동사로 나뉜다. 일본어 자동사와 타동사의 특징과 동사를 활용한 가능형, 의지형과 같은 과거형, 정중형 보다 복잡한 문장을 만드는 방법을 알아보자.

포인트 01 자동사

① 자동사
～れる

② 자동사
～あ단 + る

---

1 ～れる 자동사

자동사란 목적어를 필요로 하지 않는 동사이다. 동사 기본형이 ^①～れる로 끝나는 경우 대부분 자동사이다.

· 全身が疲れる。   온몸이 피로하다.

· 服が汚れる。   옷이 더러워지다.

· 子供が生まれる。   아이가 태어나다.

2 ～あ단 + る 자동사

동사 기본형이 ^②～あ단 + る의 형태로 끝나는 경우 대부분 자동사이다.

· 夏休みが始まる。   여름 방학이 시작되다.

· 色が変わる。   색이 변하다.

· 店が見つかった。   가게가 발견되었다.

실력 PLUS

① ～れる로 끝나지만 자동사가 아 닌 동사도 있다.
예 忘れる 잊다, 入れる 넣다, くれる 주다

② ～あ단 + る의 형태로 끝나지만 자동사가 아닌 동사도 있다.
예 断る 거절하다, 触る 만지다

어휘

全身 [ぜんしん] 몡 온몸
疲れる [つかれる] 동2 피로하다
生まれる [うまれる] 동2 태어나다
夏休み [なつやすみ] 몡 여름 방학
始まる [はじまる] 동1 시작되다
色 [いろ] 몡 색
変わる [かわる] 동1 변하다
店 [みせ] 몡 가게
見つかる [みつかる] 동1 발견되다

바로 체크 A, B 중에서 자동사 고르기

1. A 倒れる   B 倒す
2. A 上げる   B 上がる
3. A 切れる   B 切る
4. A 下がる   B 下げる

정답 및 해설 p.345

타동사
① ~え단 + る

타동사
② ~す

---

① **~え단 + る** 타동사

타동사란 목적어를 필요로 하는 동사이다. 따라서, 목적어를 취하는 조사인 ~を
(~을)와 자주 쓰인다. 동사의 기본형이 [1] ~え단 + る의 형태로 끝나는 경우 대부분
타동사이다.

· 授業を始める。 수업을 시작하다.

· 本を見つける。 책을 발견하다.

· 資料を集める。 자료를 모으다.

② **~す** 타동사

동사의 기본형이 [2] ~す로 끝나는 경우 대부분 타동사이다.

· 病気を治す。 병을 고치다.

· 消しゴム[3]で消す。 지우개로 지우다.

· うわさを話す。 소문을 이야기하다.

실력 PLUS

① ~え단 + る의 형태로 끝나지만
타동사가 아닌 동사도 있다.

예 冷える 차가워지다

解ける 풀리다

② ~す로 끝나지만 타동사가 아닌
동사도 있다.

예 熟す 잘 익다

③ ~で는 '~로'라는 뜻의 조사이다.
P.75에서 자세히 학습할 수 있다.

어휘

授業 [じゅぎょう] 몡 수업
始める [はじめる] 동2 시작하다
本 [ほん] 몡 책
見つける [みつける] 동2 발견하다
資料 [しりょう] 몡 자료
病気 [びょうき] 몡 병
治す [なおす] 동1 고치다
消しゴム [けしゴム] 몡 지우개
~で 죄 ~로
消す [けす] 동1 지우다
うわさ 몡 소문

바로체크 A, B 중에서 타동사 고르기

1. A 閉める B 閉まる
2. A 壊す B 壊れる
3. A 始める B 始まる
4. A 残す B 残る

정답 및 해설 p.345

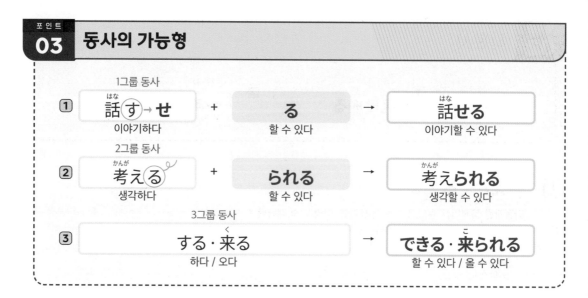

① ~え단 + る ~할 수 있다

1그룹 동사는 끝 글자인 う단을 え단으로 바꾸고 ~る를 붙이면 '~할 수 있다', '~할 수 있어'라는 뜻이 된다.

· 英語を話せる。   영어를 이야기할 수 있다.
· 漢字が読める。   한자를 읽을 수 있다.

② ~られる ~할 수 있다

2그룹 동사는 끝 글자인 る를 떼고 ①~られる를 붙이면 '~할 수 있다', '~할 수 있어'라는 뜻이 된다.

· 方法を考えられる。   방법을 생각할 수 있다.
· 荷物が預けられる。   짐을 맡길 수 있다.

③ **できる・来られる** 할 수 있다 / 올 수 있다

3그룹 동사 する의 가능형은 できる(할 수 있다)이고, 来る의 가능형은 来られる(올 수 있다)이다.

· キャンセルができる。   취소를 할 수 있다.
· 歩いて来られる。   걸어서 올 수 있다.

실력 PLUS

① ~られる가 아니고 ~れる를 붙여 2그룹 동사의 가능형을 만들 수도 있다. 문법상에서는 틀린 표현이지만, 일상적으로 자주 사용한다.
예 食べれる 먹을 수 있다

어휘
英語 [えいご] 몡 영어
漢字 [かんじ] 몡 한자
~が 조 (가능형) ~을, 를
読む [よむ] 툉 읽다
預ける [あずける] 툉2 맡기다
キャンセル 몡 취소
歩く [あるく] 툉1 걷다

바로 체크 문장 작문하기

1. 운전을 할 수 있다. (運転, ~が)
   = _____

2. 반려동물을 키울 수 있다. (ペット, ~が, 飼う)
   = _____

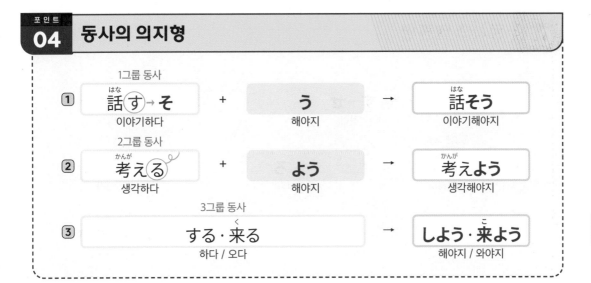

1그룹 동사
① 話す → そ + う → 話そう
이야기하다   해야지   이야기해야지

2그룹 동사
② 考える + よう → 考えよう
생각하다   해야지   생각해야지

3그룹 동사
③ する・来る → しよう・来よう
하다 / 오다   해야지 / 와야지

① 〜お단 + う ~해야지

1그룹 동사는 끝 글자인 う단을 お단으로 바꾸고 〜う를 붙이면 '~해야지', '~하자'라는 뜻이 된다. 이를 동사의 의지형이라고 하며, 동사의 의지형은 어떤 것을 하겠다는 의지를 나타내거나 상대에게 어떤 행동을 하자고 권유할 때에도 사용하는 활용형이다.

· 友達と話そう。 친구와 이야기해야지.
· 先生に聞こう。 선생님에게 물어야지.

② 〜よう ~해야지

2그룹 동사는 끝 글자인 る를 떼고 〜よう를 붙이면 '~해야지', '~하자'라는 뜻이 된다.

· 方法を考えよう。 방법을 생각해야지.
· リーダーを決めよう。 리더를 정해야지.

③ しよう・来よう 해야지 / 와야지

3그룹 동사 する의 의지형은 しよう(해야지, 하자)이고, 来る의 의지형은 来よう(와야지, 오자)이다.

· 散歩をしよう。 산책을 해야지.
· 明日[1]も来よう。 내일도 와야지.

실력 PLUS

① 〜も는 '~도'라는 뜻의 조사이다.
P.71에서 자세히 학습할 수 있다.

어휘
聞く [きく] 图1 묻다
リーダー 명 리더
決める [きめる] 图2 정하다
散歩 [さんぽ] 명 산책
明日 [あした] 명 내일
〜も 조 ~도

바로 체크 문장 작문하기

1. 집에 돌아가야지. (家, 〜に, 帰る)
   = _____

2. 연습을 해야지. (練習, 〜を)
   = _____

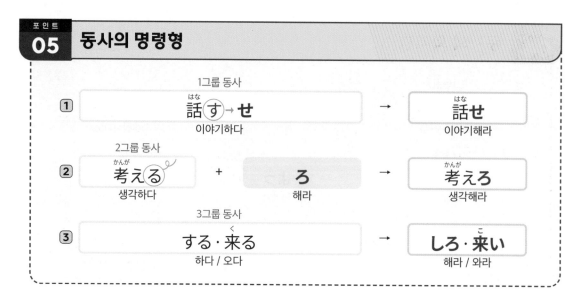

1 ~え단 ~해라

1그룹 동사는 끝 글자인 う단을 え단으로 바꾸면 [①]‘~해라’라는 뜻이 된다.

- 理由を話せ。　　　　　　　이유를 이야기해라.
- 約束を守れ。　　　　　　　약속을 지켜라.

2 ~ろ ~해라

2그룹 동사는 끝 글자인 る를 떼고 ろ를 붙이면 ‘~해라’라는 뜻이 된다.

- 方法を考えろ。　　　　　방법을 생각해라.
- 6時に起きろ。　　　　　6시에 일어나라.

3 しろ・来い 해라 / 와라

3그룹 동사 する의 명령형은 しろ(해라)이고, 来る의 명령형은 来い(와라)이다.

- 注意しろ。　　　　　　　주의 해라.
- 職員室に来い。　　　　　교무실로 와라.

실력 PLUS

① ‘~해라’라는 명령하는 말이므로 손 윗사람 등 정중하게 말해야 하는 상대에게는 사용하지 않는다.

어휘
約束 [やくそく] 몡 약속
守る [まもる] 동1 지키다
時 [じ] 시
起きる [おきる] 동2 일어나다
注意 [ちゅうい] 몡 주의
職員室 [しょくいんしつ] 몡 교무실

바로 체크　문장 작문하기

1. 자리에 앉아라. (席, ~に, 座る)

= _____

2. 문을 닫아라. (ドア, ~を, 閉める)

= _____

정답 및 해설 p.345

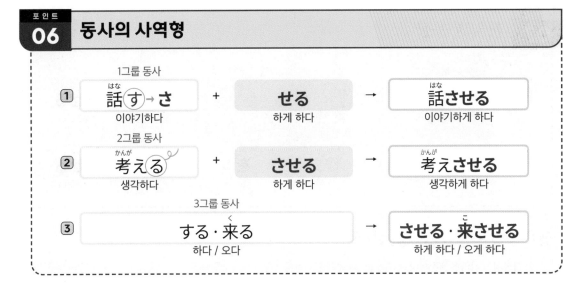

① ~あ단 + せる ~하게 하다

1그룹 동사는 끝 글자인 う단을 あ단으로 바꾸고 せる를 붙이면 '~하게 하다'라는 뜻이 된다. 이를 동사의 사역형이라고 하며, 동사의 사역형은 상대에게 어떤 행동이나 작용을 하도록 시키는 것을 나타내는 활용형이다.

- 理由を話させる。　　　　이유를 이야기하게 하다.
- 返事を急がせた。　　　　답변을 서두르게 했다.

② ~させる ~하게 하다

2그룹 동사는 끝 글자인 る를 떼고 させる를 붙이면 '~하게 하다'라는 뜻이 된다.

- 方法を考えさせる。　　　방법을 생각하게 하다.
- たばこをやめさせた。　　담배를 그만두게 했다.

③ させる・来させる 하게 하다 / 오게 하다

3그룹 동사 する의 사역형은 ①させる(하게 하다)이고, 来る의 사역형은 来させる (오게 하다)이다.

- 運動をさせる。　　　　　운동을 하게 하다.
- 事務所に来させる。　　　사무소에 오게 하다.

실력 PLUS

① させる는 '하게 하다' 외에 '시키다'라고 해석할 수도 있다.
　예 勉強させる。
　　→ 공부하게 하다. (공부시키다.)

어휘
たばこ 명 담배
やめる 동2 그만두다
運動 [うんどう] 명 운동
事務所 [じむしょ] 명 사무소

바로 체크　문장 작문하기

1. 식기를 씻게 하다. (食器, ~を, 洗う)

= _____

2. 제안을 받아들이게 하다. (提案, ~を, 受け入れる)

= _____

정답 및 해설 p.345

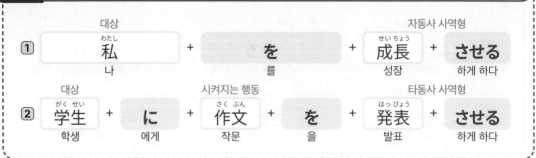

① 〜を〜させる ~을 ~하게 하다

자동사의 사역형 문장이다. 〜を(~을, 를) 앞에는 행동을 시켜지는 ①대상이 온다.

· 私を成長させる。 　　　　　　나를 성장하게 한다.

· 父を困らせる。 　　　　　　　아버지를 곤란하게 하다.

· 同期が先輩を怒らせた。 　　　동기가 선배를 분노하게 했다.

② 〜に〜を〜させる ~에게 ~을 ~하게 하다

타동사의 사역형 문장이다. 〜に(~에게, 에) 앞에는 행동을 시켜지는 대상, 〜を(~을, 를) 앞에는 시켜지는 행동이 온다.

· 学生に作文を発表させる。
학생에게 작문을 발표하게 하다.

· 子供に部屋を片付けさせる。
아이에게 방을 정돈하게 한다.

· 部下にアンケート結果をまとめさせる。
부하에게 설문 조사 결과를 정리하게 한다.

실력 PLUS

① 대상 앞이나 뒤에 행동을 시키는 주체를 덧붙이기도 한다.

예 同期が先輩を怒らせた。

동기가 선배를 분노하게 했다.

先輩を同期が怒らせた。

선배를 동기가 분노하게 했다.

어휘

私 [わたし] 몡 나
成長 [せいちょう] 몡 성장
父 [ちち] 몡 아버지
困る [こまる] 통1 곤란하다
同期 [どうき] 몡 동기
先輩 [せんぱい] 몡 선배
怒る [おこる] 통1 분노하다
発表 [はっぴょう] 몡 발표
作文 [さくぶん] 몡 작문
部屋 [へや] 몡 방
片付ける [かたづける] 통2 정돈하다
部下 [ぶか] 몡 부하
アンケート 몡 설문 조사, 앙케트
結果 [けっか] 몡 결과
まとめる 통2 정리하다

바로 체크 문장 작문하기

1. 그는 힙합을 유행하게 했다. (彼, ヒップホップ, はやる)

　= _____

2. 딸에게 발레를 배우게 했다. (娘, バレエ, 習う)

　= _____

정답 및 해설 p.345

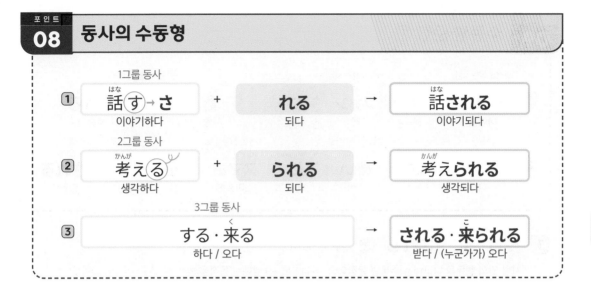

① 話す→さ + れる → 話される
이야기하다 / 1그룹 동사 / 되다 / 이야기되다

② 考える + られる → 考えられる
생각하다 / 2그룹 동사 / 되다 / 생각되다

③ する・来る → される・来られる
3그룹 동사 / 하다 / 오다 / 받다 / (누군가가) 오다

---

① **～あ단 + れる** ~되다

1그룹 동사는 끝 글자인 う단을 あ단으로 바꾸고 ～れる를 붙이면 '~되다', '~지다', '~받다', '~당하다'라는 ①수동의 뜻이 된다. 이를 동사의 수동형이라고 하며, 동사의 수동형은 어떤 행동이나 작용의 영향을 받음을 나타내는 활용형이다.

· うわさ話が話される。   소문이 이야기되다.

· 荷物が運ばれた。   짐이 운반되었다.

② **～られる** ~되다

2그룹 동사는 끝 글자인 る를 떼고 ～られる를 붙이면 '~되다', '~지다', '~받다', '~당하다'라는 수동의 뜻이 된다.

· 良い結果と考えられる。   좋은 결과라고 생각된다.

③ **される・来られる** 받다 / (누군가가) 오다

3그룹 동사 する의 수동형은 される(받다)이고, ②来る의 수동형은 来られる((누군가가) 오다)이다. 来られる는 직역하면 '(누군가에게) 와지다'가 되기 때문에 어색하므로 '(누군가가) 오다'라고 해석한다.

· 質問をされる。   질문을 받다.

· 家に来られる。   집에 (누군가가) 오다.

실력 PLUS

① 수동의 뜻뿐 아니라 상대방의 행위를 높이는 존경의 뜻, 무의식적으로 이뤄지는 행위를 나타내는 자발의 뜻으로도 사용할 수 있다.

② 来る와 2그룹 동사는 수동형과 가능형의 형태가 같다.

어휘
うわさ話 [うわさばなし] 阁 소문
成績 [せいせき] 阁 성적
質問 [しつもん] 阁 질문
家 [いえ] 阁 집

바로 체크   문장 작문하기

1. 범인으로 의심되다. (犯人, ～と, 疑う)

　= _____

2. 비밀을 알게 되다. (秘密, ～を, 知る)

　= _____

정답 및 해설 p.345

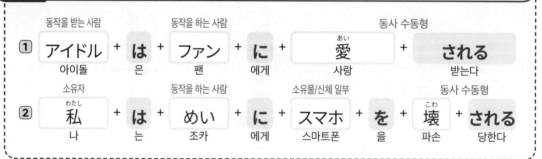

1 ～は～に～される ~은 ~에게 ~받다

사람 간의 행동을 나타내는 수동형 문장이다. ～は(~은, 는) 앞에는 동작을 받는 사람, ～に(~에게, ~에) 앞에는 동작을 하는 사람이 온다.

・アイドルはファンに<ruby>愛<rt>あい</rt></ruby>される。	아이돌은 팬에게 사랑받는다.
・<ruby>先生<rt>せんせい</rt></ruby>は<ruby>弟子<rt>でし</rt></ruby>に<ruby>尊敬<rt>そんけい</rt></ruby>される。	선생님은 제자에게 존경받는다.
・<ruby>私<rt>わたし</rt></ruby>は<ruby>友人<rt>ゆうじん</rt></ruby>になぐさめられた。	나는 친구에게 위로받았다.

2 ～は～に～を～される ~는 ~에게 ~을 ~당하다

소유물이나 신체 일부가 동작을 받음을 나타내는 수동형 문장이다. ～は(~은, 는) 앞에는 동작을 받는 소유물이나 신체의 소유자, ～に(~에게, ~에) 앞에는 동작을 하는 사람, ～を(~을, 를) 앞에는 동작을 받는 소유물이나 신체 일부가 온다.

・<ruby>私<rt>わたし</rt></ruby>はめいにスマホを<ruby>壊<rt>こわ</rt></ruby>される。	나는 조카에게 스마트폰을 파손당한다.
・<ruby>彼<rt>かれ</rt></ruby>はスリに<ruby>お金<rt>かね</rt></ruby>を<ruby>盗<rt>ぬす</rt></ruby>まれた。	그는 소매치기에게 돈을 도둑질당했다.
・<ruby>弟<rt>おとうと</rt></ruby>は<ruby>兄<rt>あに</rt></ruby>に<ruby>足<rt>あし</rt></ruby>を<ruby>踏<rt>ふ</rt></ruby>まれた。	남동생은 형에게 발을 밟혔다(=밟힘당했다).

실력 PLUS

어휘
ファン 똉 팬
愛 [あい] 똉 사랑
弟子 [でし] 똉 제자
尊敬 [そんけい] 똉 존경
友人 [ゆうじん] 똉 친구
なぐさめる 동2 위로받다
めい 똉 (여)조카
壊す [こわす] 동1 파손하다
スリ 똉 소매치기
盗む [ぬすむ] 동1 도둑질하다
足 [あし] 똉 발
踏む [ふむ] 동1 밟다

바로 체크 문장 작문하기

1. 그는 그녀에게 제안을 거절당했다. (<ruby>彼<rt>かれ</rt></ruby>, <ruby>彼女<rt>かのじょ</rt></ruby>, <ruby>提案<rt>ていあん</rt></ruby>, <ruby>断る<rt>ことわ</rt></ruby>)

   = ＿＿＿＿＿＿＿＿＿＿＿＿＿＿＿＿＿

2. 그녀는 남자친구에게 오해받았다. (<ruby>彼女<rt>かのじょ</rt></ruby>, <ruby>彼氏<rt>かれし</rt></ruby>, <ruby>誤解<rt>ごかい</rt></ruby>)

   = ＿＿＿＿＿＿＿＿＿＿＿＿＿＿＿＿＿

정답 및 해설 p.345

10 수동형 문장 ②

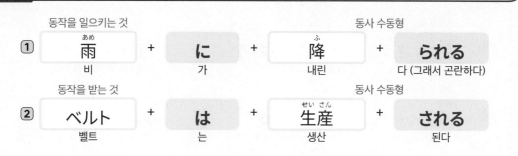

① 動作을 일으키는 것 ‖ 雨(비) + に(가) + 降(내린) + られる(다 (그래서 곤란하다)) ← 동사 수동형

② 動作을 받는 것 ‖ ベルト(벨트) + は(는) + 生産(생산) + される(된다) ← 동사 수동형

---

1 ～に～される ~가 ~하다 (그래서 곤란하다)

수동형 문장은 어떤 동작을 받아 ①피해를 입어 곤란하다는 뉘앙스를 가지기도 한다. ～に 앞에는 동작을 일으키는 것이 온다.

- 雨に降られる。 　　　　　　　　　　비가 내린다. (그래서 곤란하다)
- 隣人に騒がれる。 　　　　　　　　이웃이 떠든다. (그래서 곤란하다)
- 犬に吠えられた。 　　　　　　　　개가 짖었다. (그래서 곤란하다)

2 ～は～される ~는 ~되다

수동형 문장은 사물이나 개념과 같은 무생물에도 사용할 수 있다. ～は(~은, 는) 앞에는 동작을 받는 무생물이 온다.

- ベルトは生産される。 　　　　　　　벨트는 생산된다.
- 水道代は口座から引き落とされる。 　수도세는 계좌에서 자동이체된다.
- ワールドカップは6月に開催される。 　월드컵은 6월에 개최된다.

실력 PLUS

① 피해를 나타내는 수동형 문장은 직역하면 '비에 내림당하다'처럼 부자연스러운 경우가 많기 때문에 '~가 ~하다'처럼 능동형으로 의역한다.

어휘

隣人 [りんじん] 몡 이웃
騒ぐ [さわぐ] 동1 떠들다
犬 [いぬ] 몡 개
吠える [ほえる] 동2 짖다
ベルト 몡 벨트
生産 [せいさん] 몡 생산
水道代 [すいどうだい] 몡 수도세
口座 [こうざ] 몡 계좌
引き落とす [ひきおとす] 동1 자동이체하다
ワールドカップ 몡 월드컵
月 [がつ] 월
開催 [かいさい] 몡 개최

바로 체크　문장 작문하기

1. 범인이 도망쳤다. (그래서 곤란하다) (犯人, 逃げる)

    = _____

2. 저 영화는 어제 공개되었다. (あの, 映画, 昨日, 公開)

    = _____

정답 및 해설 p.346

1그룹 동사
① 話<ruby>す<rt>はな</rt></ruby>→さ ＋ せられる・される → 話させられる
이야기하다 (억지로) ~하게 되다 (억지로) 이야기하게 되다

2그룹 동사
② 考<ruby>える<rt>かんが</rt></ruby> ＋ させられる → 考えさせられる
생각하다 (억지로) ~하게 되다 (억지로) 생각하게 되다

3그룹 동사
③ する・来<ruby>る<rt>く</rt></ruby> → させられる・来<ruby>させられる<rt>こ</rt></ruby>
하다 / 오다 (억지로) 하게 되다 / (억지로) 오게 되다

---

① **～あ단 ＋ せられる・される** (억지로) ~하게 되다

①1그룹 동사는 끝 글자인 う단을 あ단으로 바꾸고 ～せられる나 ～される를 붙이면 '(억지로) ~하게 되다'라는 뜻이 된다. 이를 동사의 사역수동형이라고 하며, 어떤 동작이나 작용을 하도록 억지로 시켜졌음을 나타낼 때 사용하는 활용형이다.

· 理由<ruby><rt>りゆう</rt></ruby>を話<ruby><rt>はな</rt></ruby>させられる。 이유를 이야기하게 되다.

· 買<ruby><rt>か</rt></ruby>い物<ruby><rt>もの</rt></ruby>に付<ruby><rt>つ</rt></ruby>き合<ruby><rt>あ</rt></ruby>わされた。 쇼핑에 동행하게 되었다.

② **～させられる** (억지로) ~하게 되다

2그룹 동사는 끝 글자인 る를 떼고 ～させられる를 붙이면 '(억지로) ~하게 되다'라는 뜻이 된다.

· 方法<ruby><rt>ほうほう</rt></ruby>を考<ruby><rt>かんが</rt></ruby>えさせられる。 방법을 생각하게 되다

· リーダーを引<ruby><rt>ひ</rt></ruby>き受<ruby><rt>う</rt></ruby>けさせられる。 리더를 떠맡게 되다.

③ **させられる・来<ruby>させられる<rt>こ</rt></ruby>** (억지로) 하게 되다 / 오게 되다

3그룹 동사 する의 사역수동형은 させられる((억지로) 하게 되다)이고, 来<ruby><rt>く</rt></ruby>る의 사역수동형은 来<ruby><rt>こ</rt></ruby>させられる((억지로) 오게 되다)이다.

· 残業<ruby><rt>ざんぎょう</rt></ruby>をさせられる。 야근을 하게 되다.

· 駅<ruby><rt>えき</rt></ruby>に来<ruby><rt>こ</rt></ruby>させられる。 역에 오게 되다.

실력 PLUS

①1그룹 동사 중 **す**로 끝나는 것은 사역수동형을 만들 때 **される**는 붙일 수 없고 **せられる**만 붙일 수 있다.
예 話<ruby>す<rt>はな</rt></ruby>(이야기하다)
→ 話<ruby><rt>はな</rt></ruby>せられる
(억지로) 이야기하게 되다

어휘
買<ruby>い物<rt>かいもの</rt></ruby> [かいもの] 명 쇼핑
付<ruby>き合う<rt>つきあう</rt></ruby> [つきあう] 동1 동행하다
引<ruby>き受ける<rt>ひきうける</rt></ruby> [ひきうける] 동2 떠맡다
残業<ruby><rt>ざんぎょう</rt></ruby> [ざんぎょう] 명 야근, 잔업

바로 체크 문장 작문하기

1. 팀을 (억지로) 짜게 되다. (チーム, ～を, 組<ruby>む<rt>く</rt></ruby>)

  = _____

2. 주연을 (억지로) 맡게 되다. (主役<ruby><rt>しゅやく</rt></ruby>, ～を, 務<ruby>める<rt>つと</rt></ruby>)

  = _____

정답 및 해설 p.346

<회화 대비>

1 질문에 답하기

(1) **A** 宿題は終わりましたか。 숙제는 끝났습니까?

B はい、全部＿＿＿＿＿＿＿＿＿＿。(終わる) 네, 다 끝냈습니다.

(2) **A** ふた、開いた？ 뚜껑, 열었어?

B いいえ、＿＿＿＿＿＿＿＿＿＿。(固い, 開ける) 아니요, 단단해서 열 수 없습니다.

(3) **A** これも石井教授の論文ですか。 이것도 이시이 교수의 논문입니까?

B はい、＿＿＿＿＿＿＿＿＿＿。(今年, 発表, 論文) 네, 올해 발표된 논문입니다.

<JLPT/회화 대비>

2 대화 읽고 빈 칸 채우기

(1) **A** 「昔の絵ですか。」

B 「はい、200年前に（　　　）。」

① 描けました ② 描かせました ③ 描かれました

(2) **A** 「遊園地、楽しかった。」

B 「うん、また（　　　）。」

① 来よう ② 来ない ③ 来させる

(3) **A** 「テスト、（　　　）。」

B 「はい、頑張ります。」

① 頑張れ ② 頑張らせた ③ 頑張った

<JLPT 대비>

3 선택지 배열하고 ★에 들어갈 것 고르기

(1) きらいなホラー映画 ＿＿＿ ★ ＿＿＿ 。

① を ② 友達に ③ 見させられた

(2) 私は妹に ＿＿＿ ★ ＿＿＿ 。

① 壊された ② かさを ③ 新しい

정답 및 해설 p.346

05 조사를 문장 속에 사용하기 ①

조사란 문장 속에서 다른 품사와 함께 쓰여 문법적 의미를 더해주는 품사이다. 문장에서 주어를 나타내는 조사, 목적어를 나타내는 조사 등 일본어의 기초적인 조사를 사용하는 방법을 알아보자.

▲ MP3 바로 듣기

포인트 01 ~が의 용법 ①

| 事件 (사건) | + | ① 조사 が 이(가) |
| 音楽 (음악) | + | ② が 을(를) |

① ~が ~이(가)

~が는 기본적으로 '~이(가)'라는 뜻이며, 주로 주어를 나타낼 때 사용한다.

- **事件が起こった。** 　　　사건이 일어났다.
- **読書が趣味です。** 　　　독서가 취미입니다.
- **短い髪が似合います。** 　　짧은 머리가 어울립니다.

② ~が ~을(를)

①희망 사항이나 좋고 싫음, 가능 및 능력 여부를 나타낼 때에도 사용한다. 이 경우, '~을(를)'로 해석해야 자연스럽다.

- **音楽が好きだ。** 　　　음악을 좋아한다.
- **英語ができる。** 　　　영어를 할 수 있다.
- **新しいペンがほしいです。** 　새로운 펜을 갖고 싶습니다.

실력 PLUS

① 희망 사항, 좋고 싫음, 가능 및 능력 여부를 나타내는 **好きだ**(좋아하다), **できる**(할 수 있다), **ほしい**(갖고 싶다), **上手だ**(잘하다)와 같은 표현과 주로 쓰인다.

어휘

事件 [じけん] 명 사건
起こる [おこる] 동1 일어나다
読書 [どくしょ] 명 독서
趣味 [しゅみ] 명 취미
短い [みじかい] い형 짧다
髪 [かみ] 명 머리
似合う [にあう] 동1 어울리다
音楽 [おんがく] 명 음악
好きだ [すきだ] な형 좋아하다
新しい [あたらしい] い형 새롭다
ほしい い형 갖고 싶다

바로 체크 문장 작문하기

1. 축구를 잘한다. (サッカー, 上手だ)

   = _____

2. 배가 아프다. (お腹, 痛い)

   = _____

정답 및 해설 p.346

1 ~が ~이(가)

見える(보이다), 聞こえる(들리다), わかる(이해하다)와 같이 인식 또는 감각을 나타낼 때에도 사용한다. 단, わかる(이해하다)는 '~을(를)'로 해석해야 자연스럽다.

실력 PLUS

· 海が見える。 　　　　　바다가 보인다.
· 変な音が聞こえた。 　　이상한 소리가 들렸다.
· 意味がわかる。 　　　　의미를 이해하다.

2 ~が ~지만/인데

~が가 문장 끝에 붙으면 '~지만', '~인데'라는 뜻이 되어, 앞말과 뒷말을 연결한다.

· 牛丼は安いが、うまい。 　　　　소고기 덮밥은 싸지만, 맛있다.
· 今朝は曇りだったが、晴れた。 　오늘 아침은 흐렸지만, 개었다.
· 顔色が良くないですが、大丈夫ですか。 　얼굴색이 좋지 않은데, 괜찮아요?

어휘
海 [うみ] 명 바다
音 [おと] 명 소리
わかる 동1 이해하다
牛丼 [ぎゅうどん] 명 소고기 덮밥
うまい い형 맛있다
今朝 [けさ] 명 오늘 아침
曇り [くもり] 명 흐림
晴れる [はれる] 동2 개다
顔色 [かおいろ] 명 얼굴색
良い [よい] い형 좋다
大丈夫だ [だいじょうぶだ] な형 괜찮다

바로 체크 문장 작문하기

1. 목소리가 들린다. (声, 聞こえる)
= _____

2. 약을 먹었지만, 낫지 않는다. (薬を飲む, 治る)
= _____

정답 및 해설 p.346

			조사
新幹線 しんかんせん 신칸센	+	①	は 은(는)
鏡 かがみ 거울	+	②	を 을(를)
駅 えき 역	+	③	を 에서 / 을(를)

① ～は ~은(는)

①～は는 '~은(는)'이라는 뜻이며, 주어를 나타낼 때 사용한다.

- 新幹線は速い。 　　　신칸센은 빠르다.
　しんかんせん　はや
- 箱は空です。 　　　상자는 비어 있습니다.
　はこ　から
- 土曜日は休みます。 　토요일은 쉽니다.
　どようび　やす

② ～を ~을(를)

～を는 기본적으로 '~을(를)'이라는 뜻이며, 주로 ②목적어를 나타낸다.

- 鏡を見る。 　　　거울을 보다.
　かがみ　み
- 折り紙を折る。 　색종이를 접다.
　お　がみ　お

③ ～を ~에서 / 을(를)

동작의 시작점이나 이동 경로를 나타낼 때에도 사용한다. 이 경우, '~에서', '~을(를)'로 해석해야 자연스럽다. 出る(나오다), 出発する(출발하다)와 같이 이동의 뜻을 가진 동사와 함께 사용된다.

- 駅を出発した。 　　역에서 출발했다.
　えき　しゅっぱつ
- 家を出る。 　　　집을 나오다.
　いえ　で

실력 PLUS

① は는 원래 '하[ha]'라고 발음하지만, 조사로 쓰일 때에는 '와[wa]'로 발음해야 한다.

② 목적어를 나타내는 조사이므로 타동사와 자주 사용된다.

어휘

新幹線 [しんかんせん] 몡 신칸센(일본의 고속열차)
速い [はやい] い형 빠르다
箱 [はこ] 몡 상자
空 [から] 몡 빔
土曜日 [どようび] 몡 토요일
休む [やすむ] 동1 쉬다
鏡 [かがみ] 몡 거울
折り紙 [おりがみ] 몡 색종이
折る [おる] 동1 접다
出発 [しゅっぱつ] 몡 출발
出る [でる] 동2 나오다

바로 체크 문장 작문하기

1. 남자친구는 미용사이다. (彼氏, 美容師)
　　　　　　　　かれし　びようし

= _____

2. 터널을 빠져나가다. (トンネル, 抜ける)
　　　　　　　　　　　ぬ

= _____

정답 및 해설 p.346

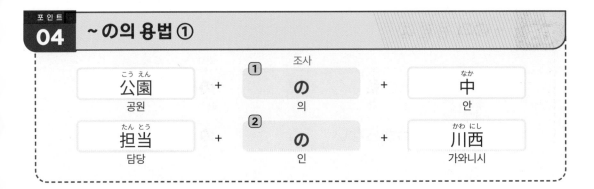

公園 + ① の + 中
공원　　조사　의　　안

担当 + ② の + 川西
담당　　인　　가와니시

---

① ~の ~의

~の는 기본적으로 ①'~의'라는 뜻이며, 주로 명사와 명사를 연결한다.

・公園の中を散歩しました。　　　　공원의 안을 산책했습니다.
・彼女の目は大きい。　　　　　　　그녀의 눈은 크다.
・水泳の選手です。　　　　　　　　수영(의) 선수입니다.

② ~の ~인

앞의 명사와 뒤의 명사가 같음을 나타낼 때에도 사용한다. 이 경우, '~인'으로 해석해야 자연스럽다.

・担当の川西です。　　　　　　　　담당인 가와니시입니다.
・首都のソウルに住む。　　　　　　수도인 서울에 산다.
・友達のキムさんを紹介した。　　　친구인 김 씨를 소개했다.

어휘
公園 [こうえん] 명 공원
中 [なか] 명 안, 속
目 [め] 명 눈
大きい [おおきい] い형 크다
水泳 [すいえい] 명 수영
選手 [せんしゅ] 명 선수
担当 [たんとう] 명 담당
首都 [しゅと] 명 수도
ソウル 명 서울
住む [すむ] 동 살다
紹介 [しょうかい] 명 소개

바로 체크 문장 작문하기

1. 반 친구의 공책입니다. (クラスメイト, ノート)
= _____

2. 노란색인 원피스를 입다. (黄色, ワンピース, 着る)
= _____

1 ～の ~의 것

누구의 것이나 어떠한 것을 나타낼 때에도 사용한다. 이 경우, '~의 것'으로 해석해야 자연스러우며 명사처럼 사용된다.

실력 PLUS

· 黒いかばんが私のです。　　까만 가방이 저의 것입니다.

· ペンを忘れて友達のを借りた。　펜을 잊어서 친구의 것을 빌렸다.

· このスマホ、あなたのですか。　이 스마트폰, 당신의 것입니까?

2 ～の ~어

～の가 문장 끝에 붙으면 '~어'라는 뜻이 된다. 어떤 사실을 부드러운 어조로 전달할 때 사용하며, 억양을 내려 말한다. 단, 강한 어조로 말하면 명령하는 뉘앙스를 갖게 된다. 또한, 질문할 때도 사용하는데, 이때는 억양을 올려 말한다.

· 道がわからないの。　　길을 모르겠어.

· 実家に行ったの？　　본가에 갔어?

· わがまま言わないの。　제멋대로 말하지 마.

어휘
黒い [くろい] (い형) 까맣다
忘れる [わすれる] (동2) 잊다
借りる [かりる] (동2) 빌리다
あなた (명) 당신
実家 [じっか] (명) 본가
行く [いく] (동1) 가다
わがまま (명) 제멋대로 굶
言う [いう] (동1) 말하다

바로 체크 문장 작문하기

1. 빨간 우산은 마쓰모토의 것입니다. (赤い, かさ, 松本)

   = _____

2. 점심 안 먹어? (昼ご飯, 食べる)

   = _____

정답 및 해설 p.346

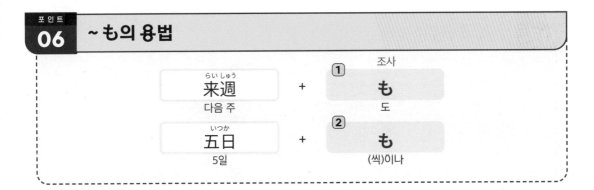

조사
来週 + ① も
다음 주   도

五日 + ② も
5일   (씩)이나

---

① **〜も** ~도

〜も는 기본적으로 '~도'라는 뜻이며, 주로 같은 종류임을 나타낼 때 사용한다.

· 来週も雨が続きます。　　　　　다음 주도 비가 계속됩니다.

· 今日も残業です。　　　　　　　오늘도 잔업입니다.

· 父さんも母さんも出かけた。　　아버지도 어머니도 외출했다.

② **〜も** ~(씩)이나

〜も가 '~일', '~명'과 같은 숫자를 세는 말 뒤에 붙으면 '~(씩)이나'라는 뜻이 된다. 놀라거나 감탄하는 뉘앙스를 담고있다.

· 配達が五日もかかった。　　　　배달이 5일이나 걸렸다.

· ハムスターを5匹も飼う。　　　　햄스터를 5마리씩이나 기른다.

· 1万人も応募した。　　　　　　　1만 명이나 응모했다.

실력 PLUS

어휘

来週 [らいしゅう] 몡 다음 주
続く [つづく] 통1 계속되다
父さん [とうさん] 몡 아버지
母さん [かあさん] 몡 어머니
出かける [でかける] 통2 외출하다
配達 [はいたつ] 몡 배달
五日 [いつか] 몡 5일
かかる 통1 걸리다
ハムスター 몡 햄스터
匹 [ひき] 마리
飼う [かう] 통1 기르다
万人 [まんにん] 만명
応募 [おうぼ] 몡 응모

바로 체크 문장 작문하기

1. 커피를 3잔이나 마시다. (コーヒー, 3杯, 飲む)

= _____

2. 금요일도 휴일이다. (金曜日, 休み)

= _____

정답 및 해설 p.346

1 〜と ~와(과)

〜と는 기본적으로 '~와(과)'라는 뜻이며, 주로 동작을 함께 하는 상대를 나타내거나 비교 대상을 나타낼 때, 사물을 여러 개 나열할 때 사용한다.

· 父と家具を運ぶ。 　　　　　　아버지와 가구를 운반한다.

· パンとカフェラテを注文する。　빵과 카페라테를 주문한다.

· 他人と自分を比べる。　　　　　타인과 자신을 비교하다.

2 〜と ~이(가) / 으로

어떤 동작이나 상태의 결과를 나타낼 때에도 사용한다. 이 경우, '~이(가)' 혹은 '~으로'로 해석해야 자연스럽다.

· 雨は夜中、雪となった。　　　　비는 밤중에, 눈이 되었다.

· 会場は市民会館と決まった。　　행사장은 시민 회관으로 정해졌다.

3 〜と ~라고

어떤 말을 인용할 때에도 사용한다. 이 경우, '~라고'로 해석해야 자연스럽다.

· 「ありがとう」と言った。　　　　"고마워"라고 말했다.

· 健康が一番だと気付きました。　건강이 제일이라고 깨달았습니다.

실력 PLUS

어휘

家具 [かぐ] 몡 가구
パン 몡 빵
カフェラテ 몡 카페라테
他人 [たにん] 몡 타인
自分 [じぶん] 몡 자신
夜中 [よなか] 몡 밤중
雪 [ゆき] 몡 눈
会場 [かいじょう] 몡 행사장, 회장
市民 [しみん] 몡 시민
会館 [かいかん] 몡 회관
決まる [きまる] 동1 정해지다
健康 [けんこう] 몡 건강
一番 [いちばん] 몡 제일
気付く [きづく] 동1 깨닫다

바로 체크 **문장 작문하기**

1. 그림이 훌륭하다고 칭찬받았다. (絵, すばらしい, ほめる)

 = _____

2. 파란색과 검은색의 펜이다. (青, 黒, ペン)

 = _____

정답 및 해설 p.347

포인트 08 ~への 용법

		조사
アメリカ 미국	+	① へ 으로
親友 친구	+	② へ 에게(에)

① ～へ ~으로

①~へ는 기본적으로 '~으로'라는 뜻이며, 주로 이동하는 방향이나 목적지 등을 나타낼 때 사용한다. 行く(가다), 来る(오다)와 같이 이동의 뜻을 가진 동사와 사용한다.

· アメリカへ旅立つ。 　　　　　미국으로 여행가다.

· 太陽は西へ沈む。 　　　　　　태양은 서쪽으로 진다.

· ホテルへ戻って休みます。 　　호텔로 돌아가서 쉽니다.

② ～へ ~에게(에)

동작이나 작용이 향하는 대상을 나타낼 때에도 사용한다. 이 경우, '~에게(에)'로 해석해야 자연스럽다.

· 親友へ手紙を送る。 　　　　　친구에게 편지를 보낸다.

· 父へのプレゼントを買った。 　아버지에게의 선물을 샀다.

· 店へ電話する。 　　　　　　　가게에 전화하다.

실력 PLUS

① へ는 원래 '헤[he]'라고 발음하지만, 조사로 쓰일 때에는 '에[e]'로 발음해야 한다.

어휘

アメリカ 몡 미국
旅立つ [たびだつ] 동1 여행가다
西 [にし] 몡 서쪽
沈む [しずむ] 동1 지다, 가라앉다
ホテル 몡 호텔
戻る [もどる] 동1 돌아가다
親友 [しんゆう] 몡 친구
プレゼント 몡 선물
電話 [でんわ] 몡 전화

바로 체크 문장 작문하기

1. 다음 사람에게 바통을 건네다. (次, 人, バトン, 渡す)

= _____

2. 올해는 고국으로 돌아가지 않았습니다. (今年, 国, 帰る)

= _____

정답 및 해설 p.347

			조사
マンション 맨션	+	**①**	に 에
妻(つま) 아내	+	**②**	に 에게(에)
先生(せんせい) 선생님	+	**③**	に 이(가) / 으로

① 〜に ~에

〜に는 기본적으로 '~에'라는 뜻이며, 주로 ①목적지나 사람 또는 물건이 있는 장소를 나타낼 때 사용한다. 시간이나 때, '3번에 1번'같은 빈도를 나타낼 때에도 사용한다.

- マンションに住(す)む。 　　　　맨션에 산다.
- 午前(ごぜん)7時(じ)に家(いえ)を出(で)る。 　　오전 7시에 집을 나오다.
- 一週間(いっしゅうかん)に1回(かい)、会議(かいぎ)を行(おこな)う。 　일주일에 1번, 회의를 하다.

② 〜に ~에게(에)

물건이나 동작을 받는 대상을 나타낼 때에도 사용한다. 이 경우, '~에게(에)'로 해석해야 자연스럽다.

- 妻(つま)に花束(はなたば)をプレゼントした。 　아내에게 꽃다발을 선물했다.
- 葉書(はがき)に切手(きって)を貼(は)る。 　　엽서에 우표를 붙이다.

③ 〜に ~이(가) / 으로

변화나 작용의 결과를 나타낼 때에도 사용한다. 이 경우, '~이(가)', '~으로'로 해석해야 자연스럽다.

- 姉(あね)は先生(せんせい)になった。 　　누나는 선생님이 되었다.
- 車(くるま)を新(あたら)しいものに変(か)えた。 　차를 새로운 것으로 바꿨다.

실력 PLUS

① 목적지를 나타낼 때 〜に와 〜へ 모두 사용하지만, 〜に는 목적지 자체에 초점을 둘 때, 〜へ는 목적지보다 방향성에 초점을 둘 때에 사용한다.

어휘

マンション 몡 맨션
午前 [ごぜん] 몡 오전
一週間 [いっしゅうかん] 몡 일주일
回 [かい] 번, 회
会議 [かいぎ] 몡 회의
行う [おこなう] 동1 하다
花束 [はなたば] 몡 꽃다발
貼る [はる] 동1 붙이다
姉 [あね] 몡 누나, 언니
変える [かえる] 동2 바꾸다

바로 체크 문장 작문하기

1. 학생은 교실에 있다. (生徒(せいと), 教室(きょうしつ), いる)

= _____

2. 유카 씨와 친구가 되었다. (ゆうかさん, 友達(ともだち), なる)

= _____

정답 및 해설 p.347

1 ～で ~에서

~では 기본적으로 '~에서'라는 뜻이며, 주로 동작이 이루어지는 장소를 나타낼 때 사용한다.

- **パン屋で働く。**　　　　　　　　　빵집에서 일한다.
- **公園でテニスをした。**　　　　　　공원에서 테니스를 했다.
- **大学で英文学を学びました。**　　　대학에서 영문학을 공부했습니다.

2 ～で ~로

수단이나 도구, 방법, 재료를 나타낼 때에도 사용한다. 이 경우, '~로'로 해석해야 자연스럽다.

- **ロープウエーで山に登る。**　　　　케이블카로 산에 오른다.
- **このおもちゃは木で作られた。**　　이 장난감은 나무로 만들어졌다.
- **肉をはさみで切って食べる。**　　　고기를 가위로 잘라서 먹는다.

실력 PLUS

어휘

パン屋 [パンや] 명 빵집
働く [はたらく] 동1 일하다
大学 [だいがく] 명 대학
英文学 [えいぶんがく] 명 영문학
学ぶ [まなぶ] 동1 공부하다
ロープウエー 명 케이블카
登る [のぼる] 동1 오르다
おもちゃ 명 장난감
木 [き] 명 나무
作る [つくる] 동1 만들다
肉 [にく] 명 고기
はさみ 명 가위
切る [きる] 동1 자르다

바로 체크 문장 작문하기

1. 다음 역에서 내리자. (次, 駅, 降りる)

　= _____

2. 면접은 원격으로 진행합니다. (面接, リモート, 行う)

　= _____

정답 및 해설 p.347

インフルエンザ + **조사** ①
독감 **で**
때문에

5分 + ② **で**
5분 이면 / 만에

① **～で** ~때문에 | **실력PLUS**

이유나 원인을 나타낼 때에도 사용한다. 이 경우, '~때문에'로 해석해야 자연스럽다.

・**インフルエンザで熱が出た。** 독감 때문에 열이 났다.

・**緊張でセリフを忘れる。** 긴장 때문에 대사를 잊다.

・**強風で飛行機の出発が遅れた。** 강풍 때문에 비행기의 출발이 늦어졌다.

② **～で** ~이면 / 만에

범위나 기한, 한도, 기준을 나타낼 때에도 사용한다. 이 경우, '~이면', '~만에'로 해석해야 자연스럽다.

・**あと5分で特急列車が来ます。** 앞으로 5분이면 특급 열차가 옵니다.

・**このプラモデルは一か月で作れた。** 이 프라모델은 한 달이면 만들 수 있었다.

・**レポートは一日で片付いた。** 리포트는 하루만에 정리되었다.

어휘
インフルエンザ 冏 독감
熱 [ねつ] 冏 열
出る [でる] 图2 나다
緊張 [きんちょう] 冏 긴장
セリフ 冏 대사
強風 [きょうふう] 冏 강풍
飛行機 [ひこうき] 冏 비행기
遅れる [おくれる] 图2 늦다
あと 凰 앞으로
分 [ふん] 분
特急 [とっきゅう] 冏 특급
列車 [れっしゃ] 冏 열차
一か月 [いっかげつ] 冏 한 달
業務 [ぎょうむ] 冏 업무
一日 [いちにち] 冏 하루
片付く [かたづく] 图1 정리되다

바로 체크 문장 작문하기

1. 겨울 방학도 동아리 때문에 바쁘다. (冬休み, 部活, 忙しい)

= _____

2. 내일이면 올해도 끝이다. (明日, 今年, 終わり)

= _____

정답 및 해설 p.347

~より와 ~ので의 용법

去年 (きょねん) 작년 + ① 조사 **より** 보다

ただいま 지금 + ② **より** 부터

体調が悪い (たいちょう わる) 몸 상태가 안 좋으 + ③ **ので** 므로

1 ~より ~보다

~より는 기본적으로 '~보다'라는 뜻이며, 주로 비교 기준이나 비교 대상을 나타낼 때 사용한다.

- 去年より給料が増えた。 (きょねん きゅうりょう ふ)　작년보다 월급이 늘었다.
- 男より女の学生が多い。 (おとこ おんな がくせい おお)　남자보다 여자 학생이 많다.

2 ~より ~부터

동작이나 작용이 시작되는 장소나 시간 또는 동작을 하는 사람을 나타낼 때에도 사용한다. 이 경우, '~부터'로 해석해야 자연스럽다.

- ただいまより公演を開始します。 (こうえん かいし)　지금부터 공연을 개시합니다.
- 市長より新年の挨拶です。 (しちょう しんねん あいさつ)　시장님으로부터 신년 인사입니다.

3 ~ので ~므로

~ので는 '~므로'라는 뜻이며, 이유나 원인을 ①정중하게 나타낼 때 사용한다. 명사, な형용사와 접속할 때는 ~なので가 된다.

- 体調が悪いので、早退します。 (たいちょう わる そうたい)　몸상태가 안 좋으므로, 조퇴합니다.
- 先輩と一緒なので、安心だ。 (せんぱい いっしょ あんしん)　선배와 함께이므로, 안심이다.
- 就活を始めたので、忙しい。 (しゅうかつ はじ いそが)　취직 활동을 시작했으므로, 바쁘다.

실력 PLUS

① 정중한 표현이기 때문에 보통형과 정중형 어느 것과 사용해도 격식 차린 표현이 된다. 따라서 편한 사이끼리의 대화에서는 쓰이지 않는다.

어휘

去年 [きょねん] 명 작년
給料 [きゅうりょう] 명 월급
増える [ふえる] 동2 늘다
多い [おおい] い형 많다
ただいま 명 지금
公演 [こうえん] 명 공연
開始 [かいし] 명 개시
市長 [しちょう] 명 시장(님)
新年 [しんねん] 명 신년
挨拶 [あいさつ] 명 인사
体調 [たいちょう] 명 몸 상태
悪い [わるい] い형 안 좋다
早退 [そうたい] 명 조퇴
一緒 [いっしょ] 명 함께
就活 [しゅうかつ] 명 취직 활동

바로 체크　**문장 작문하기**

1. 남편은 나보다 젊다. (夫, 私, 若い) (おっと わたし わか)

= _____

2. 마지막 전철 시간이므로, 돌아갑니다. (終電, 時間, 帰る) (しゅうでん じかん かえ)

= _____

정답 및 해설 p.347

韓国 + ① 조사 **から** 에서 / 부터

窓 + ② **から** 으로

韓国 (かんこく) 한국
窓 (まど) 창문

1 **~から** ~에서 / 부터

~から는 기본적으로 '~에서', '~부터'라는 뜻이며, 주로 동작이나 작용이 ①시작되는 장소나 시간 혹은 대상을 나타낼 때 사용한다.

· 私は韓国から来ました。 저는 한국에서 왔습니다.
わたし かんこく き

· 駅は家から近いですか。 역은 집에서 가깝습니까?
えき いえ ちか

· 10時から講義が始まります。 10시부터 강의가 시작됩니다.
じ こうぎ はじ

2 **~から** ~으로

경유하는 곳을 나타낼 때에도 사용한다. 이 경우, '~으로'로 해석해야 자연스럽다.

· 窓から冷たい風が入る。 창문으로 찬 바람이 들어온다.
まど つめ かぜ はい

· 8番出口から出ました。 8번 출구로 나왔습니다.
ばん で ぐち で

· 運転のミスから事故が起こった。 운전 실수로 사고가 일어났다.
うんてん じ こ お

실력 PLUS

① 시작점이 되는 장소나 시간을 나타낼 때 ~から와 ~より 모두 사용한다. 단, ~から보다 ~より가 더 격식 차린 표현이다.

어휘
講義 [こうぎ] 명 강의
韓国 [かんこく] 명 한국
近い [ちかい] い형 가깝다
窓 [まど] 명 창문
入る [はいる] 동1 들어오다
番 [ばん] 번
出口 [でぐち] 명 출구
ミス 명 실수
事故 [じこ] 명 사고

바로 체크 문장 작문하기

1. 오늘은 아침부터 졸리다. (今日, 朝, 眠たい)
きょう あさ ねむ

= _____

2. 그의 기분이 표정으로 전해졌다. (彼, 気持ち, 表情, 伝わる)
かれ き も ひょうじょう つた

= _____

정답 및 해설 p.347

포인트 14 ~から의 용법 ②

寒い (춥기) + **から** 〈조사〉 (때문에 / 니까) ①

海水 (바닷물) + **から** (로 / 로부터) ②

---

1 ～から ~때문에 / 니까

이유나 원인, 동기, 판단의 근거를 나타낼 때에도 사용한다. 이 경우, '~때문에', '~니까'로 해석해야 자연스럽다.

· 寒いから、上着を着た。 춥기 때문에, 겉옷을 입었다.

· 電球が切れたから、取り替えた。 전구가 다 됐기 때문에, 교체했다.

· ふたが開かないから、開けて。 뚜껑이 열리지 않으니까, 열어줘.

2 ～から ~로 / 로부터

①재료나 구성 요소를 나타낼 때에도 사용한다. 이 경우, '~로', '~로부터'로 해석해야 자연스럽다.

· 海水から塩を作る。 바닷물로 소금을 만든다.

· 豆から豆腐ができる。 콩으로 두부가 만들어진다.

· バターは牛乳からできる。 버터는 우유로부터 생겨난다.

실력 PLUS

① 재료를 눈으로 봤을 때 알 수 있으면 ～で, 알 수 없으면 ～から를 사용한다.

예 紙で作った袋
종이로 만든 봉투

木から作った紙
나무로 만든 종이

어휘

上着 [うわぎ] 명 겉옷
電球 [でんきゅう] 명 전구
切れる [きれる] 동2 다 되다
取り替える [とりかえる] 동2 교체하다
開く [あく] 동1 열리다
海水 [かいすい] 명 바닷물
塩 [しお] 명 소금
豆 [まめ] 명 콩
豆腐 [とうふ] 명 두부
できる 동2 만들어지다, 생겨나다
バター 명 버터
牛乳 [ぎゅうにゅう] 명 우유

바로 체크 | 문장 작문하기

1. 밥을 먹었기 때문에, 배가 부르다. (ご飯, 食べる, 満腹)

= _____

2. 이 술은 쌀로 만들어진다. (この, 酒, 米, 造る)

= _____

정답 및 해설 p.347

りゅうがく 留学する 유학할 때	+	① 조사 まで 까지
おや 親に 부모님에게	+	② まで 마저 / 까지
つぎ じゅぎょう 次の授業 다음 수업	+	③ までに 까지

① ~まで ~까지

~まで는 기본적으로 '~까지'라는 뜻이며, 주로 어느 시점이나 장소까지 상태나 동작이 계속되는 것을 나타낼 때 사용한다.

- りゅうがく ちゅうごく ご はな
留学するまで中国語は話せなかった。 　　유학할 때까지 중국어는 말하지 못했다.
- も よ えき ある
最寄り駅まで歩いた。 　　가장 가까운 역까지 걸었다.

② ~まで ~마저 / 까지

극단적인 예를 들 때에도 사용한다. 이 경우, '~마저', '~까지'로 해석해야 자연스럽다.

- おや はんたい
親にまで反対された。 　　부모님에게마저 반대당했다.
- こうそく くつした いろ き
校則で靴下の色まで決められる。 　　교칙으로 양말 색까지 정해진다.

③ ~までに ~까지

①~までに는 '~까지'라는 뜻이며, 목표한 마감일 등 특정 시점이 되기 전에 동작이 일어나는 것을 나타낼 때 사용한다.

- しゅくだい つぎ じゅぎょう だ
宿題は次の授業までに出す。 　　숙제는 다음 수업까지 낸다.
- しょうひん とど
商品はあさってまでに届く。 　　상품은 모레까지 도착한다.
- つま かえ さらあら す
妻が帰るまでに皿洗いを済ます。 　　아내가 돌아올 때까지 설거지를 끝낸다.

실력 PLUS

① ~までに는 특정 시점 전까지 동작이 일회성으로 일어남을 나타내고, ~まで는 동작이나 상태가 특정 기간 동안 계속됨을 나타낸다.

예 じ ほうこく
6時までに報告する。
　　6시까지 보고한다.
じ はたら
6時まで働く。
　　6시까지 일한다.

어휘

留学 [りゅうがく] 몡 유학
中国語 [ちゅうごくご] 몡 중국어
最寄り [もより] 몡 가장 가까움
親 [おや] 몡 부모(님)
反対 [はんたい] 몡 반대
校則 [こうそく] 몡 교칙
靴下 [くつした] 몡 양말
宿題 [しゅくだい] 몡 숙제
出す [だす] 동1 내다
商品 [しょうひん] 몡 상품
あさって 몡 모레
届く [とどく] 동1 도착하다
皿洗い [さらあらい] 몡 설거지
済ます [すます] 동1 끝내다

바로 체크 문장 작문하기

1. 2년 전까지 학생이었습니다. (に ねんまえ がくせい
2年前, 学生)

= _____

2. 교과서는 금요일까지 돌려줘. (きょう か しょ きんようび かえ
教科書, 金曜日, 返す)

= _____

정답 및 해설 p.347

회화 대비

1 질문에 답하기

(1) **A** 週末の予定は？　주말의 예정은?

　　B 週末は_____。(山, キャンプ)　주말은 산에서 캠핑을 합니다.

(2) **A** 通勤はバスですか。　통근은 버스입니까?

　　B いいえ、_____。(電車, 乗る, 行く)　아니요, 전철을 타고 갑니다.

(3) **A** きらいな食べ物はありますか。　싫어하는 음식은 있습니까?

　　B _____。(魚, 苦手だ)　생선을 잘 못 먹어요.

JLPT/회화 대비

2 대화 읽고 빈 칸 채우기

(1) **A** 「これ、Bさんのかばんですか。」

　　B 「いいえ、私（　　　）ではありません。」

　　① は　　　　　　　　　　② の　　　　　　　　　　③ と

(2) **A** 「りんごじゃなくてバナナを買ったの？」

　　B 「はい、りんごが売り切れだった（　　　）バナナを買いました。」

　　① と　　　　　　　　　　② ので　　　　　　　　　③ が

(3) **A** 「ドラマは何時に始まりますか。」

　　B 「11時（　　　）です。」

　　① から　　　　　　　　　② まで　　　　　　　　　③ で

JLPT 대비

3 선택지 배열하고 ★에 들어갈 것 고르기

(1) 大学 ＿＿＿ ＿★＿ ＿＿＿ 届きました。

　　① が　　　　　　　　　　② より　　　　　　　　　③ 合格通知

(2) レポート課題 ＿＿＿ ＿★＿ ＿＿＿ 終わらせよう。

　　① までに　　　　　　　　② 日曜日　　　　　　　　③ は

정답 및 해설 p.347

06 조사를 문장 속에 사용하기 ②

조사 중에서는 앞에 쓰인 단어를 한정하거나, 강조하는 등의 의미를 더하는 것들이 있다. 단어에 의미를 더해주는 다양한 조사를 사용하는 방법을 알아보자.

▲ MP3 바로 듣기

포인트 01 ~だけ와 ~しか의 용법

ひと 一つ 한 개	**+**	① 조사 **だけ** 만
まん えん 10万円 10만엔	**+**	② **しか** 밖에

① ～だけ ~만

～だけ는 '~만'이라는 뜻이며, 수량이나 범위를 한정할 때 사용한다.

- りんごが一つだけある。 　　　　　사과가 한 개만 있다.
- しゅう いっかい
週に一回だけアルバイトをする。 　한 주에 한 번만 아르바이트를 한다.
- だいどころ
台所だけリフォームした。 　　　　부엌만 리폼했다.

② ～しか ~밖에

～しか는 '~밖에'라는 뜻이며, 부정문에서만 쓰일 수 있다.

- ちょきん まんえん
貯金が10万円しかない。 　　　　저금이 10만 엔밖에 없다.
- スポーツはゴルフしかしない。 　　스포츠는 골프밖에 하지 않는다.
- かんたん りょうり つく
簡単な料理しか作れない。 　　　　간단한 요리밖에 만들지 못한다.

실력 PLUS

어휘
- りんご 몡 사과
- 一つ [ひとつ] 몡 한 개
- 週 [しゅう] 몡 한 주
- アルバイト 몡 아르바이트
- 台所 [だいどころ] 몡 부엌
- リフォーム 몡 리폼
- 貯金 [ちょきん] 몡 저금
- 万円 [まんえん] 만 엔
- ない い형 없다
- スポーツ 몡 스포츠

바로 체크 　문장 작문하기

1. 이번만 용서하겠습니다. (今回, 許す)
   =

2. 도서실에 나밖에 없었다. (図書室, 私, いない)
   =

정답 및 해설 p.348

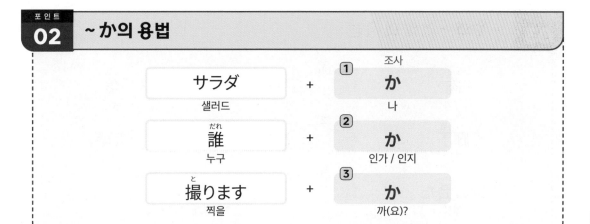

1 〜か ~나

〜か는 기본적으로 '~나'라는 뜻이며, 주로 선택할 수 있는 여러 사항을 나열할 때 사용한다.

· サラダかスープから選べます。　　샐러드나 스프에서 고를 수 있습니다.

· 車では音楽かラジオを流す。　　차에서는 음악이나 라디오를 튼다.

2 〜か ~인가 / 인지

불확실한 내용에 대해 말할 때에도 사용한다. 이 경우, '~인가', '~인지'로 해석해야 자연스럽다.

· 誰か来ました。　　누군가 왔습니다.

· 今日の彼はどこかおかしい。　　오늘 그는 어딘지 어색하다.

3 〜か ~까?

〜か가 문장 끝에 붙으면 '~까?'라는 뜻이 되어, 의문을 나타내거나 질문을 할 때 사용한다. 주로 ①정중형과 함께 사용되는데, '~까요?', '~입니까?'와 같이 해석된다.

· 写真を撮りますか。　　사진을 찍을까요?

· 髪を切りましたか。　　머리카락을 잘랐습니까?

실력 PLUS

① 정중형이 아니라 보통형 뒤에 〜か를 붙이면 거칠게 무언가를 묻는 말투가 된다.
예 鍵は見つかったか。

　　열쇠는 발견했나?

어휘

サラダ 圀 샐러드
スープ 圀 스프
ラジオ 圀 라디오
流す [ながす] 통1 (라디오를) 틀다
誰 [だれ] 圀 누구
どこ 圀 어디
写真 [しゃしん] 圀 사진
撮る [とる] 통1 (사진을) 찍다

바로 체크 | 문장 작문하기

1. 편의점에 들릅니까?
　（コンビニ, 寄る）

= _____

2. 고민거리는 어머니나 아버지에게 상담한다.
　（悩みごと, 母, 父, 相談）

= _____

정답 및 해설 p.348

		조사		
肉 고기	+	① や 랑 / 나	+	魚 생선
廊下 복도	+	② とか 라든가	+	玄関 현관
飲み会だ 회식	+	③ とか 이라던가 / 이라던데		

1 ～や ~랑 / 나

～や는 '~랑', '~나'라는 뜻이며, 물건을 ①나열할 때 사용한다. 명사와 명사 사이에서만 사용할 수 있다.

· 新鮮な肉や魚が並ぶ。 신선한 고기랑 생선이 나란히 있다.

· 旅行先はハワイやタイが人気がある。 여행지는 하와이나 태국이 인기가 있다.

2 ～とか ~라든가

～とか는 기본적으로 '~라든가'라는 뜻이며, 주로 여러 가지를 나열할 때 사용한다. ～や보다 덜 격식적인 표현이다.

· 廊下とか玄関を掃除する。 복도라든가 현관을 청소한다.

· 調べるとか聞くとかして学ぶ。 조사하든가 묻든가 해서 배운다.

3 ～とか ~이라던가 / 이라던데

불확실한 정보를 전달할 때에도 사용한다. 이 경우, '~이라던가', '~이라던데'로 해석해야 자연스럽다.

· 夫は今晩、飲み会だとか。 남편은 오늘 밤, 회식이라던가.

· A工業が潰れたとか。 A공업이 망했다던데.

실력 PLUS

①나열할 때 ～や를 사용하면 언급되지 않은 물건도 있을 수 있다는 뉘앙스를 가지고, ～と를 사용하면 언급된 물건만 있다는 뉘앙스를 가진다.

예 りんごやぶどう 사과랑 포도
→이 외에도 다른 과일이 있을 수 있다는 뉘앙스
りんごとぶどう 사과와 포도
→사과와 포도만 있다는 뉘앙스

어휘
新鮮だ [しんせんだ] な형 신선하다
魚 [さかな] 명 생선
並ぶ [ならぶ] 동1 나란히 있다
旅行先 [りょこうさき] 명 여행지
タイ 명 태국
人気 [にんき] 명 인기
廊下 [ろうか] 명 복도
玄関 [げんかん] 명 현관
夫 [おっと] 명 남편
今晩 [こんばん] 명 오늘 밤
飲み会 [のみかい] 명 회식
工業 [こうぎょう] 명 공업
潰れる [つぶれる] 동2 망하다

바로 체크 문장 작문하기

1. 노트랑 연필을 사다. (ノート, 鉛筆, 買う)

= _____

2. 나이라든가 성별은 관계 없다. (年, 性別, 関係, ない)

= _____

정답 및 해설 p.348

포인트 04

~くらい의 용법

40分(ぷん) 40분	+	조사 ① くらい 정도
カレー 카레	+	② くらい 정도는 / 정도로

① ~くらい ~정도

[①]~くらい는 기본적으로 '~정도'라는 뜻이며, 주로 대략적인 수량이나 정도를 나타낼 때 사용한다.

- 通勤(つうきん)に40分(ぷん)くらいかかる。 통근에 40분 정도 걸린다.
- 2千円(せんえん)くらいでリップを買(か)った。 2천 엔 정도로 립글로스를 샀다.
- このくらいの大(おお)きさがいい。 이 정도의 크기가 좋아.

② ~くらい ~정도는 / 정도로

극단적인 것을 예로 들어 정도가 그만큼 높거나 낮다고 말할 때에도 사용한다. 이 경우, '~정도는', '~정도로'로 해석해야 자연스럽다.

- カレーくらい作(つく)れる。
  카레 정도는 만들 수 있다.
- ビールぐらいは飲(の)めます。
  맥주 정도는 마실 수 있습니다.
- 小学生(しょうがくせい)もできるくらい簡単(かんたん)な料理(りょうり)だ。
  초등학생도 할 수 있을 정도로 간단한 요리다.

실력 PLUS

① ~くらい~는 ~ぐらい라고도 한다.

[어휘]
通勤 [つうきん] [명] 통근
千円 [せんえん] 천 엔
リップ [명] 립글로스
大きさ [おおきさ] [명] 크기
カレー [명] 카레
ビール [명] 맥주
小学生 [しょうがくせい] [명] 초등학생
料理 [りょうり] [명] 요리

바로 체크 문장 작문하기

1. 갤러리는 30명 정도였다.
(ギャラリー, 30 人(さんじゅうにん))
= ____________________

2. 아내의 요리는 팔 수 있을 정도로 맛있다.
(妻(つま), 料理(りょうり), 売(う)る, おいしい)
= ____________________

정답 및 해설 p.348

포인트 05

~こそ와 ~ずつ의 용법

明日(あした) 내일	+	① 조사 こそ 이야말로
4ページ 4페이지	+	② ずつ 씩

① ~こそ ~이야말로

~こそ는 '~이야말로'라는 뜻이며, 특정 대상을 다른 어떤 것보다도 특별히 내세워 강조하고 싶을 때 사용한다.

- 明日(あした)こそ早起(はやお)きしよう。 내일이야말로 일찍 일어나자.
- 私(わたし)の方(ほう)こそすみませんでした。 제 쪽이야말로 죄송했습니다.
- 社員(しゃいん)こそ会社(かいしゃ)の宝(たから)だ。 사원이야말로 회사의 보물이다.

② ~ずつ ~씩

~ずつ는 '~씩'이라는 뜻이며, 일정한 수량이나 정도를 한정하거나 되풀이됨을 나타낼 때 사용한다. 수량이나 정도와 관련된 말과 함께 사용된다.

- 毎日(まいにち)4ページずつ勉強(べんきょう)する。 매일 4페이지씩 공부한다.
- 資料(しりょう)を15枚(まい)ずつコピーして。 자료를 15장씩 복사해줘.
- 一人(ひとり)ずつ交代(こうたい)で勤務(きんむ)する。 한 명씩 교대로 근무한다.

실력 PLUS

[어휘]
早起き [はやおき] [명] 일찍 일어남
方 [ほう] [명] 쪽
すみませんでした 죄송했습니다
社員 [しゃいん] [명] 사원
宝 [たから] [명] 보물
毎日 [まいにち] [명] 매일
ページ [ページ] 페이지
勉強 [べんきょう] [명] 공부
枚 [まい] 장
コピー [명] 복사
一人 [ひとり] [명] 한 명
交代 [こうたい] [명] 교대
勤務 [きんむ] [명] 근무

바로 체크 문장 작문하기

1. 올해야말로 일본어를 마스터한다. (今年(ことし), 日本語(にほんご), マスター)
= ______________________

2. 한 개씩 확인하자. (一(ひと)つ, 確認(かくにん))
= ______________________

정답 및 해설 p.348

1 ~すら ~조차

~すら는 '~조차'라는 뜻이며, 극단적인 예를 들어 어떤 상태나 상황을 유추하게 할 때 사용한다.

- 家にちゃわんすらない。 　　집에 밥공기조차 없다.
- 父は洗濯すらしない。 　　아버지는 세탁조차 하지 않는다.
- せっかちで10分すら待てない。 　　성질이 급해서 10분조차 기다리지 못한다.

2 ~ばかり ~뿐 / 만

~ばかり는 '~뿐', '~만'이라는 ①뜻이며, 정도나 범위를 한정할 때에 사용한다.

- 雨ばかりでいやだ。 　　비뿐이라 싫다.
- この周辺は高級住宅ばかりだ。 　　이 주변은 고급 주택뿐이다.
- 失敗ばかりする。 　　실패만 한다.

실력 PLUS

① 뜻이 ~ばかり와 비슷한 조사로 ~だけ(~만)가 있다. ~ばかり는 다른 것도 하지만 주로 그것만 한다는 뉘앙스를 가지지만, ~だけ는 오직 그것만 한다는 뉘앙스를 가진다.

어휘

ちゃわん 명 밥공기
洗濯 [せんたく] 명 세탁
せっかちだ な형 성질이 급하다
待つ [まつ] 동1 기다리다
周辺 [しゅうへん] 명 주변
高級 [こうきゅう] 명 고급
住宅 [じゅうたく] 명 주택
失敗 [しっぱい] 명 실패

바로 체크 문장 작문하기

1. 그녀의 성조차 모릅니다. (彼女, 名字, 知る)

= _____

2. 남동생은 고기만 먹는다. (弟, 肉, 食べる)

= _____

① **～なんか** ~따위

~なんか는 '~따위'라는 뜻이며, 어떤 대상을 경시하거나 업신여길 때 사용한다. 부정적인 뉘앙스를 가진다.

・うそなんかつかない。　　　　　　　　거짓말 따위 하지 않는다.
・恋愛ドラマなんか興味がない。　　　　연애 드라마 따위 흥미가 없다.

② **～なんか** ~같은 것

예를 들며 어떠한 화제를 꺼낼 때에도 사용한다. 이 경우, '~같은 것'으로 해석해야 자연스럽다.

・朝ご飯は納豆なんかを食べる。　　　　아침 밥은 낫토 같은 것을 먹는다.
・今度、遊園地なんか行かない?　　　　다음에, 놀이공원 같은 데 가지 않을래?

③ **～なんて** ~하다니 / ~라니

~なんて는 '~하다니', '~라니'라는 뜻이며, 평가나 판단할 수 있는 대상 혹은 상황을 말할 때 사용한다. 뜻밖이라며 놀라거나 터무니없는 일에 대해 경시하는 뉘앙스를 가지는 경우가 많다.

・悪口を言うなんてひどい。　　　　　　욕을 말하다니 너무해.
・毎日が退屈だなんていやだ。　　　　　매일이 지루하다니 싫다.
・おしぼりが有料だなんて。　　　　　　물수건이 유료라니.

실력 PLUS

어휘
つく (동1) (거짓말을) 하다
恋愛 [れんあい] (명) 연애
ドラマ (명) 드라마
興味 [きょうみ] (명) 흥미
朝ご飯 [あさごはん] (명) 아침 밥
納豆 [なっとう] (명) 낫토
今度 [こんど] (명) 다음
遊園地 [ゆうえんち] (명) 놀이공원
悪口 [わるくち] (명) 욕
退屈だ [たいくつだ] (な형) 지루하다
おしぼり (명) 물수건
有料 [ゆうりょう] (명) 유료

바로 체크 **문장 작문하기**

1. 독서 같은 것 좋아합니까? (読書, 好きだ)

= _____

2. 친구를 의심하다니. (友達, 疑う)

= _____

정답 및 해설 p.348

포인트 **08**

~っての 용법

		조사
上野(うえの) 우에노	+	① って 라는
川上(かわかみ)さん 가와카미 씨	+	② って 는
雨(あめ)だ 비	+	③ って 래 / 라는데

① ~って ~라는

~って는 '~라는'이라는 뜻이며, 대상의 이름을 언급할 때 사용한다.

· **上野(うえの)って駅(えき)の近(ちか)くにあります。** 우에노라는 역 근처에 있습니다.

· **青木(あおき)さんって人(ひと)から電話(でんわ)です。** 아오키 씨라는 사람으로부터 전화입니다.

② ~って ~는

어떤 주제에 대해 언급하거나 생각을 말할 때에도 사용한다. 이 경우, '~는'으로 해석해야 자연스럽다.

· **川上(かわかみ)さんって30代(だい)なの?** 가와카미 씨는 30대야?

· **恋愛(れんあい)って難(むずか)しいね。** 연애는 어렵네.

③ ~って ~래 / ~라는데

~って가 문장 끝에 붙으면 '~래', '~라는데'라는 뜻이 되어, 다른 사람의 말을 인용할 때 사용한다.

· **木曜日(もくようび)は雨(あめ)だって。** 목요일은 비래.

· **部長(ぶちょう)、会社(かいしゃ)やめるん①ですって?** 부장님, 회사 그만두신다는데요?

실력 PLUS

① **~って**가 **~ですって** 처럼 정중형 문장의 끝에 사용된 경우에는 정중형에 어울리게 해석한다.

[어휘]

上野 [うえの] [명] 우에노(지명)
近く [ちかく] [명] 근처, 가까이
代 [だい] 대
難しい [むずかしい] [い형] 어렵다
木曜日 [もくようび] [명] 목요일
部長 [ぶちょう] [명] 부장(님)

바로 체크 문장 작문하기

1. 키친이라는 책이 재미있었습니다. (キッチン, 本(ほん), 面白(おもしろ)い)
= ________________

2. 모임, 3시부터라는데? (会合(かいごう), 3時(じ))
= ________________

정답 및 해설 p.348

名前 (なまえ) 이름 ＋ **①** 조사 など 등

接客 (せっきゃく) 접객 ＋ **②** など 같은 것

ゆうれい 유령 ＋ **③** など 따위

1 ～など ~등

①～など는 기본적으로 '~등'이라는 뜻이며, 주로 비슷한 성질을 가진 것을 나열할 때 사용한다.

· 封筒(ふうとう)に住所(じゅうしょ)や名前(なまえ)などを書(か)いた。　봉투에 주소랑 이름 등을 썼다.

· 水道(すいどう)や電気(でんき)などの料金(りょうきん)を支払(しはら)う。　수도나 전기 등의 요금을 지불한다.

2 ～など ~같은 것

어떤 화제에 대해 예시를 들 때에도 사용한다. 이 경우, ①~같은 것'으로 해석해야 자연스럽다. 어디까지나 예시일 뿐이라는 뉘앙스를 가져, 말하고자 하는 바를 완곡하게 표현할 수 있다.

· バイトで掃除(そうじ)や接客(せっきゃく)などをする。
아르바이트에서 청소나 접객 같은 것을 한다.

· 彼(かれ)は刺身(さしみ)などが食(た)べられない。
그는 생선회 같은 것을 먹을 수 없다.

3 ～など ~따위

어떤 대상을 경시하거나 업신여길 때에도 사용한다. 이 경우, '~따위'로 해석해야 자연스럽다.

· ゆうれいなど怖(こわ)くない。　유령 따위 무섭지 않다.

· ダイエットなど必要(ひつよう)ない。　다이어트 따위 필요 없다.

실력 PLUS

① '~같은 것'이라는 뜻인 ~なんか와 바꿔 쓸 수 있다. 단, ～など 쪽이 더 격식 있는 표현이다.

어휘
封筒 [ふうとう] 명 봉투
住所 [じゅうしょ] 명 주소
名前 [なまえ] 명 이름
書く [かく] 동 쓰다
水道 [すいどう] 명 수도
電気 [でんき] 명 전기
支払う [しはらう] 동 지불하다
バイト 명 아르바이트
接客 [せっきゃく] 명 접객
刺身 [さしみ] 명 생선회
ゆうれい 명 유령
怖い [こわい] い형 무섭다
ダイエット 명 다이어트

바로 체크 문장 작문하기

1. 봄 등 시원한 계절을 좋아한다. (春, 涼(すず)しい, 季節(きせつ), 好(す)きだ)

= _____

2. 연하인 선수따위에게 지지 않는다. (年下(としした), 選手(せんしゅ), 負(ま)ける)

= _____

정답 및 해설 p.348

포인트 10

~でも의 용법

			조사
カフェに 카페에	+	1	でも 라도
冬(ふゆ) 겨울	+	2	でも 일지라도
どこ 어디	+	3	でも 든지

1 ～でも ~라도

～でも는 기본적으로 '~라도'라는 뜻이며, 주로 예시를 들 때에 사용한다.

・カフェにでも行(い)きませんか。 카페에라도 가지 않으실래요?

・事故(じこ)でも起(お)こせば大変(たいへん)だ。 사고라도 일으키면 큰일이다.

2 ～でも ~일지라도

어떤 경우이더라도 예외가 없음을 나타낼 때에도 사용한다. 이 경우, '~일지라도'로 해석해야 자연스럽다.

・ハワイは冬(ふゆ)でも暖(あたた)かい。 하와이는 겨울일지라도 따뜻하다.

・水泳教室(すいえいきょうしつ)は子供(こども)でも通(かよ)える。 수영 교실은 아이일지라도 다닐 수 있다.

3 ～でも ~든지

～でも가 どこ(어디), どれ(어느 것)과 같은 의문사 뒤에 붙으면 '~든지'라는 뜻이 된다. 어떤 상황이든 그러하다는 뜻을 나타낸다.

・ホテルなんてどこでもいい。 호텔 같은 건 어디든지 좋아.

・何(なん)でもネットで買(か)える。 무엇이든지 인터넷으로 살 수 있다.

실력 PLUS

[어휘]
カフェ [명] 카페
大変だ [たいへんだ] [な형] 큰일이다
冬 [ふゆ] [명] 겨울
暖かい [あたたかい] [い형] 따뜻하다
教室 [きょうしつ] [명] 교실
通う [かよう] [동1] 다니다
何 [なん] [명] 무엇
ネット [명] 인터넷

바로 체크 문장 작문하기

1. 휴식이라도 하자.
(休憩(きゅうけい))
= ______________________

2. 이 게임은 어른일지라도 즐길 수 있다.
(この, ゲーム, 大人(おとな), 楽(たの)しむ)
= ______________________

정답 및 해설 p.348

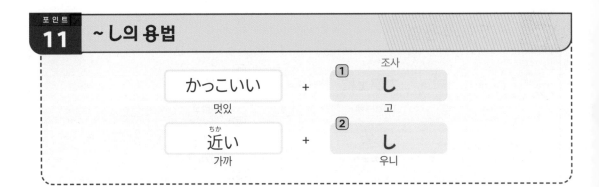

1 ~し ~고

~し는 기본적으로 '~고'라는 뜻이며, 주로 여러 사항을 나열할 때 사용한다.

· かっこいいし、面白い。　　　　　멋있고, 재미있다.

· 疲れましたし、眠たいです。　　　지쳤고, 졸립니다.

· 仕事が遅いし、ミスも多い。　　　일이 느리고, 실수도 많다.

2 ~し ~으니

원인이나 이유를 설명할 때에도 사용한다. 이 경우, '~으니'로 해석해야 자연스럽다.

· 近いし、歩いて行こう。　　　　　가까우니, 걸어서 가자.

· 外も暗いし、帰りましょう。　　　바깥도 어두우니, 돌아갑시다.

· 辛いし、食べられない。　　　　　매우니, 먹을 수 없다.

실력 PLUS

어휘
かっこいい (い형) 멋있다
面白い [おもしろい] (い형) 재미있다
眠たい [ねむたい] (い형) 졸리다
遅い [おそい] (い형) 늦다
外 [そと] (명) 바깥
暗い [くらい] (い형) 어둡다
辛い [からい] (い형) 맵다

바로 체크 문장 작문하기

1. 놀랐고, 충격이었습니다. (驚く, ショックだ)

  = _____

2. 해도 저물었으니, 돌아가자. (日, 暮れる, 帰る)

  = _____

정답 및 해설 p.348

회화 대비

1 질문에 답하기

(1) **A** 大丈夫でしたか。　괜찮았어요?

    B ええ、＿＿＿＿＿＿＿＿＿＿。(あなた, 大丈夫だ)　네, 당신이야말로 괜찮았어요?

(2) **A** この問題の答えがわかりますか。　이 문제의 답을 알겠습니까?

    B いいえ、難しくて＿＿＿＿＿＿＿＿。(答え, 何番, わかる)　아니요, 어려워서 답이 몇 번인지 모르겠습니다.

(3) **A** 趣味はありますか。　취미는 있습니까?

    B スポーツが好きで、＿＿＿＿＿＿＿＿＿。(テニス, 野球, 趣味)

    스포츠를 좋아하며, 테니스랑 야구가 취미입니다.

JLPT/회화 대비

2 대화 읽고 빈 칸 채우기

(1) **A** 「最近、K-pop (　　　) 聞きます。」

    B 「僕もです。」

    ① こそ   ② ばかり   ③ ずつ

(2) **A** 「予選で (　　　)。」

    B 「うん、悔しい。」

    ① 負けるなんて   ② 負けるしか   ③ 負けるなど

(3) **A** 「来週、リリーさんの誕生日だ (　　　)。」

    B 「そうなんだ。プレゼントを準備する？」

    ① か   ② の   ③ って

JLPT 대비

3 선택지 배열하고 ★에 들어갈 것 고르기

(1) うちは駅から遠い ＿＿＿ ＿★＿ ＿＿＿ せまい。

    ① も   ② し   ③ 部屋

(2) この漢字は簡単なので、＿＿＿ ＿★＿ ＿＿＿。

    ① 読めます   ② でも   ③ 小学生

정답 및 해설 p.348

07 조사를 문장 끝에 사용하기

문장 끝에 바로 붙여 사용하는 조사인 종조사는 문장에 특정한 뉘앙스를 더해주는 역할을 하므로 문맥에 따라 다양하게 해석된다. 문장을 올바른 뉘앙스로 구사하기 위해 다양한 종조사의 사용하는 방법을 알아보자.

▲ MP3 바로 듣기

포인트 01 ~よ의 용법

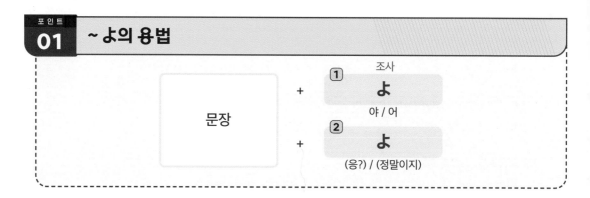

① 조사
よ
야 / 어

② **よ**
(응?) / (정말이지)

문장

---

1 ~よ ~야 / 어

①~よ는 기본적으로 '~야', '~어'라는 뜻이며, 주로 상대에게 자신의 판단이나 주장, 감정 등을 강조하여 주의를 환기시키거나 상대가 잘못 알고 있는 것을 정정할 때 사용한다.

· 答えは1番だよ。　　　　　정답은 1번이야.

· ここは禁煙だよ。　　　　　여기는 금연이야.

· ハンカチ、落としたよ。　　손수건, 떨어뜨렸어.

2 ~よ (응?) / (정말이지)

말에 권유나 명령 또는 불평의 뉘앙스를 더할 때에도 사용한다. 이 경우, '(응?)', '(정말이지)'로 해석해야 자연스럽다.

· 図書館で勉強しようよ。　　도서관에서 공부하자. (응?)

· 意味がわからないよ。　　　의미를 모르겠어. (정말이지)

· 課題が多くて終わらないよ。　과제가 많아서 끝나지 않아. (정말이지)

실력 PLUS

① ~よ는 정중형에 접속할 수도 있으며, 이런 경우 친근감 있는 말투가 된다.

예 落としましたよ。
　　떨어뜨렸어요.

어휘
答え [こたえ] 몡 정답
ハンカチ 몡 손수건
ここ 몡 여기
禁煙 [きんえん] 몡 금연
図書館 [としょかん] 몡 도서관
課題 [かだい] 몡 과제
終わる [おわる] 됭1 끝나다

바로 체크 문장 작문하기

1. 거짓말은 너무해. (정말이지) (うそ, ひどい)

= _____

2. 전봇대에 부딪힐 거야. (電柱, ぶつかる)

= _____

정답 및 해설 p.349

조사
① **ね**

문장 + 네
② **ね**

시?
③ **ね**
(알았지?)

① **〜ね** ~네

①~ね는 기본적으로 '~네'라는 뜻이며, 주로 공감이나 동의, 대답을 바랄 때 사용한다. 이에 동의하는 대답을 할 때에는 문장 끝에 똑같이 〜ね를 붙인다.

· 景色がきれいだね。 　　　　경치가 아름답네.
けしき

· 外がうるさいですね。 　　　　밖이 시끄럽네요.
そと

② **〜ね** ~지?

생각이나 판단, 사실이 맞는지 상대방에게 확인할 때에도 사용한다. 이 경우, '~지?'로 해석해야 자연스럽다.

· はるさんは東北出身だったね。 　　하루 씨는 도호쿠 출신이었지?
とうほくしゅっしん

· ステーキ一つですね。 　　　스테이크 하나지요?
ひと

③ **〜ね** (알았지?)

~ね가 무언가를 권유하거나 요청하는 문장 끝에 붙으면 '(알았지?)'라는 뜻이 된다. 문장의 뉘앙스를 부드럽게 한다.

· 一緒に行こうね。 　　　　함께 가자. (알았지?)
いっしょ い

· 時間がないから、急いでね。 　　시간이 없으니까, 서둘러 줘. (알았지?)
じ かん いそ

실력 PLUS

① ~ね는 '~말이야'라는 뜻으로, 문장 중간중간에 넣어, 상대의 주의를 끌기 위해 사용하기도 한다.
예 今日ね、友達とね、話してね…。
きょう ともだち はな

오늘 말이야, 친구랑 말이야, 이야기해서 말이야….

어휘
景色 [けしき] 명 경치
きれいだ な형 아름답다
うるさい い형 시끄럽다
東北 [とうほく] 명 도호쿠(지명)
出身 [しゅっしん] 명 출신
ステーキ 명 스테이크
一緒に [いっしょに] 함께
時間 [じかん] 명 시간

바로 체크 문장 작문하기

1. 준비는 끝났지? (支度, 終わる)
したく お

= _____

2. 저 아이돌, 귀엽네. (あの, アイドル, かわいい)

= _____

정답 및 해설 p.349

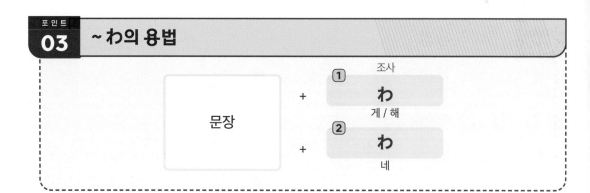

1 ~わ ~게 / 해

①~わ는 기본적으로 '~게', '~해'라는 뜻으로, 주로 결심이나 주장을 가볍게 이야기 할 때 사용한다.

・9時には帰るわ。　　　9시에는 돌아갈게.

・あとで片付けるわ。　　나중에 정리할게.

・それは困るわ。　　　　그건 곤란해.

2 ~わ ~네

놀람이나 감탄을 나타낼 때에도 사용한다. 이 경우, '~네'로 해석해야 자연스럽다.

・景色がすばらしいわ。　　경치가 근사하네.

・びっくりしたわ。　　　　놀랐네.

・残念だわ。　　　　　　　아쉽네.

실력 PLUS

①~わ는 말끝을 올려 말하면 매우 여성스러운 말투가 되고, 내려 말하면 남성과 여성 모두 사용하는 말투가 된다. 말투에 따라 의미가 바뀌지는 않는다.

어휘
~には 좀 ~에는
あとで 나중에
それ 명 그것
すばらしい い형 근사하다
びっくりする 놀라다
残念だ [ざんねんだ] な형 아쉽다

바로 체크 문장 작문하기

1. 솜씨 좋은 연주였네. (上手だ, 演奏)

= _____

2. 내가 한턱낼게. (私, おごる)

= _____

정답 및 해설 p.349

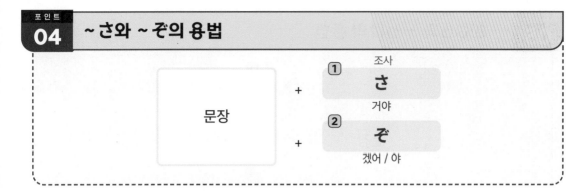

문장 + 조사 **①** **さ** 거야

문장 + **②** **ぞ** 겠어 / 야

① ～さ ~거야

①~さ는 '~거야'라는 뜻이며, 가볍게 던지듯 말하는 뉘앙스를 더하거나 자신의 주장을 말할 때 사용한다.

- 心配ないさ。 걱정 없을 거야.
- 次は勝てるさ。 다음엔 이길 수 있을 거야.
- みんな、君の良さに気付くさ。 모두, 너의 장점을 깨달을 거야.

② ～ぞ ~겠어 / 야

~ぞ는 '~겠어', '~야'라는 뜻이며, 자신의 결심이나 주장을 상대 또는 자기 스스로에게 강하게 말할 때 사용한다.

- 大会で賞を取るぞ。 대회에서 상을 타겠어.
- 宿題を終わらせるぞ。 숙제를 끝내겠어.
- 彼は天才だぞ。 그는 천재야.

실력 PLUS

① ～さ는 '~말이야'라는 뜻으로, 문장 중간중간에 넣어, 상대의 주의를 끌기 위해 사용하기도 한다.

예 明日はさ、東京に行ってさ…。
내일은 말이야, 도쿄에 가서 말이야….

어휘
心配 [しんぱい] 똉 걱정
勝つ [かつ] 동1 이기다
みんな 똉 모두
君 [きみ] 똉 너
良さ [よさ] 똉 장점
大会 [たいかい] 똉 대회
賞 [しょう] 똉 상
取る [とる] 동1 타다
天才 [てんさい] 똉 천재

바로 체크 문장 작문하기

1. 이번의 이벤트도 성공할 거야. (今度, イベント, 成功)

= _____

2. JLPT에 합격하겠어. (合格)

= _____

정답 및 해설 p.349

1 ~かしら ~까?

①~かしら는 기본적으로 '~까?'라는 뜻이며, 주로 가벼운 의문을 나타낼 때 사용한다.

· プレゼント、喜ぶかしら。 　　　선물, 기뻐할까?

· 卵は残ったかしら。 　　　계란은 남았을까?

2 ~かしら ~려나?

희망하는 바를 나타낼 때에도 사용한다. 이 경우, '~려나?'로 해석해야 자연스럽다. 보통 부정형과 함께 쓰인다.

· 午後から晴れないかしら。 　　　오후부터 개지 않으려나?

· 宝くじが当たらないかしら。 　　　복권이 당첨되지 않으려나?

3 ~っけ ~었나

~っけ는 '~었나'라는 뜻이며, 어떤 일을 회상하며 질문하거나 확인할 때에 사용한다. 보통 た나 だ로 끝나는 문장과 쓰인다.

· 鍵、閉めたっけ。 　　　열쇠, 잠갔었나.

· 森さんと親しかったっけ？ 　　　모리 씨와 친했었나?

· 音楽会、今週だっけ？ 　　　음악회, 이번 주였나?

실력 PLUS

① ~かしら는 주로 여성이 일상 회화에서 사용한다.

어휘
喜ぶ [よろこぶ] 동 기뻐하다
卵 [たまご] 명 계란
残る [のこる] 동 남다
午後 [ごご] 명 오후
宝くじ [たからくじ] 명 복권
当たる [あたる] 동 당첨되다
音楽会 [おんがくかい] 명 음악회
今週 [こんしゅう] 명 이번 주

바로 체크 　문장 작문하기

1. 드레스는 어울릴까? (ドレス, 似合う)

　= _____

2. 레스토랑, 예약했었나? (レストラン, 予約)

　= _____

정답 및 해설 p.349

회화 대비

1 질문에 답하기

(1) **A** 大会の目標は？　대회 목표는?

　　 B 1位です。＿＿＿＿＿＿＿＿＿＿。（チャンピオン, なる）　1위예요. 챔피언이 되겠어.

(2) **A** 会議の資料、準備した？　회의 자료, 준비했어?

　　 B いや。＿＿＿＿＿＿＿＿＿＿。（会議, 2時）　아니. 회의 2시부터였나?

(3) **A** このバス、東駅に止まりますか。　이 버스, 히가시 역에 서나요?

　　 B ＿＿＿＿＿＿＿＿＿＿。（東駅, 止まる）　히가시 역이지요? 서요.

JLPT/회화 대비

2 대화 읽고 빈 칸 채우기

(1) **A** 「大学に合格できるかしら。」

　　 B 「心配はいらないよ。合格できる（　　　）。」

　　 ① ね　　　　　　　　　　② さ　　　　　　　　　　③ っけ

(2) **A** 「番組がつまらない（　　　）。他のを見よう。」

　　 B 「うん。」

　　 ① わ　　　　　　　　　　② が　　　　　　　　　　③ と

(3) **A** 「ラッシュアワーはタクシーより電車が（　　　）。」

　　 B 「そう？じゃあ、電車で帰ろう。」

　　 ① 早いっけ　　　　　　　② 早いよ　　　　　　　③ 早いかしら

JLPT 대비

3 선택지 배열하고 ★에 들어갈 것 고르기

(1) 今日は時間があるし、部屋の掃除 ＿＿＿ ＿★＿ ＿＿＿。

　　 ① しよう　　　　　　　　② かしら　　　　　　　③ でも

(2) 私は新人に仕事を教えるので、レジは佐々木さん ＿＿＿ ＿★＿ ＿＿＿。

　　 ① わ　　　　　　　　　　② に　　　　　　　　　　③ 任せます

2편

문장을 풍부하게 만드는 품사

일본어 문장을 보다 풍부하게 만들기 위해서는 부사, 접속사, 감동사 등의 다양한 품사를 사용한다. 또한, 형용사가 동사가 되는 등 어떤 품사가 활용을 통해 다른 품사로 바꿔 사용하기도 한다. 다양한 표현을 위해 문장에서 부사, 접속사, 감동사 등의 다양한 품사가 어떻게 쓰이는지, 어떻게 다른 품사로 활용되는지 알아두는 것이 중요하다.

01 부사로 문장 꾸미기 ①

부사란 문장 속 동사나 형용사, 또는 다른 부사나 문장 전체를 수식하는 품사이다. 상태나 조건이 충분함을 나타내는 부사, 어떤 상황이나 동작이 끝나있음을 나타내는 부사 등 기초적인 부사를 사용하여 문장을 꾸미는 방법을 알아보자.

▲ MP3 바로 듣기

포인트 01 よく의 용법

① 부사 **よく** 잘	+	頑張りました	힘냈습니다
② **よく** 자주	+	喫茶店に行きます	찻집에 갑니다

---

1 よく 잘

よく는 ^①'잘'이라는 뜻으로, 정성을 들이고 있거나 상태나 조건이 충분함을 나타낼 때 사용한다.

- よく頑張りました。 　　　　　　잘 힘냈습니다.
- 帽子がよく似合いますね。 　　　모자가 잘 어울리네요.
- めがねをかければよく見える。 　안경을 쓰면 잘 보인다.

2 よく 자주

'자주'라는 뜻으로, 어떤 일이 빈번하게 발생함을 나타낼 때도 사용한다.

- よく喫茶店に行きます。 　　　　　자주 찻집에 갑니다.
- 新人のころはよく失敗をした。 　　신입 시절은 자주 실수를 했다.
- 子供はよくけがをする。 　　　　　아이는 자주 다친다.

실력 PLUS

① '잘'이라고 쓰일 때와 비슷한 뜻의 부사로 **十分**(충분히)이 있다.

어휘

頑張る [がんばる] 동1 힘내다
帽子 [ぼうし] 명 모자
めがね 명 안경
かける 동2 (안경을) 쓰다
喫茶店 [きっさてん] 명 찻집, 카페
新人 [しんじん] 명 신입
ころ 명 시절

바로 체크 문장 작문하기

1. 그녀는 무엇이든지 잘 먹는다. (彼女, 何, 食べる)

   = _____

2. 휴일인 날은 자주 그림을 그린다. (休み, 日, 絵, 描く)

   = _____

정답 및 해설 p.350

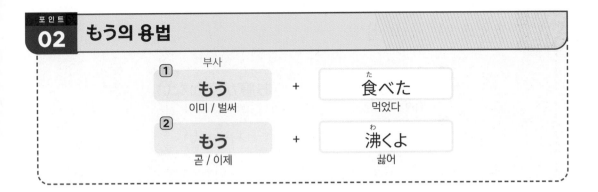

① 부사
もう + **食べた**
이미 / 벌써　먹었다

② **もう** + **沸くよ**
곧 / 이제　끓어

---

① **もう** 이미 / 벌써

もう는 '이미', '벌써'라는 뜻으로, 어떤 상황이나 동작이 끝나있음을 나타낼 때 사용한다.

- **夕食はもう食べた。** 　　저녁밥은 이미 먹었다.
- **お土産はもう買ったよ。** 　　기념품은 이미 샀어.
- **もう12時が過ぎた。** 　　벌써 12시가 지났다.
- **新しい時計がもう壊れた。** 　　새로운 시계가 벌써 망가졌다.

② **もう** 곧 / 이제

'곧', '이제'라는 뜻으로, 어떤 상황이나 동작이 앞으로 일어날 것임을 나타낼 때도 사용한다.

- **お湯がもう沸くよ。** 　　물이 곧 끓어.
- **クーポンの期限がもう切れる。** 　　쿠폰의 기한이 곧 끝난다.
- **疲れたから、もう寝るね。** 　　지쳤으니까, 이제 잘게.
- **来年からはもう学生ではない。** 　　내년부터는 이제 학생이 아니다.

실력 PLUS

어휘
夕食 [ゆうしょく] 몡 저녁밥
お土産 [おみやげ] 몡 기념품
過ぎる [すぎる] 동2 지나다
時計 [とけい] 몡 시계
壊れる [こわれる] 동2 망가지다
お湯 [おゆ] 몡 (뜨거운) 물
沸く [わく] 동1 끓다
クーポン 몡 쿠폰
期限 [きげん] 몡 기한
寝る [ねる] 동2 자다

바로 체크　문장 작문하기

1. 벌써 30살이 되었다. (30才, ～になる)

= _____

2. 곧 서점에 도착한다. (本屋, 着く)

= _____

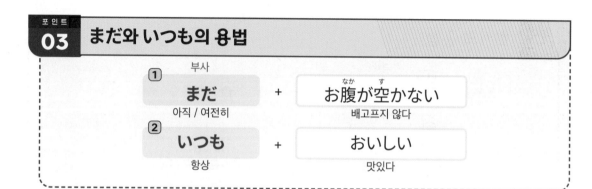

포인트 03

まだ와 いつも의 용법

	부사		
①	まだ 아직 / 여전히	+	お腹(なか)が空(す)かない 배고프지 않다
②	いつも 항상	+	おいしい 맛있다

① まだ 아직 / 여전히

①まだ는 '아직, '여전히'라는 뜻으로, 어떤 일이 아직 시작되지 않았음을 나타낼 때 사용한다. 이때의 まだ는 시작되지 않은 일을 미래에 할 것이라는 뉘앙스를 가진다. 또, 어떤 일이 끝나지 않고 계속 진행되고 있거나, 시작된 지 얼마 안 됐음을 나타낼 때도 사용한다.

- まだお腹(なか)が空(す)かない。 아직 배고프지 않다.
- 東京(とうきょう)に来(き)てまだ2年(ねん)だ。 도쿄에 와서 아직 2년이다.
- 先輩(せんぱい)とはまだ親(した)しくない。 선배와는 여전히 친하지 않다.

② いつも 항상

いつも는 '항상'이라는 뜻으로, 과거부터 지금까지 변함없이 그래왔음을 나타낼 때 사용한다.

- 母(はは)のご飯(はん)はいつもおいしい。 어머니의 밥은 항상 맛있다.
- 学校(がっこう)にはいつも自転車(じてんしゃ)で行(い)く。 학교에는 항상 자전거로 간다.
- この店(みせ)はいつも客(きゃく)が多(おお)い。 이 가게는 항상 손님이 많다.

실력 PLUS

① まだ 뒤에 ～ない와 같은 현재 부정형은 올 수 있지만 과거 부정형은 올 수 없다. '아직 ~하지 않았다'라고 말하려면 まだ～ていない와 같이 표현한다.

[예] まだ見(み)なかった。(X)
まだ見(み)ていない。(O)
아직 보지 않았다.

[어휘]

お腹が空く [おなかがすく] 배고프다
東京 [とうきょう] [명] 도쿄(지명)
年 [ねん] 년
ご飯 [ごはん] [명] 밥
学校 [がっこう] [명] 학교
自転車 [じてんしゃ] [명] 자전거
客 [きゃく] [명] 손님

바로 체크 문장 작문하기

1. 형은 아직 회사입니다. (兄(あに), 会社(かいしゃ))
= ______________________

2. 항상 커피를 마십니다. (コーヒー, 飲(の)む)
= ______________________

정답 및 해설 p.350

① 부사
ずっと + **曇りでした**
계속 흐렸습니다

② **ずっと** + **先です**
훨씬 앞입니다

③ **もっと** + **頼みますか**
더 주문할까요?

1 **ずっと** 계속

ずっと는 '계속'이라는 뜻으로, 지금까지 어떤 동작이나 상황이 계속되어 옴을 나타 낼 때 사용한다.

· 今週はずっと曇りでした。 　이번 주는 계속 흐렸습니다.

· 子犬がずっとほえる。 　강아지가 계속 짖는다.

2 **ずっと** 훨씬

'훨씬'이라는 뜻으로, 다른 것과 비교해 큰 차이가 있음을 나타낼 때도 사용한다.

· ゴールはずっと先です。 　결승점은 훨씬 앞입니다.

· 市場の魚のほうがずっと新鮮だ。 　시장의 생선 쪽이 훨씬 신선하다.

3 **もっと** 더

もっと는 '더'라는 ①뜻으로, 지금의 상태보다 정도가 심한 것을 나타낼 때 사용 한다.

· 料理をもっと頼みますか。 　요리를 더 주문할까요?

· もっと便利なスマホがほしい。 　더 편리한 스마트폰을 갖고 싶다.

· ネットで予約すればもっと安い。 　인터넷에서 예약하면 더 싸다.

실력 PLUS

① 뜻이 もっと와 비슷한 부사로 **さ らに**(더욱더)가 있다. もっと보다 딱딱한 표현이다.

어휘
子犬 [こいぬ] 명 강아지
ゴール 명 결승점
先 [さき] 명 앞
市場 [いちば] 명 시장
予約 [よやく] 명 예약
安い [やすい] い형 싸다

바로 체크 　**문장 작문하기**

1. 어제는 더 추웠다. (昨日, 寒い)
= _____

2. 주말은 계속 집에 있었습니다. (週末, 家, いる)
= _____

① 부사
かなり + **涼<rt>すず</rt>しいですね**
꽤   시원하네요

② **特<rt>とく</rt>に** + **注意<rt>ちゅうい</rt>して**
특히 / 특별히   주의해

---

1 **かなり** 꽤

かなり는 '꽤'라는 ①뜻으로, 상황이나 상태의 정도가 상당하거나 혹은 보통 이상임을 나타낼 때 사용한다.

- 今日<rt>きょう</rt>はかなり涼<rt>すず</rt>しいですね。   오늘은 꽤 시원하네요.
- 発表会<rt>はっぴょうかい</rt>はかなり緊張<rt>きんちょう</rt>しました。   발표회는 꽤 긴장했습니다.
- この文法<rt>ぶんぽう</rt>はかなり重要<rt>じゅうよう</rt>です。   이 문법은 꽤 중요합니다.
- あの二人<rt>ふたり</rt>はかなり仲良<rt>なかよ</rt>しだ。   저 두 사람은 꽤 친한 사이이다.

2 **特<rt>とく</rt>に** 특히 / 특별히

特に는 '특히', '특별히'라는 뜻으로, 보통과는 다르거나 혹은 어떤 것보다도 특별함을 나타낼 때 사용한다.

- 火災<rt>かさい</rt>には特<rt>とく</rt>に注意<rt>ちゅうい</rt>して。   화재에는 특히 주의해.
- 今年<rt>ことし</rt>の冬<rt>ふゆ</rt>は特<rt>とく</rt>に寒<rt>さむ</rt>いです。   올해의 겨울은 특히 춥습니다.
- 特<rt>とく</rt>に意見<rt>いけん</rt>はありません。   특별히 의견은 없습니다.
- 特<rt>とく</rt>に気<rt>き</rt>になるものはありますか。   특별히 신경 쓰이는 것은 있나요?

실력 PLUS

① 뜻이 **かなり**와 비슷한 부사로 相当<rt>そうとう</rt>(상당히)가 있다.

어휘

発表会 [はっぴょうかい] 몡 발표회
文法 [ぶんぽう] 몡 문법
重要だ [じゅうようだ] な형 중요하다
あの 저
二人 [ふたり] 몡 두 사람
仲良し [なかよし] 몡 친한 사이
火災 [かさい] 몡 화재
今年 [ことし] 몡 올해
意見 [いけん] 몡 의견
気になる [きになる] 신경 쓰이다

바로 체크 문장 작문하기

1. 나는 다카다 씨와 특히 친하다. (私<rt>わたし</rt>, 高田<rt>たかだ</rt>さん, 親<rt>した</rt>しい)

= _____

2. 놀이기구는 꽤 무서웠다. (アトラクション, 怖<rt>こわ</rt>い)

= _____

정답 및 해설 p.350

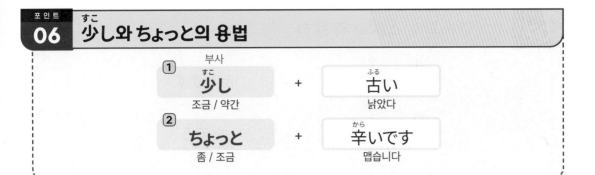

부사
① **少し** + **古い**
조금 / 약간 낡았다

② **ちょっと** + **辛いです**
좀 / 조금 맵습니다

---

① **少し** 조금 / 약간

少し는 '조금', '약간'이라는 뜻으로, 수량이 적거나 상태의 정도가 약함을 나타낼 때 사용한다.

· この電子レンジは少し古い。 　　이 전자레인지는 조금 낡았다.

· 疲れたので少し休みます。 　　피곤했기 때문에 조금 쉬겠습니다.

· 少し遅れました。 　　약간 늦었습니다.

· 塩を少し入れます。 　　소금을 약간 넣습니다.

② **ちょっと** 좀 / 조금

①ちょっと는 '좀', '조금'이라는 뜻으로, 수량이 적거나 상태의 정도가 약함을 나타낼 때 사용한다. 少し와 같은 뜻이지만 보다 격식 없는 표현이다.

· スープがちょっと辛いです。 　　스프가 좀 맵습니다.

· 夜中にちょっと雨が降った。 　　밤중에 좀 비가 내렸다.

· 年末からちょっと太った。 　　연말부터 조금 살쪘다.

· 人前で歌えるかちょっと心配だ。 　　사람들 앞에서 노래할 수 있을지 조금 걱정이다.

실력 PLUS

① ちょっと는 '잠깐'이라는 뜻으로 다른 사람을 부를 때 사용하기도 한다.

예 **ちょっと、そこの君。**
잠깐, 거기 너.

어휘

電子レンジ [でんしレンジ] 명 전자레인지

古い [ふるい] い형 낡다, 오래되다

年末 [ねんまつ] 명 연말

太る [ふとる] 동1 살찌다

人前 [ひとまえ] 명 사람들 앞

心配だ [しんぱいだ] な형 걱정이다

바로 체크 문장 작문하기

1. 홍차에 우유를 조금 넣었습니다. (紅茶, ミルク, 入れる)

= _____

2. 서비스에 좀 불만이 있다. (サービス, 不満, ある)

= _____

	부사		
①	**たくさん** 잔뜩	+	**あります** 있습니다
②	**いっぱい** 가득 / 잔뜩	+	**たまる** 쌓이다

① **たくさん** 잔뜩

①たくさん은 '잔뜩'이라는 뜻으로, 수량이 충분하거나 많은 상태를 나타낼 때 사용한다.

- 夏休みは宿題がたくさんあります。　　여름 방학은 숙제가 잔뜩 있습니다.
- 高校で思い出がたくさんできた。　　고등학교에서 추억이 잔뜩 생겼다.
- たくさん遊んで、くたくたです。　　잔뜩 놀아서, 지칩니다.
- 祭りでたくさん写真を撮った。　　축제에서 잔뜩 사진을 찍었다.

② **いっぱい** 가득 / 잔뜩

いっぱい는 '가득', '잔뜩'이라는 뜻으로, 어떤 것이 넘칠 듯이 차 있거나 한도 직전까지 도달했음을 나타낼 때 사용한다.

- ほこりがいっぱいたまる。　　먼지가 가득 쌓이다.
- お客さんがいっぱい来た。　　손님이 잔뜩 왔다.
- いっぱい歩いて、足がぱんぱんです。　　잔뜩 걸어서, 발이 띵띵 부었습니다.
- 弁当箱におかずをいっぱい詰めた。　　도시락통에 반찬을 가득 담았다.

실력 PLUS

① たくさん은 사전상에서는 명사로 분류되지만 부사처럼 자주 쓰인다.

어휘

高校 [こうこう] 명 고등학교
思い出 [おもいで] 명 추억
できる 동2 생기다
くたくただ な형 지치다
祭り [まつり] 명 축제
ほこり 명 먼지
たまる 동1 쌓이다
お客さん [おきゃくさん] 명 손님
足 [あし] 명 발
ぱんぱん 부 띵띵 (부음)
弁当箱 [べんとうばこ] 명 도시락통
おかず 명 반찬
詰める [つめる] 동2 담다

바로 체크 문장 작문하기

1. 고양이 상품을 잔뜩 샀습니다. (猫, グッズ, 買う)

= _____

2. 상자 안에는 사탕이 가득 있었다. (箱, 中, あめ, ある)

= _____

정답 및 해설 p.350

실력 Up 연습문제 01 부사로 문장 꾸미기 ①

회화 대비

1 질문에 답하기

(1) **A** 先月は忙しかったですか。 지난 달은 바빴어요?

B はい、＿＿＿＿＿＿＿＿＿＿。(忙しい) 네, 좀 바빴어요.

(2) **A** お腹が空かない？ 배고프지 않아?

B ううん、＿＿＿＿＿＿＿＿＿＿。(さっき, 食べる) 아니, 아까 잔뜩 먹었으니까.

(3) **A** 休日は何をして過ごしますか。 휴일은 무엇을 하며 보내나요?

B ＿＿＿＿＿＿＿＿＿＿。(家族, 山, 登る) 자주 가족끼리 산에 올라요.

JLPT/회화 대비

2 대화 읽고 빈 칸 채우기

(1) **A** 「Bさん、先に帰ります。」

B 「はい。私は仕事が（　　　）終わらないので、もうちょっと残ります。」

① もっと ② まだ ③ ほとんど

(2) **A** 「新しい家は快適ですか。」

B 「はい。前より（　　　）広くて、最高です。」

① ずっと ② よく ③ いっぱい

(3) (電話で)

A 「お母さん、荷物届いたよ。ありがとう。」

B 「え、（　　　）届いたの？早かったね。」

① まだ ② 少し ③ もう

JLPT 대비

3 선택지 배열하고 ★에 들어갈 것 고르기

(1) 駅前の食堂は人気で、店内 ＿＿＿ ★ ＿＿＿ がいっぱいいる。

① いつも ② には ③ お客さん

(2) 夜は気温が ＿＿＿ ★ ＿＿＿ マフラーと手袋を持って行こう。

① かなり ② から ③ 下がる

정답 및 해설 p.350

02 부사로 문장 꾸미기 ②

부사 중에서는 정도가 심함을 나타내는 부사, 확실한 추측을 나타내는 부사, 빈도를 나타내는 부사 등 실생활에 자주 사용되는 단어들이 많다. 이러한 부사를 사용하여 문장을 꾸미는 방법을 알아보자.

▲ MP3 바로 듣기

포인트 01 **とても와 非常(ひじょう)に의 용법**

부사
① **とても** + **熱(あつ)い**
   아주 / 매우   뜨겁다

② **非常(ひじょう)に** + **順調(じゅんちょう)だ**
   매우 / 몹시   순조롭다

---

① **とても** 아주 / 매우

とても는 '아주', '매우'라는 ①뜻으로, 정도가 심함을 나타낼 때 사용한다. 글을 쓸 때나 말할 때 모두 사용하기 좋은 표현이다.

· お湯(ゆ)がとても熱(あつ)い。　　　　　　　물이 아주 뜨겁다.
· 鈴木(すずき)さんはとても美人(びじん)だ。　　　　스즈키 씨는 아주 미인이다.
· 歴史(れきし)にとても興味(きょうみ)がある。　　　역사에 매우 흥미가 있다.

② **非常(ひじょう)に** 매우 / 몹시

非常(ひじょう)に는 '매우', '몹시'라는 뜻으로, 정도가 심함을 나타낼 때 사용한다. とても보다 격식을 차린 표현이다.

· 人間関係(にんげんかんけい)は非常(ひじょう)に難(むずか)しい。　　인간관계는 매우 어렵다.
· スマホは非常(ひじょう)に便利(べんり)だ。　　　　스마트폰은 매우 편리하다.
· 非常(ひじょう)に強(つよ)い地震(じしん)が起(お)きました。　　몹시 강한 지진이 일어났습니다.

실력 PLUS

① 뜻이 とても와 비슷한 부사로 **すごく**(엄청)가 있다. 편한 사이끼리의 대화에서 사용하는 격식 없는 표현이다.

어휘
熱(あつ)い [あつい] (い형) 뜨겁다
美人(びじん) [びじん] (명) 미인
人間(にんげん) [にんげん] (명) 인간
関係(かんけい) [かんけい] (명) 관계
地震(じしん) [じしん] (명) 지진

바로 체크 문장 작문하기

1. 그 인형은 아주 귀엽다. (その, 人形(にんぎょう), かわいらしい)

= _____

2. 최근 무서운 사건이 매우 많습니다. (最近(さいきん), 怖(こわ)い, 事件(じけん), 多(おお)い)

= _____

정답 및 해설 p.351

포인트
02 だいぶ와 ほとんど의 용법

① 부사
だいぶ + たまりました
꽤나 / 쌓였습니다

②
ほとんど + 寝ませんでした
거의 / 자지 않았습니다

---

1 だいぶ 꽤나

①だいぶ는 '꽤나'라는 뜻으로, 수량이 많거나 상태의 정도가 심함을 나타낼 때 사용한다.

- お金がだいぶたまりました。 　　 돈이 꽤나 쌓였습니다.
- 作品がだいぶ完成した。 　　 작품이 꽤나 완성되었다.
- だいぶ涼しい日が続いた。 　　 꽤나 시원한 날이 계속됐다.
- ワールドカップはだいぶ先だ。 　　 월드컵은 꽤나 미래의 일이다.

2 ほとんど 거의

ほとんど는 '거의'라는 뜻으로, 100%에 가까운 상태임을 나타낼 때 사용한다.

- 昨日はほとんど寝ませんでした。
  어제는 거의 자지 않았습니다.

- ほとんど毎日ジムに行きます。
  거의 매일 체육관에 갑니다.

- 食欲がなくて、ご飯をほとんど食べられなかった。
  식욕이 없어서, 밥을 거의 먹을 수 없었다.

- 田中君はほとんど人と話しません。
  다나카 군은 거의 다른 사람과 이야기하지 않습니다.

실력PLUS

① だいぶ는 大分와 같이 한자로 표기하기도 한다.

어휘
作品 [さくひん] 명 작품
完成 [かんせい] 명 완성
昨日 [きのう] 명 어제
ジム 명 체육관
食欲 [しょくよく] 명 식욕
君 [くん] 군

바로 체크 　 문장 작문하기

1. 사무실이 꽤나 정리되었다. (オフィス, 片付く)

   = _____

2. 디너는 거의 완성되었다. (ディナー, 出来上がる)

   = _____

정답 및 해설 p.351

| ① 부사 絶対 절대 | + | 諦めません 포기하지 않습니다 |
| ② 決して 결코 | + | 忘れない 잊지 않는다 |

① 絶対 절대

①絶対는 '절대'라는 뜻으로, 무슨 일이 있어도 반드시 그러함을 나타낼 때 사용하며, 보통 뒤에 부정형이 온다. 부정형이 오지 않는 경우에는 '꼭', '틀림없이'로 해석한다.

- 最後まで絶対諦めません。　　마지막까지 절대 포기하지 않습니다.
- この靴は小さくて絶対入らない。　이 신발은 작아서 절대 들어가지 않는다.
- 約束は絶対守ります。　　약속은 꼭 지킵니다.
- おばけは絶対存在する。　귀신은 틀림없이 존재한다.

② 決して 결코

決しては '결코'라는 뜻으로, 무슨 일이 있어도 반드시 그러함을 나타낼 때 사용한다. 부정문이나 금지문에 쓰여 문장의 뜻을 강조하는 뉘앙스를 가진다.

- 思い出は決して忘れない。　추억은 결코 잊지 않는다.
- 失敗は決して無駄ではなかった。　실패는 결코 소용없지 않았다.
- 決して怪しい者ではありません。　결코 수상한 사람이 아닙니다.
- 合格は決して容易ではない。　합격은 결코 쉽지 않다.

실력 PLUS

① 絶対는 ~に가 붙은 형태인 絶対に(절대로)로도 자주 쓰인다.

어휘

最後 [さいご] 몡 마지막
諦める [あきらめる] 톰2 포기하다
靴 [くつ] 몡 신발
小さい [ちいさい] い형 작다
おばけ 몡 귀신
存在 [そんざい] 몡 존재
無駄だ [むだだ] な형 소용없다
者 [もの] 몡 사람
容易だ [よういだ] な형 쉽다

바로 체크　문장 작문하기

1. 실수는 결코 허락되지 않는다 (ミス, 許す)

= _____

2. 비밀은 절대 다른 사람에게 말하지 않습니다 (秘密, 人, 言う)

= _____

정답 및 해설 p.351

포인트 04

必(かなら)ず와 きっと의 용법

①	부사 必(かなら)ず 반드시	+	優勝(ゆうしょう)します 우승하겠습니다
②	きっと 꼭 / 분명	+	成功(せいこう)するよ 성공할게

① 必(かなら)ず 반드시

必(かなら)ず는 '반드시'라는 뜻으로, 어떤 일이 예외 없이 꼭 이루어져야 하거나 강한 바람, 확실한 추측, 약속하는 내용을 나타낼 때 사용한다.

- 必(かなら)ず優勝(ゆうしょう)します。 반드시 우승하겠습니다.
- 毎年(まいとし)必(かなら)ず家族(かぞく)で旅行(りょこう)する。 매년 반드시 가족이서 여행한다.
- 金曜(きんよう)のドラマは必(かなら)ず見(み)ます。 금요일 드라마는 반드시 봅니다.
- 今(いま)送(おく)れば明日(あした)には必(かなら)ず届(とど)きます。 지금 보내면 내일에는 반드시 도착합니다.

② きっと 꼭 / 분명

きっと는 '꼭', '분명'이라는 뜻으로, 어떤 일이 꼭 이루어져야 하거나 강한 바람, 확실한 추측, ①약속하는 내용을 나타낼 때 사용한다. 必(かなら)ず와 거의 같은 뜻이지만, 보다 뉘앙스가 약하다.

- 次(つぎ)はきっと成功(せいこう)するよ。 다음은 꼭 성공할거야.
- 森(もり)さんはきっと来(く)る。 모리씨는 꼭 올 것이다.
- 中島君(なかじまくん)はきっと林(はやし)さんが好(す)きだ。 나카지마 군은 분명 하야시 씨를 좋아한다.
- 決勝(けっしょう)もきっと勝(か)てる。 결승도 분명 이길 수 있을 것이다.

실력 PLUS

① 약속하는 내용에 쓰이는 경우, **必(かなら)ず**와 **きっと** 모두 부정형과 사용할 수 없다. 부정형과는 **絶対(ぜったい)**(절대)를 쓴다.

[어휘]

優勝 [ゆうしょう] [명] 우승
毎年 [まいとし] [명] 매년
家族 [かぞく] [명] 가족
旅行 [りょこう] [명] 여행
金曜 [きんよう] [명] 금요일
今 [いま] [명] 지금
成功 [せいこう] [명] 성공
決勝 [けっしょう] [명] 결승

바로 체크 문장 작문하기

1. 그 교재는 분명 어렵지 않다. (その, 教材(きょうざい), 難(むずか)しい)
   = ______________________

2. 사람은 누구라도 반드시 죽는다. (人(ひと), 誰(だれ), 死(し)ぬ)
   = ______________________

정답 및 해설 p.351

ときどき와 はじめて의 용법

	부사		
①	**ときどき** 가끔	+	**利用する** 이용한다
②	**はじめて** 처음으로	+	**バイクに乗りました** 오토바이를 탔습니다

① ときどき 가끔

ときどき는 '가끔'이라는 ①뜻으로, 어떤 일이 드문드문 반복됨을 나타낼 때 사용한다. 반복되는 빈도가 낮은 경우에 사용하는 표현이다.

· **ネットスーパーはときどき利用する。**
  인터넷 마트는 가끔 이용한다.

· **ときどき神戸に出張に行きます。**
  가끔 고베에 출장으로 갑니다.

· **ロックが好きだが、ときどきジャズも聞く。**
  록을 좋아하지만, 가끔 재즈도 듣는다.

② はじめて 처음으로

②はじめて는 '처음으로'라는 뜻으로, 지금껏 겪은 적이 없거나 해본 적이 없음을 나타낼 때 사용한다.

· **はじめてバイクに乗りました。**
  처음으로 오토바이를 탔습니다.

· **はじめて金閣寺に行った。**
  처음으로 금각사를 방문했다.

· **はじめて流れ星を見た。**
  처음으로 별똥별을 보았다.

실력 PLUS

① 뜻이 ときどき와 비슷한 표현으로 たまに(드물게)가 있다.

② はじめて는 今回がはじめてだ. (이번이 처음이다)와 같이 명사처럼 쓰이기도 한다.

어휘

ネットスーパー 명 인터넷 마트
利用 [りよう] 명 이용
神戸 [こうべ] 명 고베(지명)
出張 [しゅっちょう] 명 출장
ロック 명 록(음악)
ジャズ 명 재즈
聞く [きく] 동1 듣다
バイク 명 오토바이
金閣寺 [きんかくじ] 명 금각사
流れ星 [ながれぼし] 명 별똥별

바로 체크 문장 작문하기

1. 그녀를 처음으로 부모님에게 소개했다. (彼女, 両親, 紹介)

  = _____

2. 가끔 할머니와 전화합니다. (祖母, 電話)

  = _____

정답 및 해설 p.351

① 부사
すぐに + **調べる**
바로　　　　　　　조사한다

② **すでに** + **終了しました**
이미　　　　　　　종료했습니다

1 **すぐに** 바로

すぐに는 '바로'라는 ①뜻으로, 어떤 동작이나 상황이 지체없이 이루어짐을 나타낼 때 사용한다.

- **わからないことはすぐに調べる。** — 모르는 것은 바로 조사한다.
- **すぐにそちらへ向かいます。** — 바로 그쪽으로 향하겠습니다.
- **資料をすぐに送ります。** — 자료를 바로 보내겠습니다.
- **すぐに計画を実行する。** — 바로 계획을 실행한다.

2 **すでに** 이미

すでに는 '이미'라는 뜻으로, 과거에 완료된 동작이나 상태를 나타낼 때 사용한다.

- **受付はすでに終了しました。** — 접수는 이미 종료했습니다.
- **お客様にはすでに説明した。** — 손님에게는 이미 설명했다.
- **会場はすでに満員です。** — 행사장은 이미 만원입니다.
- **大福はすでに売り切れでした。** — 찹쌀떡은 이미 매진이었습니다.

실력PLUS

① 뜻이 すぐに와 비슷한 부사로 直ちに(즉각)가 있다. すぐに보다 격식 차린 표현이다.

어휘
こと 몡 것
そちら 몡 그쪽
計画 [けいかく] 몡 계획
実行 [じっこう] 몡 실행
受付 [うけつけ] 몡 접수
終了 [しゅうりょう] 몡 종료
お客様 [おきゃくさま] 몡 손님
説明 [せつめい] 몡 설명
満員 [まんいん] 몡 만원
大福 [だいふく] 몡 찹쌀떡
売り切れ [うりきれ] 몡 매진

바로 체크　문장 작문하기

1. 상품은 바로 도착합니까? (商品, 届く)

　= _____

2. 그 건은 이미 상사에게 보고했다. (その, 件, 上司, 報告)

　= _____

정답 및 해설 p.351

부사
① **ついに** + **叶った**
마침내   이루어졌다

② **やっと** + **終わった**
겨우   끝났다

① **ついに** 마침내

ついに는 '마침내'라는 뜻으로, 오랜 기간을 거쳐 어떤 결과가 되었음을 나타낼 때 사용한다.

・夢がついに叶った。

・ついにこの日が来ました。

・コンクールの作品がついに完成した。

・ついに結婚を決心した。

꿈이 마침내 이루어졌다.

마침내 이 날이 왔습니다.

콩쿠르 작품을 마침내 완성했다.

마침내 결혼을 결심했다.

② **やっと** 겨우

①やっと는 '겨우'라는 뜻으로, 오랜 기간이나 노력을 들여 어떤 일이 이루어졌음을 나타낼 때 사용한다. 화자의 기쁨의 뉘앙스가 담겨있다.

・宿題がやっと終わった。

・やっと車の運転にも慣れた。

・同僚の名前をやっと覚えた。

・やっと空港に着きました。

숙제가 겨우 끝났다.

겨우 차 운전에도 익숙해졌다.

동료의 이름을 겨우 외웠다.

겨우 공항에 도착했습니다.

실력 PLUS

① やっと는 '동작' 자체에 중점을 둔 반면, ついに는 동작으로 나타난 '결과'에 중점을 둔다.

어휘

叶う [かなう] 통1 이루어지다

コンクール 명 콩쿠르

結婚 [けっこん] 명 결혼

決心 [けっしん] 명 결심

慣れる [なれる] 통2 익숙해지다

同僚 [どうりょう] 명 동료

覚える [おぼえる] 통2 외우다

空港 [くうこう] 명 공항

바로 체크 문장 작문하기

1. 마침내 거짓말이 들통났습니다. (うそ, ばれる)

= _____

2. 겨우 일이 안정되었다. (仕事, 落ち着く)

= _____

정답 및 해설 p.351

회화 대비

1 질문에 답하기

(1) **A** 昼ご飯はいつも弁当ですか。　점심은 항상 도시락입니까?

　　B 弁当が多いですが、＿＿＿＿＿＿＿＿＿＿。(外, 食べる)　도시락이 많지만, 가끔 밖에서 먹어요.

(2) **A** 営業部に田中さんって方はいますか。　영업부에 다나카 씨라는 분은 있습니까?

　　B 田中は＿＿＿＿＿＿＿＿＿＿。(退職)　다나카는 이미 퇴직했어요.

(3) **A** 説明会に参加しますか。　설명회에 참석합니까?

　　B はい、＿＿＿＿＿＿＿＿＿＿。(新入生, 参加)　네, 신입생은 반드시 참석합니다.

JLPT/회화 대비

2 대화 읽고 빈 칸 채우기

(1) **A** 「前の車、（　　　）大きいね。」

　　B 「うん、車内も広くて人気があるって。」

　　① とても　　　　　　　　② ほとんど　　　　　　　③ ついに

(2) **A** 「先生、環境問題は深刻ですか。」

　　B 「ええ、（　　　）深刻です。」

　　① 非常に　　　　　　　　② すぐに　　　　　　　　③ 決して

(3) **A** 「USBは見つかりましたか。」

　　B 「三日探して、（　　　）見つかりました。引き出しの中にありました。」

　　① やっと　　　　　　　　② ときどき　　　　　　　③ 絶対

JLPT 대비

3 선택지 배열하고 ★에 들어갈 것 고르기

(1) 留学先での楽しかった思い出 ＿＿＿＿ ★ ＿＿＿＿ 。

　　① きっと　　　　　　　　② 忘れません　　　　　　③ は

(2) マラソンに ＿＿＿＿ ★ ＿＿＿＿ 最後まで走れて嬉しかった。

　　① が　　　　　　　　　　② はじめて　　　　　　　③ 挑戦した

정답 및 해설 p.351

03 부사로 문장 꾸미기 ③

▲ MP3 바로 듣기

부사 중에서는 문장을 강조하는 부사, 동작의 상태를 나타내는 부사 등 보다 구체적이고 정확하게 의사를 표현하기 위해 자주 사용되는 단어들이 많다. 이러한 부사를 사용하여 문장을 꾸미는 방법을 알아보자.

포인트 01 あまり와 全然의 용법

부사

① **あまり** + **強くなかった**
별로 / 그다지   강하지 않았다

② **全然** + **わからない**
전혀   모르겠다

---

1 あまり 별로 / 그다지

あまり는 '별로', '그다지'라는 뜻으로, 부정문에 쓰여 특별히 내세워 말할 정도의 상태가 아님을 나타낼 때 사용한다.

· そのチームはあまり強くなかった。
그 팀은 별로 강하지 않았다.

· 先生は私と年があまり変わらない。
선생님은 나와 나이가 그다지 차이 나지 않는다.

2 全然 전혀

全然은 '전혀'라는 뜻으로, ①부정문에 쓰이거나, だめだ(안 된다)나 違う(다르다)와 같은 부정적인 표현과 쓰여 조금도 그렇지 않음을 나타낼 때 사용한다.

· 話の内容が全然わからない。   이야기 내용을 전혀 모르겠다.

· 問題の答えが全然わからない。   문제의 정답을 전혀 알 수 없다.

· 真っ暗で、足元が全然見えません。   깜깜해서, 발 밑이 전혀 보이지 않습니다.

실력 PLUS

① 부정문이 아닌 긍정문에 사용하는 경우 '아주', '대단히'라고 해석한다. 편한 사이끼리의 격식 없는 대화에서만 사용하며 품위 있는 표현은 아니다.
예 **全然**平気だ。 아주 괜찮다.

어휘

その 그
チーム 圏 팀
年 [とし] 圏 나이
話 [はなし] 圏 이야기
内容 [ないよう] 圏 내용
問題 [もんだい] 圏 문제
足元 [あしもと] 圏 발 밑

바로 체크   문장 작문하기

1. 별로 기대하지 않는다. (期待)

= _____

2. 프로의 연주는 전혀 다르네. (プロ, 演奏, 違う)

= _____

정답 및 해설 p.352

① 부사
まったく + **関係がない**
전혀 / 결코 관계가 없다

② **まったく** + **新しい発想だ**
완전히 / 정말 새로운 발상이다

③ **ちっとも** + **集中できない**
조금도 집중할 수 없다

① **まったく** 전혀 / 결코

まったく는 '전혀', '결코'라는 뜻으로, 부정문에 쓰여 문장의 뜻을 강조할 때 사용한다.

- 私は事件とはまったく関係がない。　　나는 사건과는 전혀 관계가 없다.
- 夫は息子をまったく叱らない。　　남편은 아들을 전혀 혼내지 않는다.

② **まったく** 완전히 / 정말

'완전히', '정말'이라는 뜻으로, 긍정문에 쓰여 전적으로 어떤 상태임을 나타낼 때 사용하기도 한다.

- これはまったく新しい発想だ。　　이것은 완전히 새로운 발상이다.
- 渡辺さんの意見とまったく同じです。　　와타나베 씨의 의견과 완전히 같습니다.

③ **ちっとも** 조금도

ちっとも는 '조금도'라는 ①뜻으로, 부정문에 쓰여 문장의 뜻을 강조할 때 사용한다.

- 試験勉強にちっとも集中できない。　　시험 공부에 조금도 집중할 수 없다.
- 飲み会はちっとも楽しくなかった。　　회식은 조금도 즐겁지 않았다.
- このカレーはちっとも辛くない。　　이 카레는 조금도 맵지 않다.

실력 PLUS

① 뜻이 **ちっとも**와 같은 부사로 **少しも**(조금도)가 있다. **ちっとも**보다 딱딱한 표현이다.

어휘

息子 [むすこ] 圏 아들
叱る [しかる] 圄 혼내다
これ 圏 이것
発想 [はっそう] 圏 발상
同じだ [おなじだ] な圏 같다
試験 [しけん] 圏 시험
集中 [しゅうちゅう] 圏 집중
楽しい [たのしい] い圏 즐겁다

바로 체크　문장 작문하기

1. 매상이 조금도 오르지 않습니다. (売り上げ, 上がる)

= _____

2. 이런 결과는 전혀 예상하지 않았다. (こんな, 結果, 予想)

= _____

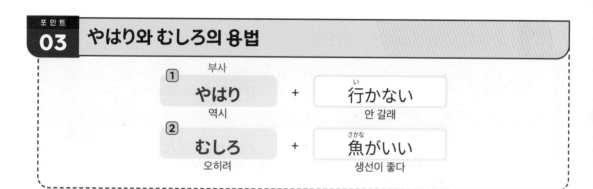

① 부사
やはり + **行かない**
역시   안 갈래

② **むしろ** + **魚がいい**
오히려   생선이 좋다

1 やはり 역시

①やはり는 '역시'라는 뜻으로, 이전과 별다를 것 없거나 예상과 다르지 않은 상황을 나타낼 때 사용한다.

· やはり同窓会には行かない。   역시 동창회에는 안 갈래.

· 夏はやはりうなぎですよね。   여름은 역시 장어지요.

· 会社の面接はやはり緊張します。   회사 면접은 역시 긴장됩니다.

2 むしろ 오히려

むしろ는 '오히려'라는 뜻으로, 두 가지 대상을 비교하여 하나를 고르거나 어느 한 쪽이 좋음을 나타낼 때 사용한다.

· 肉よりむしろ魚がいい。
고기보다 오히려 생선이 좋다.

· むしろ、その反対じゃないですか。
오히려, 그 반대가 아니에요?

· 私は父親より、むしろ母親似です。
저는 아버지보다, 오히려 어머니를 닮았습니다.

실력 PLUS

① やはり는 やっぱり라고도 한다.
더 회화체적인 표현이다.

어휘

同窓会 [どうそうかい] 몡 동창회
夏 [なつ] 몡 여름
うなぎ 몡 장어
面接 [めんせつ] 몡 면접
父親 [ちちおや] 몡 아버지
母親 [ははおや] 몡 어머니
似 [に] 닮음

바로 체크 문장 작문하기

1. 상황은 오히려 악화했습니다. (状況, 悪化)

= _____

2. 그런 이야기는 역시 믿을 수 없습니다. (そんな, 話, 信じる)

= _____

정답 및 해설 p.352

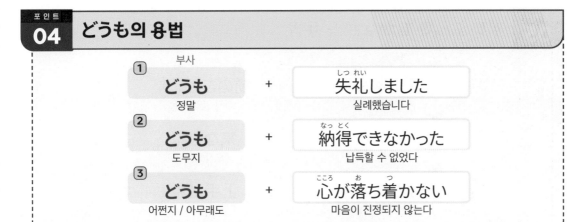

부사
① **どうも** + 失礼しました
정말 실례했습니다

② **どうも** + 納得できなかった
도무지 납득할 수 없었다

③ **どうも** + 心が落ち着かない
어쩐지 / 아무래도 마음이 진정되지 않는다

① **どうも** 정말

どうも는 '정말'이라는 뜻으로, ①감사나 사과의 뜻을 강조할 때 사용한다.

- どうも失礼しました。　　　정말 실례습니다.

- どうもありがとう。　　　정말 고마워.

② **どうも** 도무지

'도무지'라는 뜻으로, 어떻게 해도 만족스럽지 못함을 나타낼 때도 사용한다.

- 契約の条件にどうも納得できなかった。
계약의 조건에 도무지 납득할 수 없었다.

- スマホの操作方法がどうもわからない。
스마트폰 조작 방법을 도무지 모르겠다.

③ **どうも** 어쩐지 / 아무래도

'어쩐지', '아무래도'라는 뜻으로, 상황이나 상태의 원인을 확실히 알 수 없을 때도 사용한다.

- どうも心が落ち着かない。
어쩐지 마음이 진정되지 않는다.

- 私はプレゼンテーションがどうも苦手だ。
나는 발표가 아무래도 서투르다.

실력 PLUS

① 감사나 사과 인사를 할 때 **どうも** 만 사용하여 의사를 전달하기도 한다. 무언가를 권하는 뜻으로 쓰이는 표현인 **どうぞ**에 대한 대답으로 자주 쓰인다.

예 A: **どうぞ**。
부디(받으세요, 드세요 등)
B: **どうも**(ありがとうございます)。
정말 감사합니다.

어휘
失礼 [しつれい] 圏 실례
契約 [けいやく] 圏 계약
条件 [じょうけん] 圏 조건
納得 [なっとく] 圏 납득
操作 [そうさ] 圏 조작
心 [こころ] 圏 마음
落ち着く [おちつく] 图1 진정되다
プレゼンテーション 圏 발표
苦手だ [にがてだ] な형 서투르다

바로 체크 문장 작문하기

1. 정말 죄송했습니다. (すみません)

= _____

2. 어쩐지 컴퓨터의 상태가 좋지 않다. (パソコン, 調子, 悪い)

= _____

정답 및 해설 p.352

부사
① **ずいぶん** + **前のことです**
꽤 전의 일입니다

② **なかなか** + **来ないね**
좀처럼 오지 않네

③ **なかなか** + **上手だね**
꽤 / 상당히 잘하네

① **ずいぶん** 꽤

ずいぶん은 '꽤'라는 뜻으로, 상태나 정도가 현저한 것을 나타낼 때 사용한다.

- それはずいぶん前のことです。　　　그것은 꽤 전의 일입니다.
- 印象がずいぶん変わったね。　　　인상이 꽤 변했네.
- 兄弟げんかがずいぶん減った。　　　형제 싸움이 꽤 줄었다.

② **なかなか** 좀처럼

なかなか는 '좀처럼'이라는 뜻으로, 부정문에 쓰여 어떤 상태나 상황이 쉽게 이루어지지 않음을 나타낼 때 사용한다.

- 電車、なかなか来ないね。　　　전철, 좀처럼 오지 않네.
- 父の病気がなかなか治りません。　　아버지의 병이 좀처럼 낫지 않습니다.

③ **なかなか** 꽤 / 상당히

'꽤', '상당히'라는 뜻으로, 상태나 상황의 정도가 예상 이상임을 나타낼 때 사용한다.

- なかなか上手だね。　　　꽤 잘하네.
- あのドラマはなかなか面白かった。　　저 드라마는 상당히 재미있었다.

실력 PLUS

어휘
それ 명 그것
前 [まえ] 명 전
こと 명 일
印象 [いんしょう] 명 인상
兄弟げんか [きょうだいげんか]
명 형제 싸움
減る [へる] 통1 줄다
電車 [でんしゃ] 명 전철
治る [なおる] 통1 낫다

바로 체크 문장 작문하기

1. 정체로 차가 좀처럼 나아가지 않는다. (渋滞, 車, 進む)

= _____

2. 오늘은 꽤 따뜻하네. (今日, 暖かい)

= _____

정답 및 해설 p.352

포인트 06

まず와 そろそろ의 용법

	부사		
1	まず 우선	+	玉(たま)ねぎを切(き)ります 양파를 자릅니다
2	そろそろ 슬슬	+	寝(ね)ようよ 자자

1 まず 우선

まず는 '우선'이라는 뜻으로, 맨 처음을 나타낼 때 사용한다.

- まず、玉(たま)ねぎを切(き)ります。 우선, 양파를 자릅니다.
- まず、ホテルにチェックインをする。 우선, 호텔에 체크인을 한다.
- まず、必要(ひつよう)な情報(じょうほう)を集(あつ)めよう。 우선, 필요한 정보를 모으자.
- 相手(あいて)の立場(たちば)に立(た)って、まず考(かんが)える。 상대의 입장에 서서, 우선 생각한다.

2 そろそろ 슬슬

そろそろ는 '슬슬'이라는 뜻으로, 어떤 상태나 시간이 다 되어가거나 동작을 천천히 함을 나타낼 때 사용한다.

- そろそろ寝(ね)ようよ。 슬슬 자자.
- そろそろ会議(かいぎ)の時間(じかん)です。 슬슬 회의 시간입니다.
- 階段(かいだん)をそろそろ下(お)りた。 계단을 슬슬 내려갔다.
- 廊下(ろうか)をそろそろ歩(ある)く。 복도를 슬슬 걷는다.

실력 PLUS

어휘
玉ねぎ [たまねぎ] [명] 양파
チェックイン [명] 체크인
情報 [じょうほう] [명] 정보
相手 [あいて] [명] 상대
立場 [たちば] [명] 입장
立つ [たつ] [동1] 서다
階段 [かいだん] [명] 계단
下りる [おりる] [동2] 내려가다

바로 체크 문장 작문하기

1. 슬슬 출발하자. (出発(しゅっぱつ))
= ______________________

2. 우선, 화장실부터 청소를 한다. (トイレ, 掃除(そうじ))
= ______________________

정답 및 해설 p.352

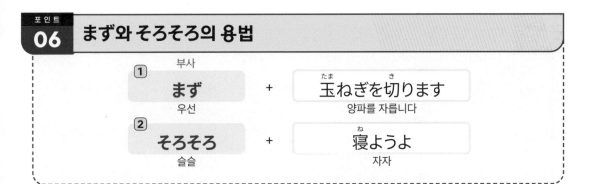

```
        부사
①   ゆっくり    +    歩く
    천천히            걷는다
②   ゆっくり    +    過ごした
    느긋이            지냈다
③   どんどん    +    伸びました
    점점 / 척척        자랐습니다
```

① **ゆっくり** 천천히

ゆっくり는 '천천히'라는 뜻으로, 동작이 느리게 이루어짐을 나타낼 때 사용한다.

- ゆっくり歩く。   천천히 걷는다.
- 息をゆっくり吸って吐きます。   숨을 천천히 마시고 뱉습니다.

② **ゆっくり** 느긋이

①'느긋이'라는 뜻으로, 마음이나 태도, 시간에 여유가 있는 상태를 나타낼 때도 사용한다.

- ホテルでゆっくり過ごした。   호텔에서 느긋이 지냈다.
- 朝からゆっくりコーヒーを味わった。   아침부터 느긋이 커피를 맛보았다.

③ **どんどん** 점점 / 척척

どんどん은 '점점', '척척'이라는 뜻으로, 어떤 것이 잇따라 늘어나거나 커지는 상황 또는 일이 순조롭게 진행되는 상황을 나타낼 때 사용한다.

- 身長がどんどん伸びました。   키가 점점 자랐습니다.
- 点数がどんどん上がった。   점수가 점점 올랐다.
- ビルの建設がどんどん進む。   빌딩 건설이 척척 진행된다.

실력 PLUS

① '느긋이 쉬다', '마음 편히 있다'라는 뜻으로, **ゆっくりする**라는 표현도 자주 사용된다.

어휘
息 [いき] 명 숨
吸う [すう] 동1 마시다
吐く [はく] 동1 뱉다
過ごす [すごす] 동1 지내다
コーヒー 명 커피
味わう [あじわう] 동1 맛보다
身長 [しんちょう] 명 키
伸びる [のびる] 동2 자라다
点数 [てんすう] 명 점수
上がる [あがる] 동1 오르다
ビル 명 빌딩
建設 [けんせつ] 명 건설
進む [すすむ] 동1 진행되다

바로 체크 문장 작문하기

1. 장래의 꿈은 느긋이 생각해서 정하겠습니다.
   (将来, 夢, 考える, 決める)

   = _____

2. 무인 편의점이 점점 늘었다.
   (無人コンビニ, 増える)

   = _____

정답 및 해설 p.352

회화 대비

1 질문에 답하기

(1) **A** 洗濯物、まだ乾かないの？   세탁물, 아직 안 말랐어?

    B 曇りだから、＿＿＿＿＿＿＿＿＿＿。(乾く)   날씨가 흐려서, 좀처럼 마르지 않아.

(2) **A** 最初は野菜を切る？   처음에는 야채를 썰어?

    B ＿＿＿＿＿＿＿＿＿＿。(手, 洗う)   우선, 손부터 씻자.

(3) **A** クッキー、一つ食べますか。   쿠키, 하나 먹을래요?

    B ああ、＿＿＿＿＿＿＿＿＿＿。(ありがとうございます)   아, 정말 감사합니다.

JLPT/회화 대비

2 대화 읽고 빈 칸 채우기

(1) **A** 「最近、この歌が韓国で人気です。」

    B 「そうですか。日本では（　　　）有名じゃないです。」

    ① ゆっくり   ② ついに   ③ あまり

(2) **A** 「4月になりましたし、今年も（　　　）桜が咲きますね。」

    B 「ええ、楽しみです。」

    ① ずいぶん   ② そろそろ   ③ 全然

(3) **A** 「頭は痛くないですか。」

    B 「薬を飲んで、治りました。今は（　　　）痛くないです。」

    ① ちっとも   ② すぐに   ③ どんどん

JLPT 대비

3 선택지 배열하고 ★에 들어갈 것 고르기

(1) アニメやまんがは興味がなくて見ない ＿＿＿ ★ ＿＿＿。

    ① わからない   ② ので   ③ まったく

(2) 失敗は成長につながるから、だめなこと ＿＿＿ ★ ＿＿＿ です。

    ① 良いこと   ② むしろ   ③ ではなくて

정답 및 해설 p.352

04 접속사로 내용 연결하기 ①

접속사란 문장과 문장 혹은 단어와 단어를 연결하는 품사이다. 앞뒤의 내용을 논리적으로 순조롭게 연결하거나 상반되게 연결하는 접속사, 다른 내용을 추가하는 접속사 등을 사용하여 내용을 연결하는 방법을 알아보자.

▲ MP3 바로 듣기

포인트 01 それで와 だから의 用法

| 汗をかいた
땀을 흘렸다 | + | ① 접속사
それで、
그래서, | + | シャワーを浴びた
샤워를 했다 |
| ジュースがぬるい
주스가 미지근해 | + | ② **だから、**
그러니까, | + | 氷を入れて
얼음을 넣어줘 |

---

1 それで 그래서

それで는 '그래서'라는 뜻으로, 앞 내용이 원인이고 뒤 내용이 결과일 때 사용한다. '~하세요', '~해야지' 같은 명령이나 의지를 나타내는 문장이 뒤에 올 수 없다.

· 運動して汗をかいた。それで、シャワーを浴びた。
  운동하고 땀을 흘렸다. 그래서, 샤워를 했다.

· もうすぐバスが来る。それで、バス停まで走った。
  이제 곧 버스가 온다. 그래서, 버스 정류장까지 달렸다.

2 だから 그러니까

だから는 '그러니까'라는 뜻으로, 앞 내용이 뒤 내용의 원인이나 이유일 때 사용한다. 객관적인 사실뿐 아니라 어떤 행동을 요청하거나 권유하는 내용도 뒤에 올 수 있다.

· ジュースがぬるい。だから、氷を入れて。
  주스가 미지근해. 그러니까, 얼음을 넣어줘.

· 風邪の薬を飲んだ。だから、眠たい。
  감기 약을 먹었다. 그러니까, 졸리다.

실력 PLUS

어휘
汗 [あせ] 명 땀
かく 동 흘리다
もう 부 이제
すぐ 부 곧
バス 명 버스
バス停 [バスてい] 명 버스 정류장
走る [はしる] 동 달리다
ジュース 명 주스
ぬるい い형 미지근하다
氷 [こおり] 명 얼음
風邪 [かぜ] 명 감기

바로 체크 A, B 중 접속사가 적절하게 쓰인 문장 고르기

1. A パソコンが故障した。だから、修理を頼んだ。
   B 夕食の支度が終わった。だから、夫が帰宅した。

2. A 家を買います。それで、お金をためました。
   B 庭の草を刈った。それで、すごく伸びたからだ。

정답 및 해설 p.353

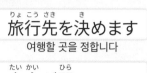

접속사

旅行先を決めます	+	① そこで、	+	意見を出しました
여행할 곳을 정합니다		그래서 / 고로		의견을 냈습니다
大会が開かれます	+	② そのため、	+	この道は通れません
대회가 열립니다		그 때문에,		이 길은 지나갈 수 없습니다

① そこで 그래서 / 고로

そこで는 '그래서', '고로'라는 뜻으로, 앞 내용이 원인이고 뒤 내용이 결과일 때 사용한다. 뒤 내용에는 보통 어떤 목적을 달성하기 위해서 한 행동이 온다.

· 旅行先を決めます。そこで、意見を出しました。
여행할 곳을 정합니다. 그래서 의견을 냈습니다.

· お客さんの意見が気になりました。そこで、アンケートを取りました。
손님의 의견이 궁금했습니다. 그래서, 설문조사를 받았습니다.

· 資金が足りません。そこで、寄付を集めました。
자금이 부족합니다. 고로, 기부를 모았습니다.

② そのため 그 때문에

そのため는 '그 때문에'라는 뜻으로, 앞 내용이 원인이고 뒤 내용이 결과일 때 사용한다.

· マラソン大会が開かれます。そのため、この道は通れません。
마라톤 대회가 열립니다. 그 때문에, 이 길은 지나갈 수 없습니다.

· 資源が少ない。そのため、ほとんどが海外からの輸入だ。
자원이 적다. 그 때문에, 대부분이 해외로부터의 수입이다.

· アレルギーがある。そのため、食事には注意が必要だ。
알레르기가 있다. 그 때문에, 식사에는 주의가 필요하다.

실력 PLUS

어휘
資金 [しきん] 몡 자금
足りる [たりる] 동2 충분하다
寄付 [きふ] 몡 기부
マラソン 몡 마라톤
開く [ひらく] 동1 열리다
通る [とおる] 동1 지나가다
資源 [しげん] 몡 자원
少ない [すくない] い형 적다
ほどんど 몡 대부분
海外 [かいがい] 몡 해외
輸入 [ゆにゅう] 몡 수입
アレルギー 몡 알레르기
食事 [しょくじ] 몡 식사

바로 체크 A, B 중 접속사가 적절하게 쓰인 문장 고르기

1. A 最近、客が増えた。そこで、スタッフを増やした。

B パーティーに50人招待した。そこで、40人しか来なかった。

2. A 研究室に行った。そのため、教授に用事があったからだ。

B 今日は残業した。そのため、社員食堂で夕食を済ませた。

정답 및 해설 p.353

접속사

教室に入った	+	① **すると、**	+	チャイムが鳴った
きょうしつ　はい				な
교실에 들어갔다		그랬더니 / 그러자		종이 울렸다

就職先が多い	+	② **したがって、**	+	人口が集中する
しゅうしょくさき　おお				じん こう　しゅうちゅう
취직처가 많다		따라서		인구가 집중한다

---

① **すると** 그랬더니 / 그러자

すると는 '그랬더니', '그러자'라는 ①뜻으로, 앞 내용이 먼저 이루어진 후에 이어서 뒤 내용이 발생했을 때 사용한다.

· 教室に入った。すると、ちょうどチャイムが鳴った。
きょうしつ　はい　　　　　　　　　　　　　　　　　　な

　교실에 들어갔다. 그랬더니, 마침 종이 울렸다.

· 電車に乗った。すると、すぐにドアが閉まった。
でんしゃ　の　　　　　　　　　　　　　　　　し

　전철을 탔다. 그랬더니, 바로 문이 닫혔다.

· 引き出しの中を整理した。すると、昔の写真が見つかった。
ひ　だ　　なか　せいり　　　　　　　　　むかし　しゃしん　み

　서랍 안을 정리했다. 그러자, 옛날 사진이 발견되었다.

② **したがって** 따라서

したがって는 '따라서'라는 뜻으로, 앞 내용이 뒤 내용의 객관적인 이유일 때 사용한다.

· 都市は就職先が多い。したがって、人口が集中する。
と　し　しゅうしょくさき　おお　　　　　　　　じんこう　しゅうちゅう

　도시는 취직처가 많다. 따라서, 인구가 집중한다.

· 両親は兄弟がいない。したがって、私にはいとこがいない。
りょうしん　きょうだい　　　　　　　　　　　　　わたし

　부모님은 형제가 없다. 따라서, 나에게는 사촌이 없다.

· この山は急な坂道が多い。したがって、初心者には難しい。
やま　きゅう　さかみち　おお　　　　　　　　しょしんしゃ　　むずか

　이 산은 가파른 언덕길이 많다. 따라서, 초보자에게는 어렵다.

실력 PLUS

① 뜻이 **すると**와 비슷한 접속사로 **そうすると**(그렇게 하니)가 있다.

어휘

ちょうど ⨂ 마침
ドア ⨂ 문
閉まる [しまる] ⑤┃ 닫히다
引き出し [ひきだし] ⨂ 서랍
整理 [せいり] ⨂ 정리
昔 [むかし] ⨂ 옛날
都市 [とし] ⨂ 도시
就職先 [しゅうしょくさき] ⨂ 취직처
人口 [じんこう] ⨂ 인구
両親 [りょうしん] ⨂ 부모(님)
兄弟 [きょうだい] ⨂ 형제
いとこ ⨂ 사촌
急だ [きゅうだ] な᷁ 가파르다
坂道 [さかみち] ⨂ 언덕길
初心者 [しょしんしゃ] ⨂ 초보자

바로 체크 A, B 중 접속사가 적절하게 쓰인 문장 고르기

1. A 最近太った。すると、ダイエットを始めた。
　　さいきんふと　　　　　　　　　　　　はじ

　　B 窓を開けた。すると、心地よい風が入った。
　　まど　あ　　　　　　　　ここち　　かぜ　はい

2. A 今晩は早く帰る。したがって、ドラマの放送があるからだ。
　　こんばん　はや　かえ　　　　　　　　　　　　ほうそう

　　B 森田選手にレッドカードが出されました。したがって、
　　もり た せんしゅ　　　　　　　　　　　だ
　　退場です。
　　たいじょう

정답 및 해설 p.353

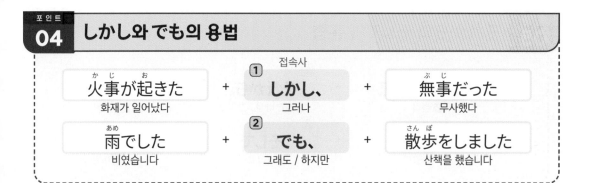

포인트 **04**

しかし와 でも의 용법

		접속사		
火事(かじ)が起(お)きた 화재가 일어났다	+	① しかし、 그러나	+	無事(ぶじ)だった 무사했다
雨(あめ)でした 비였습니다	+	② でも、 그래도 / 하지만	+	散歩(さんぽ)をしました 산책을 했습니다

① しかし 그러나

しかし는 '그러나'라는 뜻으로, 앞 내용과 뒤 내용이 상반될 때 사용한다.

- **火事(かじ)が起(お)きた。しかし、全員無事(ぜんいんぶじ)だった。**
  화재가 일어났다. 그러나, 전원 무사했다.
- **実験(じっけん)を行(おこな)った。しかし、失敗(しっぱい)した。**
  실험을 진행했다. 그러나, 실패했다.
- **借金(しゃっきん)をして家(いえ)を買(か)った。しかし、もう全部返(ぜんぶかえ)した。**
  빚을 내서 집을 샀다. 그러나, 이제 전부 반환했다.

② でも 그래도 / 하지만

①でも는 '그래도', '하지만'이라는 뜻으로, 뒤 내용이 앞 내용을 기반으로 보통 예상할 수 있는 결과와 다를 때 사용한다.

- **今日(きょう)は雨(あめ)でした。でも、散歩(さんぽ)をしました。**
  오늘은 비였습니다. 그래도, 산책을 했습니다.
- **一人暮(ひとりぐ)らしは楽(らく)でいい。でも、ときどき寂(さび)しい。**
  혼자 사는 것은 편하고 좋다. 그래도, 가끔 쓸쓸하다.
- **人気(にんき)のドラマを見(み)た。でも、つまらなかった。**
  인기 드라마를 봤다. 하지만, 재미없었다.

실력 PLUS

① **でも**는 접속사 **それでも**(그렇다 하더라도)에서 **それ**가 생략된 표현이다.

[어휘]

火事 [かじ] [명] 화재
全員 [ぜんいん] [명] 전원
無事だ [ぶじだ] [な형] 무사하다
実験 [じっけん] [명] 실험
借金をする [しゃっきんをする] 빚을 내다
全部 [ぜんぶ] [명] 전부
返す [かえす] [동] 반환하다
一人暮らし [ひとりぐらし] [명] 혼자 삶
ときどき [부] 가끔

바로 체크 **A, B 중 접속사가 적절하게 쓰인 문장 고르기**

1. A 旦那(だんな)は仕事(しごと)で忙(いそが)しい。しかし、家事(かじ)は私(わたし)の担当(たんとう)だ。
   B すばらしいアイディアだ。しかし、現実性(げんじつせい)がない。

2. A 靴下(くつした)が破(やぶ)れました。でも、ぬって履(は)きます。
   B 昨日(きのう)は12時過(じす)ぎて寝(ね)ました。でも、寝坊(ねぼう)しました。

정답 및 해설 p.353

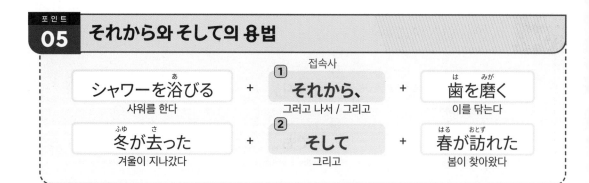

포인트 05

それから와 そして의 용법

접속사

シャワーを浴(あ)びる 샤워를 한다	+	① それから、 그러고 나서 / 그리고	+	歯(は)を磨(みが)く 이를 닦는다
冬(ふゆ)が去(さ)った 겨울이 지나갔다	+	② そして 그리고	+	春(はる)が訪(おとず)れた 봄이 찾아왔다

① それから 그러고 나서 / 그리고

それから는 '그러고 나서', '그리고'라는 뜻으로, 앞 내용에 뒤 내용을 덧붙일 때 사용한다. 앞 내용이 뒤 내용보다 순서상 먼저임을 나타내는 경우가 많다.

- **毎晩(まいばん)シャワーを浴(あ)びる。それから、歯(は)を磨(みが)く。**
  매일 밤 샤워를 한다. 그러고 나서, 이를 닦는다.
- **寮(りょう)を出(で)た。それから、アパートに住(す)んだ。**
  기숙사를 나왔다. 그러고 나서, 아파트에서 살았다.
- **会議(かいぎ)には営業部(えいぎょうぶ)、それから技術部(ぎじゅつぶ)が出席(しゅっせき)した。**
  회의에는 영업부, 그리고 기술부가 출석했다.

② そして 그리고

①そして는 '그리고'라는 뜻으로, 앞 내용에 뒤 내용을 덧붙일 때 사용한다. 또, 앞 내용의 일을 계기로 뒤 내용의 일이 일어남을 나타낼 때도 사용한다.

- **冬(ふゆ)が去(さ)った。そして春(はる)が訪(おとず)れた。**
  겨울이 지나갔다. 그리고 봄이 찾아왔다.
- **彼女(かのじょ)は歌(うた)がうまい。そして、ダンスも上手(じょうず)だ。**
  그녀는 노래를 잘한다. 그리고, 춤도 능숙하다.
- **彼(かれ)に謝(あやま)った。そして、仲直(なかなお)りした。**
  그에게 사과했다. 그리고, 화해했다.

실력 PLUS

① **そして**는 접속사 **そうして**의 준말이다. 일반적으로 **そうして**보다 **そして**가 더 자주 사용된다.

어휘

毎晩 [まいばん] [명] 매일 밤
歯 [は] [명] 이
磨く [みがく] [동1] 닦다
寮 [りょう] [명] 기숙사
アパート [명] 아파트
営業部 [えいぎょうぶ] [명] 영업부
技術部 [ぎじゅつぶ] [명] 기술부
出席 [しゅっせき] [명] 출석
去る [さる] [동1] 지나가다
訪れる [おとずれる] [동2] 찾아오다
歌 [うた] [명] 노래
ダンス [명] 춤
仲直り [なかなおり] [명] 화해

바로 체크 A, B 중 접속사가 적절하게 쓰인 문장 고르기

1. A じゃがいもを洗(あら)う。それから、皮(かわ)をむく。
   B 日本(にほん)の伝統衣装(でんとういしょう)、それから着物(きもの)を着(き)た。

2. A 彼女(かのじょ)とデートの約束(やくそく)をした。そして、行(い)かなかった。
   B ピザをテイクアウトした。そして、家(いえ)で食(た)べた。

정답 및 해설 p.353

野菜が安い	+	① 접속사 **しかも、**	+	新鮮だ
야채가 싸다		게다가		신선하다

会議は14時からです	+	② **ちなみに、**	+	第2会議室です
회의는 14시부터입니다		덧붙여서		제2회의실입니다

① **しかも** 게다가

しかも는 '게다가'라는 뜻으로, 앞 내용에 뒤 내용을 덧붙일 때 사용한다.

· やおやの野菜が安い。しかも、新鮮だ。

야채 가게의 야채가 싸다. 게다가, 신선하다.

· 後藤さんはいつも丁寧に仕事をする。しかも、速い。

고토 씨는 항상 정성스럽게 일한다. 게다가, 빠르다.

· 気温が高くて、しかも、湿気が多い。

기온이 높고, 게다가, 습기도 많다.

② **ちなみに** 덧붙여서

ちなみに는 '덧붙여서'라는 뜻으로, 앞 내용에 뒤 내용을 가볍게 덧붙일 때 사용한다. 뒤 내용은 참고 사항 정도라는 뉘앙스를 가진다.

· 会議は14時からです。ちなみに、今回は第2会議室です。

회의는 14시부터입니다. 덧붙여서, 이번엔 제2회의실입니다.

· マラソンを始めた。ちなみに、今度大会に出る。

마라톤을 시작했다. 덧붙여서, 이번에 대회에 나간다.

· この商品がおすすめです。ちなみに、当店で一番人気があります。

이 상품이 추천입니다. 덧붙여서, 본점에서 제일 인기가 있습니다.

실력 PLUS

어휘
やおや 몡 야채 가게
野菜 [やさい] 몡 야채
いつも 倍 항상
速い [はやい] い형 빠르다
気温 [きおん] 몡 기온
高い [たかい] い형 높다
湿気 [しっけ] 몡 습기
第 [だい] 제
会議室 [かいぎしつ] 몡 회의실
おすすめ 몡 추천
当店 [とうてん] 몡 본점, 이 가게

바로 체크 A, B 중 접속사가 적절하게 쓰인 문장 고르기

1. A 定食と天丼を頼もう。ちなみに、半分ずつ食べようよ。

   B 本校の生徒は300人です。ちなみに、半数以上が女子生徒です。

2. A 図書館で本を借りた。しかも、レポートに必要だからだ。

   B その歌手の歌声はすてきだ。しかも、歌の歌詞もいい。

정답 및 해설 p.353

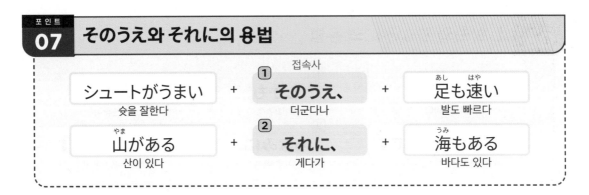

접속사
| シュートがうまい | + | ① **そのうえ、** | + | 足も速い |

슛을 잘한다　　　　　　더군다나　　　　　발도 빠르다

| 山がある | + | ② **それに、** | + | 海もある |

산이 있다　　　　　　게다가　　　　　바다도 있다

① **そのうえ** 더군다나

①そのうえ는 '더군다나'라는 뜻으로, 앞 내용에 뒤 내용을 덧붙일 때 사용한다.

- 彼女はシュートがうまい。そのうえ、足も速い。

  그녀는 슛을 잘한다. 더군다나, 발도 빠르다.

- 道に迷った。そのうえ、スマホの充電が切れた。

  길을 잃었다. 더군다나, 스마트폰 충전이 다 떨어졌다.

- カレーは調理が簡単だ。そのうえ、野菜もたくさん取れる。

  카레는 조리가 간단하다. 더군다나, 야채도 많이 섭취할 수 있다.

② **それに** 게다가

それに는 '게다가'라는 뜻으로, 앞 내용에 뒤 내용을 덧붙일 때 사용한다. そのうえ의 격의 없는 표현으로 일상 회화에서 자주 사용한다.

- この町には山がある。それに、海もある。

  이 마을에는 산이 있다. 게다가, 바다도 있다.

- 裏の道は狭いです。それに、暗いです。

  뒷길은 좁습니다. 게다가, 어둡습니다.

- 授業の復習をした。それに、次の予習もした。

  수업 복습을 했다. 게다가, 다음 예습도 했다.

실력PLUS

① そのうえ는 その上와 같이 한자 표기하기도 한다.

어휘

シュート 몡 슛

迷う [まよう] 图 잃다

充電 [じゅうでん] 몡 충전

調理 [ちょうり] 몡 조리

たくさん 图 많이

取る [とる] 图 섭취하다

裏 [うら] 몡 뒤

狭い [せまい] い몡 좁다

予習 [よしゅう] 몡 예습

바로 체크 A, B 중 접속사가 적절하게 쓰인 문장 고르기

1. A 姉は運動が得意だ。そのうえ、私は美術が得意だ。

   B 南さんは大企業で働く。そのうえ、部長を務める。

2. A 地震で本棚が倒れた。それに、窓も割れた。

   B リンさんはまじめです。それに、ときどきわがままです。

정답 및 해설 p.354

회화 대비

1 질문에 답하기

(1) **A** 学食はおいしいですか。　학식은 맛있어요?

　　B はい。＿＿＿＿＿＿＿＿＿＿＿＿＿＿＿＿＿。(メニュー, 豊富だ) 네. 게다가 메뉴가 풍부합니다.

(2) **A** 兄弟はいますか。　형제자매가 있어요?

　　B 5人兄弟です。＿＿＿＿＿＿＿＿＿＿＿＿＿＿＿＿＿。(僕, 長男) 5형제입니다. 덧붙여서, 제가 장남이에요.

(3) **A** いちごは春が旬ですか。　딸기는 봄이 제철입니까?

　　B そうです。＿＿＿＿＿＿＿＿＿＿＿＿＿＿＿。(4月, 5月, 少し, 安い)

　　그렇습니다. 그래서, 4월과 5월은 좀 쌉니다.

JLPT/회화 대비

2 대화 읽고 빈 칸 채우기

(1) **A** 「パソコンがおかしいですか。」

　　B 「はい。さっきファイルを開きました。（　　　）突然電源が切れました。」

　　① したがって　　　　　　② だから　　　　　　　③ すると

(2) **A** 「来月から大学生ですね。大学は近いですか。」

　　B 「遠いです。（　　　）一人暮らしはいやなので、頑張って通います。」

　　① すると　　　　　　　② でも　　　　　　　　③ それで

(3) (テレビ番組で)

　　A 「相川さんは昔、スケートの選手でした。（　　　）オリンピックに2度出場しました。」

　　① そこで　　　　　　　② しかも　　　　　　　③ したがって

JLPT 대비

3 문장 읽고 빈 칸 채우기

(1) 来月、新店舗がオープンします。（　　　）パート社員を3名募集します。

　　① しかし　　　　　　　② すると　　　　　　　③ そこで

(2) 息子は歌が好きだ。（　　　）シャイなので、家族の前だけで歌う。

　　① だから　　　　　　　② しかし　　　　　　　③ そのため

정답 및 해설 p.354

05 접속사로 내용 연결하기 ②

접속사 중에서는 앞뒤 내용을 동등하게 연결하는 접속사, 설명을 보충하거나 새로운 화제를 꺼낼 때 사용하는 접속사,
어느 한 쪽을 선택하는 내용을 나타내는 접속사 등이 있다. 이러한 접속사를 사용하여 내용을 연결하는 방법을 알아보자.

▲ MP3 바로 듣기

포인트 01 また와 かつ의 용법

		접속사		
停電した 정전되었다	+	① また、 또한	+	山も崩れた 산도 무너졌다
安心 안심	+	② かつ 동시에 / 한편	+	安全な社会 안전한 사회

① また 또한

また는 '또한'이라는 뜻으로, 다른 내용을 추가하거나 앞 내용의 대안으로 뒤 내용
을 제시할 때 사용한다.

· 大雨で停電した。また、山も崩れた。   큰 비로 정전되었다. 또한, 산도 무너졌다.

· 演奏が力強くて、また美しかった。   연주가 힘차고, 또한 아름다웠다.

· 窓口、またメールでも受付可能です。   창구, 또한 이메일로도 접수 가능합니다.

② かつ 동시에 / 한편

かつ는 '동시에', '한편'이라는 뜻으로, 동시에 성립하는 두 가지 일이나 상태를 나열
할 때 사용한다.

· 安心かつ安全な社会を作る。   안심 동시에 안전한 사회를 만든다.

· 正確かつ簡潔に報告します。   정확하며 동시에 간결하게 보고합니다.

· この映画は感動的で、かつ面白い。   이 영화는 감동적이고, 한편 재미있다.

실력 PLUS

어휘

大雨 [おおあめ] 몡 큰 비
停電 [ていでん] 몡 정전
崩れる [くずれる] 동2 무너지다
演奏 [えんそう] 몡 연주
力強い [ちからづよい] い형 힘차다
美しい [うつくしい] い형 아름답다
窓口 [まどぐち] 몡 창구
可能だ [かのうだ] な형 가능하다
社会 [しゃかい] 몡 사회
正確だ [せいかくだ] な형 정확하다
簡潔だ [かんけつだ] な형 간결하다
報告 [ほうこく] 몡 보고
映画 [えいが] 몡 영화
感動的だ [かんどうてきだ] な형 감동적이다

바로 체크   A, B 중 접속사가 적절하게 쓰인 문장 고르기

1. A 私は大学院生で、また、講師です。
   B 水泳がきらいだ。また、泳げないからだ。

2. A 運動会は土曜日か、かつ日曜日に行われます。
   B 失礼かつ不適切な発言をした。

정답 및 해설 p.355

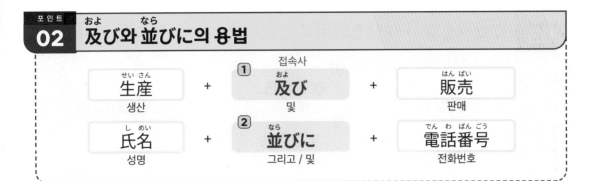

① 及び 및

及びは '및'이라는 뜻으로, 여러 사항을 나열할 때 사용한다.

・生産及び販売を終了しました。　　生산 및 판매를 종료했습니다.

・乗客及び運転手にけがはなかった。　승객 및 운전사에게 부상은 없었다.

・館内での撮影及び録画は禁止です。　관내에서의 촬영 및 녹화는 금지입니다.

② 並びに 그리고 / 및

並びにには '그리고', '및'이라는 뜻으로, 여러 사항을 나열할 때 사용한다.

・氏名並びに電話番号を記入する。　　성명 그리고 전화번호를 기입한다.

・植物並びに動物を保護する。　　　　식물 그리고 동물을 보호한다.

・医師並びに看護師を募集します。　　의사 및 간호사를 모집합니다.

실력 PLUS

어휘

販売 [はんばい] 명 판매
乗客 [じょうきゃく] 명 승객
運転手 [うんてんしゅ] 명 운전사
館内 [かんない] 명 관내
撮影 [さつえい] 명 촬영
録画 [ろくが] 명 녹화
禁止 [きんし] 명 금지
氏名 [しめい] 명 성명
番号 [ばんごう] 명 번호
記入 [きにゅう] 명 기입
植物 [しょくぶつ] 명 식물
保護 [ほご] 명 보호
医師 [いし] 명 의사
看護師 [かんごし] 명 간호사
募集 [ぼしゅう] 명 모집

바로 체크　A, B 중 접속사가 적절하게 쓰인 문장 고르기

1. A 東京に家がある。並びに、会社から近い。
   B 新商品のデザイン並びに価格が決まりました。

2. A アメリカ及びイギリスの文化を勉強する。
   B 今日は友達とカラオケに行き、及び映画を見た。

정답 및 해설 p.355

접속사

タクシーは乗らない 택시는 타지 않는다	+	① **なぜなら、** 왜냐하면	+	運賃が高いからだ 운임이 비싸기 때문이다
関係者、 관계자,	+	② **すなわち** 다시 말하자면 / 즉	+	職員 직원

---

① **なぜなら** 왜냐하면

なぜなら는 '왜냐하면'이라는 뜻으로, 앞 내용에 대한 원인과 이유를 설명할 때 사용한다.

· **タクシーは乗らない。なぜなら、運賃が高いからだ。**
  택시는 타지 않는다. 왜냐하면, 운임이 비싸기 때문이다.

· **その案には反対です。なぜなら、非常にコストがかかるからです。**
  그 안에는 반대입니다. 왜냐하면, 매우 비용이 들기 때문입니다.

· **小学校がなくなった。なぜなら、生徒が減ったからだ。**
  초등학교가 없어졌다. 왜냐하면, 학생이 줄었기 때문이다.

② **すなわち** 다시 말하자면 / 즉

すなわち는 '다시 말하자면', '즉'이라는 뜻으로, 앞 내용을 바꾸어 말하며 보충 설명할 때 사용한다.

· **ここからは関係者、すなわち職員以外、立入禁止です。**
  여기부터는 관계자, 다시 말하자면 직원 이외, 출입 금지입니다.

· **二日、すなわち短期のインターンをした。**
  이틀, 다시 말하자면 단기 인턴을 했다.

· **私はサラリーマンだ。すなわち会社の給料で生活する。**
  나는 샐러리맨이다. 즉, 회사의 급여로 생활한다.

실력 PLUS

어휘
運賃 [うんちん] 몡 운임
案 [あん] 몡 안
非常に [ひじょうに] 튀 매우
コスト 몡 비용
かかる 됭 (비용이) 들다
小学校 [しょうがっこう] 몡 초등학교
生徒 [せいと] 몡 학생
関係者 [かんけいしゃ] 몡 관계자
職員 [しょくいん] 몡 직원
以外 [いがい] 몡 이외
立入 [たちいり] 몡 출입
二日 [ふつか] 몡 이틀
短期 [たんき] 몡 단기
サラリーマン 몡 샐러리맨
生活 [せいかつ] 몡 생활

바로 체크 A, B 중 접속사가 적절하게 쓰인 문장 고르기

1. A インターネット、すなわち新聞でニュース記事を読む。
   B ベトナムの首都、すなわちハノイを訪れた。

2. A 病院に行った。なぜなら、熱があるからだ。
   B 今日は母の日だ。なぜなら、母にカーネーションをあげた。

정답 및 해설 p.355

포인트 04 つまり와 要するに의 용법

접속사

| 二日後、
이틀 후, | + | ① つまり
즉 / 결국 | + | あさって
모레 |

| 効果的です
효과적입니다 | + | ② 要するに
요컨대 | + | 賛成です
찬성입니다 |

---

① つまり 즉 / 결국

つまり는 '즉', '결국'이라는 뜻으로, 앞 내용을 바꾸어 말하거나 정리하여 결론을 말할 때 사용한다.

· 面接は二日後、つまりあさってです。
면접은 이틀 후, 즉 모레입니다.

· クーポンは再来月、つまり7月まで使えます。
쿠폰은 다다음 달, 즉 7월까지 쓸 수 있습니다.

· 雨が止まない。つまり、試合は中止だ。
비가 그치지 않는다. 결국, 시합은 중지다.

② 要するに 요컨대

要するに는 '요컨대'라는 뜻으로, 앞서 이야기한 것을 요약하여 정리할 때 사용한다.

· その方法は効果的です。要するに私は賛成です。
그 방법은 효과적입니다. 요컨대 저는 찬성입니다.

· 原因は色々あるが、要するに実力が足りなかった。
원인은 여러 모로 있지만, 요컨대 실력이 충분하지 않았다.

· 長々話しましたが、要するに運も大事です。
길게 이야기했지만, 요컨대 운도 중요합니다.

실력 PLUS

어휘
後 [ご] 후
再来月 [さらいげつ] 圏 다다음 달
止む [やむ] 髙 그치다
試合 [しあい] 圏 시합
効果的だ [こうかてきだ] な형 효과적이다
賛成 [さんせい] 圏 찬성
原因 [げんいん] 圏 원인
色々 [いろいろ] 뷔 여러 모로
実力 [じつりょく] 圏 실력
長々 [ながなが] 뷔 길게
運 [うん] 圏 운
大事だ [だいじだ] な형 중요하다

바로 체크　A, B 중 접속사가 적절하게 쓰인 문장 고르기

1.　A　要求を受け入れます。つまり、条件があります。

　　B　客がサインをした。つまり、取引は成功だ。

2.　A　大人は1500円です。要するに、子供は1000円です。

　　B　ケーキやプリン、要するに甘い物が好きだ。

정답 및 해설 p.355

접속사
① **それでは、** + **始_{はじ}めます**
그럼, 시작하겠습니다

② **ところで、** + **お腹_{なか}が空_すかない？**
그런데, 배고프지 않아?

① **それでは** 그럼

それでは는 '그럼'이라는 뜻으로, 어떤 화제를 꺼낼 때 사용한다. 혹은, 지금까지의 대화를 마무리 지을 때에도 사용한다.

· **それでは、会議_{かいぎ}を始_{はじ}めます。**　　　그럼, 회의를 시작하겠습니다.

· **それでは、またね。**　　　그럼, 또 보자.

· A「先生_{せんせい}、体調_{たいちょう}が悪_{わる}いです。」　　A "선생님, 몸 상태가 안 좋아요."

　B「それでは、早退_{そうたい}しますか。」　　B "그럼, 조퇴하겠습니까?"

② **ところで** 그런데

① ところで는 '그런데'라는 뜻으로, 일단 말을 끊고 지금까지와는 다른 내용의 화제를 꺼낼 때 사용한다.

· **今日_{きょう}の発表_{はっぴょう}、良_よかったよ。ところで、お腹_{なか}が空_すかない？**
오늘 발표, 좋았어. 그런데, 배고프지 않아?

· **4時_じから会議_{かいぎ}です。ところで、昼_{ひる}ご飯_{はん}は何_{なに}食_たべますか。**
4시부터 회의입니다. 그런데, 점심은 뭐 먹을까요?

· **もう夏_{なつ}ですね。ところで、今年_{ことし}も海_{うみ}に行_いきますか。**
벌써 여름이네요. 그런데, 올해도 바다에 가나요?

어휘

またね 또 보자
昼ご飯 [ひるごはん] 명 점심

바로 체크 **A, B 중 접속사가 적절하게 쓰인 문장 고르기**

1. A 昨日_{きのう}からせきが出_でる。それでは、マスクをつけた。

　B それでは、イベント当日_{とうじつ}もよろしくお願_{ねが}いします。

2. A この服_{ふく}はかわいい。ところで、よく売_うれる。

　B そばがおいしいですね。ところで、明日_{あした}は何_{なに}をしますか。

정답 및 해설 p.355

포인트 06 または와 それとも의 용법

		접속사 ①		
白、 하양,	+	または 또는	+	黒 검정
肉にしますか 고기로 합니까?	+	② それとも、 아니면,	+	魚にしますか 생선으로 합니까?

1 または 또는

または는 '또는'이라는 뜻으로, 비슷한 사항 두 가지 이상을 제시할 때 사용한다. 그 중 어느 것을 선택해도 상관없음을 나타낸다.

· 自動車の色は白、または黒が人気です。
자동차의 색은 하양, 또는 검정이 인기입니다.

· 本人のサイン、または印鑑が必要です。
본인의 사인, 또는 인감이 필요합니다.

· 列車、飛行機、または船で行ける。
열차, 비행기, 또는 배로 갈 수 있다.

2 それとも 아니면

①それとも는 '아니면'이라는 뜻으로, 두 가지 이상의 사항을 제시할 때 사용한다. 주로 상대의 의향을 물을 때 사용한다.

· 晩ご飯は肉にしますか。それとも、魚にしますか。
저녁밥은 고기로 합니까? 아니면, 생선으로 합니까?

· テニスはできる？それとも、はじめて？
테니스는 할 수 있어? 아니면, 처음?

· 温かいですか。それとも、冷たいですか。
따뜻한가요? 아니면, 차갑나요?

실력 PLUS

① それとも는 의문문과 자주 사용되는 경향이 있다.

어휘

自動車 [じどうしゃ] 명 자동차
黒 [くろ] 명 검정
本人 [ほんにん] 명 본인
サイン 명 사인, 서명
印鑑 [いんかん] 명 인감
船 [ふね] 명 배
晩ご飯 [ばんごはん] 명 저녁밥
はじめて 부 처음

바로 체크 A, B 중 접속사가 적절하게 쓰인 문장 고르기

1. A バイトは5時に始まって、それとも何時に終わる？

   B 席は窓側でいい？それとも、通路側？

2. A パスタ、またはピザから選べる。

   B この道をまっすぐ行って、または交差点で曲がります。

정답 및 해설 p.355

접속사

いっしゅうかん 一週間	+	① **あるいは**	+	いじょう それ以上
일주일		혹은		그 이상
えんぴつ 鉛筆	+	② **もしくは**	+	**シャーペン**
연필		또는		샤프

① **あるいは** 혹은

①あるいは는 '혹은'이라는 뜻으로, 두 가지 사항을 제시할 때 사용한다. 둘 중 어느 하나, 또는 둘 다 선택하거나 해당되어도 상관없음을 나타낸다. 주로 글로 쓸 때 사용하는 표현이지만, 격식을 차려 말할 때에도 사용한다.

・発送には一週間あるいはそれ以上かかる。
발송에는 일주일 혹은 그 이상 걸린다.

・ビルの屋上あるいはテラスに植物を植える。
빌딩 옥상 혹은 테라스에 식물을 심는다.

・書類は窓口で提出するか、あるいはメールで送ります。
서류는 창구에서 제출하거나, 혹은 이메일로 보냅니다.

② **もしくは** 또는

②もしくは는 '또는'이라는 뜻으로, 여러 사항을 제시하고 그 중 하나를 선택하도록 요구할 때 사용한다. 주로 글로 쓸 때 사용되는 딱딱한 표현이다.

・答えは鉛筆もしくはシャーペンで記入する。
답은 연필 또는 샤프로 기입한다.

・免許証もしくは保険証が必要だ。
면허증 또는 보험증이 필요하다.

・旅館までは歩くか、もしくはバスでも行けます。
여관까지는 걸어가거나, 또는 버스로도 갈 수 있습니다.

실력 PLUS

① **あるいは**는 或いは와 같이 한자로 표기하기도 한다.

② **もしくは**는 若しくは와 같이 한자로 표기하기도 한다.

어휘

発送 [はっそう] 몡 발송
以上 [いじょう] 몡 이상
屋上 [おくじょう] 몡 옥상
テラス 몡 테라스
植える [うえる] 동2 심다
書類 [しょるい] 몡 서류
提出 [ていしゅつ] 몡 제출
鉛筆 [えんぴつ] 몡 연필
シャーペン 몡 샤프
免許証 [めんきょしょう] 몡 면허증
保険証 [ほけんしょう] 몡 보험증

바로 체크 A, B 중 접속사가 적절하게 쓰인 문장 고르기

1. A 学校の靴下は白、もしくは黒です。

   B 壁にペンキを塗って、もしくは数時間乾かした。

2. A 出席か、あるいは欠席か教えて。

   B 昼はカレー、あるいは夜はラーメンを食べた。

정답 및 해설 p.355

1 질문에 답하기

(1) **A** 幼児は無料ですか。 유아는 무료인가요?

    B はい。_____。(幼児, 9歳, 児童, 無料)

    네. 유아 및 9세까지의 아동은 무료입니다.

(2) **A** 申し込みはファックスでもできますか。 신청은 팩스로도 할 수 있습니까?

    B いいえ。_____。(電話, メール, お願い)

    아니요. 전화 혹은 메일로 부탁합니다.

(3) **A** 資料は7枚印刷しますか。 자료는 7장 인쇄합니까?

    B Aチームが5枚とBチームが3枚、_____。(8枚)

    A팀이 5장과 B팀이 3장, 즉 8장입니다.

2 대화 읽고 빈 칸 채우기

(1) **A**「アクション映画を見る？（　　　）、ホラー映画？」

    B「僕はホラー映画がいい。」

    ① それとも   ② さて   ③ 要するに

(2) （試験会場で）

    A「試験が終わりました。（　　　）、解答用紙を回収します。」

    ① それでは   ② あるいは   ③ 並びに

(3) **A**「ランチセットは、ハンバーグ（　　　）カレーから選べます。」

    B「カレーでお願いします。」

    ① かつ   ② または   ③ つまり

3 문장 읽고 빈 칸 채우기

(1) 斎藤君とは、子供のころからの友達、（　　　）幼なじみだ。

    ① ところで   ② すなわち   ③ それでは

(2) 今朝はゆっくり運転した。（　　　）昨日の雪で道が凍って、危なかったからだ。

    ① なぜなら   ② また   ③ そして

정답 및 해설 p.355

06 그 외 품사 알아보기

앞서 배운 품사 외에도 감정을 나타내는 감동사, 명사를 수식하는 연체사와 같이 다양한 품사가 있다. 더욱 풍부한 문장을 만들기 위해 꼭 필요한 다양한 품사를 알아보자.

포인트 01 감동사의 종류 ①

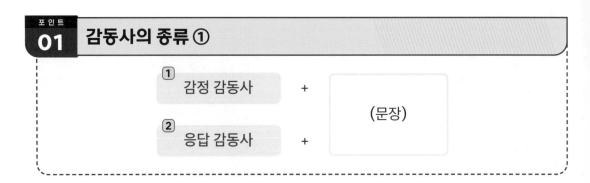

① 감정 감동사 +

② 응답 감동사 +

(문장)

① 감정 감동사

①감동사란 느낌이나 부름, 응답 등을 나타내는 말이다. '어라', '앗'처럼 의문, 놀람 등의 감정을 나타낼 때 사용한다.

- あれ、おかしい。　　　　　　　어라, 이상해.
- あっ、財布忘れた。　　　　　　앗, 지갑 깜빡 했다.
- へえ、知らなかった。　　　　　와, 몰랐어.
- ふう、危なかった。　　　　　　휴, 위험했다.

② 응답 감동사

'네', '아니요'처럼 상대의 말에 응답할 때에도 사용한다.

- はい、わかりました。　　　　　네, 알겠습니다.
- いいえ、違います。　　　　　　아니요, 다릅니다.
- うん、必ず行く。　　　　　　　응, 반드시 갈게.
- ううん、私は行かない。　　　　아니, 나는 안 가.

실력 PLUS

① 감동사는 다른 단어 없이 단독으로 하나의 문장이 될 수 있으며, 문장 안에서 쓰일 때는 보통 문장 첫머리에 온다.

어휘

財布 [さいふ] 몡 지갑
知る [しる] 통1 알다
違う [ちがう] 통1 다르다
必ず [かならず] 뙤 반드시

바로 체크 　알맞은 감동사 고르기

1. 응　　　 A うん　　　 B ううん　　　　2. 어라　　　 A へえ　　　 B あれ
3. 훗　　　 A へえ　　　 B ふう　　　　　4. 아니요　　 A いいえ　　 B ううん

정답 및 해설 p.356

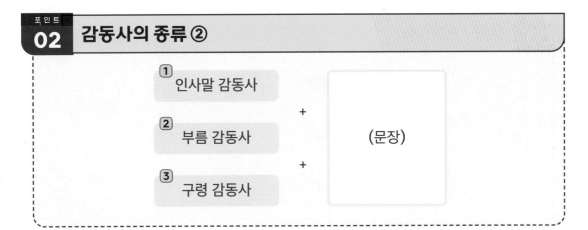

포인트 02

감동사의 종류 ②

1 인사말 감동사
\+
2 부름 감동사
\+
3 구령 감동사

(문장)

1 인사말 감동사

감동사는 '안녕하세요', '감사합니다'처럼 상대에게 인사할 때, 사과할 때, 축하할 때 등에도 사용한다.

- ①おはようございます、いい天気(てんき)ですね。 안녕하세요, 좋은 날씨네요.
- すみません、気(き)を付(つ)けます。 죄송합니다, 조심하겠습니다.
- いってきます。 다녀오겠습니다.

2 부름 감동사

'자', '여보세요'처럼 상대를 부를 때에도 사용한다.

- さあ、始(はじ)めよう。 자, 시작하자.
- もしもし、聞(き)こえますか。 여보세요, 들리나요?

3 구령 감동사

'영차', '얼쑤'처럼 기운을 돋우거나 장단을 맞출 때에도 사용한다.

- どっこいしょ! 영차!
- よいしょ! 얼쑤!

실력 PLUS

① **おはようございます**는 아침인사로, **おはよう**(안녕)로 줄여 말할 수 있으며, 친구나 손아랫사람에게 사용할 수 있다.
점심인사 **こんにちは**와 저녁인사 **こんばんは**는 줄임말이 없다.

[어휘]
天気 [てんき] [명] 날씨
気を付ける [きをつける] 조심하다

바로 체크 문장 작문하기

1. 여보세요, 다나카 씨입니까? (田中(たなか)さん)
= ____________________

2. (아침에) 안녕하세요, 부장님 (部長(ぶちょう))
= ____________________

정답 및 해설 p.356

① 사람 / 사물 / 장소 의문사		
② 수량 / 정도 의문사	+	ですか
③ 이유 / 방법 의문사	+	

① 사람 / 사물 / 장소 의문사

의문사란 질문의 대상이 되는 것을 가리키는 말이다. ～ですか(~입니까) 등으로 끝나는 의문문에 주로 사용된다. '누구', '무엇'처럼 사람이나 사물, 장소에 대해 물을 때 사용한다.

^{だれ}誰	누구	①どなた	어느 분
②^{なに}何	무엇	どこ	어디

② 수량 / 정도 의문사

'몇 개', '얼마'처럼 수량이나 정도에 대해 물을 때에도 사용한다.

いくつ	몇 개, 몇 살	いくら	얼마
いつ	언제	どのくらい	어느 정도

③ 이유 / 방법 의문사

'왜', '어떻게'처럼 이유나 방법에 대해 물을 때에도 사용한다.

なぜ	왜	どうして	어째서
どう	어떻게	③いかが	어떻게

실력 PLUS

① どなた(어느 분)는 誰(^{だれ}누구)의 정

② 何는 なん으로 읽기도 한다. 이 경우엔 '몇'이라는 뜻을 가지기도 한다.

③ いかが(어떻게)는 どう(어떻게)의 정중한 표현이다.

바로 체크 문장 작문하기

1. 생일은 언제입니까? (誕生日^{たんじょうび})

= _____

2. 누구로부터의 전화입니까? (電話^{でんわ})

= _____

정답 및 해설 p.356

①	②	③	④
こ〜	**そ〜**	**あ〜**	**ど〜**
이~	그~	저~	어느~

1 こ〜 이~

こ로 시작하는 ①지시어는 나와 가까운 것을 가리킬 때 사용된다.

この	이	②**こちら**	이쪽	**これ**	이것
こう	이렇게	**ここ**	이곳, 여기	**こんな**	이런

2 そ〜 그~

そ로 시작하는 지시어는 상대와 가까운 것을 가리킬 때 사용된다.

その	그	**そちら**	그쪽	**それ**	그것
そう	그렇게	**そこ**	그곳, 거기	**そんな**	그런

3 あ〜 저~

あ로 시작하는 지시어는 나와 상대 모두에게 멀리 있는 것을 가리킬 때 사용된다.

あの	저	**あちら**	저쪽	**あれ**	저것
ああ	저렇게	**あそこ**	저곳, 저기	**あんな**	저런

4 ど〜 어느~

③ど로 시작하는 지시어는 불특정한 것을 가리킬 때 사용된다.

どの	어느	**どちら**	어느 쪽	**どれ**	어느 것
どう	어떻게	**どこ**	어느 곳, 어디	**どんな**	어떤

실력 PLUS

① 지시어는 일본에서 '코소아도(こそあど)'라고 부르기도 한다. 지시어 4종류의 앞 글자에서 따온 별명이다.

② こちら(이쪽), そちら(그쪽), あちら(저쪽), どちら(어느 쪽)는 각각 こっち, そっち, あっち, どっち라고도 한다.

③ ど로 시작하는 지시어는 의문사이기도 하다. 불특정한 것을 가리키며 그것이 무엇인지 물을 수 있기 때문이다.

바로 체크 문장 작문하기

1. 엘리베이터는 저쪽입니다. (エレベーター)

  = _____

2. 그날은 졸업식이었다. (日, 卒業式)

  = _____

정답 및 해설 p.356

① **る·な**로 끝나는 연체사	+	
② **た·だ**로 끝나는 연체사	+	명사
③ **の·が**로 끝나는 연체사		

① **る·な**로 끝나는 연체사

연체사란 '어느', '모든'처럼 명사 앞에 붙어 명사를 꾸밀 때에 사용하는 품사이다.
ある(어느), 大きな(큰)처럼 る나 ①な로 끝나는 형태의 연체사가 있다.

ある	어느	**あらゆる**	모든, 온갖	**単なる**	단순한
大きな	큰	**小さな**	작은	**いろんな**	다양한

② **た·だ**로 끝나는 연체사

大した(대단한), とんだ(엄청난)처럼 た나 だ로 끝나는 형태의 연체사도 있다.

大した	대단한	**思い切った**	대담한	**とんだ**	엄청난

③ ②**の·が**로 끝나는 연체사

ほんの(겨우), 我が(나의)처럼 の나 が로 끝나는 형태의 연체사도 있다.

ほんの	겨우, 그저	**大の**	큰, 매우	**我が**	나의, 우리의

실력PLUS

① な로 끝나는 지시어 **こんな**(이런), **そんな**(그런) 등은 지시어임과 동시에 연체사이기도 하다.

② の로 끝나는 지시어 **この**(이), **その**(그) 등등은 지시어임과 동시에 연체사이기도 하다.

바로 체크 알맞은 연체사 고르기

1. 어느   **A** ある   **B** あらゆる
2. 엄청난   **A** 思い切った   **B** とんだ
3. 대단한   **A** 大きな   **B** 大した
4. 단순한   **A** 単なる   **B** ほんの

정답 및 해설 p.356

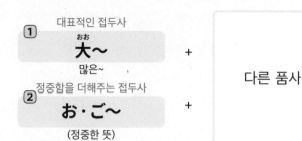

| 대표적인 접두사 |
| ① **大~** + 다른 품사 |
| 많은~ |
| 정중함을 더해주는 접두사 |
| ② **お · ご~** + |
| (정중한 뜻) |

① 대표적인 접두사

접두사란 다른 여러 품사의 앞에 붙어 의미를 더해주는 기능을 하는 말이다. 대표적인 접두사로 大~(큰~), 無~(무~) 같은 것이 있다.

おお **大~**	많은~, 큰~	①だい **大~**	대~	む **無~**	무~
さい **最~**	최~, 가장~	み **未~**	미~	ふ **不~**	불~

· おおにんずう
大人数　　　많은 인원 수

· む しかく
無資格　　　무자격

· み かいけつ
未解決　　　미해결

② 정중함을 더해주는 접두사

접두사 お와 ご는 단어에 정중한 뜻을 더해준다. お는 주로 훈독으로 읽는 순수 일본어 단어 앞에, ご는 ②음독으로 읽는 한자어 앞에 쓰인다.

· な まえ
お名前　　　이름

· じゅうしょ
ご住所　　　주소

· りっ ぱ
ご立派だ　　　훌륭하다

실력 PLUS

① **大~**는 음독으로 읽는 한자어 앞에, **大~**는 훈독으로 읽는 순수 일본어 단어 앞에 쓰이는 경향이 있다.

예　だいじけん
大事件 대사건
　おおあめ
大雨 큰 비

② 음독으로 읽는 한자어지만 でんわ
電話, そうじ
掃除 등 ご가 아니라 お가 붙는 단어도 있다.

어휘

人数 [にんずう] 명 인원 수
資格 [しかく] 명 자격

바로 체크　접두사가 알맞게 사용된 것 고르기

1. 큰 눈　　A おおゆき
大雪　　B さいゆき
最雪　　2. 가족　　A かぞく
お家族　　B かぞく
ご家族

3. 무자각　A むじかく
無自覚　B ふじかく
不自覚　　4. 이야기　A はなし
お話　　B はなし
ご話

정답 및 해설 p.356

2편
문장을 풍부하게 만드는 품사 | 쉽게 끝내는 해커스 일본어 문법

1 대표적인 접미사

접미사란 다른 여러 품사의 뒤에 붙어 의미를 더해주는 기능을 하는 말이다. 대표적인 접미사로 ～中(~중), ～頃(~무렵) 같은 것이 있다.

～中 ちゅう	~중	～中 じゅう	온~, ~동안	～頃 ごろ	~무렵
～的 てき	~적	～目 め	~째	～感 かん	~감

· **今週中**　　이번 주 중
　こんしゅうちゅう

· **世界中**　　온 세계
　せかいじゅう

· **夏頃**　　여름 무렵
　なつごろ

2 호칭 접미사

～さん(~씨) 처럼 사람의 이름이나 직업명 등과 함께 사용하는 접미사이다.

～さん	~씨	～様 さま	~님	①～ちゃん	~짱
～たち	~들	～ら	~들	②～方 がた	~분들

· **本田さん**　　혼다 씨
　ほん だ

· **鈴木様**　　스즈키 님
　すず き さま

· **先生方**　　선생님 분들
　せんせいがた

실력 PLUS

① ～**ちゃん**은 누군가를 친근하고 다정하게 부를 때 사용하는 접미어이다.

② ～**方**(~분들)는 ～**たち**(~들)나 ～**ら**(~들)보다 정중한 표현이다.

어휘
世界 [せかい] 몡 세계

바로 체크　접미사가 알맞게 사용된 것 고르기

1. 첫 번째　　A 一番方　　B 一番目
　　　　　　　いちばんがた　いちばん め

2. 모토이 님　　A 本井方　　B 本井様
　　　　　　　もと い がた　もと い さま

3. 출장 중　　A 出張中　　B 出張頃
　　　　　　　しゅっちょうちゅう　しゅっちょうごろ

4. 효과적　　A 効果的　　B 効果感
　　　　　　こう か てき　こう か かん

정답 및 해설 p.356

회화 대비

1 질문에 답하기

(1) **A** デパートはどこかわかりますか。 백화점은 어딘지 압니까?

　　B はい、＿＿＿＿＿＿＿＿＿。(デパート) 네, 백화점은 저쪽입니다.

(2) **A** 駅まではどのくらいかかりますか。 역까지는 얼마나 걸립니까?

　　B 歩いて＿＿＿＿＿＿＿＿＿。(5分, かかる) 걸어서 겨우 5분밖에 걸리지 않아요.

(3) **A** 今、トイレ、使えませんか。 지금, 화장실, 쓸 수 없습니까?

　　B すみません。＿＿＿＿＿＿＿＿＿。(掃除, 使う) 죄송합니다. 청소 중이어서 쓸 수 없습니다.

JLPT/회화 대비

2 대화 읽고 빈 칸 채우기

(1) **A**「ホテル代は（　　　）かかりましたか。」

　　B「2万円くらいかかりました。」

　　① どのくらい　　　　　　② いくつ　　　　　　③ どちら

(2) (玄関で)

　　A「お母さん、（　　　）。」

　　B「いってらっしゃい。気を付けてね。」

　　① いただきます　　　　② いってきます　　　　③ ただいま

(3) **A**「面接を受けた5社中、（　　　）会社から合格の連絡が来ました。」

　　B「おめでとうございます。」

　　① あんな　　　　　　② ああ　　　　　　③ ある

JLPT 대비

3 선택지 배열하고 ★에 들어갈 것 고르기

(1) 教室には ＿＿＿ ★ ＿＿＿ でした。

　　① 誰　　　　　　　　② いません　　　　　　③ も

(2) そんな ＿＿＿ ★ ＿＿＿ か。

　　① 信じました　　　　② どうして　　　　　　③ 話を

정답 및 해설 p.356

07 품사 깊이 있게 활용하기

일본어는 품사의 어미를 바꾸거나 문장 끝에 특정한 표현을 붙여서 품사를 바꿀 수 있다. 품사를 다른 품사로 바꾸는 방법, 다양한 품사와 문장을 활용하여 명사를 꾸미는 방법을 알아보자.

▲ MP3 바로 듣기

포인트 01 형용사를 동사로 바꾸기

① な형용사 不安(ふあん)だ 불안하다 + がる ~해하다 → 不安(ふあん)がる 불안해하다

② い형용사 寂(さび)しい 쓸쓸하다 + がる ~해하다 → 寂(さび)しがる 쓸쓸해하다

1 ~がる ~해하다 (な형용사에 접속)

な형용사에서 끝 글자인 ~だ를 떼고 ~がる를 붙이면 '~해하다'라는 뜻의 동사가 된다.

・環境(かんきょう)の変化(へんか)を不安(ふあん)がる。 환경의 변화를 불안해한다.

・父(ちち)は病院(びょういん)をいやがる。 아버지는 병원을 싫어한다.

2 ~がる ~해하다 (い형용사에 접속)

い형용사에서 끝 글자인 ~い를 떼고 ~がる를 붙이면 '~해하다'라는 ①뜻의 동사가 된다.

・夫(おっと)が娘(むすめ)の上京(じょうきょう)を寂(さび)しがる。 남편이 딸의 상경을 쓸쓸해한다.

・ペットの黒猫(くろねこ)をかわいがる。 반려동물인 검은 고양이를 귀여워한다.

실력 PLUS

① 뜻이 '~척하다'가 되는 경우도 있다.
[예] 強(つよ)い (강하다)
→ 強(つよ)がる (강한 척하다)

[어휘]

病院 [びょういん] [명] 병원
環境 [かんきょう] [명] 환경
変化 [へんか] [명] 변화
不安だ [ふあんだ] [な형] 불안하다
娘 [むすめ] [명] 딸
上京 [じょうきょう] [명] 상경
黒猫 [くろねこ] [명] 검은 고양이
かわいい [い형] 귀엽다

바로 체크 문장 작문하기

1. 하라 씨는 대학 합격을 기뻐했다. (原(はら)さん, 大学合格(だいがくごうかく), 嬉(うれ)しい)
= ______________________

2. 기권을 유감스러워했다. (リタイア, 残念(ざんねん)だ)
= ______________________

정답 및 해설 p.357

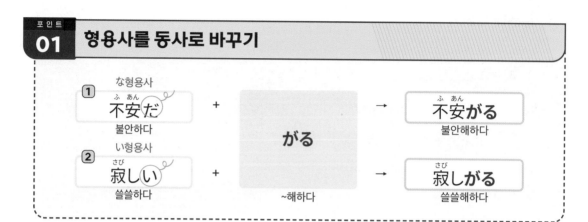

1 ～さ ~기 / ~함

형용사에서 끝 글자인 ～だ나 ～い를 떼고 ～さ를 붙이면 '~기', '~함'이라는 뜻의 명사가 된다. 형용사를 명사화하는 가장 기본적인 방법이다. ～さ가 붙는 경우 객관적인 성질이나 정도를 나타내는 경향이 있다.

・このカレー屋は辛さが選べる。
   이 카레 가게는 맵기를 고를 수 있다.

・この植物は暑さに強い。
   이 식물은 더위(=더움)에 강하다.

2 ～み ~함

형용사의 끝 글자인 ～だ나 ～い를 떼고 ～み를 붙여도 '~함'이라는 뜻의 명사가 된다. [①] ～み가 붙는 경우 주관적인 인상이나 느낌, 상태를 나타내는 경향이 있다. 真剣だ(진지하다), 強い(강하다), 甘い(달다)와 같은 일부 특정 형용사에만 사용된다.

・スパイスを入れて、辛みを足した。
   향신료를 넣어서, 매운 맛(=매움)을 더했다.

・入社3年目でもう新鮮みがなくなった。
   입사 3년째여서 이제 신선함이 없어졌다.

실력 PLUS

① ～み와 ～さ 어느 것이 붙어도 의미 차이가 크지 않은 경우도 있다.

   예 悲しい: 슬프다
   悲し**さ**: 슬픔
   悲し**み**: 슬픔

어휘

カレー屋 [カレーや] 명 카레 가게
スパイス 명 향신료
入社 [にゅうしゃ] 명 입사
年目 [ねんめ] 년째
もう 부 이제
なくなる 동1 없어지다

바로 체크 **문장 작문하기**

1. (객관적) 이 빌딩의 높이는 50미터다. (ビル, 高い, メートル)

   = ＿＿＿＿＿＿＿＿＿＿＿＿＿＿＿＿＿＿＿＿

2. (주관적) 이 귤은 단 맛(=닮)이 강하다. (みかん, 甘い, 強い)

   = ＿＿＿＿＿＿＿＿＿＿＿＿＿＿＿＿＿＿＿＿

① な형용사
急(だ)…に → 急に
갑작스럽다   갑작스럽게 / 갑자기

② い형용사
早(い)…く → 早く
빠르다   빠르게 / 빨리

---

1 **〜に** ~하게 / ~히

な형용사의 끝 글자인 〜だ를 〜に로 바꾸면 '~하게', '~히'라는 뜻의 부사가 된다.

· 急に出張が決まった。　　　　　　　　　갑작스럽게 출장이 정해졌다.

· 親切に接する。　　　　　　　　　　　　친절하게 대하다.

· 確かにこのスーパーは他より安い。　　　확실히 이 슈퍼는 다른 곳보다 싸다.

2 **〜く** ~하게 / ~히

い형용사의 끝 글자인 〜い를 〜く로 바꾸면 ①~하게', '~히'라는 뜻의 부사가 된다.

· いつもより早く起きました。　　　　　　여느 때보다 빠르게 일어났습니다.

· ぐっすり寝て体調が良くなった。　　　　푹 자서 컨디션이 좋게 되었다.

· ひもを固く結んだ。　　　　　　　　　　끈을 단단히 묶었다.

실력 PLUS

① '~하게 되다', '~해지다'라는 말을 할 때는 형용사를 부사로 바꾸고 뒤에 〜なる를 붙인다.
예 良くなる。 좋게 되다, 좋아지다

(어휘)
接する [せっする] (동3) 대하다
確かだ [たしかだ] (な형) 확실하다
他 [ほか] (명) 다른 (것, 곳)
ぐっすり (부) 푹
ひも (명) 끈
結ぶ [むすぶ] (동1) 묶다

바로 체크 문장 작문하기

1. 오늘은 드물게 자전거로 출근했다.
　(今日, 珍しい, 自転車, 出勤)

= _____

2. 자신의 마음을 솔직하게 이야기하다.
　(自分, 気持ち, 正直だ, 話す)

= _____

정답 및 해설 p.357

04 동사를 명사로 바꾸기

1그룹 동사
① 帰(る)…り → 帰り
귀가하다 　　　귀가(함)

2그룹 동사
② 負ける → 負け
패배하다 　　　패배(함)

1 ～い단 ~(함)

1그룹 동사의 끝 글자인 う단을 い단으로 바꾸면 '~함'이라는 뜻의 명사가 된다. 1그룹 동사의 ます형과 같은 형태이다.

· 旦那の帰りを待ちます。　　　남편의 귀가를 기다립니다.

· あなたの願いは何ですか。　　당신의 부탁은 무엇입니까?

· 松本さんは泳ぎが上手です。　마쓰모토 씨는 수영을 잘합니다.

2 (る 떼기) ~(함)

2그룹 동사의 끝 글자인 ①~る를 떼면 '~(함)'이라는 뜻의 명사가 된다. 2그룹 동사의 ます형과 같은 형태이다.

· この勝負は私の負けだ。　　　이 승부는 나의 패배다.

· 疲れがたまって体がだるい。　피로가 쌓여서 몸이 나른하다.

· 部室の片付けを頼む。　　　　동아리실의 정리를 부탁하다.

실력 PLUS

① ～る를 뗀다고 모든 2그룹 동사가 명사가 될 수 있는 것은 아니다. 예를 들어, 食べる, 見る는 이 방법으로 명사가 될 수 없다.

어휘

旦那 [だんな] 명 남편
願う [ねがう] 동1 부탁하다
勝負 [しょうぶ] 명 승부
負ける [まける] 동2 패배하다
体 [からだ] 명 몸
だるい い형 나른하다
部室 [ぶしつ] 명 동아리실

---

1. 하라 씨는 포기가 빠르다. (原さん, 諦める, 早い)

= _____

2. 문제의 답은 무엇입니까? (問題, 答える, 何)

= _____

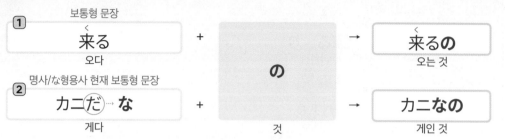

1 ～の ~것 (보통형 문장에 접속)

보통형 문장 뒤에 ①～の를 붙이면 '~것'이라는 뜻의 명사가 된다.

· 返事_{へんじ}が来_くるのを待_まちます。　　　　　답변이 오는 것을 기다립니다.

· 別_{わか}れが悲_{かな}しいのは当_あたり前_{まえ}です。　　　이별이 슬픈 것은 당연합니다.

2 ～なの ~것 (명사/な형용사 현재 보통형 문장에 접속)

명사/な형용사 현재 보통형 문장에서 끝 글자인 ～だ를 ～な로 바꾼 뒤 ～の를 붙이면, '~것'이라는 뜻의 명사가 된다.

· 先生_{せんせい}の好物_{こうぶつ}がカニなのを知_しった。
선생님이 좋아하는 것이 게인 것을 알았다.

· 子供_{こども}のおもちゃが安全_{あんぜん}なのを確認_{かくにん}した。
아이의 장난감이 안전한 것을 확인했다.

실력 PLUS

① ～の가 붙는 문장 속 주어에는 조
사 ～が와 ～の가 쓰인다.
예　返事_{へんじ}が来_くるの 답변이 오는 것
　　返事<u>の</u>来_くるの 답변이 오는 것

어휘

別れ [わかれ] 명 이별
当たり前だ [あたりまえだ] な형
당연하다
好物 [こうぶつ] 명 좋아하는 것
カニ 명 게
知る [しる] 동1 알다
確認 [かくにん] 명 확인

바로 체크　문장 작문하기

1. 타이핑이 빠른 것은 좋지만, 오자가 많다.
　（タイピング, 速_{はや}い, いい, 誤字_{ごじ}, 多_{おお}い）

　= _____

2. 매일 이른 기상을 하는 것이 힘들다.
　（毎日_{まいにち}, 早起_{はやお}き, つらい）

　= _____

정답 및 해설 p.357

포인트 06

문장을 명사로 바꾸기 ②

	보통형 문장				
1	見(み)る 보다	+	こと 것	→	見(み)ること 보는 것
	명사 현재 보통형 문장				
2	消防士(しょうぼうし)だ … である 소방사다	+		→	消防士(しょうはっし)であること 소방사인 것
	な형용사 현재 보통형 문장				
3	大変(たいへん)だ … な 힘들다	+		→	大変(たいへん)なこと 힘든 것

1 ～こと ~것 (보통형 문장에 접속)

보통형 문장 뒤에 ①～こと를 붙이면 '~것'이라는 뜻의 명사가 된다.

· **趣味(しゅみ)は映画(えいが)を見(み)る**こと**です。** 취미는 영화를 보는 것입니다.

· **このレストランはおいしい**こと**で有名(ゆうめい)だ。** 이 레스토랑은 맛있는 것으로 유명하다.

2 ～であること ~것 (명사 현재 보통형 문장에 접속)

명사 현재 보통형 문장에서 끝 글자인 ～だ를 ②～である로 바꾼 뒤 ～こと를 붙이면, '~것'이라는 뜻의 명사가 된다.

· **父(ちち)が消防士(しょうぼうし)**であること**が自慢(じまん)です。** 아버지가 소방사인 것이 자랑입니다.

· **歌手(かしゅ)が夢(ゆめ)**であること**を親(おや)に伝(つた)えた。** 가수가 꿈인 것을 부모에게 전했다.

3 ～なこと ~것 (な형용사 현재 보통형 문장에 접속)

な형용사 현재 보통형 문장에서 끝 글자인 ～だ를 ～な로 바꾼 뒤 ～こと를 붙이면, '~것'이라는 뜻의 명사가 된다.

· **子育(こそだ)てが大変(たいへん)**なこと**を知(し)った。** 육아가 힘든 것을 알았다.

· **思(おも)いやりが大事(だいじ)**なこと**を学(まな)んだ。** 배려가 중요한 것을 배웠다.

실력 PLUS

① **～こと**와 **～の**는 기본적으로 서로 바꿔 쓸 수 있지만 그렇지 않은 경우도 있다.

1. **～だ**(~이다)나 **～です**(~입니다) 바로 앞에는 **～こと**만 사용
2. **見(み)る**(보다), **感(かん)じる**(느끼다) 등의 지각동사 앞에는 **～の**만 사용

② **～である**는 **～だ**와 같은 표현이다. 단, **～だ**보다 딱딱한 뉘앙스를 가진다.

[어휘]

レストラン [명] 레스토랑
消防士 [しょうぼうし] [명] 소방사
自慢 [じまん] [명] 자랑
子育て [こそだて] [명] 육아
思いやり [おもいやり] [명] 배려

바로 체크 문장 작문하기

1. 올해의 목표는 가계부를 적는 것이다.
(今年(ことし), 目標(もくひょう), 家計簿(かけいぼ), つける)
= ____________________

2. 성격이 착실한 것이 장점입니다.
(性格(せいかく), まじめだ, 長所(ちょうしょ))
= ____________________

정답 및 해설 p.357

포인트 07

문장을 명사로 바꾸기 ③

보통형 문장				
野菜(やさい)だ 야채다	+	① ということ 라는 것	→	野菜(やさい)だということ 야채라는 것
	+	② ってこと 라는 것	→	野菜(やさい)だってこと 야채라는 것

① ～ということ ~라는 것

보통형 문장 뒤에 ～ということ를 붙이면 '~라는 것'이라는 뜻의 명사가 된다.

· スイカが野菜(やさい)だということを知(し)らなかった。
  수박이 야채라는 것을 몰랐다.

· この仮説(かせつ)が確(たし)かだということを証明(しょうめい)する。
  이 가설이 확실하다는 것을 증명할 것이다.

② ～ってこと ~라는 것

보통형 문장 뒤에 ～ってこと를 붙이면 '~라는 것'이라는 뜻의 명사가 된다. ～ということ보다 더 회화체적인 표현이다.

· 彼女(かのじょ)が木村(きむら)さんってことに気付(きづ)かなかった。
  그녀가 기무라 씨라는 것을 알아차리지 못했다.

· 頑張(がんば)れば評価(ひょうか)されるってことがわかった。
  열심히 하면 가치를 인정받는다는 것을 깨달았다.

실력 PLUS

[어휘]
スイカ [명] 수박
仮説 [かせつ] [명] 가설
証明 [しょうめい] [명] 증명
評価 [ひょうか] [명] 가치를 인정함, 평가

바로 체크 문장 작문하기

1. 선생님에게 진학한다는 것을 전달했다. (先生, 進学, 伝える)
   = ____________________

2. 보안이 약하다는 것이 문제입니다. (セキュリティー, 弱(よわ)い, 問題(もんだい))
   = ____________________

정답 및 해설 p.357

포인트 08 여러 품사로 명사 꾸미기

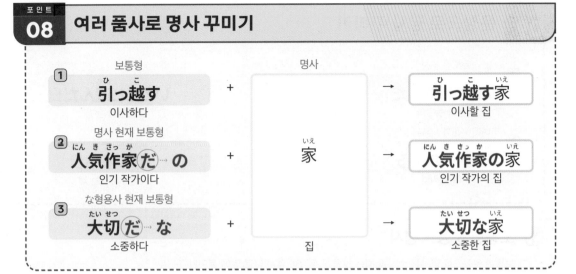

1 보통형 + 명사

명사/형용사/동사의 보통형으로 명사를 수식할 때는 보통형을 명사 바로 앞에 붙인다.

· 引っ越す家が決まった。 　　　　　이사할 집이 정해졌다.

· おいしかったお菓子をまた買った。 　맛있었던 과자를 또 샀다.

2 명사 현재 보통형 + 명사

명사 현재 보통형으로 명사를 수식할 때는 끝 글자인 ～だ를 ～の로 바꾼 뒤 명사 앞에 붙인다.

· 人気作家の小説を読んだ。 　　　　인기 작가의 소설을 읽었다.

· 祖母の昔話を聞きました。 　　　　할머니의 옛날이야기를 들었습니다.

3 な형용사 현재 보통형 + 명사

な형용사 현재 보통형으로 명사를 수식할 때는 끝 글자인 ～だ를 ～な로 바꾼 뒤 명사 앞에 붙인다.

· 大切な思い出です。 　　　　　　소중한 추억입니다.

· 便利な機能だ。 　　　　　　　　편리한 기능이다.

실력 PLUS

어휘
引っ越す [ひっこす] 동1 이사하다
また 부 또
作家 [さっか] 명 작가
小説 [しょうせつ] 명 소설
祖母 [そぼ] 명 할머니
昔話 [むかしばなし] 명 옛날이야기
機能 [きのう] 명 기능

바로 체크 문장 작문하기

1. 포장마차의 야끼소바를 먹었다. (屋台, やきそば, 食べる)

= _____

2. 멋진 목걸이네요. (すてきだ, ネックレス)

= _____

정답 및 해설 p.357

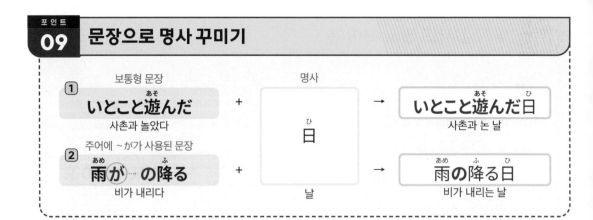

① 보통형 문장 + 명사

보통형 문장으로 명사를 수식할 때는 보통형 문장을 명사 바로 앞에 붙인다. 단, 문장이 명사 현재형으로 끝날 때는 끝 글자인 ～だ를 ～の로 바꾸고, な형용사 현재형으로 끝날 때는 끝 글자인 ～だ를 ～な로 바꾼 후 명사 앞에 붙인다.

- いとこと遊んだ日は楽しかった。　　사촌과 논 날은 즐거웠다.
- 駅前のラーメン屋の常連です。　　역 앞 라멘 가게의 단골이다.
- 彼は面白くて親切な人です。　　그는 재미있고 친절한 사람입니다.

② 주어에 조사 ～が가 사용된 문장 + 명사

주어에 조사 ～が(~이/가)가 사용된 문장으로 명사를 수식할 때는 보통 ～が를 ～の로 바꾸어야 더 자연스러운 문장이 된다.

- 雨の降る日は道が混む。　　비가 내리는 날은 길이 붐빈다.
- キリンは首の長い動物です。　　기린은 목이 긴 동물입니다.

실력 PLUS

어휘
駅前 [えきまえ] 명 역 앞
ラーメン屋 [ラーメンや] 명 라면 가게
常連 [じょうれん] 명 단골
親切だ [しんせつだ] な형 친절하다
混む [こむ] 동1 붐비다
キリン 명 기린
首 [くび] 명 목

바로 체크　문장 작문하기

1. 발이 빠른 여동생이 부럽다. (足, 速い, 妹, 우라야마시이)

   = _____

2. 이곳은 정장을 취급하는 가게입니다. (スーツ, 取り扱う, 店)

   = _____

정답 및 해설 p.357

(회화 대비)

1 질문에 답하기

(1) **A** 将来の夢は何ですか。 장래의 꿈은 무엇입니까?

B 学校の_____。(先生, なる) 학교의 선생님이 되는 것입니다.

(2) **A** 暗い顔して、どうしたの？ 어두운 얼굴하고, 무슨 일이야?

B 最近、_____。(悩む, ある) 요즘, 고민이 있어요.

(3) **A** 家にペットはいますか。 집에 반려동물은 있습니까?

B いいえ、_____。(息子, 動物, 怖い, 飼う)

아니요, 아들이 동물을 무서워하므로 기를 수 없어요.

(JLPT/회화 대비)

2 대화 읽고 빈 칸 채우기

(1) **A** 「好きな料理は何ですか。」

B 「カレーです。特に母（　　　）作ったカレーが好きです。」

① の ② に ③ を

(2) **A** 「入社式での社長の話どうだった？」

B 「感動したよ。言葉に（　　　）があったね。」

① 重いの ② 重み ③ 重いこと

(3) （運転中）

A 「この先に急なカーブがあります。」

B 「はい。反対から来る車に気を付けて（　　　）運転します。」

① 安全さ ② 安全の ③ 安全に

(JLPT 대비)

3 선택지 배열하고 ★에 들어갈 것 고르기

(1) 韓国ドラマに興味がある人は、ドラマで韓国語を学ぶ ＿＿＿ ★ ＿＿＿ です。

① が ② の ③ おすすめ

(2) アンケート調査から、この商品の購入者は2、30代が ＿＿＿ ★ ＿＿＿ わかった。

① 多い ② ことが ③ という

정답 및 해설 p.358

3편

문장의 틀이 되는 문형 1

일본어 문장의 틀이 되는 것이 일본어 문형이다. 문형이란 특정한 의미, 표현 의도를 드러내기 위한 문장의 구조를 말하며 용법과 접속 방법이 정해져 있다. 문법적으로 올바른 일본어를 구사하기 위해서는 문장 속에서 문형이 어떻게 사용되는지 용법과 접속 방법을 알아두는 것이 중요하다.

01 명사와 쓰이는 문형

문형 중에는 명사와 쓸 수 있는 문형이 있다. **～をください**(~을 주세요), **～がほしい**(~을 갖고 싶다)와 같은 명사와 쓰이는 문형의 용법과 접속 방법을 알아보자.

▲ MP3 바로 듣기

포인트 01 ~をください와 ~がほしい의 용법

명사				
レシート 영수증	+	① **をください** 을 주세요	→	レシート**をください** 영수증을 주세요
かばん 가방	+	② **がほしい** 을 갖고 싶다	→	かばん**がほしい** 가방을 갖고 싶다

[1] ～をください ~을 주세요

～をください는 '~을 주세요'라는 뜻으로, ①어떤 물건을 달라고 상대에게 요청할 때 사용한다. ～をください는 조사 ～を(~을)와 ください(주세요)가 연결되어 만들어진 문형이다.

- **レシート**をください。 영수증을 주세요.
- **大阪行(おおさかゆ)きの切符(きっぷ)**をください。 오사카행 표를 주세요.
- **アイスコーヒー**をください。 아이스 커피를 주세요.

[2] ～がほしい ~을 갖고 싶다

～がほしい는 '~을 갖고 싶다'라는 뜻으로, 어떤 것을 갖고 싶다는 ②희망 사항을 나타낼 때 사용한다. ～がほしい는 조사 ～が(~가)와 い형용사 ほしい(갖고 싶다)가 연결되어 만들어진 문형인데, '~을 갖고 싶다'라는 뜻이지만 조사 ～を(~을)가 아닌 ～が(~가)를 사용한다는 점에 주의한다.

- **新(あたら)しいかばん**がほしい。 새로운 가방을 갖고 싶다.
- **クリスマスに洋服(ようふく)**がほしかった。 크리스마스에 옷을 갖고 싶었다.
- **ダイヤのネックレス**がほしいです。 다이아몬드 목걸이를 갖고 싶습니다.

실력 PLUS

① 어떤 물건을 몇 개 달라고 할 때는 **～を**와 **～ください** 사이에 개수 표현이 들어간다.

[예] **コーラを二(ふた)つください。**
콜라를 두 개 주세요.

② 희망 사항을 나타낼 때, 제3자의 희망 사항인 경우 **～をほしがる**(~를 갖고 싶어 하다) 문형을 사용한다. **～がほしい**와 다르게 조사 **～を**(~을)를 사용한다.

[어휘]
レシート [명] 영수증
行き [ゆき] 행
切符 [きっぷ] [명] 표
洋服 [ようふく] [명] 옷
ダイヤ [명] 다이아몬드
ネックレス [명] 목걸이

바로 체크 문장 작문하기

1. 시간을 주세요. (時間(じかん))
= ____________________

2. 형제를 갖고 싶다. (兄弟(きょうだい))
= ____________________

정답 및 해설 p.359

포인트
02 **~がする와 ~にする의 용법**

명사				
匂い 냄새	+	① **がする** 가 난다	→	**匂いがする** 냄새가 난다
沖縄 오키나와	+	② **にする** 로 하다	→	**沖縄にする** 오키나와로 한다

① **~がする** ~가 난다

~がする는 '~가 난다'라는 뜻으로, 어떤 감각이 느껴짐을 나타낼 때 사용한다. 匂い(냄새), 香り(향), 味(맛), 音(소리), 感じ(느낌), 寒気(추운 느낌)와 같은 느낌과 관련된 명사와 자주 사용된다.

· カレーのいい匂いがする。 카레의 좋은 냄새가 난다.

· ドアの向こうから音がした。 문 건너편에서 소리가 났다.

· 吐き気がします。 구역질이 납니다.

② **~にする** ~로 하다

~にする는 '~로 하다'라는 뜻으로, 여러 선택 사항 중 하나를 선택하여 결정했음을 나타낼 때 사용한다.

· 旅行先は海がきれいな沖縄にする。 여행지는 바다가 예쁜 오키나와로 한다.

· ソファーの色は青にする。 소파의 색은 파랑으로 한다.

· セットの飲み物はコーラにします。 세트의 음료는 콜라로 하겠습니다.

실력 PLUS

어휘
匂い [におい] 圏 냄새
向こう [むこう] 圏 건너편
吐き気 [はきけ] 圏 구역질
ソファー 圏 소파
青 [あお] 圏 파랑

바로 체크 문장 작문하기

1. 이 껌은 복숭아 맛이 납니다. (ガム, もも, 味)

   = _____

2. 송년회는 언제로 할까? (忘年会, いつ)

   = _____

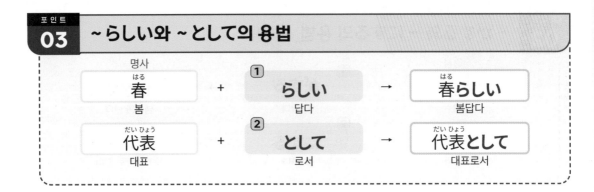

1 〜らしい ~답다

① 〜らしい는 '~답다'라는 뜻으로, '봄답다', '학생답다' 같이 らしい 앞에 오는 명사의 전형적인 성질이 잘 드러난다는 것을 나타낼 때 사용한다.

· 暖かくて春らしい天気だ。　　　따뜻하고 봄다운 날씨다.

· 子供らしい笑顔を見せる。　　　아이답게 웃는 얼굴을 보인다.

· 遅刻なんて、北野さんらしくない。　지각이라니, 기타노 씨답지 않다.

2 〜として ~로서

〜として는 '~로서'라는 뜻으로, 신분이나 자격, 입장, 부류, 명목을 나타낼 때 사용한다.

· 代表としてオリンピックに出る。　　대표로서 올림픽에 나간다.

· スカイツリーは観光地として有名です。　스카이트리는 관광지로서 유명합니다.

· そのアイドルは俳優としても活躍する。　그 아이돌은 배우로서도 활약한다.

실력 PLUS

① 〜らしい는 い형용사와 동일하게 활용한다.

어휘

天気 [てんき] 똉 날씨
笑顔 [えがお] 똉 웃는 얼굴
見せる [みせる] 똉2 보이다
遅刻 [ちこく] 똉 지각
代表 [だいひょう] 똉 대표
オリンピック 똉 올림픽
俳優 [はいゆう] 똉 배우
活躍 [かつやく] 똉 활약

바로 체크 문장 작문하기

1. 자기답게 살다. (自分, 生きる)

　= _____

2. 교사로서 실력이 부족하다. (教師, 実力, 足りる)

　= _____

정답 및 해설 p.359

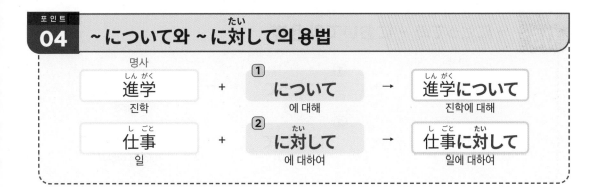

포인트 04 ~について와 ~に対(たい)して의 용법

명사

進学(しんがく)	+	① について	→	進学について
진학		에 대해		진학에 대해

仕事(しごと)	+	② に対(たい)して	→	仕事に対(たい)して
일		에 대하여		일에 대하여

① ～について ~에 대해

～について는 '~에 대해'라는 뜻으로, 이야기의 주제나 조사 대상 등을 나타낼 때 사용한다. 대상에 대해 설명하거나 연구하는 등, 단순히 대상을 가리키는 것이 아니라 깊이 파고든다는 뉘앙스를 가진다.

· 進学(しんがく)について先生(せんせい)に相談(そうだん)した。　진학에 대해 선생님에게 상담했다.

· 業務(ぎょうむ)について質問(しつもん)があります。　업무에 대해 질문이 있습니다.

· 中国(ちゅうごく)の歴史(れきし)について研究(けんきゅう)する。　중국의 역사에 대해 연구하다.

② ～に対(たい)して ~에 대하여

～に対(たい)して는 '~에 대하여'라는 뜻으로, 어떤 감정이나 동작이 향하는 대상을 나타낼 때 사용한다. 대상을 깊이 파고드는 것이 아니라, 대상에 대해 물리적으로나 심리적으로 반응한다는 뉘앙스를 가진다.

· 彼(かれ)は仕事(しごと)に対(たい)して熱心(ねっしん)だ。　그는 일에 대하여 열심이다.

· 両親(りょうしん)に対(たい)して感謝(かんしゃ)でいっぱいだ。　부모님에 대하여 감사로 가득하다.

· 相手(あいて)の文化(ぶんか)に対(たい)して理解(りかい)を示(しめ)す。　상대의 문화에 대하여 이해를 나타낸다.

실력 PLUS

어휘

進学 [しんがく] 명 진학
相談 [そうだん] 명 상담
業務 [ぎょうむ] 명 업무
中国 [ちゅうごく] 명 중국
研究 [けんきゅう] 명 연구
感謝 [かんしゃ] 명 감사
文化 [ぶんか] 명 문화
理解 [りかい] 명 이해
示す [しめす] 동1 나타내다

바로 체크　문장 작문하기

1. 프로젝트에 대해 설명했다. (プロジェクト, 説明(せつめい))

= _____

2. 피아니스트에 대하여 동경이 있었다. (ピアニスト, 憧(あこが)れ, ある)

= _____

정답 및 해설 p.359

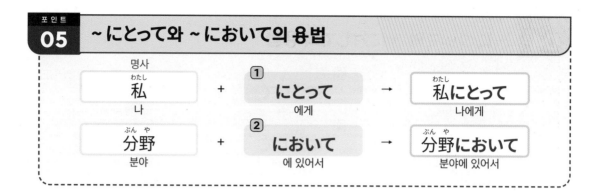

1 ～にとって ~에게

~にとって는 '~에게'라는 뜻으로, 사람이나 조직의 입장에서 생각을 말할 때 사용하며, 판단이나 평가, 느낌에 대한 내용이 뒤따라온다.

· 愛犬は私にとって宝物です。　　　반려견은 저에게 보물입니다.

· 初級の教材も私にとっては難しい。　초급 교재도 나에게는 어렵다.

· 水は魚にとって欠かせない。　　　물은 물고기에게 빠뜨릴 수 없다.

2 ～において ~에 있어서

~において는 '~에 있어서'라는 뜻으로, 어떤 대상에 대해 말할 때 사용하며, 뒤에는 주로 대상에 대한 평가가 뒤따라온다. 또, [1]'~에서', '~에'라는 뜻으로, 장소, 시대, 상황을 나타내는 명사와 함께 어떠한 사건이나 상태를 설명할 때에도 사용한다.

· 医療分野においてAIが活用される。
의료 분야에 있어서 AI가 활용된다.

· 生命工学において彼より優れた科学者はいない。
생명공학에 있어서 그보다 뛰어난 과학자는 없다.

· 関東地方において地震が発生しました。
관동 지방에서 지진이 발생했습니다.

실력 PLUS

[1] '~에서'라는 뜻인 ～で로 바꿔 말할 수 있다. ～において가 더 격식을 차린 표현이다.

어휘

愛犬 [あいけん] ⑱ 반려견

宝物 [たからもの] ⑱ 보물

初級 [しょきゅう] ⑱ 초급

教材 [きょうざい] ⑱ 교재

欠かす [かかす] ⑧1 빠뜨리다

医療 [いりょう] ⑱ 의료

分野 [ぶんや] ⑱ 분야

活用 [かつよう] ⑱ 활용

生命 [せいめい] ⑱ 생명

工学 [こうがく] ⑱ 공학

優れる [すぐれる] ⑧2 뛰어나다

科学者 [かがくしゃ] ⑱ 과학자

地方 [ちほう] ⑱ 지방

発生 [はっせい] ⑱ 발생

바로 체크　문장 작문하기

1. 당신에게 중요한 것은 무엇입니까? (あなた, 大切だ, もの, 何)

　=

2. 작곡 능력에 있어서 훌륭하다. (作曲, 能力, すばらしい)

　=

정답 및 해설 p.359

~によって와 ~によると의 용법

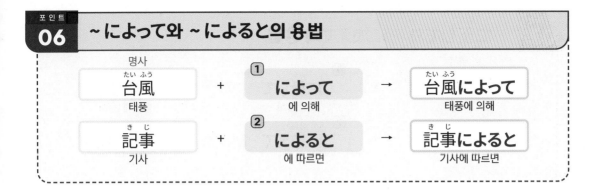

명사
台風_{たい ふう}
태풍

\+

① によって
에 의해

→ 台風によって_{たい ふう}
태풍에 의해

記事_{き じ}
기사

\+

② によると
에 따르면

→ 記事によると_{き じ}
기사에 따르면

① ~によって ~에 의해

~によって는 '~에 의해'라는 뜻으로, 어떤 일의 원인이나 수단 혹은 수동형 문장에서 동작을 하는 주어를 나타낼 때 사용한다. 또, '~에 따라'라는 뜻으로 경우나 상황에 따른 동작이나 상태를 나타낼 때에도 사용한다.

· 台風_{たいふう}によって電車_{でんしゃ}が止_とまった。   태풍에 의해 전철이 멈췄다.

· その絵画_{かい が}はモネによって描_かかれた。   그 그림은 모네에 의해 그려졌다.

· 宿_{やど}の値段_{ね だん}は時期_{じ き}によって違_{ちが}う。   숙소의 가격은 시기에 따라 다르다.

② ~によると ~에 따르면

~によると는 '~에 따르면'이라는 뜻으로, 보고 들은 정보의 출처나 추측의 근거를 나타낼 때 사용한다. 따라서 뒤에는 전달하려는 정보나 추측의 결과가 이어진다.

· 記事_{き じ}によると火災_{か さい}が起_おこったということだ。
기사에 따르면 화재가 일어났다고 한다.

· 調査_{ちょう さ}によると多_{おお}くの企業_{き ぎょう}が人手不足_{ひと で ぶ そく}だということだ。
조사에 따르면 많은 기업이 일손 부족이라고 한다.

· オさんの話_{はなし}によると日本_{に ほん}の街_{まち}はきれいだって。
오 씨의 이야기에 따르면 일본의 거리는 깨끗하대.

실력 PLUS

어휘

止まる [とまる] (동1) 멈추다
絵画 [かいが] (명) 그림
描く [かく] (동1) 그리다
宿 [やど] (명) 숙소
時期 [じき] (명) 시기
違う [ちがう] (동1) 다르다
記事 [きじ] (명) 기사
~ということだ ~라고 한다
調査 [ちょうさ] (명) 조사
企業 [きぎょう] (명) 기업
人手不足 [ひとでぶそく] (명) 일손 부족
街 [まち] (명) 거리

바로 체크   문장 작문하기

1. 조사에 의해 새로운 사실을 알았다.
(調査_{ちょう さ}, 新_{あたら}しい, 事実_{じ じつ}, わかる)

= _____

2. 선생님에 따르면 나의 발음은 나쁘지 않대.
(先生_{せんせい}, 私_{わたし}, 発音_{はつおん}, 悪_{わる}い)

= _____

정답 및 해설 p.359

포인트 07 ~に反(はん)して와 ~に加(くわ)えて의 용법

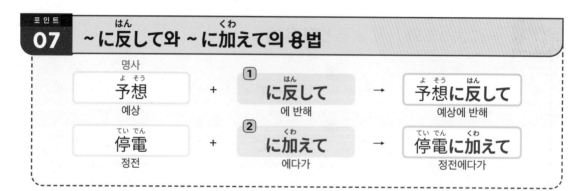

명사				
予想(よそう) 예상	+	① に反(はん)して 에 반해	→	予想(よそう)に反(はん)して 예상에 반해
停電(ていでん) 정전	+	② に加(くわ)えて 에다가	→	停電(ていでん)に加(くわ)えて 정전에다가

1 ～に反(はん)して ~에 반해

～に反(はん)しては '~에 반해'라는 ①뜻으로, 생각과 반대되는 일이 일어난 것을 나타낼 때 사용한다. 따라서 ～に反(はん)して 앞에는 주로 予想(よそう)(예상), 期待(きたい)(기대)와 같은 미래를 예측하는 것과 관련된 명사가 온다.

- 予想(よそう)に反(はん)して、合格(ごうかく)した。 예상에 반해, 합격했다.
- 期待(きたい)に反(はん)して、初戦(しょせん)で負(ま)けた。 기대에 반해, 첫판에서 졌다.
- 上品(じょうひん)な見(み)た目(め)に反(はん)して、図々(ずうずう)しい。 고상한 외관에 반해, 뻔뻔하다.

2 ～に加(くわ)えて ~에다가

～に加(くわ)えては '~에다가'라는 뜻으로, 어떤 것에 다른 것도 추가되는 상황을 나타낼 때 사용한다.

- 停電(ていでん)に加(くわ)えて水道(すいどう)まで止(と)まった。 정전에다가 수도까지 멈췄다.
- 指定席(していせき)に加(くわ)えて自由席(じゆうせき)も満席(まんせき)だ。 지정석에다가 자유석도 만석이다.
- 筆記試験(ひっきしけん)に加(くわ)えて面接(めんせつ)も行(おこな)います。 필기 시험에다가 면접도 진행합니다.

실력 PLUS

① 뜻이 **～に反(はん)して**와 비슷한 표현으로 **～と違(ちが)って**(~와 다르게), **～とは反対(はんたい)に**(~와는 반대로)가 있다. **～に反(はん)して**보다 일상 회화적인 표현이다.

어휘

予想 [よそう] [명] 예상
期待 [きたい] [명] 기대
初戦 [しょせん] [명] 첫판
上品だ [じょうひんだ] [な형] 고상하다
見た目 [みため] [명] 외관
図々しい [ずうずうしい] [い형] 뻔뻔하다
指定席 [していせき] [명] 지정석
自由席 [じゆうせき] [명] 자유석
満席 [まんせき] [명] 만석
筆記試験 [ひっきしけん] [명] 필기 시험

바로 체크 문장 작문하기

1. 국민의 의향에 반해, 증세한다. (国民(こくみん), 意向(いこう), 増税(ぞうぜい))
   = ______________________

2. 실연에다가 실업까지 하다니. (失恋(しつれん), 失業(しつぎょう))
   = ______________________

정답 및 해설 p.359

포인트 08 ~をめぐって와 ~にわたって의 용법

명사			①			
事件 사건	+	をめぐって 을 둘러싸고	→	事件をめぐって 사건을 둘러싸고		

20年 20년	+	② にわたって 에 걸쳐	→	20年にわたって 20년에 걸쳐

① ～をめぐって ~을 둘러싸고

～をめぐって는 '~을 둘러싸고'라는 뜻으로, 어떤 화제에 대해 논의나 논쟁이 벌어지고 있음을 나타낼 때 사용한다. 따라서 話し合う(의논하다), 争う(다투다), 対立する(대립하다)와 같은 동사와 자주 사용된다.

· 事件をめぐってうわさが流れる。 사건을 둘러싸고 소문이 퍼진다.

· 予算案をめぐって対立する。 예산안을 둘러싸고 대립한다.

· 優勝をめぐって各チームが戦った。 우승을 둘러싸고 각 팀이 싸웠다.

② ～にわたって ~에 걸쳐

～にわたって는 '~에 걸쳐'라는 뜻으로, 시간이나 공간, 횟수의 범위를 나타내는 명사와 사용되어, 그 시간이나 공간, 횟수의 규모가 크다는 뉘앙스를 나타낼 때 사용한다.

· 20年にわたって番組の司会を務める。
20년에 걸쳐 방송 사회를 맡는다.

· 2年にわたって勉強して、医学部に受かった。
2년에 걸쳐 공부해서, 의학부에 붙었다.

· 数回にわたって被災地を訪れる。
몇 차례에 걸쳐 피해지를 방문한다.

실력 PLUS

어휘
流れる [ながれる] 동2 (소문이) 퍼지다, 흐르다
予算案 [よさんあん] 명 예산안
対立 [たいりつ] 명 대립
各 [かく] 각
戦う [たたかう] 동1 싸우다
番組 [ばんぐみ] 명 방송
司会 [しかい] 명 사회
務める [つとめる] 동2 맡다
医学部 [いがくぶ] 명 의학부
受かる [うかる] 동1 붙다
数回 [すうかい] 명 몇 차례
被災地 [ひさいち] 명 피해지

바로 체크 문장 작문하기

1. 유산을 둘러싸고 옥신각신한다. (遺産, もめる)

   = _____

2. 4대에 걸쳐 경영을 계속한다. (4代, 経営, 続ける)

   = _____

정답 및 해설 p.359

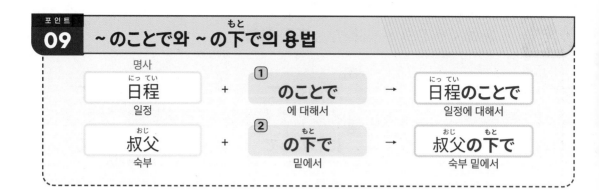

명사				
日程(にってい) 일정	+	① のことで 에 대해서	→	日程のことで 일정에 대해서
叔父(おじ) 숙부	+	② の下(もと)で 밑에서	→	叔父の下(もと)で 숙부 밑에서

① ～のことで ~에 대해서

～のことで는 '~에 대해서'라는 뜻으로, 무언가에 대해 이야기하고 싶다고 말을 꺼낼 때 사용한다. 따라서 ～のことで 앞에는 이야기의 주제와 관련된 명사가 오며, 뒤에는 話(はな)す(이야기하다), 質問(しつもん)する(질문하다), 相談(そうだん)する(상담하다)와 같은 동사가 자주 사용된다.

· 担当者(たんとうしゃ)と日程(にってい)のことで話(はな)した。   담당자와 일정에 대해서 이야기했다.

· 部活(ぶかつ)のことで相談(そうだん)があるの。   동아리에 대해서 상담이 있어.

· プロポーズのことで悩(なや)む。   프러포즈에 대해서 고민한다.

② ～の下(もと)で ~밑에서

～の下(もと)で는 '~밑에서'라는 뜻으로, 어떤 것의 영향 속에 있음을 나타낼 때 사용한다. 상황에 따라 '~하에'라고도 해석할 수 있다. 이 문형에서는 下를 下(した)로 읽지 않도록 주의한다.

· 会社社長(かいしゃしゃちょう)の叔父(おじ)の下(もと)で働(はたら)く。   회사 사장인 숙부 밑에서 일한다.

· 講師(こうし)の下(もと)でスノーボードを習(なら)う。   강사 밑에서 스노보드를 배운다.

· 医者(いしゃ)の指導(しどう)の下(もと)で禁煙(きんえん)に取(と)り組(く)む。   의사의 지도하에 금연에 힘쓴다.

실력 PLUS

어휘
担当者 [たんとうしゃ] 명 담당자
日程 [にってい] 명 일정
部活 [ぶかつ] 명 동아리
悩む [なやむ] 동1 고민하다
叔父 [おじ] 명 숙부
講師 [こうし] 명 강사
習う [ならう] 동1 배우다
医者 [いしゃ] 명 의사
指導 [しどう] 명 지도
取り組む [とりくむ] 동1 힘쓰다

바로 체크 문장 작문하기

1. 상품에 대해서 제조사로부터 연락이 왔다.
    (商品(しょうひん), メーカー, 連絡(れんらく), 来(く)る)

= _____

2. 와타나베 교수 밑에서 석사 과정을 수료했다.
    (渡辺(わたなべ), 教授(きょうじゅ), 修士課程(しゅうしかてい), 修了(しゅうりょう))

= _____

정답 및 해설 p.359

회화 대비
1 질문에 답하기

(1) **A** 注文は決まりましたか。 주문은 결정되었습니까?

    B ええ、＿＿＿＿＿＿＿＿。(コーラ) 네, 콜라를 주세요.

(2) **A** この店いつオープンするのかな。 이 가게 언제 오픈할까?

    B ああ、＿＿＿＿＿＿＿＿。(青木さん, 来月) 아, 아오키 씨에 따르면 다음 달이래.

(3) **A** あなたの宝物は何ですか。 당신의 보물은 무엇입니까?

    B 祖母からもらった＿＿＿＿＿＿＿＿。(指輪, 私, 宝物) 할머니로부터 받은 반지가 저에게 보물입니다.

JLPT/회화 대비
2 대화 읽고 빈 칸 채우기

(1) (授業で)

    A 「今日は授業で電気（   ）学びます。」

    ① について   ② にして   ③ にとって

(2) **A** 「春（   ）天気ですね。」

    B 「はい、あたたかくて気持ちいいです。」

    ① のことで   ② として   ③ らしい

(3) **A** 「あのビル、めずらしい形だね。」

    B 「うん。有名な芸術家（   ）建てられたって。」

    ① に加えて   ② において   ③ によって

JLPT 대비
3 선택지 배열하고 ★에 들어갈 것 고르기

(1) 遠くのほうから犬 ＿＿＿＿ ＿★＿ ＿＿＿＿ 。

    ① 鳴き声が   ② する   ③ の

(2) (天気予報で)

    A 「明日は ＿＿＿＿ ＿★＿ ＿＿＿＿ 雨が降る予報です。また、強い風にも注意が必要です。」

    ① 激しい   ② わたって   ③ 全国に

정답 및 해설 p.359

02 동사 기본형과 쓰이는 문형

문형 중에는 동사 기본형과 쓸 수 있는 문형이 있다. ～な(~하지마), ～には(~하려면)와 같은 동사 기본형과 쓰이는
문형의 용법과 접속 방법을 알아보자.

▲ MP3 바로 듣기

포인트 01 ～な와 ～には의 용법

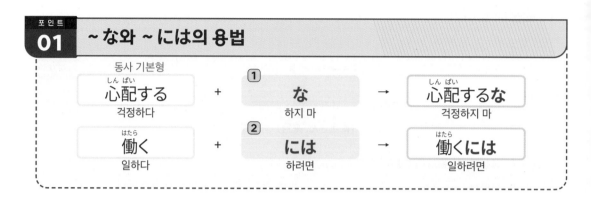

동사 기본형

心配する (걱정하다) + ① な (하지 마) → 心配するな (걱정하지 마)

働く (일하다) + ② には (하려면) → 働くには (일하려면)

① ～な ~하지 마

～な는 '~하지 마'라는 뜻으로, 상대에게 어떤 행동을 금지할 때 사용한다. 강력하
게 명령하는 뉘앙스를 가진다.

・そのことは心配するな。　　그 일은 걱정하지 마.

・約束を忘れるな。　　약속을 잊지 마.

・廊下を走るな。　　복도를 달리지 마.

② ～には ~하려면

～には는 '~하려면'이라는 뜻으로, 무언가를 하기 위해서 혹은 하고 싶다면 어떤
조건이 충족되어야함을 나타낼 때 사용한다.

・この会社で働くには英語力が必要だ。
이 회사에서 일하려면 영어 실력이 필요하다.

・ダイエットするには運動が一番だ。
다이어트하려면 운동이 제일이다.

・海外に行くにはパスポートがいる。
해외에 가려면 여권이 필요하다.

실력 PLUS

어휘
英語力 [えいごりょく] ⑱ 영어 실력
パスポート ⑱ 여권
いる ⑤¹ 필요하다

바로 체크　문장 작문하기

1. 위험하니까, 이쪽으로 오지 마.
   (危ない, 来る)

   = _____

2. 세미나실을 이용하려면 예약이 필수입니다.
   (セミナー室, 利用, 予約, 必須)

   = _____

정답 및 해설 p.360

~ことができる와 ~しかない의 용법

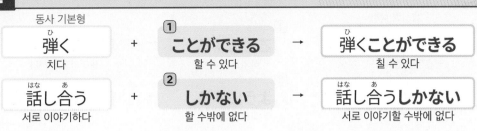

동사 기본형

| 弾く(ひ) 치다 | + | ① ことができる 할 수 있다 | → | 弾くことができる(ひ) 칠 수 있다 |
| 話し合う(はな あ) 서로 이야기하다 | + | ② しかない 할 수밖에 없다 | → | 話し合うしかない(はな あ) 서로 이야기할 수밖에 없다 |

① ~ことができる ~할 수 있다

①~ことができる는 '~할 수 있다'라는 뜻으로, 직역하면 '~하는 것을 할 수 있다'이다. 어떤 것을 할 수 있는 능력 또는 가능성이 있음을 나타낼 때 사용한다.

・トムさんはギターを弾(ひ)くことができる。
톰 씨는 기타를 칠 수 있다.

・クルーズ船(せん)からくじらを見(み)ることができた。
크루즈 선에서 고래를 볼 수 있었다.

・18歳(さい)から選挙(せんきょ)で投票(とうひょう)することができます。
18세부터 선거에서 투표할 수 있습니다.

② ~しかない ~할 수밖에 없다

~しかない는 '~할 수밖에 없다'라는 ②뜻으로, 그 외에 다른 방법이 없어 어쩔 수 없이 그렇게 함을 나타낼 때 사용한다. 조사 ~しか(~밖에)와 ~ない(~없다)가 연결되어 만들어진 문형이다.

・誤解(ごかい)を解(と)くには話し合(はな あ)うしかない。
오해를 풀려면 서로 이야기할 수밖에 없다.

・終電(しゅうでん)を逃(のが)したからタクシーで帰(かえ)るしかない。
마지막 전철을 놓쳤기 때문에 택시로 돌아갈 수밖에 없다.

・反対(はんたい)されたので説得(せっとく)するしかなかった。
반대당해서 설득할 수밖에 없었다.

실력 PLUS

① ~ことができる는 동사 가능형과 같은 뜻이다.

예 見(み)ることができる = 見(み)られる
볼 수 있다

② 뜻이 ~しかない와 같은 표현으로 ~ほかない(~할 수밖에 없다)가 있다. 글에서 자주 사용되는 딱딱한 표현이다.

어휘
クルーズ船 [クルーズせん] 명
크루즈선
くじら 명 고래
歳 [さい] 살
選挙 [せんきょ] 명 선거
投票 [とうひょう] 명 투표
誤解 [ごかい] 명 오해
解く [とく] 동1 풀다
説得 [せっとく] 명 설득
終電 [しゅうでん] 명 마지막 전철
逃す [のがす] 동1 놓치다

바로 체크 문장 작문하기

1. 데이터로 날씨를 예측할 수 있습니다. (データ, 天気(てんき), 予測(よそく))

= _____

2. 일이 많은 날은 야근할 수밖에 없습니다. (仕事(しごと), 多(おお)い, 日(ひ), 残業(ざんぎょう))

= _____

포인트 03

~ことにする와 ~ようにする의 용법

동사 기본형				
戻る(もど) 돌아가다	+	① ことにする 하기로 하다	→	戻る(もど)ことにする 돌아가기로 하다
寝る(ね) 자다	+	② ようにする 하도록 하다	→	寝る(ね)ようにする 자도록 하다

① ～ことにする ~하기로 하다

①～ことにする는 '~하기로 하다'라는 뜻으로, 자신의 의지로 어떤 행동을 하겠다고 결정했음을 나타낼 때 사용한다.

- **卒業後(そつぎょうご)は地元(じもと)に戻る(もど)ことにする。**
  졸업 후에는 고향으로 돌아가기로 하다.
- **家賃(やちん)が安(やす)い家(いえ)に引(ひ)っ越(こ)すことにした。**
  집세가 싼 집으로 이사하기로 했다.
- **進学(しんがく)はしないことにしました。**
  진학은 하지 않기로 했습니다.

② ～ようにする ~하도록 하다

②～ようにする는 '~하도록 하다'라는 뜻으로, 의식적으로 어떤 행동을 하고자 함을 나타낼 때 사용한다. 그 행동을 하기 위해 노력하거나 주의를 기울이고 있다는 뉘앙스를 가진다.

- **11時(じ)には寝(ね)るようにする。**
  11시에는 자도록 하다.
- **空(あ)き家(や)を改装(かいそう)して暮(く)らせるようにした。**
  빈 집을 리모델링해서 살 수 있도록 했다.
- **無駄遣(むだづか)いはしないようにします。**
  낭비는 하지 않도록 합니다.

실력 PLUS

① **～ことにする** 앞에 **～ない**를 붙이면 '~하지 않기로 하다'라는 뜻이 된다. 동사 **ない**형에 접속한다.

② **～ようにする** 앞에 **～ない**를 붙이면 '~하지 않도록 하다'라는 뜻이 된다. 동사 **ない**형에 접속한다.

[어휘]
卒業 [そつぎょう] [명] 졸업
地元 [じもと] [명] 고향
家賃 [やちん] [명] 집세
空き家 [あきや] [명] 빈 집
改装 [かいそう] [명] 리모델링, 개장
暮らす [くらす] [동] 살다
無駄遣い [むだづかい] [명] 낭비

바로 체크 문장 작문하기

1. 회사를 그만두기로 했습니다. (会社(かいしゃ), やめる)
= ______________________

2. 애매한 것은 조사하도록 합니다. (あいまいだ, こと, 調(しら)べる)
= ______________________

정답 및 해설 p.360

포인트 04 ~ことになる와 ~ようになる의 용법

동사 기본형

入院する + ① ことになる → 入院することになる
입원하다   하게 되다   입원하게 되다

しゃべる + ② ようになる → しゃべるようになる
말하다   하게 되다   말하게 되다

① ～ことになる ~하게 되다

①～ことになる는 '~하게 되다'라는 뜻으로, 자연스럽게 어떻게 하기로 ②결정 또는 합의됨을 나타낼 때 사용한다.

· 来週から入院することになる。 다음 주부터 입원하게 되다.

· 同級生と集まることになった。 동급생과 모이게 되었다.

· 中国に出張することになりました。 중국에 출장하게 되었습니다.

② ～ようになる ~하게 되다

～ようになる는 '~하게 되다'라는 뜻으로, 상황이나 상태가 변화함을 나타낼 때 사용한다. 동사 가능형과 연결해 '~할 수 있게 되다'라는 뜻을 나타낼 수도 있다.

· 子供がしゃべるようになる。 아이가 말하게 되다.

· 最近、自炊するようになりました。 최근, 자취하게 되었습니다.

· 自転車に乗れるようになった。 자전거를 탈 수 있게 되었다.

실력 PLUS

① ～ことになる 앞에 ～ない를 붙이면 '~하지 않게 되다'라는 뜻이 된다. 동사 ない형에 접속한다.

② 결정 사항이 자신의 의지에 의한 것임을 완곡하게 표현할 때도 ～ことになる를 사용할 수 있다.
예 転職することになりました。
이직하게 되었습니다.

어휘

同級生 [どうきゅうせい] 명 동급생
集まる [あつまる] 동1 모이다
しゃべる 동1 말하다
最近 [さいきん] 명 최근
自炊 [じすい] 명 자취, 손수 밥을 지음

바로 체크 문장 작문하기

1. 점포를 늘리게 되었습니다.
(店舗, 増やす)

= _____

2. 요즘은 현금보다 카드를 사용하게 되었다.
(最近, 現金, カード, 使う,)

= _____

정답 및 해설 p.360

동사 기본형				
う **受ける** 받다	**+**	① **ことになっている** 하기로 되어 있다	**→**	う **受けることになっている** 받기로 되어 있다
ほう こく **報告する** 보고하다	**+**	② **ことだ** 해야 한다	**→**	ほう こく **報告することだ** 보고해야 한다

① **~ことになっている** ~하기로 되어 있다

①~ことになっている는 '~하기로 되어 있다'라는 뜻으로, 약속이나 일정, 사회적 관례, 법률 등 지켜야 할 규칙에 대해 설명할 때 사용한다.

· けんしゅう う
研修を受けることになっている。
연수를 받기로 되어 있다.

· きゃく くうこう で むか
客を空港に出迎えることになっていた。
손님을 공항으로 마중 나가기로 되어 있었다.

· ぶんべつ だ
ごみは分別して出すことになっています。
쓰레기는 분리해서 내기로 되어 있습니다.

② **~ことだ** ~해야 한다

②~ことだ는 '~해야 한다'라는 뜻으로, 어떻게 하는 것이 좋은지 조언하거나 충고할 때 사용한다.

· じょう し ほうこく
トラブルは上司に報告することだ。
트러블은 상사에게 보고해야 한다.

· ひと しん
人をすぐに信じないことだ。
사람을 금방 믿지 않아야 한다.

· し ごと はや へんしん
仕事のメールには早く返信することです。
업무 이메일에는 빨리 답장해야 합니다.

실력 PLUS

① ~ことになっている 앞에 ~ない를 붙이면 '~하지 않기로 되어 있다'라는 뜻이 된다. 동사 ない형에 접속한다.

② ~ことだ 앞에 ~ない를 붙이면 '~하지 않아야 한다'라는 뜻이 된다. 동사 ない형에 접속한다.

어휘

研修 [けんしゅう] 몡 연수
出迎える [でむかえる] 동2 마중 나가다
ごみ 몡 쓰레기
分別 [ぶんべつ] 몡 분리
トラブル 몡 트러블
上司 [じょうし] 몡 상사
返信 [へんしん] 몡 답장
信じる [しんじる] 동2 믿다

바로 체크 문장 작문하기

1. 금붕어 돌보기는 아들이 하기로 되어 있다. (金魚, 世話, 息子)

= _____

2. 약을 먹고 쉬어야 합니다. (薬, 飲む, 休む)

= _____

정답 및 해설 p.360

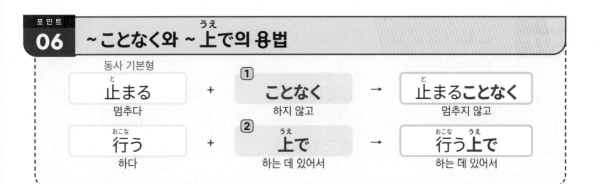

1 ~ことなく ~하지 않고

①~ことなく는 '~하지 않고'라는 뜻으로, 직역하면 '~하는 일 없이'이다. 어떤 행동을 하지 않은 상태를 나타낼 때 사용한다. 일상 회화보다는 글로 쓸 때 자주 사용한다.

· その工場は止まることなく稼働する。
그 공장은 멈추지 않고 가동한다.

· 人に相談することなく決める。
남에게 상담하지 않고 결정한다.

· ローンを借りることなく家を購入した。
대출을 받지 않고 집을 구입했다.

2 ~上で ~하는 데 있어서

~上で는 '~하는 데 있어서'라는 뜻으로, 어떤 행동을 할 때 주의해야 할 점에 대해 말할 때 사용한다.

· 業務を行う上でPCスキルは欠かせない。
업무를 하는 데 있어서 컴퓨터 스킬은 빠뜨릴 수 없다.

· 睡眠は健康を保つ上で肝心です。
수면은 건강을 유지하는 데 있어서 가장 중요합니다.

· 友人関係を続ける上で信頼が重要だ。
친구 관계를 계속하는 데 있어서 신뢰가 중요하다.

실력 PLUS

① ~こと 뒤에 ~も(~도)를 넣은, ~こともなく(~하지도 않고)라는 표현도 자주 사용된다.

어휘
工場 [こうじょう] 몡 공장
稼働 [かどう] 몡 가동
ローン 몡 대출
購入 [こうにゅう] 몡 구입
睡眠 [すいみん] 몡 수면
保つ [たもつ] 됭1 유지하다
肝心だ [かんじんだ] な형 가장 중요하다
続ける [つづける] 됭2 계속하다
信頼 [しんらい] 몡 신뢰

바로 체크 **문장 작문하기**

1. 학원에 다니지 않고 공부한다.
(塾, 通う, 勉強)

= _____

2. 상품을 고르는 데 있어서 가격은 중요한 요소입니다.
(商品, 選ぶ, 値段, 重要だ, 要素)

= _____

정답 및 해설 p.360

~ことはないと ~までもないの 용법

동사 기본형

緊張する	+	① ことはない	→	緊張することはない
긴장하다		할 필요는 없다		긴장할 필요는 없다

頼む	+	② までもない	→	頼むまでもない
부탁하다		할 것도 없다		부탁할 것도 없다

① ~ことはない ~할 필요는 없다

~ことはない는 '~할 필요는 없다'라는 뜻으로, 직역하면 '~할 것은 없다'이다. 그렇게 할 필요가 없다며 상대에게 조언이나 격려, 충고할 때 사용한다.

· そんなに緊張することはない。 그렇게 긴장할 필요는 없다.

· 失敗を恐れることはない。 실패를 두려워할 필요는 없다.

· あなたが謝ることはないですよ。 당신이 사과할 필요는 없어요.

② ~までもない ~할 것도 없다

~までもない는 '~할 것도 없다'라는 뜻으로, 너무 당연하거나 사소한 일이라 굳이 그렇게까지 할 필요가 없음을 나타낼 때 사용한다.

· 業者に頼むまでもない。 업자에게 부탁할 것도 없다.

· ばんそうこうを貼るまでもなかった。 반창고를 붙일 것도 없었다.

· 説明書を読むまでもないです。 설명서를 읽을 것도 없습니다.

실력 PLUS

어휘

そんなに 그렇게

恐れる [おそれる] 동2 두려워하다

業者 [ぎょうしゃ] 명 업자

ばんそうこう 명 반창고

説明書 [せつめいしょ] 명 설명서

바로 체크 **문장 작문하기**

1. 혼자서 고민할 필요는 없습니다. (一人, 悩む)

   = _____

2. 그 그림의 매력은 설명할 것도 없다. (絵, 魅力, 説明)

   = _____

정답 및 해설 p.360

~ところだ와 ~つもりだ의 용법

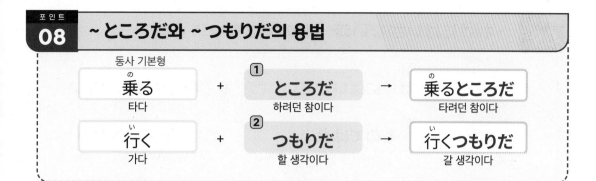

동사 기본형

乗る → 타다 + ① ところだ → 하려던 참이다 → 乗るところだ → 타려던 참이다

行く → 가다 + ② つもりだ → 할 생각이다 → 行くつもりだ → 갈 생각이다

---

① ～ところだ ~하려던 참이다

①~ところだ는 '~하려던 참이다'라는 뜻으로, 지금 막 어떤 행동을 하기 직전이었음을 나타낼 때 사용한다.

· 今から電車に乗るところだ。　　지금부터 전철에 타려던 참이다.

· ちょうど会社を出るところだった。　　마침 회사를 나오려던 참이었다.

· 映画が始まるところです。　　영화가 시작되려던 참입니다.

② ～つもりだ ~할 생각이다

②~つもりだ는 '~할 생각이다'라는 뜻으로, 어떤 행동을 하겠다는 의지나 의도를 나타낼 때 사용한다.

· シンガポールに行くつもりだ。
  싱가포르에 갈 생각이다.

· 先月でアルバイトをやめるつもりだった。
  저번 달로 아르바이트를 그만둘 생각이었다.

· 昼食はうどんにするつもりです。
  점심은 우동으로 할 생각입니다.

실력 PLUS

① ~ところだ는 今(지금), ちょうど (마침), これから(이제부터)와 자주 함께 사용된다.

② ~つもりだ 앞에 ~ない를 붙이면 '~하지 않을 생각이다'라는 뜻이 된다. 동사 ない형에 접속한다.

어휘
先月 [せんげつ] 평 저번 달
昼食 [ちゅうしょく] 평 점심

바로 체크 **문장 작문하기**

1. 비행기에 올라 타려던 참입니다. (飛行機, 乗り込む)

= _____

2. 워홀로 캐나다에 갈 생각이었다. (ワーホリ, カナダ, 行く)

= _____

정답 및 해설 p.360

~わけにはいかない와 ~ものではない의 용법

동사 기본형

断る
거절하다
+
① わけにはいかない
할 수는 없다
→
断るわけにはいかない
거절할 수는 없다

だます
속이다
+
② ものではない
해서는 안 된다
→
だますものではない
속여서는 안 된다

---

① **～わけにはいかない** ~할 수는 없다

①~わけにはいかない는 '~할 수는 없다'라는 뜻으로, 어떤 행동을 할 수 없음을 나타낼 때 사용한다. 도의적인 이유나 개인적인 경험상 그렇게 해서는 안 되기에 하지 못한다는 뉘앙스를 가진다.

· 誘いを断るわけにはいかない。
  권유를 거절할 수는 없다.

· このチャンスを逃すわけにはいかなかった。
  이 기회를 놓칠 수는 없었다.

· 試験の日に休むわけにはいきません。
  시험 날에 쉴 수는 없습니다.

② **～ものではない** ~해서는 안 된다

②~ものではない는 '~해서는 안 된다'라는 뜻으로, 어떤 행동을 해서는 안 된다고 충고할 때 사용한다.

· 人をだますものではない。
  사람을 속여서는 안 된다.

· 公共の場所でさわぐものではない。
  공공 장소에서 떠들어서는 안 된다.

· 他人にばかり頼るものではありません。
  남에게만 의지해서는 안 됩니다.

실력PLUS

① ~わけにはいかない 앞에 ~ない를 붙이면 '~하지 않을 수는 없다'라는 뜻이 된다. 동사 ない형에 접속한다.

② ~ものではない를 일상 회화에서는 보통 ~もんじゃない라고 말한다. ~もん은 ~もの, ~じゃない는 ~ではない의 준말이다.

[어휘]
誘い [さそい] 몡 권유
断る [ことわる] 동1 거절하다
チャンス 몡 기회
だます 동1 속이다
公共 [こうきょう] 몡 공공
さわぐ 동1 떠들다

바로 체크 문장 작문하기

1. 회의에 늦을 수는 없습니다. (会議, 遅れる)

   = _____

2. 남에게 민폐를 끼쳐서는 안 된다. (人, 迷惑, かける)

   = _____

정답 및 해설 p.360

~一方で와 ~一方だ의 용법

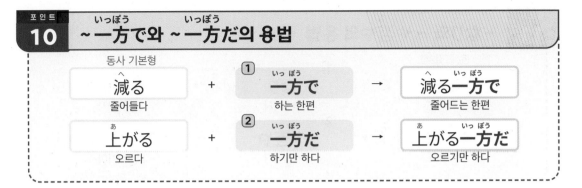

동사 기본형				
減る 줄어들다	+	① 一方で 하는 한편	→	減る一方で 줄어드는 한편
上がる 오르다	+	② 一方だ 하기만 하다	→	上がる一方だ 오르기만 하다

① **~一方で** ~하는 한편

~一方で는 '~하는 한편'이라는 뜻으로, 상반되는 일이 동시에 일어나고 있음을 나타낼 때 사용한다. 상반되는 일이 아닌 별도의 일이 병행되고 있음을 나타낼 때도 사용한다.

· 子供が減る一方で、高齢者は増える。
아이가 줄어드는 한편, 고령자는 늘어난다.

· 若者に人気がある一方で、大人は知らない。
청년에게 인기가 있는 한편, 어른은 모른다.

· 夫が料理を作る一方で、妻はテレビを見る。
남편이 요리를 만드는 한편, 아내는 텔레비전을 본다.

② **~一方だ** ~하기만 하다

~一方だ는 '~하기만 하다'라는 뜻으로, 어떤 상황이 점점 심해지는 것을 나타낼 때 사용한다. 주로 부정적인 상황에 대해 사용한다.

· 物価が上がる一方だ。　　　　　　물가가 오르기만 한다.

· 状況は悪化する一方だった。　　　상황은 악화하기만 했다.

· 国民の不満はつのる一方です。　　국민의 불만은 쌓이기만 합니다.

실력 PLUS

어휘
高齢者 [こうれいしゃ] 圏 고령자
若者 [わかもの] 圏 청년
物価 [ぶっか] 圏 물가
状況 [じょうきょう] 圏 상황
悪化 [あっか] 圏 악화
国民 [こくみん] 圏 국민
不満 [ふまん] 圏 불만
つのる 圏1 쌓이다

바로 체크　문장 작문하기

1. 성실한 학생이 있는 한편, 그렇지 않은 학생도 있다.
（まじめだ, 学生, いる, そうだ）

= _____

2. 체중이 증가하기만 합니다.
（体重, 増加）

= _____

정답 및 해설 p.360

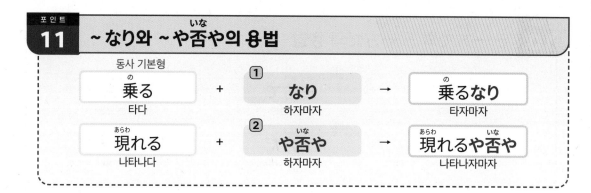

동사 기본형

| 乗る (타다) | + | ① なり (하자마자) | → | 乗るなり (타자마자) |
| 現れる (나타나다) | + | ② や否や (하자마자) | → | 現れるや否や (나타나자마자) |

---

① **~なり** ~하자마자

~なり는 '~하자마자'라는 뜻으로, 어떤 동작을 끝낸 직후의 시점을 나타낼 때 사용한다. 앞뒤 동작의 시간이 얼마 차이 나지 않을 때 사용한다.

· 電車に乗るなり、ドアが閉まった。
전철에 타자마자, 문이 닫혔다.

· 子供は犬を見るなり、かけよった。
아이는 개를 보자마자, 달려갔다.

· 彼がステージに上がるなり、声援が上がった。
그가 무대에 오르자마자, 응원의 소리가 올랐다.

② **~や否や** ~하자마자

~や否や는 '~하자마자'라는 뜻으로, 어떤 한 동작에 이어서 바로 다음 동작이 일어날 때 사용한다. 실제로는 동작을 끝낸 후 시간이 꽤 지났더라도 말하는 사람이 짧다고 생각하면 사용할 수 있다. 그리고, 앞의 동작을 기다리고 있었다는 듯이 뒤의 동작이 일어났다는 뉘앙스를 가진다.

· 社長が現れるや否や、皆立ち上がった。
사장님이 나타나자마자, 모두 일어섰다.

· 彼女は私を見つけるや否や、手を振った。
그녀는 나를 발견하자마자, 손을 흔들었다.

· チャイムが鳴るや否や、教室を出た。
종소리가 울리자마자, 교실을 나왔다.

실력 PLUS

어휘
かけよる 图1 달려가다
ステージ 图 무대
声援 [せいえん] 图 응원의 소리
現れる [あらわれる] 图2 나타나다
皆 [みな] 图 모두
立ち上がる [たちあがる] 图1 일어서다
振る [ふる] 图1 흔들다

바로 체크 문장 작문하기

1. 아버지는 이불에 들어가자마자, 잠에 들었다.
   (父, ふとん, 入る, 眠り, つく)

   = _____

2. 티켓은 발매되자마자, 매진되었다.
   (チケット, 発売, 売り切れる)

   = _____

정답 및 해설 p.360

실력 Up 연습문제 02 동사 기본형과 쓰이는 문형

1 질문에 답하기

(1) **A** この本、借りられますか。　이 책, 빌릴 수 있을까요?

　　B はい。でも、＿＿＿＿＿＿＿＿＿。(借りる, カード, 必要だ)　네, 하지만, 빌리려면 카드가 필요합니다.

(2) **A** 昨日の面接はうまくいきましたか。　어제 면접은 잘 봤어요?

　　B はい、＿＿＿＿＿＿＿＿＿。(緊張, 話す)　네, 긴장하지 않고 이야기할 수 있었습니다.

(3) **A** 今、どこですか。　지금 어디입니까?

　　B はい、＿＿＿＿＿＿＿＿＿。(今, 家, 出る)　네, 지금 집을 나가려던 참입니다.

2 대화 읽고 빈 칸 채우기

(1) **A** 「雨が止みませんね。」

　　B 「仕方ないです。ピクニックは諦める（　　）。」

　　① ようにしません　　　　② しかありません　　　　③ ようになりません

(2) **A** 「基礎の練習ばかりでつまらないよ。」

　　B 「スポーツを（　　）一番大切なことだから頑張ろう。」

　　① する上で　　　　　　　② するなり　　　　　　　③ する一方で

(3) **A** 「そんな汚い言葉を（　　）。」

　　B 「はい、気を付けます。」

　　① 使うものではありません　② 使うまでもありません　③ 使うつもりではありません

3 선택지 배열하고 ★에 들어갈 것 고르기

(1) 入学試験の成績が ＿＿＿ ★ ＿＿＿ できます。

　　① 受け取ることが　　　　② 良ければ　　　　　　③ 奨学金を

(2) 健康を考えて、たばこを ＿＿＿ ★ ＿＿＿ 。

　　① する　　　　　　　　　② やめる　　　　　　　③ ことに

03 동사 ます형과 쓰이는 문형

문형 중에는 동사 **ます**형과 쓸 수 있는 문형이 있다. **~ましょう**(~합니다), **~なさい**(~하세요)와 같은 동사 **ます**형과 쓰이는 문형의 용법과 접속 방법을 알아보자.

▲ MP3 바로 듣기

포인트 01 ~ましょう와 ~なさい의 용법

동사 ます형

降ります 내립니다	+	① ましょう 합시다	→	降りましょう 내립시다
起きます 일어납니다	+	② なさい 하세요	→	起きなさい 일어나세요

---

1 ～ましょう ~합시다

①~ましょう는 '~합시다'라는 뜻으로, 상대에게 어떤 행동을 하자고 권유할 때 사용한다.

- 次の駅で降りましょう。 　　다음 역에서 내립시다.
- 会議を始めましょう。 　　회의를 시작합시다.
- 少し休みましょう。 　　조금 쉽시다.

2 ～なさい ~하세요

～なさい는 '~하세요'라는 뜻으로, 상대에게 어떤 행동을 하도록 지시하거나 명령할 때 사용한다. '~해라'라는 뜻인 동사 명령형보다 부드러운 표현이다.

- 早く起きなさい。 　　빨리 일어나세요.
- 列に並びなさい。 　　줄을 서세요.
- 反省しなさい。 　　반성하세요.

실력 PLUS

① ~ましょう는 '~하자'라는 뜻을 나타내는 동사 의지형의 정중체이다.

어휘
降りる [おりる] 상2 내리다
列 [れつ] 명 줄
反省 [はんせい] 명 반성

바로 체크　문장 작문하기

1. 음료를 주문합시다. (飲み物, 注文)

= _____

2. 진로는 스스로 결정하세요. (進路, 自分で, 決める)

= _____

정답 및 해설 p.361

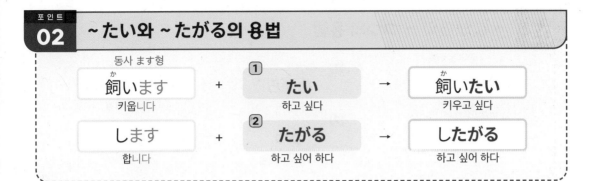

포인트 02 **~たい와 ~たがる의 용법**

동사 ます형				
飼(か)います 키웁니다	+	① たい 하고 싶다	→	飼(か)いたい 키우고 싶다
します 합니다	+	② たがる 하고 싶어 하다	→	したがる 하고 싶어 하다

---

① 〜たい ~하고 싶다

①〜たい는 '~하고 싶다'라는 뜻으로, 나 자신이나 대화 중인 상대가 하고 싶어하는 행동을 나타낼 때 사용한다. 대상을 강조하고 싶을 때 '~을 ~하고 싶다'의 '~을'을 〜を(~을)가 아닌 〜が(~가)로 바꾸어 사용하며, 타동사인 경우에도 〜が(~가)를 사용하는 경우가 많다.

- 犬(いぬ)が飼(か)いたい。　　　　　　　　개를 키우고 싶다.
- パーティーに参加(さんか)したかった。　　파티에 참가하고 싶었다.
- 東京(とうきょう)に住(す)みたいです。　　도쿄에 살고 싶습니다.

② 〜たがる ~하고 싶어 하다

〜たがる는 '~하고 싶어 하다'라는 뜻으로, 제3자가 하고 싶어 하는 행동을 나타낼 때 사용한다.

- 妹(いもうと)は私(わたし)のまねをしたがる。
  여동생은 나의 흉내를 내고 싶어 한다.
- 何(なん)でも自分(じぶん)でやりたがった。
  무엇이든지 스스로 하고 싶어 했다.
- 両親(りょうしん)は私(わたし)の友達(ともだち)に会(あ)いたがります。
  부모님은 나의 친구를 만나고 싶어 합니다.

실력 PLUS

① 〜たい는 손윗사람에게는 직접적으로 사용하지 않는다.
예 課長(かちょう)、何(なに)か買(か)いたいです
　　か。(X)
　　과장님, 무언가 사고 싶습니까?

어휘

参加 [さんか] 명 참가
まねをする 흉내를 내다
何でも [なんでも] 무엇이든지
自分で [じぶんで] 스스로
やる 동1 하다
会う [あう] 동1 만나다

바로 체크 문장 작문하기

1. (강조) 단 것을 먹고 싶습니다. (甘(あま)い, 物(もの), 食(た)べる)

= _____

2. 동료가 집에 오고 싶어 하다. (同僚(どうりょう), 家(いえ), 来(く)る)

= _____

정답 및 해설 p.361

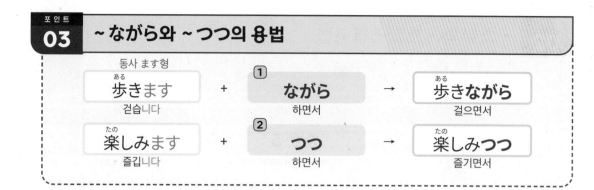

동사 ます형

歩きます + ① ながら → 歩きながら
걷습니다   하면서   걸으면서

楽しみます + ② つつ → 楽しみつつ
즐깁니다   하면서   즐기면서

1 ～ながら ~하면서

～ながら는 '~하면서'라는 뜻으로, 두 가지 동작이 동시에 진행되고 있음을 나타낼 때 사용한다.

· 歩きながらスマホを見る。 　　　걸으면서 스마트폰을 본다.

· 音楽を聞きながら運動する。 　　음악을 들으면서 운동한다.

· 友達とコーヒーを飲みながら話した。 　친구와 커피를 마시면서 이야기했다.

2 ～つつ ~하면서

～つつ는 '~하면서'라는 뜻으로, 두 가지 동작이 동시에 진행되고 있음을 나타낼 때 사용한다. ～ながら(~하면서)와 같은 뜻이지만 일상 회화에서 자주 사용되는 ～ながら와 달리, 글로 쓸 때 주로 사용되는 딱딱한 표현이다.

· 風景を楽しみつつドライブした。 　　풍경을 즐기면서 드라이브했다.

· 時間を計りつつ読解問題を解く。 　　시간을 재면서 독해 문제를 푼다.

· 振られるとわかりつつ告白した。 　　차인다고 알면서 고백했다.

실력 PLUS

어휘

風景 [ふうけい] 圀 풍경

楽しむ [たのしむ] 동I 즐기다

計る [はかる] 동I 재다

読解 [どっかい] 圀 독해

振る [ふる] 동I 차다

告白 [こくはく] 圀 고백

바로 체크 문장 작문하기

1. 아르바이트를 하면서 대학에 다닙니다.
   (アルバイト, 大学, 通う)

   = _____

2. 자신의 업무를 진행하면서 부하를 케어한다.
   (自分, 業務, 進める, 部下, ケア)

   = _____

정답 및 해설 p.361

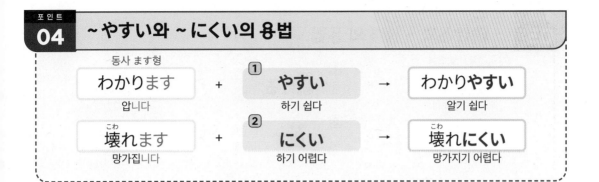

1 ～やすい ~하기 쉽다

～やすい는 '~하기 쉽다'라는 뜻으로, 어떤 일을 하는 것이 쉽고 간단하다는 것을 나타낼 때나 성격이나 경향상 어떤 상황이 되기 쉽다는 것을 나타낼 때 사용한다. 상황에 따라 '~하기 편하다'라고도 해석할 수 있다.

· 説明がわかりやすい。   설명이 알기 쉽다.
· この問題は間違いやすいです。   이 문제는 틀리기 쉽습니다.
· 北川さんは話しやすかった。   기타가와 씨는 이야기하기 편했다.

2 ～にくい ~하기 어렵다

～にくい는 '~하기 어렵다'라는 ①뜻으로, 어떤 일을 하는 것이 쉽지 않다는 것을 나타낼 때 사용한다. 물리적인 이유로 곤란한 경우에든 심리적인 이유로 곤란한 경우에든 사용할 수 있다.

· 水に強くて壊れにくい。   물에 강하고 망가지기 어렵다.
· ヒールが高くて歩きにくかった。   굽이 높아서 걷기 어려웠다.
· 梅雨は洗濯物が乾きにくいです。   장마는 세탁물이 마르기 어렵습니다.

실력 PLUS

① 뜻이 ～にくい와 비슷한 문형으로 ～がたい(~하기 어렵다)가 있다. ～がたい는 하려고 해도 할 수 없는 것을 말할 때, ～にくい는 하려고 하면 할 수 있지만 어려운 것을 말할 때 사용한다.

어휘
間違う [まちがう] 동1 틀리다
ヒール 명 굽
梅雨 [つゆ] 명 장마
洗濯物 [せんたくもの] 명 세탁물
乾く [かわく] 동1 마르다

---

1. 눈이 쌓여서, 미끄러지기 쉽다. (雪, 積もる, すべる)

= _____

2. 그는 과묵해서 다가가기 어려웠다. (彼, 無口だ, 近付く)

= _____

정답 및 해설 p.361

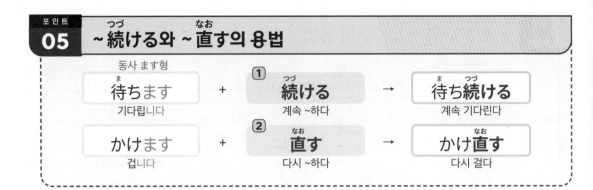

동사 ます형

待ちます 기다립니다 + ① 続ける 계속 ~하다 → 待ち続ける 계속 기다린다

かけます 겁니다 + ② 直す 다시 ~하다 → かけ直す 다시 걸다

---

1 **~続ける** 계속 ~하다

~続ける는 '계속 ~하다'라는 뜻으로, 어떤 행동이나 상태가 계속되는 것을 나타낼 때 사용한다. '계속하다'라는 의미의 동사인 続ける가 활용된 문형이다.

· 返事を待ち続ける。　　　　　　　　답장을 계속 기다린다.

· 60歳まで同じ会社で働き続けた。　　60세까지 같은 회사에서 계속 일했다.

· 宇宙について研究し続けます。　　　우주에 대해서 계속 연구합니다.

2 **~直す** 다시 ~하다

~直す는 '다시 ~하다'라는 뜻으로, 이전 행동의 결과가 좋지 않아 그 행동을 다시 함을 나타낼 때 사용한다. '고치다', '바로잡다'라는 의미의 동사인 直す가 활용된 문형이다.

· 後で電話をかけ直す。　　　　　　　나중에 전화를 다시 건다.

· 計算ミスがないか見直した。　　　　계산 실수가 없는지 다시 보았다.

· 正しい表現に言い直します。　　　　올바른 표현으로 다시 말합니다.

실력 PLUS

어휘
宇宙 [うちゅう] 몡 우주
後で [あとで] 나중에
計算 [けいさん] 몡 계산
正しい [ただしい] い형 올바르다
表現 [ひょうげん] 몡 표현

바로 체크 **문장 작문하기**

1. 합격할 때까지 시험을 계속 봅니다. (合格, 試験, 受ける)

   = _____

2. 안경을 다시 살 생각이다. (めがね, 買う, ~つもりだ)

   = _____

정답 및 해설 p.361

~始める와 ~出す의 용법

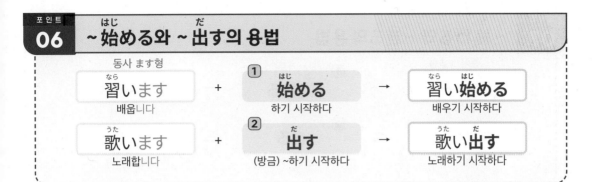

동사 ます형
習います
배웁니다

+

① 始める
하기 시작하다

→

習い始める
배우기 시작하다

歌います
노래합니다

+

② 出す
(방금) ~하기 시작하다

→

歌い出す
노래하기 시작하다

---

① **~始める** ~하기 시작하다

~始める는 '~하기 시작하다'라는 뜻으로, 어떤 일을 막 시작했음을 나타낼 때 사용한다. '시작하다'라는 의미의 동사인 始める가 활용된 문형이다.

· ピアノを習い始める。　　　피아노를 배우기 시작하다.

· 気温が下がり始めた。　　　기온이 내려가기 시작했다.

· 明日から祭りの準備をし始めます。　내일부터 축제 준비를 하기 시작합니다.

② **~出す** (방금) ~하기 시작하다

①~出す는 '(방금) ~하기 시작하다'는 뜻으로, 어떤 일이 막 시작되었음을 나타낼 때 사용한다. ~始める(~하기 시작하다)와 달리 예상치 못한 일이 갑작스럽게 일어났다는 뉘앙스를 가진다. 의지가 작용하지 않는 일에도 ~出す를 사용할 수 있다.

· 突然歌い出す。　　　갑자기 노래하기 시작하다.

· お笑い番組を見て笑い出した。　개그 방송을 보고 웃기 시작했다.

· 30分くらいで薬が効き出します。　30분 정도면 약이 효과가 들기 시작합니다.

실력 PLUS

①~出す는 突然(돌연), 急に(갑자기)와 같은 표현과 자주 사용된다. 보통 갑작스러운 일을 나타낼 때 사용되기 때문이다.

어휘

下がる [さがる] 图1 내려가다

準備 [じゅんび] 圏 준비

突然 [とつぜん] 囲 갑자기

お笑い番組 [おわらいばんぐみ] 圏 개그 방송

笑う [わらう] 图1 웃다

効く [きく] 图1 효과가 들다

바로 체크　문장 작문하기

1. 어제부터 일기를 쓰기 시작했다. (昨日, 日記, つける)

　= _____

2. 김 씨가 갑자기 울기 시작했다. (キムさん, 急に, 泣く)

　= _____

정답 및 해설 p.361

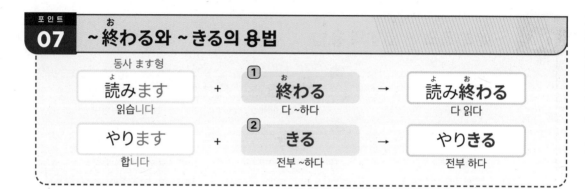

포인트 07

~終わる와 ~きる의 용법

동사 ます형		①		
読みます 읽습니다	+	終わる 다 ~하다	→	読み終わる 다 읽다
やります 합니다	+	② きる 전부 ~하다	→	やりきる 전부 하다

① ~終わる 다 ~하다

~終わる는 '다 ~하다'라는 뜻으로, 어떤 행동을 끝냈음을 나타낼 때 사용한다. '끝나다'라는 의미의 동사인 終わる가 활용된 문형이다.

- 小説を読み終わる。 소설을 다 읽다.
- みんなご飯を食べ終わりました。 모두 밥을 다 먹었습니다.
- 5分で化粧し終わった。 5분만에 다 화장했다.

② ~きる 전부 ~하다

①~きる는 '전부 ~하다'라는 뜻으로, 어떤 행동을 끝냈음을 나타낼 때 사용한다. 정해진 분량이 있는 행동을 전부 완전하게 끝낸다는 뉘앙스를 가진다.

- 仕事をやりきる。 일을 전부 하다.
- 練習の成果を出しきります。 연습 성과를 전부 발휘합니다.
- 頂上まで登りきれる。 정상까지 전부 오를 수 있다.

실력 PLUS

① **~きる**는 어떤 상태가 이보다 더 할 수 없음을 강조하기 위해서 사용하기도 한다. '상당히 ~하다', '강하게 ~하다'라는 뜻을 가진다.

[예] **私は意見を十分に言いきった。**
나는 의견을 충분히 강하게 말했다.

어휘

化粧 [けしょう] [명] 화장
練習 [れんしゅう] [명] 연습
成果 [せいか] [명] 성과
頂上 [ちょうじょう] [명] 정상

바로 체크 문장 작문하기

1. 개 산책을 다 했다. (犬, 散歩, する)
= ____________________

2. 매달 월급을 전부 쓴다. (毎月, 給料, 使う)
= ____________________

정답 및 해설 p.361

동사 ます형

食べます + ① きれない → 食べきれない
먹습니다   (다) ~할 수 없다   다 먹을 수 없다

倒産します + ② かねない → 倒産しかねない
도산합니다   할지도 모른다   도산할지도 모른다

1 ～きれない (다) ~할 수 없다

~きれない는 '(다) ~할 수 없다'라는 뜻으로, 어떤 동작을 완전히 해낼 수 없을 때 사용한다.

- 量が多くて食べきれない。 양이 많아서 다 먹을 수 없다.
- 旅行が楽しみで待ちきれなかった。 여행이 기대돼서 기다릴 수 없었다.
- 確実だとは言いきれません。 확실하다고는 말할 수 없습니다.

2 ～かねない ~할지도 모른다

~かねない는 '~할지도 모른다'라는 ①뜻으로, 어떤 일이 일어날 가능성에 대해서 이야기할 때 사용하며, 안 좋은 일에 대해서만 사용한다.

- 会社が倒産しかねない。 회사가 도산할지도 모른다.
- 体調を崩しかねない。 몸 상태를 해칠지도 모른다.
- 自信を失いかねません。 자신을 잃을지도 모릅니다.

실력 PLUS

① 뜻이 ~かねない와 비슷한 표현으로 ~かもしれない(~할지도 모른다)가 있다. ~かねない보다 일상 회화에서 자주 사용하는 표현이며 안 좋은 일뿐 아니라 모든 일에 사용할 수 있다.

어휘
量 [りょう] 몡 양
楽しみだ [たのしみだ] な형 기대되다
確実だ [かくじつだ] な형 확실하다
倒産 [とうさん] 몡 도산
崩す [くずす] 통1 (몸 상태를) 해치다
自信 [じしん] 몡 자신
失う [うしなう] 통1 잃다

바로 체크 문장 작문하기

1. 말로는 감사를 다 전할 수 없다. (言葉, 感謝, 伝える)

= _____

2. AI에게 인간의 일이 빼앗길지도 모른다. (人間, 仕事, うばう)

= _____

정답 및 해설 p.361

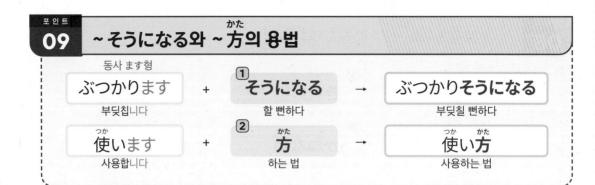

1 ～そうになる ~할 뻔하다

～そうになる는 '~할 뻔하다'라는 뜻으로, 어떤 상황이 일어나기 직전임을 나타낼 때 사용한다. 보통 ～そうになった(~할 뻔했다)와 같이 과거형으로 사용되며, 그런 상황이 일어나려고 했지만 일어나지 않았다는 사실을 나타낼 때 사용한다.

· 電柱にぶつかりそうになる。　　　　　전봇대에 부딪칠 뻔하다.

· バスに乗り遅れそうになった。　　　　버스를 놓칠 뻔했다.

· 船に酔って、吐きそうになりました。　배에서 멀미해서, 토할 뻔했습니다.

2 ～方 ~하는 법

①～方는 '~하는 법'이라는 뜻으로, 어떤 행동을 하는 방법을 나타낼 때 사용한다.

· 機械の使い方を説明する。　　　　　기계 사용하는 법을 설명하다.

· ダウンロードのやり方を調べました。　다운로드 하는 법을 조사했습니다.

· 水泳教室で泳ぎ方を習う。　　　　　수영 교실에서 헤엄치는 법을 배우다.

실력 PLUS

①～方는 '명사+する' 형태의 동사와 쓰이는 경우, '명사+の+し方'와 같이 명사와 し方 사이에 の를 넣어서 사용한다. 이때, し方는 한자로 仕方로 표기하는 경우가 많다.

예 勉強する → 勉強の仕方
　　공부하다 → 공부하는 방법

어휘

電柱 [でんちゅう] 명 전봇대
ぶつかる 동1 부딪치다
乗り遅れる [のりおくれる] 동2 놓치다
酔う [よう] 동1 멀미하다
吐く [はく] 동1 토하다
機械 [きかい] 명 기계
ダウンロード 명 다운로드

바로 체크 문장 작문하기

1. 아버지에게 거짓말이 들킬 뻔하다. (父さん, うそ, ばれる)

　= _____

2. 이 한자의 읽는 법이 생각나지 않는다. (漢字, 読む, 思い出す)

　= _____

정답 및 해설 p.362

회화 대비

1 질문에 답하기

(1) **A** 明日、7時に起こせる？ 내일 7시에 깨워줄 수 있어?

B ＿＿＿＿＿＿＿＿＿＿＿。(自分, 起きる) 스스로 일어나세요.

(2) **A** そのパソコンどう？ 그 컴퓨터 어때?

B うーん、＿＿＿＿＿＿＿＿＿。(使う, いまいちだ) 음, 사용하기 어려워서 별로야.

(3) **A** 小説、全部読んだ？ 소설, 다 읽었어?

B うん、＿＿＿＿＿＿＿＿＿。(もう, 読む) 응, 이제 다 읽었어.

JLPT/회화 대비

2 대화 읽고 빈 칸 채우기

(1) **A** 「夜遅いからテレビの音を下げよう。」
B 「うん。隣の家の迷惑に（　　）からね。」

① なり続けない　　　　　② なり始めない　　　　　③ なりかねない

(2) **A** 「部長、報告書の書き方が違ったので（　　）。」
B 「はい。後で確認しますね。」

① 書き出しました　　　② 書き直しました　　　③ 書ききりました

(3) **A** 「さあ、会議を（　　）。」
B 「はい。今日は商品のデザインについて話し合います。」

① 始めたがります　　　② 始めそうになります　　　③ 始めましょう

JLPT 대비

3 선택지 배열하고 ★에 들어갈 것 고르기

(1) 大学卒業後も仕事を見つけて ＿＿＿ ＿★＿ ＿＿＿。

① つもりです　　　　② 住み続ける　　　　③ 日本に

(2) このバッグは ＿＿＿ ＿★＿ ＿＿＿ ので、よく使う。

① にも　　　　② どんな服　　　　③ 合わせやすい

정답 및 해설 p.362

문형 중에는 동사 て형과 쓸 수 있는 문형이 있다. ～ている[~하고 있다], ～てある[~해 있다]와 같은 동사 て형과 쓰이는 문형의 용법과 접속 방법을 알아보자.

▲ MP3 바로 듣기

포인트 01 ～ている와 ～てある의 용법

동사 て형

| 話して 이야기하고 | + | ① いる 하고 있다 | → | 話している 이야기하고 있다 |
| 干して 널고 | + | ② ある 해 있다 | → | 干してある 널려 있다 |

---

1 ～ている ~하고 있다

～ている는 주로 '~하고 있다'라는 뜻으로, 지금 하고 있는 행동에 대해 나타낼 때 사용한다. '~해 있다'라는 뜻으로 현재 상태를 나타낼 때에도 사용할 수 있다.

· 電話で友達と話している。　　전화로 친구와 이야기하고 있다.

· 取引先に向かっています。　　거래처로 향하고 있습니다.

· レストランは閉まっていた。　　레스토랑은 닫혀 있었다.

2 ～てある ~해 있다

～てある는 '~해 있다'라는 뜻으로, ①현재 상태를 나타낼 때 사용한다. 단순히 현재 상태만을 나타내는 ～ている와 달리, 누군가가 어떤 의도를 가지고 행동해서 이러한 상태가 되었다는 뉘앙스를 가진다.

· ベランダに洗濯物が干してある。　　베란다에 세탁물이 널려 있다.

· テーブルに皿が並べてあります。　　테이블에 접시가 늘어놓아져 있습니다.

· 自転車が止めてあった。　　자전거가 세워져 있었다.

실력 PLUS

① 현재 상태를 나타낼 때 ～てある는 타동사와 사용되고 ～ている는 자동사와 사용된다.

예 開いている。 열려 있다.

　開けてある。 열려 있다.

어휘

取引先 [とりひきさき] 圀 거래처
干す [ほす] 동1 널다
皿 [さら] 圀 접시
止める [とめる] 동2 세우다

바로 체크　문장 작문하기

1. 언니가 거실에서 텔레비전을 보고 있다.
   (姉, 리빙, テレビ, 見る)

   = _____

2. 내일 강의의 예습은 돼 있다.
   (明日, 講義, 予習)

   = _____

정답 및 해설 p.362

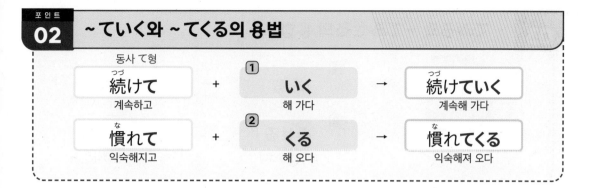

동사 て형

| 続けて | + | ① いく | → | 続けていく |
| 계속하고 | | 해 가다 | | 계속해 가다 |

| 慣れて | + | ② くる | → | 慣れてくる |
| 익숙해지고 | | 해 오다 | | 익숙해져 오다 |

① **~ていく** ~해 가다

①~ていく는 '~해 가다'라는 뜻으로, 현재에서 미래로 어떤 동작이 진행되거나 상태가 변화하는 것을 나타낼 때 사용한다. 그 외에도, 어떻게 이동하는지 나타낼 때, 어떠한 행위를 하고 이동할 때에도 사용한다.

· 日本語の勉強を続けていく。
일본어 공부를 계속해 가다.

· 次の世代に伝統文化を伝えていきます。
다음 세대에 전통문화를 전해가겠습니다.

· 友達の家にケーキを買っていった。
친구 집에 케이크를 사 갔다.

② **~てくる** ~해 오다

②~てくる는 '~해 오다'라는 뜻으로, 과거에서 현재까지 어떤 동작이 진행되어 오고 있음을 나타낼 때 사용한다. 또한, 어떻게 이동하는지, 어떤 행위를 하고 오는지 나타낼 때에도 사용하며, '~하기 시작하다'라는 뜻으로 어떠한 변화가 시작됨을 나타낼 때에도 사용할 수 있다.

· 新しい仕事に慣れてくる。
새로운 일에 익숙해져 오다.

· 幸せな人生を過ごしてきた。
행복한 인생을 보내 왔다.

· 海の向こうから太陽が昇ってきた。
바다 건너편에서 태양이 떠오르기 시작했다.

실력 PLUS

① ~ていく는 ~て行く와 같이 한자로는 잘 표기하지 않는다. 단, ~ていく가 이동과 관련된 내용으로 사용되는 경우, ~て行く와 같이 한자로 표기하기도 한다.

② ~てくる는 ~て来る와 같이 한자로는 잘 표기하지 않는다. 단, ~てくる가 이동과 관련된 내용으로 사용되는 경우, ~て来る와 같이 한자로 표기하기도 한다.

어휘
世代 [せだい] 명 세대
伝統 [でんとう] 명 전통
人生 [じんせい] 명 인생

바로 체크 문장 작문하기

1. 퍼즐을 완성시켜간다. (パズル, 完成)

= _____

2. 숙제를 해 왔다. (宿題)

= _____

정답 및 해설 p.362

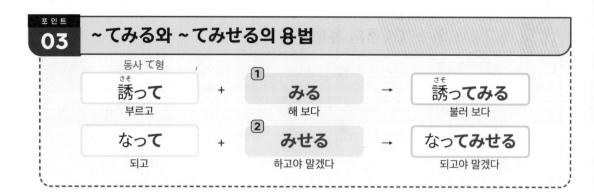

동사 て형

| 誘って | + | ① **みる** | → | 誘っ**てみる** |
부르고 | | 해 보다 | | 불러 보다

| なって | + | ② **みせる** | → | なっ**てみせる** |
되고 | | 하고야 말겠다 | | 되고야 말겠다

① **~てみる** ~해 보다

①~てみる는 '~해 보다'라는 뜻으로, 어떤 것을 시험 삼아 하는 것을 나타낼 때 사용한다.

· パクさんもパーティーに誘ってみる。　　박 씨도 파티에 불러 본다.

· ハイヒールを履いてみた。　　하이힐을 신어 봤다.

· 会議で新しい企画を提案してみます。　　회의에서 새로운 기획을 제안해 봅니다.

② **~てみせる** ~하고야 말겠다

~てみせる는 주로 '~하고야 말겠다'라는 뜻으로, 말하는 사람의 강한 의지를 나타낼 때 사용한다. '~해 보이다'라는 뜻으로 어떤 동작을 시범으로 보여줄 때에도 사용할 수 있다.

· 将来は弁護士になってみせる。　　장래에는 변호사가 되고야 말겠다.

· 次の試合はゴールを決めてみせる。　　다음 시합은 골을 성공시키고야 말겠다.

· 黒板に正しい漢字を書いてみせる。　　칠판에 올바른 한자를 써 보이다.

실력 PLUS

①~てみる는 ~て見る와 같이 한 자로는 잘 표기하지 않는다.

어휘
誘う [さそう] (동1) 부르다, 권유하다
履く [はく] (동1) 신다
企画 [きかく] (명) 기획
提案 [ていあん] (명) 제안
将来 [しょうらい] (명) 장래
弁護士 [べんごし] (명) 변호사
決める [きめる] (동2) (골을) 성공시키다
黒板 [こくばん] (명) 칠판

바로 체크 문장 작문하기

1. 머리카락을 잘라, 이미지를 바꿔 보았다.
   (髪, 切る, イメージ, 変える)

   = _____

2. 저 대학에 합격하고야 말겠다.
   (大学, 合格)

   = _____

정답 및 해설 p.362

～ておく와 ～てしまう의 용법

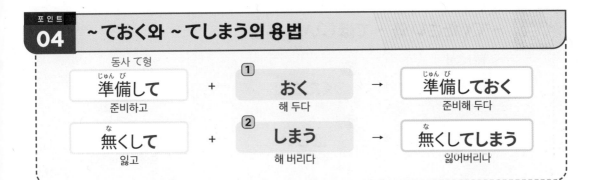

동사 て형

| 準備して
준비하고 | + | ① おく
해 두다 | → | 準備しておく
준비해 두다 |

| 無くして
잃고 | + | ② しまう
해 버리다 | → | 無くしてしまう
잃어버리나 |

1 ～ておく ~해 두다

①～ておく는 '~해 두다'라는 뜻으로, 어떤 행동을 끝내고 그 결과를 그대로 남겨 두거나 미래를 위해 어떤 것을 준비함을 나타낼 때 사용한다.

· プレゼントを準備しておく。 　　　　　　선물을 준비해 두다.

· ビールを冷蔵庫で冷やしておいた。 　　　맥주를 냉장고에서 차게 해 두었다.

· 代金は私がまとめて払っておきますね。 　대금은 제가 모아서 지불해 둘게요.

2 ～てしまう ~해 버리다

②～てしまう는 '~해 버리다'라는 뜻으로, 어떤 행동이 끝나거나 어떤 상태가 되었음을 나타낼 때 사용한다. 상황에 따라 아쉬움이나 후회, 곤란함의 뉘앙스를 가지기도 한다.

· 学生証を無くしてしまう。 　　　　　　　학생증을 잃어버리다.

· 公園の桜がもうすぐ散ってしまいます。 　공원의 벚꽃이 이제 곧 져 버립니다.

· スープを服にこぼしてしまった。 　　　　스프를 옷에 흘려 버렸다.

실력 PLUS

① ～ておく는 ～て置く와 같이 한자로는 잘 표기하지 않으며, 일상 회화에서는 ～とく로 줄여 말하기도 한다.

② ～てしまう는 일상 회화에서는 ～ちゃう로 줄여 말하기도 한다.

어휘

冷蔵庫 [れいぞうこ] 몡 냉장고
冷やす [ひやす] 동1 차게 하다, 식히다
代金 [だいきん] 몡 대금
学生証 [がくせいしょう] 몡 학생증
無くす [なくす] 동1 잃다
散る [ちる] 동1 지다
こぼす 동1 흘리다

바로 체크 　문장 작문하기

1. 인터넷에서 화장품을 주문해 두다. (ネット, 化粧品, 頼む)

= _____

2. 길에서 넘어져 버렸다. (道, 転ぶ)

= _____

정답 및 해설 p.362

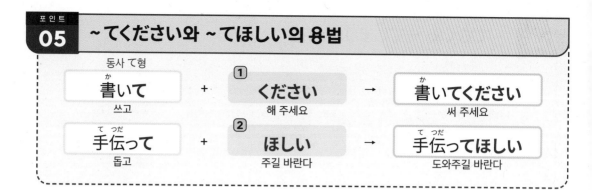

포인트 05

~てください와 ~てほしい의 용법

동사 て형				
書(か)いて 쓰고	+	① ください 해 주세요	→	書(か)いてください 써 주세요
手伝(てつだ)って 돕고	+	② ほしい 주길 바란다	→	手伝(てつだ)ってほしい 도와주길 바란다

① ～てください ~해 주세요

[①]～てください는 '~해 주세요'라는 뜻으로, 상대에게 어떤 행동을 요청, 지시, 명령할 때 사용한다.

- こちらに名前(なまえ)を書(か)いてください。 이쪽에 이름을 써 주세요.
- 資料(しりょう)をコピーしてください。 자료를 복사해 주세요.
- 部屋(へや)を片付(かたづ)けてください。 방을 정리해 주세요.

② ～てほしい ~하길 바라다

[②]～てほしい는 '~하길 바라다'라는 뜻으로, 다른 사람이 어떻게 해 주기를 희망할 때 사용한다. 해 주길 바라는 사람은 주로 조사 ～に를 사용하여 나타낸다.

- 家事(かじ)を手伝(てつだ)ってほしい。 집안일을 도와주길 바란다.
- たまには連絡(れんらく)してほしいです。 가끔은 연락해 주길 바랍니다.
- 祖母(そぼ)には長生(ながい)きしてほしかった。 할머니가 장수하길 바랐다.

실력 PLUS

① ～てください 앞에 ～ないで를 붙이면 '~하지 말아주세요'라는 뜻이 된다. 동사 ない형에 접속한다.

② ～てほしい의 부정형으로 ～ないでほしい와 ～てほしくない가 있다. 모두 '~하지 않으면 좋겠다'라는 뜻이지만, ～ないでほしい는 대화 중인 상대에 대한 바람을 나타낼 때 사용하고, ～てほしくない는 대상이 누구이든 사용할 수 있다.

[어휘]
家事 [かじ] [명] 집안일
手伝う [てつだう] [동1] 돕다
たまに [부] 가끔
連絡 [れんらく] [명] 연락
長生き [ながいき] [명] 장수

바로 체크 문장 작문하기

1. 리포트는 금요일까지 내 주세요. (レポート, 金曜日(きんようび), 出(だ)す)
= ____________________

2. 개인 정보는 삭제하길 바란다. (個人情報(こじんじょうほう), 削除(さくじょ))
= ____________________

정답 및 해설 p.362

포인트 06 ~てもいい와 ~てもかまわない의 용법

동사 て형				
失敗(しっぱい)して 실패하고	+	[1] もいい 해도 된다	→	失敗(しっぱい)してもいい 실패해도 된다
撮(と)って 찍고	+	[2] もかまわない 해도 상관없다	→	撮(と)ってもかまわない 찍어도 상관없다

[1] ～てもいい ~해도 된다

①～てもいい는 '~해도 된다라는 뜻으로, 어떤 행동을 허락할 때 사용한다. ～も를 떼고 ～ていい라고 말할 수도 있다.

・はじめてだから失敗(しっぱい)してもいい。 처음이니까 실패해도 된다.

・一日(いちにち)ぐらい休(やす)んでもよかったのに。 하루 정도는 쉬어도 됐는데.

・ここに車(くるま)を止(と)めてもいいです。 여기에 차를 세워도 됩니다.

[2] ～てもかまわない ~해도 상관없다

②～てもかまわない는 '~해도 상관없다'라는 뜻으로, 어떤 행동을 허락할 때 사용한다. ～てもいい(~해도 된다)와 바꿔 사용할 수 있다.

・コンサートで写真(しゃしん)を撮(と)ってもかまわない。
콘서트에서 사진을 찍어도 상관없다.

・テストに辞書(じしょ)を持(も)ち込(こ)んでもかまわなかった。
시험에 사전을 가지고 들어가도 상관없었다.

・考(かんが)え方(かた)が周(まわ)りと違(ちが)ってもかまいません。
생각하는 법이 주변과 달라도 상관없습니다.

실력 PLUS

① **～てもいい** 앞에 **～なく**를 붙이면 '~하지 않아도 된다'라는 뜻이 된다. 동사 **ない형**에 접속한다.

② **～てもかまわない** 앞에 **～なく**를 붙이면 '~하지 않아도 상관없다'라는 뜻이 된다. 동사 **ない형**에 접속한다.

[어휘]
はじめて [부] 처음(으로)
テスト [명] 시험
辞書 [じしょ] [명] 사전
持ち込む [もちこむ] [동1] 가지고 들어가다
周り [まわり] [명] 주변

바로 체크 문장 작문하기

1. 글짓기에는 무엇을 써도 됩니다. (作文(さくぶん), 何(なに), 書(か)く)
= ______________________

2. 연필로 기입해도 상관없습니다. (えんぴつ, 記入(きにゅう))
= ______________________

정답 및 해설 p.363

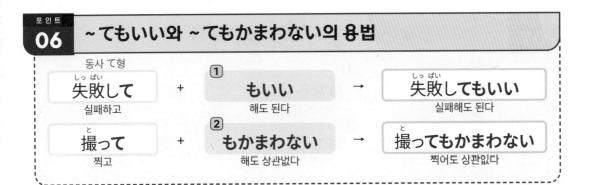

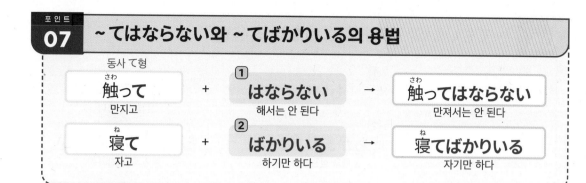

1 **~てはならない** ~해서는 안 된다

① ~てはならない는 '~해서는 안 된다'라는 뜻으로, 어떤 행동을 금지하는 내용을 나타낼 때 사용한다. 주로 법률이나 사회 규범 등 일반적으로 지켜야 하는 규칙에 대해 말할 때 사용한다.

- 展示作品に触ってはならない。　　　전시 작품을 만져서는 안 된다.
- 校内でたばこを吸ってはならなかった。　교내에서 담배를 피워서는 안 되었다.
- 列に割り込んではなりません。　　　줄에 끼어 들어서는 안 됩니다.

2 **~てばかりいる** ~하기만 하다

~てばかりいる는 '~하기만 하다'라는 뜻으로, 계속 같은 행동만 반복하거나 항상 똑같은 상태임을 나타낼 때 사용한다. 부정적인 상황을 비판하는 뉘앙스를 가진다.

- 休みの日は寝てばかりいる。　　　쉬는 날은 자기만 한다.
- 会社で怒られてばかりいる。　　　회사에서 혼나기만 한다.
- 兄とはけんかしてばかりいます。　형과는 싸우기만 합니다.

실력PLUS

① ~てはならない와 비슷한 뜻의 문형으로 ~てはいけない(~해서는 안 된다)가 있다. ~てはならない와 달리 개인적인 이유로 행동을 금지할 때 사용한다.

어휘
展示 [てんじ] 圏 전시
作品 [さくひん] 圏 작품
校内 [こうない] 圏 교내
吸う [すう] 图1 (담배를) 피우다
割り込む [わりこむ] 图1 끼어 들다
休み [やすみ] 圏 쉼
けんかする 싸우다

바로 체크 **문장 작문하기**

1. 일본에서는 전철 내에서 통화해서는 안 된다.
   (日本, 電車, ~内, 通話)
   = _____

2. 아들은 놀기만 한다.
   (息子, 遊ぶ)
   = _____

정답 및 해설 p.363

동사 て형

| 止まって 멈추고 | + | ① から 하고 나서 | → | 止まってから 멈추고 나서 |
| 卒業して 졸업하고 | + | ② 以来 한 이후로 | → | 卒業して以来 졸업한 이후로 |

① **~てから** ~하고 나서

~てから는 '~하고 나서'라는 뜻으로, 행동의 전후 관계를 나타낼 때 사용한다.

・バスが止まってから動いてください。　　버스가 멈추고 나서 움직여 주세요.

・靴を脱いでから室内に入る。　　신발을 벗고 나서 실내에 들어간다.

・メニューを注文してから席についた。　　메뉴를 주문하고 나서 자리에 앉았다.

② **~て以来** ~한 이후로

①~て以来는 '~한 이후로'라는 뜻으로, 과거의 어떠한 사건 이후로 지금까지 어떤 상태가 지속되고 있음을 나타낼 때 사용한다. '이후'라는 의미의 명사인 以来가 활용된 문형이다.

・卒業して以来、先生に会っていない。
졸업한 이후로, 선생님과 만나지 않고 있다.

・あの試合を見て以来、ラグビーのファンだ。
저 시합을 본 이후로, 럭비의 팬이다.

・彼とは大学で出会って以来、ずっと仲がいい。
그와는 대학에서 만난 이후로, 쭉 사이가 좋다.

실력 PLUS

① ~て以来는 오늘 아침, 오늘 저녁 등 가까운 과거에는 사용할 수 없다.

어휘
動く [うごく] 동1 움직이다
室内 [しつない] 명 실내
つく 동1 (자리에) 앉다
出会う [であう] 동1 만나다
仲 [なか] 명 사이

바로 체크　문장 작문하기

1. 몸을 씻고 나서 온천에 들어가자.
(体, 洗う, 温泉, 入る)

= _____

2. 입학한 이후로, 한 번도 결석하지 않았다.
(入学, 一度, 欠席, ~ている)

= _____

정답 및 해설 p.363

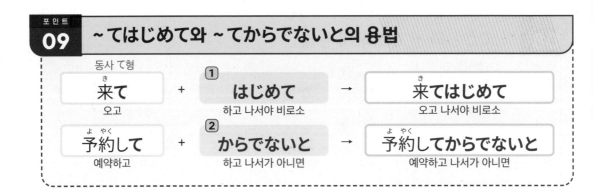

동사 て형

| 来て 오고 | + | ① はじめて 하고 나서야 비로소 | → | 来てはじめて 오고 나서야 비로소 |

| 予約して 예약하고 | + | ② からでないと 하고 나서가 아니면 | → | 予約してからでないと 예약하고 나서가 아니면 |

---

① ~てはじめて ~하고 나서야 비로소

~てはじめて는 '~하고 나서야 비로소'라는 뜻으로, 어떤 일이 있은 후 깨닫거나 알게 된 것에 대하여 이야기할 때 사용한다.

- 東京に来てはじめて満員電車を体験した。
  도쿄에 오고 나서야 비로소 만원 전철을 체험했다.

- 上司に指摘されてはじめてミスに気付いた。
  상사에게 지적 받고 나서야 비로소 실수를 깨달았다.

- 知識は行動に移してはじめて意味がある。
  지식은 행동에 옮기고 나서야 비로소 의미가 있다.

② ~てからでないと ~하고 나서가 아니면

~てからでないと는 '~하고 나서가 아니면'이라는 뜻으로, 어떤 행동을 하기 위해 필요한 조건을 나타낼 때 사용한다. '~하고 나서'라는 의미의 문형인 ~てから가 활용된 문형이다.

- 飛行機は予約してからでないと乗れない。
  비행기는 예약하고 나서가 아니면 탈 수 없다.

- 理由を聞いてからでないと納得できない。
  이유를 듣고 나서가 아니면 납득할 수 없다.

- 会員登録してからでないと買えません。
  회원 등록하고 나서가 아니면 살 수 없습니다.

실력 PLUS

어휘
体験 [たいけん] 閱 체험
指摘 [してき] 閱 지적
気付く [きづく] 통1 깨닫다
知識 [ちしき] 閱 지식
会員 [かいいん] 閱 회원
登録 [とうろく] 閱 등록

바로 체크 문장 작문하기

1. 아이를 낳고 나서야 비로소 부모님의 마음을 알았다.
   (子供, 産む, 親, 気持ち, わかる)

   = _____

2. 서류를 다 작성하고 나서가 아니면 돌아갈 수 없다.
   (書類, 作成, ~終わる, 帰る)

   = _____

정답 및 해설 p.363

1 질문에 답하기

(1) **A** これのSサイズはありませんか。 이것의 S사이즈는 없습니까?

　　B はい、＿＿＿＿＿＿＿＿＿＿。(倉庫, ある, 確認) 네, 창고에 있는지 확인하고 오겠습니다.

(2) **A** これは生で食べられますか。 이것은 날로 먹을 수 있습니까?

　　B いいえ、＿＿＿＿＿＿＿＿＿＿。(焼く, 食べる) 아니요, 굽고 나서가 아니면 먹을 수 없습니다.

(3) **A** 館内での撮影は禁止ですか。 관내에서의 촬영은 금지인가요?

　　B いえ、＿＿＿＿＿＿＿＿＿＿。(写真, 撮る) 아니요, 사진을 찍어도 상관없습니다.

2 대화 읽고 빈 칸 채우기

(1) **A** 「テープをどこに置きましたか。」

　　B 「ああ、机の上に（　　　）。」

① 置いてみました　　　　② 置いておきました　　　　③ 置いていきました

(2) **A** 「同窓会はずいぶん久しぶりですよね。」

　　B 「はい。10年前に（　　　）集まっていませんでした。」

① して以来　　　　　　　② してばかり　　　　　　③ してはじめて

(3) **A** 「駅にA大学の文化祭のポスターが（　　　）よ。一緒に行かない？」

　　B 「うん、行こう。」

① 貼ってあった　　　　　② 貼ってきた　　　　　　③ 貼ってみた

3 선택지 배열하고 ★에 들어갈 것 고르기

(1) 今後も日本を ＿＿＿ ★ ＿＿＿ と思う。

① 増えていく　　　　　② 訪れる　　　　　　③ 旅行者は

(2) 私が応援している ＿＿＿ ★ ＿＿＿ ばかりいる。

① 負けて　　　　　　② チームは　　　　　③ 今シーズン

05 동사 た형/ない형/의지형과 쓰이는 문형

문형 중에는 동사 た형이나 ない형, 의지형과 쓸 수 있는 문형이 있다. ～たものだ[~하곤 했다], ～ないで[~하지 않고], ～ようと思う[~하려고 생각하다]와 같은 동사 た형, ない형, 의지형과 쓰이는 문형의 용법과 접속 방법을 알아보자.

▲ MP3 바로 듣기

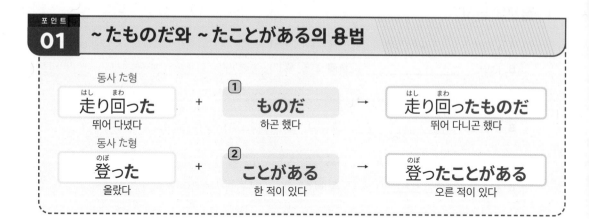

동사 た형
走り回った 　+　 ① ものだ 　→　 走り回ったものだ
뛰어 다녔다　　　　하곤 했다　　　　뛰어 다니곤 했다

동사 た형
登った 　+　 ② ことがある 　→　 登ったことがある
올랐다　　　　한 적이 있다　　　　오른 적이 있다

1 ～たものだ ~하곤 했다

～たものだ는 '~하곤 했다'라는 뜻으로, 과거에 자주 했던 행동에 대해 말할 때 사용한다. 동사 た형과 쓰인다.

· 昔、友達と公園で走り回ったものだ。
　옛날에, 친구와 공원에서 뛰어 다니곤 했다.

· 入社当初は先輩に世話になったものだ。
　입사 당초에는 선배에게 신세를 지곤 했다.

2 ～たことがある ~한 적이 있다

①～たことがある는 '~한 적이 있다'라는 뜻으로, 과거의 경험에 대해 말할 때 사용한다. 동사 た형과 쓰인다.

· 富士山に登ったことがある。
　후지산에 오른 적이 있다.

· 一度ドラマに出演したことがあります。
　한 번 드라마에 출연한 적이 있습니다.

실력 PLUS

① ～ことがある가 명사와 연결되는 경우도 있다. 이때는 명사+だった +ことがある와 같이 연결한다.

어휘

走り回る [はしりまわる] ⑤1 뛰어 다니다
当初 [とうしょ] ⑨ 당초
世話になる [せわになる] 신세를 지다
一度 [いちど] ⑨ 한 번
出演 [しゅつえん] ⑨ 출연

바로 체크 문장 작문하기

1. 고등학생 시절, 부모님과 자주 부딪치곤 했다.
　(高校生, 頃, 両親, よく, ぶつかる)
　= _____

2. 기모노를 입은 적이 있습니까?
　(着物, 着る)
　= _____

정답 및 해설 p.363

포인트 02 ~たところ와 ~たところだ의 용법

동사 た형				
応募した 응모했다	+	① ところ 했더니	→	応募したところ 응모했더니
着いた 도착했다	+	② ところだ 막 ~한 참이다	→	着いたところだ 막 도착한 참이다

① ~たところ ~했더니

~たところ는 '~했더니'라는 뜻으로, 어떤 행동을 한 결과 벌어진 일이나 알게 된 사실을 나타낼 때 사용한다. 동사 た형과 쓰인다.

- **キャンペーンに応募したところ、当選した。**
  캠페인에 응모했더니, 당선됐다.
- **孫を抱いたところ、泣き出してしまった。**
  손자를 안았더니, 울기 시작해 버렸다.
- **予習と復習を始めたところ、成績が伸びた。**
  예습과 복습을 시작했더니, 성적이 올랐다.

② ~たところだ 막 ~한 참이다

①~たところだ는 '막 ~한 참이다'라는 뜻으로, 어떤 행동을 한 직후라는 것을 나타낼 때 사용한다. 동사 た형과 쓰인다.

- **今、駅に着いたところだ。**
  지금, 역에 막 도착한 참이다.
- **さっき郵便物が届いたところだ。**
  조금 전 우편물이 막 도착한 참이다.
- **ちょうどプラモデルが完成したところです。**
  마침 프라모델을 막 완성한 참입니다.

실력 PLUS

① ~たところだ는 今(지금), 少し前(조금 전)과 같이 시간적으로 직전을 나타내는 단어와 자주 함께 쓰인다.

어휘

応募 [おうぼ] [명] 응모
当選 [とうせん] [명] 당선
孫 [まご] [명] 손자
抱く [だく] [동1] 안다
泣く [なく] [동1] 울다
復習 [ふくしゅう] [명] 복습
さっき [부] 조금 전
郵便物 [ゆうびんぶつ] [명] 우편물

바로 체크 문장 작문하기

1. 앱으로 택시를 불렀더니, 바로 왔다.
(アプリ, タクシー, 呼ぶ, すぐ, 来る)
= ____________________

2. 마침 막 돌아온 참이다.
(ちょうど, 帰る, ～てくる)
= ____________________

정답 및 해설 p.363

동사 た형		①			
泣いた 울었다	+	ところで 한다 해도	→	泣いたところで 운다 해도	

동사 た형		②			
出た 나왔다	+	とたん 한 순간	→	出たとたん 나온 순간	

① **～たところで** ~한다 해도

～たところで는 '~한다 해도'라는 뜻으로, 어떤 행동을 한다고 한들 의미가 없음을 나타낼 때 사용한다. 동사 た형과 쓰이며, 뒤에는 부정적인 내용이 온다.

· 泣いたところで状況は変わらない。 운다 해도 상황은 바뀌지 않는다.

· 謝られたところで許さない。 사과받는다 해도 용서하지 않는다.

· 反対したところで無駄ですよ。 반대한다 해도 소용없어요.

② **～たとたん** ~한 순간

～たとたん은 '~한 순간'이라는 뜻으로, 어떤 일이 있자마자 ①본인의 의지와 상관없이 바로 다른 일이 일어났음을 나타낼 때 사용한다. 동사 た형과 쓰인다.

· 家を出たとたん雨が降り出した。
집을 나온 순간 비가 내리기 시작했다.

· 兄は目覚ましが鳴ったとたん飛び起きた。
형은 알람이 울린 순간 벌떡 일어났다.

· 学校に着いたとたん忘れ物に気付いた。
학교에 도착한 순간 물건을 잊고 온 것을 깨달았다.

실력 PLUS

① 본인의 의지로 한 행동은 올 수 없다.

예 学校に着いたとたん、先生にあいさつした。(X)
학교에 도착한 순간, 선생님에게 인사했다.

学校に着いたとたん、先生に会った。(O)
학교에 도착한 순간, 선생님과 만났다.

어휘

許す [ゆるす] 동1 용서하다
家 [うち] 명 집
目覚まし [めざまし] 명 알람
飛び起きる [とびおきる] 동2 벌떡 일어나다
忘れ物 [わすれもの] 명 물건을 잊고 옴

바로 체크   문장 작문하기

1. 지금부터 서두른다 해도 제 시간에 맞추지 못한다.
(今, 急ぐ, 間に合う)

= _____

2. 그와 마주친 순간 사랑에 빠졌습니다.
(彼, 目が合う, 恋, 落ちる)

= _____

정답 및 해설 p.364

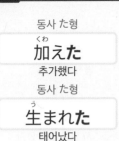

포인트 04 ~たほうがいい와 ~たばかりだ의 용법

동사 た형
加えた 추가했다
\+
① **ほうがいい** 하는 편이 좋다
→
加えたほうがいい 추가하는 편이 좋다

동사 た형
生まれた 태어났다
\+
② **ばかりだ** 한 지 얼마 되지 않았다
→
生まれたばかりだ 태어난 지 얼마 되지 않았다

---

① ~たほうがいい ~하는 편이 좋다

① ~たほうがいい는 '~하는 편이 좋다'라는 뜻으로, 어떻게 하는 것이 좋을지 추천하거나 충고할 때 사용한다. 동사 た형과 쓰이며, 동사 た형은 보통 과거의 의미로 해석하지만, 이 문형에서는 현재의 의미로 해석하는 점에 주의한다.

· レジュメに表を加えたほうがいい。
요약에 표를 추가하는 편이 좋다.

· 今日は傘を持っていったほうがいい。
오늘은 우산을 가져 가는 편이 좋다.

· 会議は午後に開いたほうがいいですか。
회의는 오후에 여는 편이 좋습니까?

② ~たばかりだ ~한 지 얼마 되지 않았다

~たばかりだ는 '~한 지 얼마 되지 않았다'라는 뜻으로, 어떤 행동을 하고 시간이 얼마 지나지 않았음을 나타낼 때 사용한다. 동사 た형과 쓰인다.

· 課長は子供が生まれたばかりだ。
과장님은 아이가 태어난 지 얼마 되지 않았다.

· 祖父は昨日退院したばかりです。
할아버지는 어제 퇴원한 지 얼마 되지 않았습니다.

· 起きたばかりで、まだ眠いです。
일어난 지 얼마 되지 않아, 아직 졸립니다.

실력 PLUS

① ~たほうがいい는 동사 기본형에 연결하여 사용할 수도 있다. 다만, 동사 た형과 연결하는 편이 좀 더 강하게 권유하는 뉘앙스가 있다.

어휘
レジュメ 명 요약
表 [ひょう] 명 표
加える [くわえる] 동2 추가하다
傘 [かさ] 명 우산
持つ [もつ] 동1 가지다
課長 [かちょう] 명 과장(님)
祖父 [そふ] 명 할아버지
退院 [たいいん] 명 퇴원
まだ 부 아직
眠い [ねむい] い형 졸리다

바로 체크 문장 작문하기

1. 오늘은 빨리 자는 편이 좋다.
(今日, ~ために, 早く, 寝る)
= _____

2. 그린 씨는 일본에 온 지 얼마 되지 않았다.
(グリーンさん, 日本, 来る)
= _____

정답 및 해설 p.364

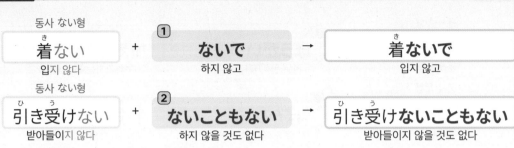

1 ~ないで ~하지 않고

①~ないで는 '~하지 않고'라는 ②뜻으로, 어떤 행동을 하지 않고 다른 행동을 함을 나타낼 때 사용한다. 동사 ない형과 쓰인다.

· 父はコートを着ないで出かけた。
아버지는 코트를 입지 않고 외출했다.

· ナスは皮をむかないでそのまま焼く。
가지는 껍질을 벗기지 않고 그대로 굽는다.

· コンビニに寄らないで家に帰る。
편의점에 들르지 않고 집에 돌아간다.

2 ~ないこともない ~하지 않을 것도 없다

~ないこともない는 '~하지 않을 것도 없다'라는 뜻으로, 어떤 내용을 단정하지 않고 부분적으로 긍정할 때 사용한다. 동사 ない형과 쓰인다.

· 頼まれれば、引き受けないこともない。
부탁받으면, 받아들이지 않을 것도 없다.

· 私のペンが良ければ、換えないこともない。
내 펜이 좋다면, 바꾸지 않을 것도 없다.

· 1か月5万円で生活できないこともない。
1개월 5만 엔으로 생활하지 못할 것도 없다.

실력 PLUS

①~ないで는 '~하지 마'라는 금지의 뜻도 있다. ~な(~하지 마)보다 부드러운 뉘앙스이다.
예 コートを着ないで。
코트를 입지 마.

②뜻이 ~ないで와 같은 문형으로 ~ずに가 있다. ~ないで보다 딱딱한 표현이며, 글에 주로 쓰인다. する와 연결되면 しずに가 아닌 **せずに**가 되는 점에 주의한다.

어휘
ナス 몡 가지
皮 [かわ] 몡 껍질
むく 동1 벗기다
そのまま 뷔 그대로
焼く [やく] 동1 굽다
コンビニ 몡 편의점
寄る [よる] 동1 들르다
換える [かえる] 동2 바꾸다

바로 체크 **문장 작문하기**

1. 시험 전날은 자지 않고 공부했다. (テスト, 前日, 寝る, 勉強)

= _____

2. 글자가 작지만, 읽지 못할 것도 없다. (字, 小さい, 読む)

= _____

정답 및 해설 p.364

~ないでもない와 ~ずにはいられない의 용법

동사 ない형	①	
心配しない 걱정하지 않다	+	**ないでもない** 하지 않는 것도 아니다	→	**心配しないでもない** 걱정하지 않는 것도 아니다

心配しない（しんぱい）걱정하지 않다 + ① ないでもない 하지 않는 것도 아니다 → 心配しないでもない（しんぱい）걱정하지 않는 것도 아니다

동사 ない형
願わない（ねが）바라지 않다 + ② ずにはいられない 하지 않을 수 없다 → 願わずにはいられない（ねが）바라지 않을 수 없다

---

① **~ないでもない** ~하지 않는 것도 아니다

~ないでもない는 '~하지 않는 것도 아니다'라는 ①뜻으로, 어떤 행위나 생각을 할 수도 있음을 나타낼 때 사용한다. 동사 ない형과 쓰인다.

· 娘（むすめ）の進路（しんろ）を心配（しんぱい）しないでもない。
  딸의 진로를 걱정하지 않는 것도 아니다.

· 言葉（ことば）が通（つう）じないでもない。
  말이 통하지 않는 것도 아니다.

· 料理（りょうり）が作（つく）れないでもないが、面倒（めんどう）くさい。
  요리를 만들지 못하는 것도 아니지만, 귀찮다.

② **~ずにはいられない** ~하지 않을 수 없다

②~ずにはいられない는 '~하지 않을 수 없다'라는 뜻으로, 자연스럽게 그렇게 하게 됨을 나타낼 때 사용한다. 동사 ない형과 쓰인다.

· 無事（ぶじ）を願（ねが）わずにはいられない。
  무사를 바라지 않을 수 없다.

· 目（め）がかゆくて、かかずにはいられない。
  눈이 가려워서, 긁지 않을 수 없다.

· おかしくて笑（わら）わずにはいられなかった。
  이상해서 웃지 않을 수 없었다.

실력 PLUS

① 뜻이 ~ないでもない와 비슷한 문형으로 ~なくもない(~하지 않는 것도 아니다)가 있다.

② ~ずにはいられない가 する와 접속하면 しずに가 아닌 せずに가 되는 점에 주의한다.

어휘
進路 [しんろ] 명 진로
面倒くさい [めんどうくさい] い형 귀찮다
無事 [ぶじ] 명 무사
かゆい い형 가렵다
かく 동1 긁다

바로 체크 문장 작문하기

1. 이 시계는 비싸지만, 사지 못할 것도 아니다. (時計（とけい）, 高（たか）い, 買（か）う)

   = _____

2. 저 장면은 울지 않을 수 없다. (シーン, 泣（な）く)

   = _____

정답 및 해설 p.364

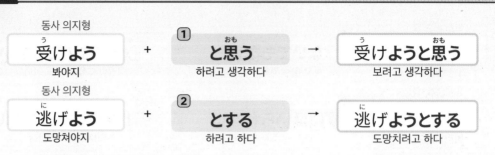

1 ~ようと思う ~하려고 생각하다

~ようと思う는 '~하려고 생각하다'라는 ①뜻으로, 어떻게 하고자 한다는 의지나 예정을 나타낼 때 사용한다. 동사 의지형과 쓰인다.

· 半年後にJLPTを受けようと思う。
반년 후에 JLPT를 보려고 생각한다.

· 今年は本をたくさん読もうと思う。
올해는 책을 많이 읽으려고 생각한다.

· 両親に贈り物を用意しようと思います。
부모님에게 선물을 준비하려고 생각합니다.

2 ~ようとする ~하려고 하다

~ようとする는 '~하려고 하다'라는 뜻으로, 어떤 행동을 시도함을 나타낼 때 사용한다. 그 행동을 하고자 노력하고 있다는 뉘앙스를 가진다. 또는 어떤 변화가 일어나기 직전임을 나타낼 때에도 사용한다. 동사 의지형과 쓰인다.

· 犯人が逃げようとする。
범인이 도망치려고 한다.

· 友達に話しかけようとしたが、別の人だった。
친구에게 말 걸려고 했는데, 다른 사람이었다.

· 猫が木に登ろうとしています。
고양이가 나무를 오르려고 하고 있습니다.

실력 PLUS

① 뜻이 ~ようと思う와 비슷한 문형으로 ~つもりだ(~할 생각이다)가 있다. 단, 나에 대해서만 이야기할 수 있는 ~ようと思う와 달리 ~つもりだ는 다른 사람에 대해서도 사용할 수 있다.

어휘
半年 [はんとし] 명 반년
贈り物 [おくりもの] 명 선물
用意 [ようい] 명 준비
犯人 [はんにん] 명 범인
逃げる [にげる] 동2 도망치다
話しかける [はなしかける] 동2 말 걸다
別 [べつ] 명 다름
猫 [ねこ] 명 고양이

바로 체크 문장 작문하기

1. 카페 구인에 응모하려고 생각한다. (カフェ, 求人, 応募)

= _____

2. 딸이 장난치려고 한다. (娘, いたずらする)

= _____

정답 및 해설 p.364

1 질문에 답하기

(1) **A** 日本旅行ははじめてですか。　일본 여행은 처음이에요?

　　 B いいえ、＿＿＿＿＿＿＿＿＿＿＿。(以前, 行く)　아니요, 이전에도 간 적이 있어요.

(2) **A** レポートは書き終わった？　리포트는 다 썼어?

　　 B いや、まだ＿＿＿＿＿＿＿＿＿＿＿。(書く)　아니, 아직 쓰기 시작한 지 얼마 되지 않았어.

(3) **A** もう6時だよ。帰らないの？　벌써 6시야. 안 가?

　　 B はい、＿＿＿＿＿＿＿＿＿＿＿。(もう少し, 残業_{ざんぎょう})　네, 좀 더 잔업을 하려고 생각합니다.

2 대화 읽고 빈 칸 채우기

(1) **A** 「昨夜_{さくや}から頭痛_{ずつう}が治_{なお}らないんだ。」

　　 B 「今日は会社を（　　　）よ。」

　　 ① 休んだところだ　　　　　　② 休んだことがある　　　　　③ 休んだほうがいい

(2) **A** 「部長_{ぶちょう}、新人をあんなに怒_{おこ}るなんてひどいね。」

　　 B 「まあ、私は部長_{ぶちょう}の気持ち、（　　　）よ。」

　　 ① わかろうとしない　　　　　② わからないこともない　　　③ わからずにはいられない

(3) **A** 「今日は徹夜_{てつや}で勉強するぞ。」

　　 B 「今からテスト勉強を（　　　）もう遅_{おそ}いよ。」

　　 ① したところ　　　　　　　　② したところで　　　　　　　③ したばかりで

3 선택지 배열하고 ★에 들어갈 것 고르기

(1) 久_{ひさ}しぶりに母に電話したが、声を聞いた ＿＿＿＿ ★ ＿＿＿＿ きた。

　　 ① とたん　　　　　　　　　　② 涙_{なみだ}が　　　　　　　　　③ あふれて

(2) 店員に人気メニューを ＿＿＿＿ ★ ＿＿＿＿ をおすすめされた。

　　 ① ところ　　　　　　　　　　② 尋_{たず}ねた　　　　　　　　　③ とんかつ

4편

문장의 틀이 되는 문형 2

일본어 문장의 틀이 되는 문형은 한 가지 품사에만 접속하는 경우도 있지만 여러 품사 혹은 여러 단어와 접속하는 경우도 있다. 보다 수준 높은 일본어 문장을 올바르게 구사하기 위해서는 문장 속에서 이러한 문형의 용법과 접속 방법을 알아두는 것이 중요하다.

01 명사, 동사와 쓰이는 문형 ①

문형 중에는 명사나 동사 모두와 쓸 수 있는 문형이 있다. ～に(~하러), ～前(まえ)に(~전에)와 같이 명사나 동사와 쓰이는 기본적인 문형의 용법과 접속 방법을 알아보자.

▲ MP3 바로 듣기

포인트 01 ～にの 용법

① 명사 花見(はなみ) 꽃 구경	+	に 하러	→	花見(はなみ)に 꽃 구경하러
② 동사 ます형 勉強(べんきょう)します 공부합니다	+		→	勉強(べんきょう)しに 공부하러

① ～に ~하러 (명사와 접속)

①～には '~하러'라는 뜻으로, 명사와 쓰일 때는 명사 바로 뒤에 접속한다. 동작의 뜻이 포함되어 있는 명사와 사용한다.

· ゼミのメンバーと花見(はなみ)に行(い)く。 세미나 멤버와 꽃 구경하러 가다.

· 銀座(ぎんざ)にランチに来(き)た。 긴자에 점심식사하러 왔다.

② ～に ~하러 (동사 ます형과 접속)

～に가 동사와 쓰일 때는 동사 ます형 뒤에 접속한다. 행동의 목적을 나타낼 때 사용한다.

· 図書館(としょかん)に勉強(べんきょう)しに行(い)く。 도서관에 공부하러 간다.

· 忘(わす)れ物(もの)を取(と)りに帰(かえ)る。 잊고 온 물건을 가지러 돌아가다.

실력 PLUS

① ～に 뒤에는 行(い)く(가다), 来(く)る(오다)와 같이 이동의 뜻을 가진 동사가 오는 경우가 많다.

[어휘]
ゼミ [명] 세미나
花見 [はなみ] [명] 꽃 구경
ランチ [명] 점심식사, 런치

바로 체크 문장 작문하기

1. 이사님을 공항에 마중하러 간다. (理事(りじ), 空港(くうこう), 迎(むか)える, 行(い)く)
= ______________________

2. 항구에 낚시하러 왔다. (港(みなと), 釣(つ)り, 来(く)る)
= ______________________

정답 및 해설 p.365

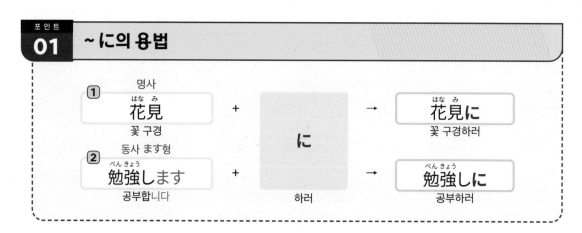

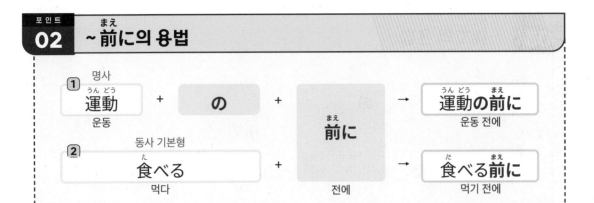

① 명사
運動 + の + → 運動の前に
운동 前に 운동 전에

② 동사 기본형
食べる + → 食べる前に
먹다 전에 먹기 전에

---

1 **〜の前に** ~전에 (명사와 접속)

〜前に는 '~전에'라는 뜻으로, ①명사와 쓰일 때는 ②명사 뒤에 조사 〜の를 붙인 후 접속한다.

· 運動の前にストレッチをする。 운동 전에 스트레칭을 한다.

· 卒業の前に友達と思い出を作りたい。 졸업 전에 친구와 추억을 만들고 싶다.

· 申請の前に必要な書類を準備する。 신청 전에 필요한 서류를 준비한다.

2 **〜前に** ~전에 (동사 기본형과 접속)

〜前に가 동사와 쓰일 때는 동사 기본형 뒤에 접속한다.

· ご飯を食べる前に手を洗った。 밥을 먹기 전에 손을 씻었다.

· 雨にぬれる前に早く帰ろう。 비에 젖기 전에 빨리 돌아가자.

· 客が来る前に掃除をした。 손님이 오기 전에 청소를 했다.

실력 PLUS

① 명사 중에서도 공간과 관련된 명사와 사용되면 '~앞에'라는 뜻이 된다.
예 デパートの前にバス停がある。
백화점 앞에 버스 정류장이 있다.

② 명사 중에서도 '~일', '~시간'과 같은 수를 세는 명사와 접속할 때는 조사 〜の가 붙지 않고 바로 〜前に와 접속한다.

어휘
ストレッチ 명 스트레칭
申請 [しんせい] 명 신청
ぬれる 동2 젖다
早く [はやく] 부 빨리

바로 체크 문장 작문하기

1. 자기 전에 이를 닦았다.
  (寝る, 歯, 磨く)

  = _____

2. 수업 전에 예습을 하고 와 주세요.
  (授業, 予習, ～てくる, ～てください)

  = _____

정답 및 해설 p.365

4편
문장의 틀이 되는 문형 2 | 쉽게 끝내는 해커스 일본어 문법

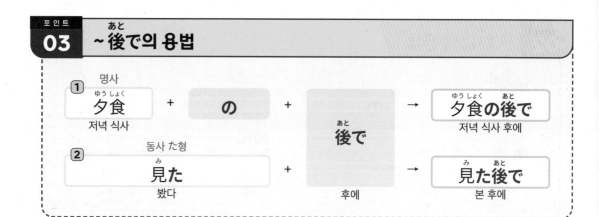

포인트 03

~後(あと)での 용법

① 명사: 夕食(ゆうしょく) 저녁 식사 + の + 後(あと)で 후에 → 夕食(ゆうしょく)の後(あと)で 저녁 식사 후에

② 동사 た형: 見(み)た 봤다 + 後(あと)で 후에 → 見(み)た後(あと)で 본 후에

① ～の後(あと)で ~후에 (명사와 접속)

～後(あと)で는 '~후에'라는 뜻으로, 명사와 쓰일 때는 명사 뒤에 조사 ～の를 붙인 후 접속한다.

- **夕食(ゆうしょく)の後(あと)でフルーツを食(た)べよう。** 저녁 식사 후에 과일을 먹자.
- **手術(しゅじゅつ)の後(あと)で数日間入院(すうじつかんにゅういん)した。** 수술 후에 며칠간 입원했다.
- **仕事(しごと)の後(あと)で飲(の)みに行(い)った。** 일 후에 마시러 갔다.

② ～た後(あと)で ~후에 (동사 た형과 접속)

～た後(あと)で가 동사와 쓰일 때는 동사 た형 뒤에 접속한다.

- **ドラマを見(み)た後(あと)で宿題(しゅくだい)をします。**
  드라마를 본 후에 숙제를 합니다.
- **言(い)った後(あと)で後悔(こうかい)した。**
  말한 후에 후회했다.
- **家(いえ)を出(で)た後(あと)で忘(わす)れ物(もの)に気付(きづ)いた。**
  집을 나온 후에 물건을 잊고 온 것을 깨달았다.

실력 PLUS

[어휘]
フルーツ [명] 과일
手術 [しゅじゅつ] [명] 수술
数日 [すうじつ] [명] 며칠
間 [かん] 간
後悔 [こうかい] [명] 후회

바로 체크 문장 작문하기

1. 쇼핑을 한 후에 피크닉을 했다. (買(か)い出(だ)し, ピクニック)
= ____________________

2. 조깅 후에 샤워를 했다. (ジョギング, シャワーを浴(あ)びる)
= ____________________

정답 및 해설 p.365

포 인 트

04 ~ために의 용법

① 명사
マイホーム
내 집

+ **の** 을

+ **ために** 위해서

→ **マイホームのために**
내 집을 위해서

② 동사 기본형
上(あ)げる
올리다

+

→ **上(あ)げるために**
올리기 위해서

---

① ### ～のために ~을 위해서 (명사와 접속)

실력 PLUS

～ために는 '~위해서'라는 뜻으로, 명사와 쓰일 때는 명사 뒤에 조사 ～の를 붙인 후 접속한다. ～に를 떼고 ～ため만 쓸 수도 있으며, 뜻은 마찬가지로 '~위해서'이다.

· マイホームのためにお金(かね)をためる。　　　内 집을 위해서 돈을 모은다.
· 感染予防(かんせんよぼう)のためにワクチンを打(う)った。　　감염 예방을 위해서 백신을 놓았다.
· 父(ちち)のために料理(りょうり)を作(つく)る。　　아버지를 위해서 요리를 만든다.

② ### ～ために ~위해서 (동사 기본형과 접속)

～ために가 동사와 쓰일 때는 동사 기본형 뒤에 접속한다.

· 成績(せいせき)を上(あ)げるために頑張(がんば)って勉強(べんきょう)している。
　성적을 올리기 위해서 힘내서 공부하고 있다.

· 渋滞(じゅうたい)を避(さ)けるために1時間(じかん)早(はや)く出勤(しゅっきん)する。
　정체를 피하기 위해서 1시간 빨리 출근한다.

어휘
マイホーム 몡 내 집, 자기 소유 집
ためる 동2 모으다
感染 [かんせん] 몡 감염
予防 [よぼう] 몡 예방
ワクチン 몡 백신
打つ [うつ] 동1 (주사를) 놓다
上げる [あげる] 동2 올리다
渋滞 [じゅうたい] 몡 정체
避ける [さける] 동2 피하다
出勤 [しゅっきん] 몡 출근

바로 체크 **문장 작문하기**

1. 체중을 줄이기 위해서 체육관에 등록했다.
　(体重(たいじゅう), 減(へ)らす, ジム, 登録(とうろく))
= _____

2. 장래를 위해서 자격증을 따기로 했다.
　(将来(しょうらい), 資格(しかく), 取(と)る, ～ことにする)
= _____

정답 및 해설 p.365

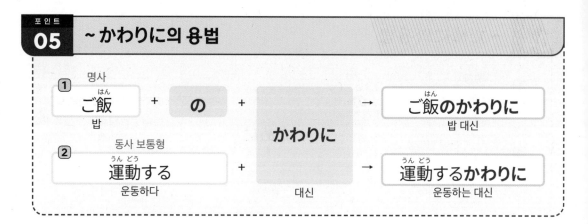

1 ～のかわりに ~대신 (명사와 접속)

～かわりに는 '~대신'이라는 뜻으로, 명사와 쓰일 때는 명사 뒤에 조사 ～の를 붙인 후 접속한다.

・今朝はご飯のかわりにシリアルを食べた。

　오늘 아침은 밥 대신 시리얼을 먹었다.

・妹のかわりに風呂掃除をした。

　여동생 대신 욕실 청소를 했다.

2 ～かわりに ~대신 (동사 보통형과 접속)

～かわりに가 동사와 쓰일 때는 동사 보통형 뒤에 접속한다.

・運動するかわりに食事制限はしていない。

　운동하는 대신 식사 제한은 하고 있지 않다.

・ノートを貸すかわりに今度おごって。

　노트를 빌려주는 대신 이다음 한턱 내.

실력 PLUS

어휘

風呂 [ふろ] 명 욕실
制限 [せいげん] 명 제한
ノート 명 노트
貸す [かす] 동1 빌려주다
今度 [こんど] 명 이다음

바로 체크 문장 작문하기

1. 나 대신 이것을 모리 씨에게 건네줘.
　(私, 森さん, 渡す)

= _____

2. 토요일 출근하는 대신 월요일 대체 휴가를 받을 수 있다.
　(土曜日, 出勤, 月曜日, 代休, もらう)

= _____

정답 및 해설 p.365

포인트 06

~とおりに의 용법

① 명사 マニュアル (매뉴얼) + とおりに (대로) → マニュアルどおりに (매뉴얼대로)

② 동사 기본형·た형 言(い)う・言(い)った (말하다 / 말했다) + とおりに (대로) → 言(い)うとおりに・言(い)ったとおりに (말하는 대로 / 말한 대로)

① ～どおりに ~대로 (명사와 접속)

①～とおりに는 '~대로'라는 뜻으로, ②명사와 쓰일 때는 とおりに를 どおりに로 바꾼 후 명사 뒤에 접속한다. 어떤 발언이나 생각, 방식이 동일함을 나타낼 때 사용한다.

・マニュアルどおりに対応(たいおう)する。
매뉴얼대로 대응한다.

・飛行機(ひこうき)は予定(よてい)どおりに到着(とうちゃく)した。
비행기는 예정대로 도착했다.

・プロジェクトは計画(けいかく)どおりに進(すす)んでいます。
프로젝트는 계획대로 진행되고 있습니다.

② ～とおりに・たとおりに ~대로 (동사 기본형, た형과 접속)

～とおりに가 동사와 쓰일 때는 동사 기본형과 た형 뒤에 접속한다.

・私(わたし)が言(い)うとおりにしてください。
제가 말하는 대로 해 주세요.

・専門家(せんもんか)が予想(よそう)したとおり株価(かぶか)が上(あ)がった。
전문가가 예상한 대로 주가가 올랐다.

실력 PLUS

① **～とおり**와 같이 상황에 따라 **～に**를 빼고 사용할 수도 있다.

② 명사 중에서도 **予定(よてい)**(예정), **計画(けいかく)**(계획), **命令(めいれい)**(명령)와 같은 단어와 자주 쓰인다.

[어휘]

マニュアル [명] 매뉴얼
対応 [たいおう] [명] 대응
予定 [よてい] [명] 예정
到着 [とうちゃく] [명] 도착
プロジェクト [명] 프로젝트
計画 [けいかく] [명] 계획
専門家 [せんもんか] [명] 전문가
株価 [かぶか] [명] 주가

바로 체크 문장 작문하기

1. 설명서대로 선반을 조립한다. (説明書(せつめいしょ), 棚(たな), 組(く)み立(た)てる)
= ______________________

2. 레시피에 써 있는 대로 만든다. (レシピ, 書(か)く, ～てある, 作(つく)る)
= ______________________

정답 및 해설 p.365

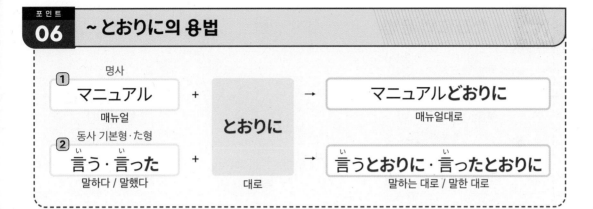

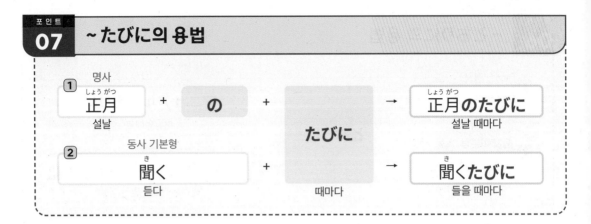

1 **~のたびに** ~때마다 (명사와 접속)

~たびに는 '~때마다'라는 뜻으로, 명사와 쓰일 때는 명사 뒤에 조사 ~の를 붙인 후 접속한다. '겨울 때마다 추워진다' 같이, 당연하거나 습관적인 일에는 사용하지 않는다.

· 正月のたびに家族で実家へ帰省する。
설날 때마다 가족과 함께 본가로 귀성한다.

· 出張のたびにお土産を買って帰ります。
출장 때마다 기념품을 사서 돌아옵니다.

2 **~たびに** ~때마다 (동사 기본형과 접속)

~たびに가 동사와 쓰일 때는 동사 기본형 뒤에 접속한다.

· この歌を聞くたびに昔を思い出す。
이 노래를 들을 때마다 옛날을 떠올린다.

· 監督に注意されるたびに頑張ろうと思う。
감독에게 주의 받을 때마다 힘내려고 한다.

실력 PLUS

어휘
正月 [しょうがつ] 명 설날
帰省 [きせい] 명 귀성
思い出す [おもいだす] 동1 떠올리다
監督 [かんとく] 명 감독

바로 체크 문장 작문하기

1. 이 영화는 볼 때마다 감동한다.
   (映画, 見る, 感動)

   = _____

2. 밸런타인 때마다 초콜릿을 손수 만들고 있다.
   (バレンタイン, チョコ, 手作り, ~ている)

   = _____

정답 및 해설 p.365

~ごとに의 용법

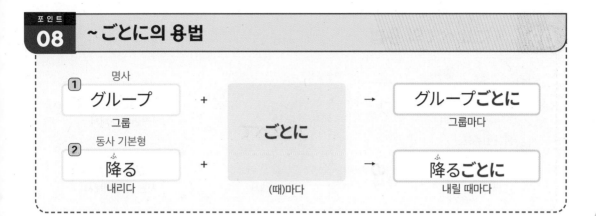

① 명사
グループ
그룹
+
ごとに
(때)마다
→
グループごとに
그룹마다

② 동사 기본형
降る
내리다
+
→
降るごとに
내릴 때마다

---

① **~ごとに** ~마다 (명사와 접속)

~ごとに는 '~마다'라는 뜻으로, 명사와 쓰일 때는 명사 바로 뒤에 접속한다. '구매 금액 천 엔마다 10% 할인'처럼 규칙성 있게 반복되는 일에 사용한다.

· **グループごとに発表してください。**
　　はっぴょう
그룹마다 발표해 주세요.

· **1年ごとに契約を更新します。**
　　ねん　　けいやく　こうしん
1년마다 계약을 갱신합니다.

② **~ごとに** ~때마다 (동사 기본형과 접속)

~ごとに는 '~때마다'라는 뜻으로, 동사와 쓰일 때는 동사 기본형 뒤에 접속한다. 어떤 상황이 계속됨에 따라 다른 상황의 강도가 변화하는 경우에 사용한다.

· **秋は雨が降るごとに気温が下がっていく。**
　あき　あめ　ふ　　　　きおん　さ
가을은 비가 내릴 때마다 기온이 내려 간다.

· **学年が上がるごとに勉強が難しくなる。**
　がくねん　あ　　　　べんきょう　むずか
학년이 올라갈 때마다 공부가 어려워진다.

실력 PLUS

어휘
更新 [こうしん] 명 갱신
学年 [がくねん] 명 학년

바로 체크 문장 작문하기

1. 교재는 레벨마다 다릅니다.
　(教材, 레벨, 異なる)
　きょうざい　　　　こと

= _____

2. 계절이 변할 때마다 다양한 꽃을 볼 수 있다.
　(季節, 変わる, 色んな, 花, 見る)
　きせつ　か　　　　いろ　　　はな　み

= _____

정답 및 해설 p.365

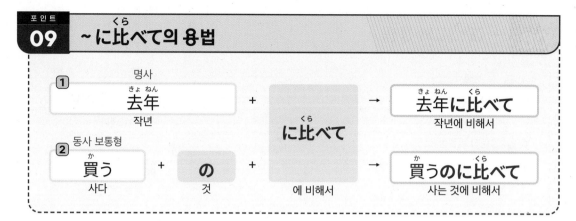

1 ~に比べて ~에 비해서 (명사와 접속)

~に比べて는 '~에 비해서'라는 ①뜻으로, 명사와 쓰일 때는 명사 바로 뒤에 접속한다.

· 今年の冬は去年に比べて暖かい。

올해 겨울은 작년에 비해서 따뜻하다.

· 東京はソウルに比べて人口が多いです。

도쿄는 서울에 비해서 인구가 많습니다.

2 ~のに比べて ~것에 비해서 (동사 보통형과 접속)

~のに比べて가 동사와 쓰일 때는 동사 보통형 뒤에 조사 ~の를 붙인 후 접속한다.

· セットのほうが単品で買うのに比べて得だ。

세트인 쪽이 단품으로 사는 것에 비해서 이득이다.

· 指紋認証はパスワードを使うのに比べて安全だ。

지문 인증은 비밀번호를 사용하는 것에 비해서 안전하다.

실력 PLUS

① 뜻이 비슷한 표현으로 조사 ~より(~보다)가 있다.

어휘

単品 [たんぴん] 몡 단품
得だ [とくだ] ナ형 이득이다
指紋 [しもん] 몡 지문
認証 [にんしょう] 몡 인증
パスワード 몡 비밀번호

바로 체크   문장 작문하기

1. 나는 형에 비해서 공부를 잘 못한다.
   (私, 兄, 勉強, できる)

   = _____

2. 한자를 쓰는 것은 읽는 것에 비해서 어렵다.
   (漢字, 書く, 読む, 難しい)

   = _____

정답 및 해설 p.365

회화 대비

1 질문에 답하기

(1) **A** 週末も練習ですか。　주말에도 연습인가요?

　　B はい、大会で_____。(勝つ, 毎日, 練習, 〜ている)

　　네, 대회에서 이기기 위해서 매일 연습하고 있어요.

(2) **A** 先生、宿題はいつ出しますか。　선생님, 숙제는 언제 내요?

　　B そうですね。_____。(授業, 集める)　글쎄요. 수업 후에 모을게요.

(3) **A** またスマホ買い換えたの？　또 핸드폰 바꿨어?

　　B うん、新製品が_____。(出る, 買い換える, 〜ている, 〜んだ)

　　응, 신제품이 나올 때마다 바꾸고 있어.

JLPT/회화 대비

2 대화 읽고 빈 칸 채우기

(1) **A** 「お母さん、おやつはある？」

　　B 「あるけど、おやつを（　　）手を洗ってきて。」

　　① 食べる前に　　　　　　　② 食べるごとに　　　　　　③ 食べに

(2) **A** 「プロジェクトは順調ですか。」

　　B 「はい。最初に立てた計画（　　）進んでいます。」

　　① のかわりに　　　　　　　② どおりに　　　　　　　③ のために

(3) **A** 「次のオリンピックはいつだっけ？」

　　B 「4年（　　）開かれるから来年だね。」

　　① のたびに　　　　　　　② に比べて　　　　　　　③ ごとに

JLPT 대비

3 선택지 배열하고 ★에 들어갈 것 고르기

(1) 公園は＿＿＿＿ ★＿＿ ＿＿＿＿ でいっぱいでした。

　　① 親子　　　　　　　② 遊びに　　　　　　　③ 来た

(2) 現代人は30年前の＿＿＿＿ ★＿＿ ＿＿＿＿ 30分ほど減少しているという。

　　① 睡眠時間が　　　　② 比べて　　　　　　③ 人に

정답 및 해설 p.365

02 명사, 동사와 쓰이는 문형 ②

명사나 동사와 쓰이는 문형으로는 ～にあたって(~할 때에), ～ついでに(~하는 김에)와 같은 문형이 있다. 이러한 문형의 용법과 접속 방법을 알아보자.

▲ MP3 바로 듣기

포인트 01 ～にあたって의 용법

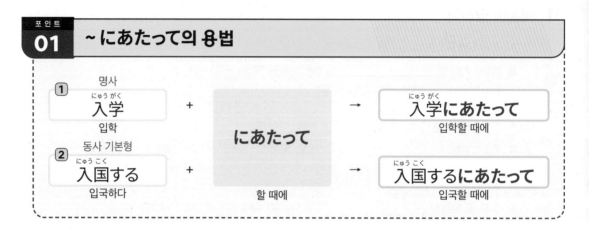

1 ～にあたって ~할 때에 (명사와 접속)

～にあたって는 '~할 때에'라는 ①뜻으로, 명사와 쓰일 때는 명사 바로 뒤에 접속한다. 주로 행사의 인사말이나 공지에 사용한다.

- 小学校入学にあたってランドセルを買った。
  초등학교 입학할 때에 란도셀을 샀다.
- 開会にあたって主催者があいさつをした。
  개회할 때에 주최자가 인사를 했다.

2 ～にあたって ~할 때에 (동사 기본형과 접속)

～にあたって가 동사와 쓰일 때는 동사 기본형 뒤에 접속한다.

- インドに入国するにあたってビザを取得した。
  인도에 입국할 때에 비자를 취득했다.
- 店を開くにあたって国に届けを出す。
  가게를 열 때에 나라에 신고를 낸다.

실력 PLUS

① 뜻이 비슷한 문형으로 ～に際して(~에 즈음하여)가 있다. 글에서 자주 사용되는 딱딱한 표현이다.

어휘

入学 [にゅうがく] 圏 입학
ランドセル 圏 란도셀(일본의 초등학생용 가방)
開会 [かいかい] 圏 개회
主催者 [しゅさいしゃ] 圏 주최자
あいさつ 圏 인사
入国 [にゅうこく] 圏 입국
国 [くに] 圏 나라
届け [とどけ] 圏 신고

바로 체크 문장 작문하기

1. 계약할 때에 몇 가지 수속이 필요하다.
   (契約, いくつか, 手続き, 必要だ)

   = _____

2. 신청할 때에 조건을 확인해 주세요.
   (申し込む, 条件, 確認, ～てください)

   = _____

정답 및 해설 p.366

~ついでに의 용법

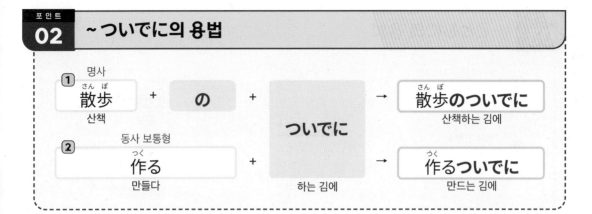

① 명사
散歩
산책

+ の +

ついでに
하는 김에

→ 散歩のついでに
산책하는 김에

② 동사 보통형
作る
만들다

+

ついでに
하는 김에

→ 作るついでに
만드는 김에

---

① **〜のついでに** ~하는 김에 (명사와 접속)

〜ついでに는 '~하는 김에'라는 뜻으로, 명사와 쓰일 때는 명사 뒤에 조사 〜の를
붙인 후 접속한다. AついでにB에서 더 중요한 행동은 A이고 B는 부차적인 행동임
에 주의한다.

· 犬の散歩のついでにスーパーへ寄った。
개 산책하는 김에 슈퍼에 들렀다.

· 出張のついでに大阪の街を観光しました。
출장하는 김에 오사카의 거리를 관광했습니다.

② **〜ついでに** ~하는 김에 (동사 보통형과 접속)

〜ついでに가 동사와 쓰일 때는 동사 보통형 뒤에 접속한다.

· 自分の弁当を作るついでに妹の分も作った。
나의 도시락을 만드는 김에 여동생의 몫도 만들었다.

· ガソリンを入れに行ったついでに洗車した。
가솔린을 넣으러 간 김에 세차했다.

어휘

スーパー 몡 슈퍼
観光 [かんこう] 몡 관광
弁当 [べんとう] 몡 도시락
分 [ぶん] 몡 몫
ガソリン 몡 가솔린
洗車 [せんしゃ] 몡 세차

바로 체크 문장 작문하기

1. 샤워를 하는 김에 욕실을 청소했다.
  (シャワーを浴びる, 浴室, 掃除)

  = _____

2. 쇼핑하는 김에 우편물을 부치고 왔다.
  (買い物, 郵便物, 出す, 〜てくる)

  = _____

정답 및 해설 p.366

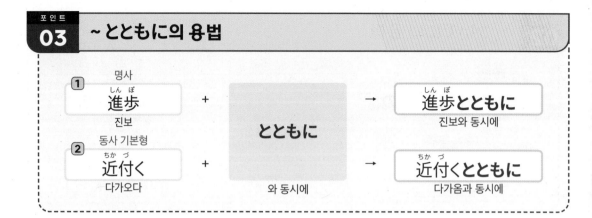

1 ~とともに ~와 동시에 (명사와 접속)

~とともに는 '~와 동시에'라는 ①뜻으로, 명사와 쓰일 때는 명사 바로 뒤에 접속한다. 한 쪽의 변화로 인해 다른 한 쪽도 변화함을 나타낼 때 사용한다.

· 医療の進歩とともに平均寿命が伸びた。
의료 진보와 동시에 평균 수명이 늘어났다.

· スマホの普及とともにSNSが拡大していった。
스마트폰 보급과 동시에 SNS가 확대해 갔다.

2 ~とともに ~와 동시에 (동사 기본형과 접속)

~とともに가 동사와 쓰일 때는 동사 기본형 뒤에 접속한다.

· 台風が近付くとともに風が強まった。
태풍이 다가옴과 동시에 바람이 강해졌다.

· 年を取るとともにしわが増えてきました。
나이를 먹음과 동시에 주름이 늘기 시작했습니다.

실력 PLUS

① 뜻이 비슷한 문형으로 ~につれて(~함에 따라)가 있다. 보다 일상 회화적인 표현이다.

어휘

進歩 [しんぽ] 명 진보
平均 [へいきん] 명 평균
寿命 [じゅみょう] 명 수명
普及 [ふきゅう] 명 보급
拡大 [かくだい] 명 확대
近付く [ちかづく] 동1 다가오다
強まる [つよまる] 동1 강해지다
年 [とし] 명 나이
取る [とる] 동1 (나이를) 먹다
しわ 명 주름

바로 체크 문장 작문하기

1. 글로벌화와 동시에 외국인 종업원이 늘었다.
   (グローバル化, 外国人, 従業員, 増える)

   = _____

2. 언어를 배움과 동시에 다른 문화를 체험한다.
   (言語, 習う, 異文化, 体験)

   = _____

정답 및 해설 p.366

04 ~がてらの용법

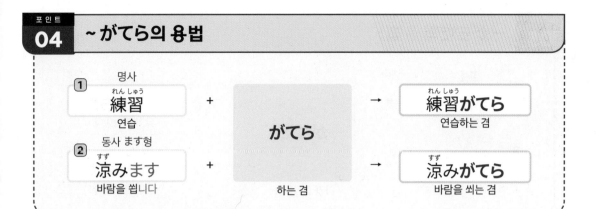

① 명사
練習 (れんしゅう)
연습

+ がてら
하는 겸

→ 練習がてら (れんしゅう)
연습하는 겸

② 동사 ます형
涼みます (すず)
바람을 쐽니다

+ がてら
하는 겸

→ 涼みがてら (すず)
바람을 쐬는 겸

---

① **~がてら** ~하는 겸 (명사와 접속)

~がてら는 '~하는 겸'이라는 ①뜻으로, 명사와 쓰일 때는 명사 바로 뒤에 접속한다.

· 運転の練習がてらドライブをする。(うんてん, れんしゅう)
운전 연습하는 겸 드라이브를 한다.

· 運動がてら徒歩で通勤している。(うんどう, とほ, つうきん)
운동하는 겸 도보로 통근하고 있다.

② **~がてら** ~하는 겸 (동사 ます형과 접속)

~がてら가 동사와 쓰일 때는 동사 ます형 뒤에 접속한다.

· 涼みがてらカフェに立ち寄った。(すず, た, よ)
바람을 쐬는 겸 카페에 들렀다.

· 子供の顔を見せがてら遊びにおいで。(こども, かお, み, あそ)
아이 얼굴을 보여주는 겸 놀러 와.

실력 PLUS

① 뜻이 비슷한 문형으로 ~をかねて(~을 겸해서)와 ~かたがた(~겸)가 있다. ~がてら와 달리 명사와만 연결된다.

어휘
ドライブ ⑱ 드라이브
徒歩 [とほ] ⑱ 도보
涼む [すずむ] ⑧1 (시원한) 바람을 쐬다
立ち寄る [たちよる] ⑧1 들르다
顔 [かお] ⑱ 얼굴
おいで 와

바로 체크 문장 작문하기

1. 영어 공부를 하는 겸 서양 영화를 봅니다.
   (英語, 勉強, 洋画, 見る) (えいご, べんきょう, ようが, み)

   = _____

2. 새해 인사하는 겸 친구를 만났다.
   (新年, あいさつ, 友人, 会う) (しんねん, ゆうじん, あ)

   = _____

정답 및 해설 p.366

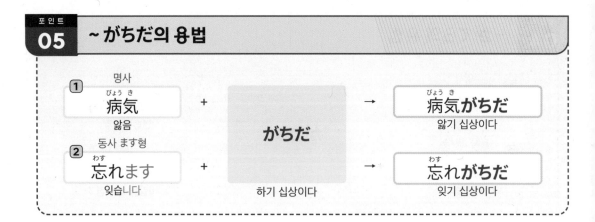

1 **~がちだ** ~하기 십상이다 (명사와 접속)

~がちだ는 '~하기 십상이다'라는 뜻으로, 명사와 쓰일 때는 명사 바로 뒤에 접속한다. 어떤 상태가 되기 쉬움을 나타낼 때 사용하며, 주로 부정적인 상태일 때 사용한다.

· うちのうさぎは病気がちだ。
우리 집 토끼는 앓기 십상이다.

· 今週は曇りがちです。
이번 주는 흐리기 십상입니다.

2 **~がちだ** ~하기 십상이다 (동사 ます형과 접속)

~がちだ가 동사와 쓰일 때는 동사 ます형 뒤에 접속한다.

· 電気を消すのを忘れがちだ。
전기 불을 끄는 것을 잊기 십상이다.

· 週末は家でだらだら過ごしがちです。
주말은 집에서 빈둥빈둥 보내기 십상이다.

실력 PLUS

어휘
うさぎ 명 토끼
週末 [しゅうまつ] 명 주말
だらだら 부 빈둥빈둥

바로 체크 문장 작문하기

1. 이시이 군은 아르바이트를 쉬기 십상이다.
(石井君, アルバイト, 休む)

= _____

2. 현대인은 운동이 부족하기 십상입니다.
(現代人, 運動, 不足)

= _____

정답 및 해설 p.366

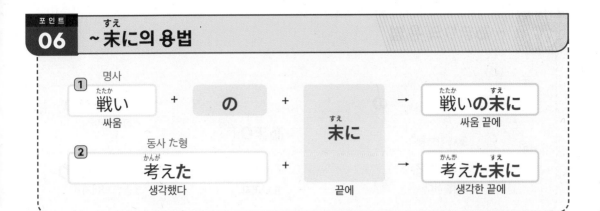

포인트 06 ~末にの용법

1 명사
戦い (싸움) + の + 末에 → 戦いの末に (싸움 끝에)

2 동사 た형
考えた (생각했다) + 末に (끝에) → 考えた末に (생각한 끝에)

---

1 **〜の末に** ~끝에 (명사와 접속)

〜末には '~끝에'라는 뜻으로, 명사와 쓰일 때는 명사 뒤에 조사 〜の를 붙인 후 접속한다. 어떤 상황이나 기간의 마지막 시점을 나타낼 때 사용하며, 그 상황이나 기간이 길었다거나 그동안 어려움을 겪었다는 뉘앙스를 가진다.

· 激しい戦いの末にAチームが勝利した。
격심한 싸움 끝에 A팀이 승리했다.

· 母は長い入院生活の末に亡くなった。
어머니는 긴 입원 생활 끝에 돌아가셨다.

2 **〜た末に** ~끝에 (동사 た형과 접속)

①〜末に가 동사와 쓰일 때는 동사 た형 뒤에 접속한다.

· 家族で考えた末に娘の名前が決まった。
가족끼리 생각한 끝에 딸의 이름이 정해졌다.

· 半年も待った末に新車が買えた。
반년이나 기다린 끝에 새 차를 살 수 있었다.

실력 PLUS

① 동사 중에서는 考える(생각하다), 悩む(고민하다), 迷う(헤매다)와 같은 동사와 자주 사용된다.

어휘

激しい [はげしい] ⓘ형 격심하다
戦い [たたかい] 명 싸움
勝利 [しょうり] 명 승리
長い [ながい] ⓘ형 길다
亡くなる [なくなる] 동1 돌아가시다
新車 [しんしゃ] 명 새 차

바로 체크 문장 작문하기

1. 연구를 계속한 끝에 굉장한 발견을 했다.
(研究, 続ける, すごい, 発見)

= _____

2. 재수 끝에, 제1지망의 대학에 붙었다.
(浪人, 第一志望, 大学, 受かる)

= _____

정답 및 해설 p.366

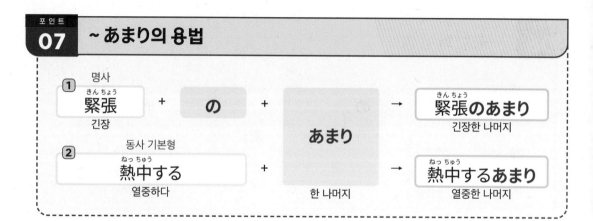

1 ～のあまり ~한 나머지 (명사와 접속)

①～あまり는 '~한 나머지'라는 뜻으로, 명사와 쓰일 때는 명사 뒤에 조사 ～の를 붙인 후 접속한다. 어떤 극단적인 감정이나 상태가 원인이 되어 발생한 결과를 나타낼 때 사용하며, 원인의 결과는 좋지 않은 내용인 경우가 많다.

· 緊張のあまり心臓がばくばくしている。
긴장한 나머지 심장이 벌렁벌렁하고 있다.

· 興奮のあまり叫んでしまった。
흥분한 나머지 소리 질러 버렸다.

2 ～あまり ~한 나머지 (동사 기본형과 접속)

～あまり가 동사와 쓰일 때는 동사 기본형 뒤에 접속한다.

· 仕事に熱中するあまり家族との時間が少ない。
일에 열중한 나머지 가족과의 시간이 적다.

· 急ぐあまりスピードを出した。
서두른 나머지 속도를 냈다.

실력 PLUS

①～あまり는 조사 ～に를 붙여 ～あまりに라고 할 수도 있다. 뜻은 마찬가지로 '~한 나머지'이다.

어휘
心臓 [しんぞう] 명 심장
ばくばく 뷔 벌렁벌렁
興奮 [こうふん] 명 흥분
叫ぶ [さけぶ] 동1 소리 지르다
熱中 [ねっちゅう] 명 열중
スピード 명 속도

바로 체크 **문장 작문하기**

1. 무서운 나머지 다리가 떨렸다.
(恐怖, 足, ふるえる)
= _____

2. 시합에서 조급하게 군 나머지 실수를 연발했다.
(試合, 焦る, ミス, 連発)
= _____

정답 및 해설 p.366

포인트 08 ~おそれがある의 용법

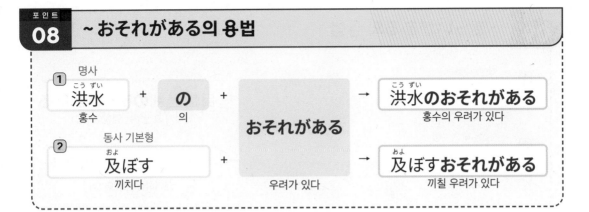

명사					
① 洪水 (こうずい) 홍수	+	の 의	+	おそれがある 우려가 있다	→ 洪水のおそれがある 홍수의 우려가 있다
② 동사 기본형 及ぼす (およぼす) 끼치다	+			→ 及ぼすおそれがある 끼칠 우려가 있다

---

① ~のおそれがある ~의 우려가 있다 (명사와 접속)

~おそれがある는 '~우려가 있다'라는 뜻으로, 명사와 쓰일 때는 명사 뒤에 조사 ~の를 붙인 후 접속한다. 어떤 부정적인 일이 일어날 가능성을 나타낼 때 사용하며, 뉴스나 기사에서 자주 사용되는 표현이다.

· これ以上雨が降れば洪水のおそれがある。
이 이상 비가 내리면 홍수의 우려가 있다.

· スプレー缶は使い方を誤れば爆発のおそれがある。
스프레이 캔은 사용법을 틀리면 폭발의 우려가 있다.

② ~おそれがある ~우려가 있다 (동사 기본형과 접속)

~おそれがある가 동사와 쓰일 때는 동사 기본형 뒤에 접속한다.

· 日常生活に支障を及ぼすおそれがある。
일상 생활에 지장을 끼칠 우려가 있다.

· 日本では常に地震が起こるおそれがある。
일본에서는 항상 지진이 일어날 우려가 있다.

실력 PLUS

어휘
洪水 [こうずい] 명 홍수
スプレー 명 스프레이
缶 [かん] 명 캔
誤る [あやまる] 동1 틀리다
爆発 [ばくはつ] 명 폭발
日常 [にちじょう] 명 일상
支障 [ししょう] 명 지장
及ぼす [およぼす] 동1 끼치다
常に [つねに] 부 항상

바로 체크 문장 작문하기

1. 저 산은 분화의 우려가 있다고 한다.
(山, 噴火, ~という)

= _____

2. 고령자는 감기라도 돌아가실 우려가 있다.
(高齢者, 風邪, 亡くなる)

= _____

정답 및 해설 p.366

① 명사
自信過剰 (じしんかじょう)
자기 과신
+ の + きらいがある → 自信過剰のきらいがある (じしんかじょう)
자기 과신하는 경향이 있다

② 동사 기본형
いやがる
싫어하다
+ きらいがある → いやがるきらいがある
하는 경향이 있다 → 싫어하는 경향이 있다

---

1 ~のきらいがある ~하는 경향이 있다 (명사와 접속)

① ~きらいがある는 '~하는 경향이 있다'라는 뜻으로, 명사와 쓰일 때는 명사 뒤에 조사 ~の를 붙인 후 접속한다. 부정적인 경향이 있음을 나타낼 때 사용하며, 주로 사람을 대상으로 사용한다.

· 彼は自信過剰のきらいがある。 (かれ　じしんかじょう)
그는 자기 과신하는 경향이 있다.

· あの企業は学歴重視のきらいがあるという。 (きぎょう　がくれきじゅうし)
저 기업은 학력 중시하는 경향이 있다고 한다.

2 ~きらいがある ~하는 경향이 있다 (동사 기본형과 접속)

~きらいがある가 동사와 쓰일 때는 동사 기본형 뒤에 접속한다.

· 上司は挑戦をいやがるきらいがある。 (じょうし　ちょうせん)
상사는 도전을 싫어하는 경향이 있다.

· 同僚は人の話をすぐ信じるきらいがある。 (どうりょう　ひと　はなし　しん)
동료는 남의 이야기를 바로 믿는 경향이 있다.

실력 PLUS

① ~きらいがある 앞에 ~ない를 붙이면 '~하지 않는 경향이 있다'라는 문형이 된다.

어휘
自信過剰 [じしんかじょう] 몡 자기 과신
学歴 [がくれき] 몡 학력
重視 [じゅうし] 몡 중시
~という ~라고 한다
挑戦 [ちょうせん] 몡 도전
いやがる 동1 싫어하다

바로 체크 문장 작문하기

1. 부장님은 무엇이든지 부정하는 경향이 있다.
(部長, 何でも, 否定) (ぶちょう　なん　ひてい)

= _____

2. 남동생은 남의 이야기를 흘려듣는 경향이 있다.
(弟 , 人 , 話 , 聞き流す) (おとうと　ひと　はなし　き　なが)

= _____

정답 및 해설 p.366

회화 대비

1 질문에 답하기

(1) **A** 連休は何をしましたか。 연휴는 무엇을 했나요?

  B _____。(帰省, 旅行) 귀성하는 겸 여행했습니다.

(2) **A** 大学に進学するんじゃなかったの？ 대학에 진학하는 거 아니었어?

  B やっぱり_____。(色々, 悩んだ, やめる, 〜ことにする)

  역시 여러모로 고민한 끝에 그만두기로 했다.

(3) **A** 森本さんの話、本当だと思う？ 모리모토 씨 이야기, 정말이라고 생각해?

  B いつも_____わからない。(大げさだ, 話す) 항상 과장되게 이야기하는 경향이 있어서 모르겠어.

JLPT/회화 대비

2 대화 읽고 빈 칸 채우기

(1) **A** 「散歩に（   ）ごみを出してきて。」

  B 「いいよ。燃えるごみだよね？」

  ① 行くあまり   ② 行くおそれがあって   ③ 行くついでに

(2) (役所で)

  A 「パスポートの申請（   ）顔写真が必要です。」

  B 「顔写真、持ってきました。これです。」

  ① がてら   ② にあたって   ③ の末に

(3) (歯医者で)

  A 「すぐ治療したほうがいいですか。」

  B 「はい。このままでは歯を抜くことに（   ）。」

  ① なるおそれがあります   ② なりがちです   ③ なるきらいがあります

JLPT 대비

3 선택지 배열하고 ★에 들어갈 것 고르기

(1) 時代の _____ ★ _____ も大きく変わりました。

  ① 変化   ② 私たちの働き方   ③ とともに

(2) その歌手は緊張する _____ ★ _____ しまった。

  ① 歌詞を   ② あまり   ③ 間違えて

정답 및 해설 p.366

03 명사, 형용사, 동사와 쓰이는 문형 ①

문형 중에는 명사나 형용사, 동사 모두와 쓸 수 있는 문형이 있다. ~なくて[~하지 않아서], ~だろう[~일 것이다]와 같이 명사, 형용사, 동사와 쓰이는 기본적인 문형의 용법과 접속 방법을 알아보자.

▲ MP3 바로 듣기

포인트 01 ~なくて의 용법

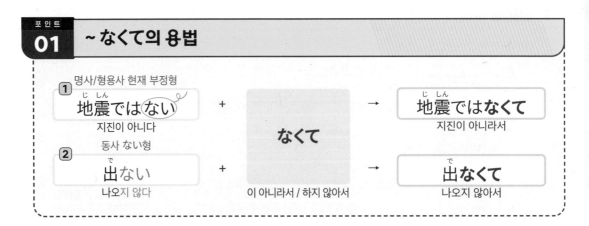

① 명사/형용사 현재 부정형
地震ではない   +   なくて   →   地震ではなくて
지진이 아니다   지진이 아니라서

② 동사 ない형
出ない   +   なくて   →   出なくて
나오지 않다   이 아니라서 / 하지 않아서   나오지 않아서

---

1 ~なくて ~이 아니라서 / ~하지 않아서 (명사/형용사 현재 부정형과 접속)

~なくて는 '~이 아니라서', '~하지 않아서'라는 뜻으로, 명사/형용사의 현재 부정형과 쓸 때는 ~ない를 뗀 현재 부정형과 접속한다. 행동이나 상태의 원인을 나타낼 때 사용한다.

· 強い地震ではなくて良かった。
  강한 지진이 아니라서 다행이다.

· 手先が器用じゃなくてDIYも苦手だ。
  손재주가 있지 않아서 DIY도 서투르다.

2 ~なくて ~하지 않아서 (동사 ない형과 접속)

~なくて가 동사의 ない형과 쓰일 때는 ない형 바로 뒤에 접속한다.

· 蛇口からお湯が出なくて困った。
  수도꼭지에서 뜨거운 물이 나오지 않아서 곤란했다.

· はるかさんがパーティーに来なくて残念だった。
  하루카 씨가 파티에 오지 않아서 유감이었다.

실력 PLUS

어휘
手先 [てさき] 圏 손재주
器用だ [きようだ] な형 재주 있다
蛇口 [じゃぐち] 圏 수도꼭지

바로 체크 문장 작문하기

1. 오늘은 손님이 많지 않아서 한가했습니다.
   (今日, お客さん, 多い, 暇だ)

   = _____

2. 외국에 갔을 때, 물이 공짜가 아니라서 놀랐다.
   (外国, 行く, ~とき, 水, ただ, 驚く)

   = _____

정답 및 해설 p.367

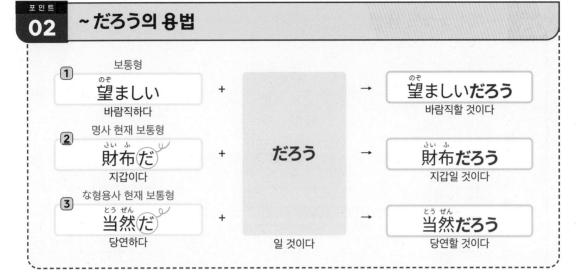

포인트 02 ~だろう의 용법

보통형
望ましい
바람직하다

\+ だろう →

望ましいだろう
바람직할 것이다

명사 현재 보통형
財布だ
지갑이다

\+ だろう →

財布だろう
지갑일 것이다

な형용사 현재 보통형
当然だ
당연하다

\+ だろう
일 것이다
→

当然だろう
당연할 것이다

---

1 ~だろう ~일 것이다 (보통형과 접속)

~だろう는 ①'~일 것이다'라는 뜻으로, 명사/형용사/동사의 보통형과 쓰일 때는 보통형 바로 뒤에 접속한다. ②추측이나 주관적인 판단을 부드럽게 전달할 때 사용한다.

· 睡眠は一日7時間くらいが望ましいだろう。
  수면은 하루 7시간 정도가 바람직할 것이다.

· その国の経済はさらに発展するだろう。
  그 나라의 경제는 더욱 발전할 것이다.

2 ~だろう ~일 것이다 (명사 현재 보통형과 접속)

~だろう가 명사의 현재 보통형과 쓰일 때는 끝 글자인 ~だ를 뗀 현재 보통형과 접속한다.

· これは田口さんの財布だろう。
  이것은 다구치 씨의 지갑일 것이다.

3 ~だろう ~일 것이다 (な형용사 현재 보통형과 접속)

~だろう가 な형용사의 현재 보통형과 쓰일 때는 끝 글자인 ~だ를 뗀 현재 보통형과 접속한다.

· 親が子供を心配するのは当然だろう。
  부모가 아이를 걱정하는 것은 당연할 것이다.

실력 PLUS

① '~일 것이다'라는 뜻 외에 '~지?'라는 뜻으로도 쓰이며, 이때는 말끝을 올려 말한다. 어떤 내용을 확인하며 동의를 구할 때 사용한다.

예 これ、おいしいだろう?
    이거, 맛있지?

② 추측을 나타낼 때 사용하는 부사인 たぶん(아마), きっと(분명)와 자주 함께 사용된다.

어휘
望ましい [のぞましい] い형 바람직하다
経済 [けいざい] 명 경제
さらに 부 더욱
発展 [はってん] 명 발전
財布 [さいふ] 명 지갑
当然だ [とうぜんだ] な형 당연하다

바로 체크 문장 작문하기

1. 이 애니메이션은 해외에서도 인기일 것이다.
   (アニメ, 海外, ~でも, 人気)
   = _____

2. 눈이 내리고 있으니, 밖은 추울 것이다.
   (雪, 降る, ~ている, 外, 寒い)
   = _____

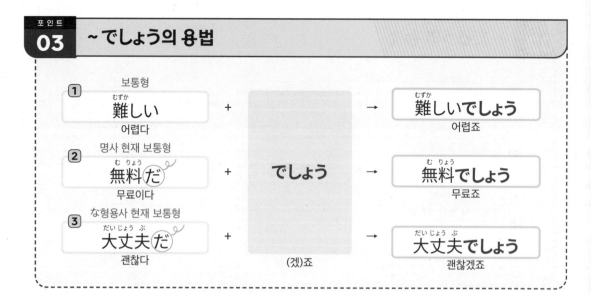

① 보통형
むずか
難しい
어렵다
+ でしょう →
むずか
難しいでしょう
어렵죠

② 명사 현재 보통형
む りょう
無料だ
무료이다
+ でしょう →
む りょう
無料でしょう
무료죠

③ な형용사 현재 보통형
だいじょう ぶ
大丈夫だ
괜찮다
+ でしょう →
だいじょう ぶ
大丈夫でしょう
괜찮겠죠

(겠)죠

① **~でしょう** ~(겠)죠 (보통형과 접속)

~でしょう는 '~죠', '~겠죠'라는 뜻으로, 명사/형용사/동사의 보통형과 쓰일 때는 보통형 바로 뒤에 접속한다. ~だろう의 정중한 표현이다.

ほん しょうがくせい むずか
· この本は小学生には難しいでしょう? 　　　이 책은 초등학생에게는 어렵죠?
あめ ゆき か
· 雨は雪に変わるでしょう。 　　　　　　　　비는 눈으로 바뀌겠죠.

② **~でしょう** ~(겠)죠 (명사 현재 보통형과 접속)

~でしょう가 명사의 현재 보통형과 쓰일 때는 끝 글자인 ~だ를 뗀 현재 보통형과 접속한다.

よう じ にゅうじょう む りょう
· 幼児は入場が無料でしょう? 　　　　　　유아는 입장이 무료죠?

③ **~でしょう** ~(겠)죠 (な형용사 현재 보통형과 접속)

~でしょう가 な형용사의 현재 보통형과 쓰일 때는 끝 글자인 ~だ를 뗀 현재 보통형과 접속한다.

かれ まか だいじょう ぶ
· 彼に任せれば大丈夫でしょう。 　　　　　그에게 맡기면 괜찮겠죠.

실력 PLUS

어휘
幼児 [ようじ] 명 유아
入場 [にゅうじょう] 명 입장
無料 [むりょう] 명 무료
任せる [まかせる] 동2 맡기다

바로 체크 문장 작문하기

1. 이 문제는 시험에 나오겠죠. (問題, テスト, 出る)

= _____

2. 신상 스커트, 멋지죠? (新作, スカート, おしゃれだ)

= _____

정답 및 해설 p.367

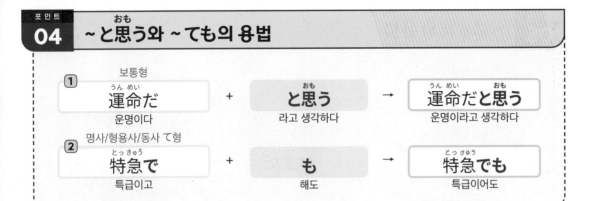

포인트 04
~と思う와 ~ても의 용법

1 보통형				
運命だ 운명이다	+	と思う 라고 생각하다	→	運命だと思う 운명이라고 생각하다
2 명사/형용사/동사 て형				
特急で 특급이고	+	も 해도	→	特急でも 특급이어도

1 ~と思う ~라고 생각하다

~と思う는 ①'~라고 생각하다'라는 뜻으로, 명사/형용사/동사의 보통형과 쓰일 때는 보통형 바로 뒤에 접속한다.

· **私たちの出会いは運命だと思う。**
우리들의 만남은 운명이라고 생각한다.

· **一人で夜道を歩くのは危険だと思う。**
혼자서 밤길을 걷는 것은 위험하다고 생각한다.

2 ~ても ~해도

~ても는 '~해도'라는 뜻으로, 명사/형용사/동사의 て형과 쓰일 때는 て형 뒤에 ~も를 접속한다. 뒤 내용이 앞 내용을 통해 예상 가능한 것이나 기대되는 것과 다를 때 사용한다.

· **特急でも割引が適用されます。**
특급이어도 할인이 적용됩니다.

· **ヒーターをつけても、寝室が暖まらない。**
히터를 틀어도, 침실이 따뜻해지지 않는다.

실력 PLUS

① '~라고 생각하다'라는 뜻 외에 문맥에 따라 '~한 것 같다'로 해석하기도 한다.

[예] この服が一番かわいい**と思う。**
이 옷이 제일 귀여운 **것 같아.**

[어휘]
出会い [であい] [명] 만남
運命 [うんめい] [명] 운명
夜道 [よみち] [명] 밤길
割引 [わりびき] [명] 할인
適用 [てきよう] [명] 적용
ヒーター [명] 히터
つける [동2] 틀다
寝室 [しんしつ] [명] 침실
暖まる [あたたまる] [동1] 따뜻해지다

바로 체크 문장 작문하기

1. 이 원피스는 나에게는 작다고 생각한다.
(ワンピース, 私, 小さい)
= ____________________

2. 야채는 싫어해도 먹는 편이 좋다.
(野菜, きらいだ, 食べる, ~たほうがいい)
= ____________________

정답 및 해설 p.367

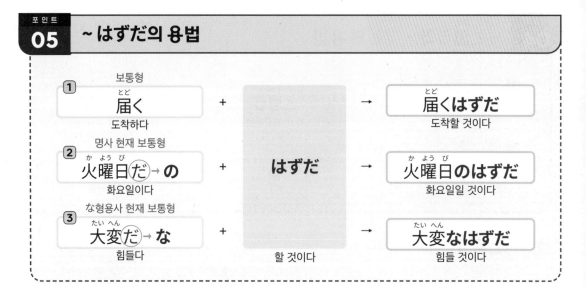

1 ~はずだ ~할 것이다 (보통형과 접속)

~はずだ는 '~할 것이다'라는 ①뜻으로, 명사/형용사/동사의 보통형과 쓰일 때는 보통형 바로 뒤에 접속한다. 논리적인 이유를 바탕으로 한 추측으로, 강한 확신을 나타낼 때 사용한다.

· 荷物は明日届くはずだ。　　　짐은 내일 도착할 것이다.

2 ~のはずだ ~할 것이다 (명사 현재 보통형과 접속)

~はずだ가 명사의 현재 보통형과 쓰일 때는 끝 글자인 ~だ를 ~の로 바꾼 현재 보통형과 접속한다.

· 会議は火曜日のはずです。　　　회의는 화요일일 것입니다.

3 ~なはずだ ~할 것이다 (な형용사 현재 보통형과 접속)

~はずだ가 な형용사의 현재 보통형과 쓰일 때는 끝 글자인 ~だ를 ~な로 바꾼 현재 보통형과 접속한다.

· どんな仕事も大変なはずだ。　　　어떤 일도 힘들 것이다.

실력 PLUS

① 뜻이 비슷한 문형인 ~だろう(~일 것이다)나 ~でしょう(~일 것입니다)보다 확신에 찬 추측이다.

바로 체크 **문장 작문하기**

1. 유키 씨는 한국어를 술술 잘할 것이다.
   (ゆきさん, 韓国語, ぺらぺらだ)

   = _____

2. 이 문제의 답은 1번일 것이다.
   (問題, 答え, 1番)

   = _____

정답 및 해설 p.367

포인트 06 ~はずがない의 용법

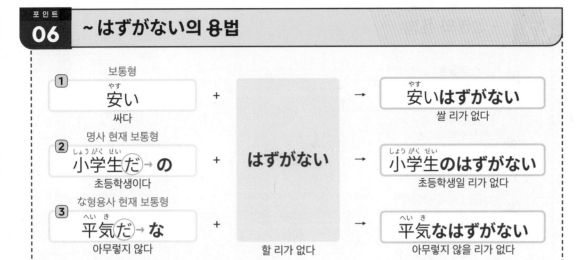

1 ~はずがない ~할 리가 없다 (보통형과 접속)

~はずがない는 '~할 리가 없다'라는 뜻으로, 명사/형용사/동사의 보통형과 쓰일 때는 보통형 바로 뒤에 접속한다. 화자가 판단하기에 불가능한 일일 때 사용한다.

・ブランドのバッグがこんなに安いはずがない。
브랜드 가방이 이렇게 쌀 리가 없다.

2 ~のはずがない ~할 리가 없다 (명사 현재 보통형과 접속)

~はずがない가 명사의 현재 보통형과 쓰일 때는 끝 글자인 ~だ를 ~の로 바꾼 현재 보통형과 접속한다.

・あんなに背が高くて小学生のはずがない。
저렇게 키가 큰데 초등학생일 리가 없다.

3 ~なはずがない ~할 리가 없다 (な형용사 현재형과 접속)

~はずがない가 な형용사의 현재 보통형과 쓰일 때는 끝 글자인 ~だ를 ~な로 바꾼 현재 보통형과 속한다.

・人にだまされて平気なはずがない。
다른 사람에게 속고 아무렇지 않을 리가 없다.

실력 PLUS

어휘
ブランド 똉 브랜드
バッグ 똉 가방, 백
こんなに 이렇게
あんなに 저렇게
背 [せ] 똉 키
平気だ [へいきだ] 〈な형〉 아무렇지 않다

바로 체크 문장 작문하기

1. 이렇게 간단한 계산을 틀릴 리가 없다.
(こんなに, 簡単だ, 計算, 間違える)

= _____

2. 그는 프로니까 못할 리가 없다.
(彼, プロ, 下手だ)

= _____

정답 및 해설 p.367

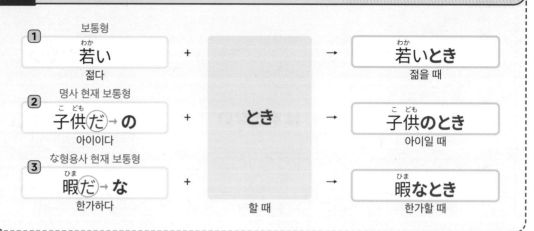

1 ～とき ~할 때 (보통형과 접속)

①～とき는 '~할 때'라는 뜻으로, 명사/형용사/동사의 보통형과 쓰일 때는 보통형 바로 뒤에 접속한다.

- **若いとき、よく海外旅行に行きました。**　젊을 때, 자주 해외 여행하러 갔습니다.
- **家を出るとき、鍵をかけてね。**　집을 나올 때, 열쇠를 채워줘.

2 ～のとき ~할 때 (명사 현재 보통형과 접속)

～とき가 명사의 현재 보통형과 쓰일 때는 끝 글자인 ～だ를 ～の로 바꾼 현재 보통형과 접속한다.

- **子供のとき、わがままだった。**　아이일 때, 제멋대로였다.

3 ～なとき ~할 때 (な형용사 현재 보통형과 접속)

～とき가 な형용사의 현재 보통형과 쓰일 때는 끝 글자인 ～だ를 ～な로 바꾼 현재 보통형과 접속한다.

- **暇なときに連絡してください。**　한가할 때에 연락해 주세요.

실력 PLUS

① ～とき는 ～時로 한자 표기하기도 한다.

어휘
若い [わかい] い형 젊다
わがままだ な형 제멋대로이다

바로 체크　문장 작문하기

1. 졸릴 때는 커피를 마신다. (眠い, コーヒー, 飲む)

= _____

2. 이 상점가가 북적였던 때도 있다. (商店街, にぎやかだ, ある)

= _____

정답 및 해설 p.367

포인트 08 ~場合の 용법

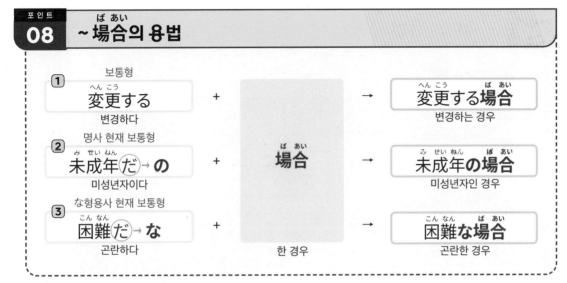

① 보통형
変更する
변경하다

+

場合

→

変更する場合
변경하는 경우

② 명사 현재 보통형
未成年だ→の
미성년자이다

+

場合

→

未成年の場合
미성년자인 경우

③ な형용사 현재 보통형
困難だ→な
곤란하다

+

한 경우

→

困難な場合
곤란한 경우

---

① **~場合** ~한 경우 (보통형과 접속)

~場合는 '~한 경우'라는 뜻으로, 명사/형용사/동사의 보통형과 쓰일 때는 보통형 바로 뒤에 접속한다.

· 便を変更する場合、手数料がかかります。
비행기 편을 변경하는 경우, 수수료가 듭니다.

· 疲れがひどい場合は早く寝たほうがいい。
피로가 심한 경우는 빨리 자는 편이 좋다.

② **~の場合** ~한 경우 (명사 현재 보통형과 접속)

~場合가 명사의 현재 보통형과 쓰일 때는 끝 글자인 ~だ를 ~の로 바꾼 현재 보통형과 접속한다.

· 未成年の場合、保護者の同意が必要です。
미성년자인 경우, 보호자의 동의가 필요합니다.

③ **~な場合** ~한 경우 (な형용사 현재 보통형과 접속)

~場合가 な형용사의 현재 보통형과 쓰일 때는 끝 글자인 ~だ를 ~な로 바꾼 현재 보통형과 접속한다.

· 通院が困難な場合は入院しなければならない。
통원이 곤란한 경우는 입원하지 않으면 안 된다.

실력 PLUS

어휘
便 [びん] 몡 (비행기) 편
変更 [へんこう] 몡 변경
手数料 [てすうりょう] 몡 수수료
疲れ [つかれ] 몡 피로
未成年 [みせいねん] 몡 미성년자
保護者 [ほごしゃ] 몡 보호자
同意 [どうい] 몡 동의
通院 [つういん] 몡 통원
困難だ [こんなんだ] な형 곤란하다

바로 체크 문장 작문하기

1. 40점 이하인 경우, 추가 시험을 봐 주세요.
(40点, 以下, 追試, 受ける, ~てください)

= _____

2. 답장이 불필요한 경우, 그것을 전하자.
(返信, 不要だ, そのこと, 伝える)

= _____

정답 및 해설 p.367

1 **~のに** ~한데 (보통형과 접속)

~のに는 '~인데'라는 뜻으로, 명사/형용사/동사의 보통형과 쓰일 때는 보통형 바로 뒤에 접속한다. 의외이거나 이상하다는 뉘앙스를 가진다.

· こんなに寒いのに、彼はシャツ一枚だ。
이렇게 추운데, 그는 셔츠 한 장이다.

· 授業が始まったのに、佐藤さんが来ていない。
수업이 시작됐는데, 사토 씨가 오지 않았다.

2 **~なのに** ~한데 (명사 현재 보통형과 접속)

~のに가 명사의 현재 보통형과 쓰일 때는 끝 글자인 ~だ를 ~な로 바꾼 현재 보통형과 접속한다.

· 息子は受験生なのに、全然勉強しない。
아들은 수험생인데, 전혀 공부하지 않는다.

3 **~なのに** ~한데 (な형용사 현재 보통형과 접속)

~のに가 な형용사의 현재 보통형과 쓰일 때는 끝 글자인 ~だ를 ~な로 바꾼 현재 보통형과 접속한다.

· この化粧水は成分がいいことで有名なのに、値段まで安い。
이 화장수는 성분이 좋은 것으로 유명한데, 가격까지 싸다.

실력 PLUS

어휘
シャツ 圏 셔츠
枚 [まい] 장
受験生 [じゅけんせい] 圏 수험생
化粧水 [けしょうすい] 圏 화장수, 스킨
成分 [せいぶん] 圏 성분

바로 체크 문장 작문하기

1. 주말인데, 백화점은 비어 있었습니다.
(週末, デパート, 空く, ~ている)
= _____

2. 미쓰이 군은 말랐는데, 잘 먹는다.
(三井君, 細い, よく, 食べる)
= _____

정답 및 해설 p.368

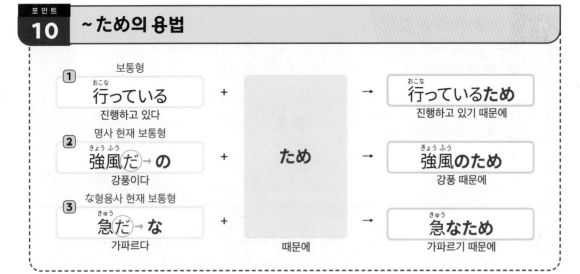

포인트 **10**

~ための 용법

① 보통형 行(おこな)っている 진행하고 있다	+	ため 때문에	→	行(おこな)っているため 진행하고 있기 때문에
② 명사 현재 보통형 強風(きょうふう)だ → の 강풍이다	+		→	強風(きょうふう)のため 강풍 때문에
③ な형용사 현재 보통형 急(きゅう)だ → な 가파르다	+		→	急(きゅう)なため 가파르기 때문에

① ～ため ~때문에 (보통형과 접속)

①～ため는 '~때문에'라는 뜻으로, 명사/형용사/동사의 보통형과 쓰일 때는 보통형 바로 뒤에 접속한다.

· 工事(こうじ)を行(おこな)っているため、通(とお)れません。
공사를 진행하고 있기 때문에, 지날 수 없습니다.

· 賞味期限(しょうみきげん)が近(ちか)いため、価格(かかく)を下(さ)げて売(う)る。
유통 기한이 가깝기 때문에, 가격을 내려서 판다.

② ～のため ~때문에 (명사 현재 보통형과 접속)

～ため가 명사의 현재 보통형과 쓰일 때는 끝 글자인 ～だ를 ～の로 바꾼 현재 보통형과 접속한다.

· 強風(きょうふう)のため、花火大会(はなびたいかい)を中止(ちゅうし)します。
강풍 때문에, 불꽃축제를 중지합니다.

③ ～なため ~때문에 (な형용사 현재 보통형과 접속)

～ため가 な형용사의 현재 보통형과 쓰일 때는 끝 글자인 ～だ를 ～な로 바꾼 현재 보통형과 접속한다.

· 階段(かいだん)が急(きゅう)なため、足元(あしもと)に注意(ちゅうい)してください。
계단이 가파르기 때문에, 발 밑을 주의해 주세요.

실력 PLUS

① ～ため 뒤에 ～に를 붙여 ～ために라고 말하기도 한다.

[어휘]

工事 [こうじ] [명] 공사
賞味期限 [しょうみきげん] [명] 유통 기한
価格 [かかく] [명] 가격
下げる [さげる] [동2] 내리다
売る [うる] [동1] 팔다
花火大会 [はなびたいかい] [명] 불꽃축제

바로 체크 문장 작문하기

1. 사고 때문에, 전철이 늦어지고 있습니다.
(事故(じこ), 電車(でんしゃ), 遅(おく)れる, ～ている)
= ______________________

2. 아이가 열이 났기 때문에, 회사를 조퇴했다.
(子供(こども), 熱(ねつ)を出(だ)す, 会社(かいしゃ), 早退(そうたい))
= ______________________

정답 및 해설 p.368

포인트 11

~ままの 용법 ①

명사 현재 보통형				
① 制服(せいふく)だ → の (교복이다)	+	まま (한 채 / 한 그대로)	→	制服(せいふく)のまま (교복인 채)
② な형용사 현재 보통형 複雑(ふくざつ)だ → な (복잡하다)	+	まま (한 채 / 한 그대로)	→	複雑(ふくざつ)なまま (복잡한 그대로)

① ～のまま ~한 채 / ~한 그대로 (명사 현재 보통형과 접속)

～ままは '~한 채', '~한 그대로'라는 뜻으로, 명사의 현재 보통형과 쓰일 때는 끝 글자인 ～だ를 ～の로 바꾼 현재 보통형과 접속한다.

・制服(せいふく)のまま、遊(あそ)びに行(い)った。
교복인 채, 놀러 갔다.

・生(なま)のまま食(た)べてはいけない魚(さかな)がある。
날 것인 채 먹으면 안 되는 생선이 있다.

② ～なまま ~한 채 / ~한 그대로 (な형용사 현재 보통형과 접속)

～まま가 な형용사의 현재 보통형과 쓰일 때는 끝 글자인 ～だ를 ～な로 바꾼 현재 보통형과 접속한다.

・いくら謝(あやま)られても、心(こころ)は複雑(ふくざつ)なままだった。
아무리 사과 받아도, 마음은 복잡한 그대로였다.

・彼女(かのじょ)は当時(とうじ)と変(か)わらず親切(しんせつ)なままだ。
그녀는 당시와 변함없이 친절한 그대로이다.

실력 PLUS

어휘
制服 [せいふく] [명] 교복
生 [なま] [명] 날 것
～てはいけない ~해서는 안 된다
いくら [부] 아무리
当時 [とうじ] [명] 당시
変わらず [かわらず] 변함없이

바로 체크 **문장 작문하기**

1. 초등학교 학교 건물은 20년 전 그대로였습니다.
(小学校(しょうがっこう), 校舎(こうしゃ), ２０年前(にじゅうねんまえ))
= ____________________

2. 충분한 준비를 하지 못해서, 불안한 채 시험을 봤다.
(十分(じゅうぶん)だ, 準備(じゅんび), できる, ～なくて, 不安(ふあん)だ, 試験(しけん), 受(う)ける)
= ____________________

정답 및 해설 p.368

① い형용사 현재 보통형
怖い + **まま** → **怖いまま**
무섭다   무서운 그대로

② 동사 た형
付いた + → **付いたまま**
붙다   한 채 / 한 그대로   붙은 채

---

① **~まま** ~한 채 / ~한 그대로 (い형용사 현재 보통형과 접속)

실력 PLUS

~まま가 い형용사의 현재 보통형과 쓰일 때는 현재 보통형 바로 뒤에 접속한다.

· **大人になっても、注射が怖いままです。**
어른이 되어도, 주사가 무서운 그대로입니다.

· **年を取っても、細いままだ。**
나이를 먹어도, 마른 그대로이다.

② **~たまま** ~한 채 / ~한 그대로 (동사 た형과 접속)

~まま가 동사의 た형과 쓰일 때는 た형 바로 뒤에 접속한다.

· **セーターのタグが付いたままだった。**
스웨터에 꼬리표가 붙은 채였다.

· **電気をつけたまま、寝てしまった。**
전기 불을 켠 채, 자 버렸다.

· **見たままを警察に話した。**
본 그대로를 경찰에 이야기했다.

어휘
注射 [ちゅうしゃ] 圀 주사
細い [ほそい] い형 마르다
セーター 圀 스웨터
タグ 圀 꼬리표
付く [つく] 동1 붙다
警察 [けいさつ] 圀 경찰

바로 체크 **문장 작문하기**

1. 이제 1월인데 트리를 장식한 채이다.
   (もう, 一月, ~のに, ツリー, 飾る)

   = _____

2. 된장국에 물을 더했는데 짠 그대로이다.
   (みそ汁, 水, 足す, ~のに, しょっぱい)

   = _____

정답 및 해설 p.368

4권
문장의 틀이 되는 문형 2 | 쉽게 끝내는 해커스 일본어 문법

① 보통형		
参加_{さんか}する 참가하다	+	→ 参加_{さんか}するかどうか 참가할지 어떨지
② 명사 현재 보통형 本音_{ほんね}だ 본심이다	+ かどうか	→ 本音_{ほんね}かどうか 본심일지 어떨지
③ な형용사 현재 보통형 好_すきだ 좋아하다	+ 할지 어떨지	→ 好_すきかどうか 좋아할지 어떨지

---

① ~かどうか ~할지 어떨지 (보통형과 접속)

① ~かどうか는 '~할지 어떨지'라는 뜻으로, 명사/형용사/동사의 보통형과 쓰일 때는 보통형 바로 뒤에 접속한다. 선택을 묻거나 불확실한 내용을 말할 때 사용한다.

· 原_{はら}さんも飲_のみ会_{かい}に参加_{さんか}するかどうか聞_きいた。
하라 씨도 회식에 참가할지 어떨지 물었다.

· 間違_{まちが}いがないかどうか見直_{みなお}した。
오류가 없을지 어떨지 다시 봤다.

② ~かどうか ~할지 어떨지 (명사 현재 보통형과 접속)

~かどうか가 명사의 현재 보통형과 쓰일 때는 끝 글자인 ~だ를 뗀 현재 보통형과 접속한다.

· それが彼女_{かのじょ}の本音_{ほんね}かどうかわからない。
그것이 그녀의 본심일지 어떨지 모른다.

③ ~かどうか ~할지 어떨지 (な형용사 현재 보통형과 접속)

~かどうか가 な형용사의 현재 보통형과 쓰일 때는 끝 글자인 ~だ를 뗀 현재 보통형과 접속한다.

· 部長_{ぶちょう}が焼肉_{やきにく}が好_すきかどうか知_しっていますか。
부장님이 불고기를 좋아할지 어떨지 알고 있습니까?

실력PLUS

① ~かどうか에서 ~どうか를 생략하고 ~か(~할지)만 쓰기도 한다.

어휘
間違い [まちがい] (명) 오류
見直す [みなおす] (동I) 다시 보다
本音 [ほんね] (명) 본심
焼肉 [やきにく] (명) 불고기
好きだ [すきだ] (な형) 좋아하다

바로 체크 문장 작문하기

1. 대출 심사가 통과할지 어떨지 불안하다.
(ローン, 審査_{しんさ}, 通_{とお}る, 不安_{ふあん}だ)
= _____

2. 주문하기 전에 매울지 어떨지 물었다.
(注文_{ちゅうもん}, ~前_{まえ}に, 辛_{から}い, 聞_きく)
= _____

정답 및 해설 p.368

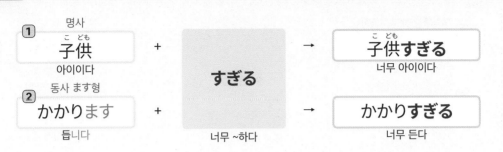

① ~すぎる 너무 ~하다 (명사와 접속)

~すぎる는 '너무 ~하다'라는 뜻으로, 명사와 쓰일 때는 명사 바로 뒤에 접속한다.

· **考え方や行動が子供すぎる。**　　사고방식이나 행동이 너무 아이이다.

· **彼は優等生すぎてつまらない。**　　그는 너무 우등생이어서 재미없다.

· **その俳優はイケメンすぎる。**　　그 배우는 너무 꽃미남이다.

② ~すぎる 너무 ~하다 (동사 ます형과 접속)

~すぎる가 동사의 ます형과 쓰일 때는 ます형 바로 뒤에 접속한다.

· **この企画は予算がかかりすぎる。**　이 기획은 예산이 너무 든다.

· **カラオケが楽しくて歌いすぎた。**　노래방이 즐거워서 너무 노래했다.

· **春服を買いすぎた。**　　봄 옷을 너무 샀다.

실력 PLUS

어휘

考え方 [かんがえかた] 명 사고방식
優等生 [ゆうとうせい] 명 우등생
イケメン 명 꽃미남
カラオケ 명 노래방
春服 [はるふく] 명 봄 옷

바로 체크　**문장 작문하기**

1. 소면을 너무 삶아 버렸다.

　(そうめん, ゆでる, ~てしまう)

　= _____

2. 학생일 때, 너무 가난해서 외식도 할 수 없었다.
　(学生, ~とき, 貧乏, 外食, できる)

　= _____

정답 및 해설 p.368

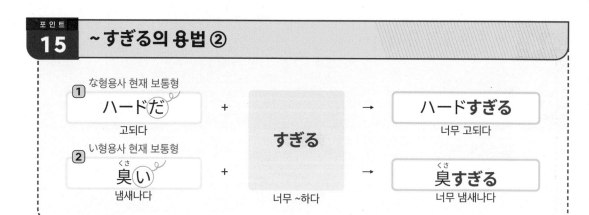

① ~すぎる 너무 ~하다 (な형용사 현재 보통형과 접속)

~すぎる가 な형용사의 현재 보통형과 쓰일 때는 끝 글자인 ~だ를 뗀 현재 보통형과 접속한다.

- 20キロのマラソンはハードすぎる。   20킬로미터 마라톤은 너무 고되다.
- あの自転車の乗り方は危険すぎる。   저 자전거 타는 법은 너무 위험하다.
- すもうが好きだなんて意外すぎる。   스모를 좋아한다니 너무 의외다.

② ~すぎる 너무 ~하다 (い형용사 현재 보통형과 접속)

~すぎる가 ①い형용사의 현재 보통형과 쓰일 때는 끝 글자인 ~い를 뗀 현재 보통형과 접속한다.

- 生ごみが臭すぎる。   음식물 쓰레기는 너무 냄새 난다.
- お小遣いが少なすぎる。   용돈이 너무 적다.
- スポーツカーはかっこよすぎる。   스포츠카는 너무 멋있다.

실력 PLUS

① い형용사 いい(좋다)와 연결될 때는 良すぎる(너무 좋다), ない(없다)와 연결될 때는 なさすぎる(너무 없다)가 된다.

어휘

ハードだ 〔な형〕 고되다
すもう 〔명〕 스모
意外だ [いがいだ] 〔な형〕 의외다
生ごみ [なまごみ] 〔명〕 음식물 쓰레기
臭い [くさい] 〔い형〕 냄새 나다
お小遣い [おこづかい] 〔명〕 용돈
スポーツカー 〔명〕 스포츠카

바로 체크 문장 작문하기

1. 너무 시끄러워서, 선생님에게 주의 받았다.
(うるさい, 先生, 注意)

= _____

2. 오오타 씨의 복장은 너무 화려하다.
(太田さん, 服装, 派手だ)

= _____

정답 및 해설 p.368

회화 대비
1 질문에 답하기

(1) **A** あのニュースについてどう思いますか。 그 뉴스에 대해 어떻게 생각합니까?

　　B とても＿＿＿＿＿＿＿＿。(悲しい) 너무 슬프다고 생각합니다.

(2) **A** 入場チケットの団体割引はありますか。 입장 티켓 단체 할인은 있나요?

　　B はい。＿＿＿＿＿＿＿＿。(30人, 以上, 1200円, なる) 네. 30명 이상일 경우 1200엔이 됩니다.

(3) **A** この教材は初級ですか。 이 교재는 초급인가요?

　　B 上級です。＿＿＿＿＿＿＿＿。(初級者, 難しい) 고급입니다. 초급자에게는 어렵겠죠.

JLPT/회화 대비
2 대화 읽고 빈 칸 채우기

(1) **A** 「牛肉が1000円だけど、買う？」

　　B 「それは（　　　）。他のはない？」

　　① 高すぎる　　　　　　　　② 高くなる　　　　　　　③ 高かった

(2) (家で)

　　A 「またトイレの電気をつけた（　　　）よ。」

　　B 「ごめん。気を付けるね。」

　　① のだ　　　　　　　　　② ままだ　　　　　　　　③ ため

(3) **A** 「明日の会議に、本部長が（　　　）わかりますか。」

　　B 「今回は出席しないと聞いていますが。」

　　① 出席するかどうか　　　② 出席するという　　　　③ 出席するのに

JLPT 대비
3 선택지 배열하고 ★에 들어갈 것 고르기

(1) 最初から ＿＿＿ ＿★＿ ＿＿＿ すれば、できるようになるだろう。

　　① 練習　　　　　　　　　② なくても　　　　　　　③ うまく

(2) ＿＿＿ ＿★＿ ＿＿＿ のノートパソコンがほしい。

　　① 便利な　　　　　　　　② サイズ　　　　　　　　③ 重くなくて

정답 및 해설 p.368

04 명사, 형용사, 동사와 쓰이는 문형 ②

명사, 형용사, 동사와 쓰이는 문형 중에는 ~のだ[~한 것이다], ~べきだ[~해야 한다]와 같은 문형이 있다. 이러한 문형의 용법과 접속 방법을 알아보자.

▲ MP3 바로 듣기

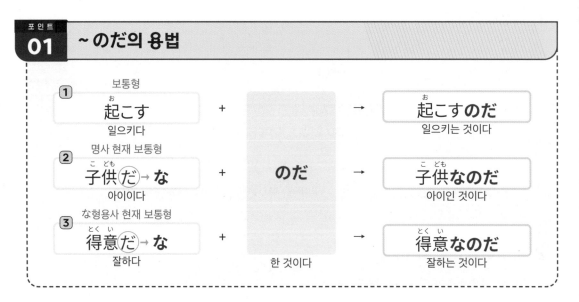

보통형				
① 起こす 일으키다	+		→	起こすのだ 일으키는 것이다
② 명사 현재 보통형 子供だ→な 아이이다	+	のだ	→	子供なのだ 아이인 것이다
③ な형용사 현재 보통형 得意だ→な 잘하다	+	한 것이다	→	得意なのだ 잘하는 것이다

1 ~のだ ~한 것이다 (보통형과 접속)

①~のだ는 '~한 것이다'라는 뜻으로, 명사/형용사/동사의 보통형과 쓰일 때는 보통형 바로 뒤에 접속한다. 원인이나 이유를 설명할 때 사용한다.

· 運転に集中しないから、事故を起こすのだ。
  운전에 집중하지 않으니까, 사고를 일으키는 것이다.

2 ~なのだ ~한 것이다 (명사 현재 보통형과 접속)

~のだ가 명사의 현재 보통형과 쓰일 때는 끝 글자인 ~だ를 ~な로 바꾼 현재 보통형과 접속한다.

· 彼はもう大人だが、中身は子供なのだ。
  그는 이제 어른이지만, 속은 아이인 것이다.

3 ~なのだ ~한 것이다 (な형용사 현재 보통형과 접속)

~のだ가 な형용사의 현재 보통형과 쓰일 때는 끝 글자인 ~だ를 ~な로 바꾼 현재 보통형과 접속한다.

· 小さい頃からやっていたからテニスは得意なのだ。
  어린 시절부터 하고 있었기 때문에 테니스는 잘하는 것이다.

실력 PLUS

① ~のだ는 ~んだ라는 형태로도 사용한다. 보다 일상 회화적인 표현이다.

어휘

中身 [なかみ] 圏 속
頃 [ころ] 圏 시절
得意だ [とくいだ] な형 잘하다

바로 체크 문장 작문하기

1. 정체로 늦은 것입니다. (渋滞, 遅れる)

= _____

2. 휴일은 한가한 것이다. (休日, 暇だ)

= _____

정답 및 해설 p.369

~べきだ의 용법 ①

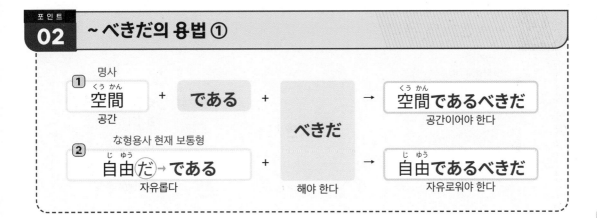

① 명사
空間 (공간) + である + → 空間であるべきだ (공간이어야 한다)

べきだ (해야 한다)

② な형용사 현재 보통형
自由だ → である + → 自由であるべきだ (자유로워야 한다)
(자유롭다)

---

① **～であるべきだ** ~해야 한다 (명사와 접속)

～べきだ는 '~해야 한다'라는 뜻으로, 명사와 쓰일 때는 명사 뒤에 ～である를 붙이고 접속한다.

· 学校は勉学にふさわしい空間であるべきだ。
학교는 면학에 어울리는 공간이어야 한다.

· 人はみんな平等な存在であるべきだ。
사람은 모두 평등한 존재여야 한다.

② **～であるべきだ** ~해야 한다 (な형용사 현재 보통형과 접속)

～べきだ가 な형용사의 현재 보통형과 쓰일 때는 끝 글자인 ～だ를 ～である로 바꾼 현재 보통형과 접속한다.

· 言論は自由であるべきだ。
언론은 자유로워야 한다.

· 自分の気持ちに素直であるべきだ。
자신의 마음에 솔직해야 한다.

실력 PLUS

어휘
勉学 [べんがく] 몡 면학
ふさわしい い형 어울리다
空間 [くうかん] 몡 공간
平等だ [びょうどうだ] な형 평등하다
言論 [げんろん] 몡 언론
自由だ [じゆうだ] な형 자유롭다
気持ち [きもち] 몡 마음
素直だ [すなおだ] な형 솔직하다

바로 체크 문장 작문하기

1. 식품 공장은 청결해야 합니다. (食品, 工場, 清潔だ)

= _____

2. 인생의 주인공은 자신이어야 한다. (人生, 主人公, 自分)

= _____

정답 및 해설 p.369

포인트 03

~べきだ의 용법 ②

① い형용사 현재 보통형
楽(たの)し(い)→くある + べきだ → 楽(たの)しくあるべきだ
즐겁다 / 즐거워야 한다

② 동사 기본형
挑戦(ちょうせん)する + べきだ → 挑戦(ちょうせん)するべきだ
도전하다 / 해야 한다 / 도전해야 한다

① ～くあるべきだ ~해야 한다 (い형용사 현재 보통형과 접속)

～べきだ가 い형용사의 현재 보통형과 쓰일 때는 끝 글자인 ～い를 ～くある로 바꾼 현재 보통형과 접속한다.

- 学習(がくしゅう)は何(なに)より楽(たの)しくあるべきだ。 학습은 무엇보다 즐거워야 한다.
- 担当業務(たんとうぎょうむ)には詳(くわ)しくあるべきだ。 담당 업무에는 상세해야 한다.
- 他人(たにん)に対(たい)して優(やさ)しくあるべきだ。 타인에 대해서 상냥해야 한다.

② ～べきだ ~해야 한다 (동사 기본형과 접속)

～べきだ가 동사의 기본형과 쓰일 때는 기본형 바로 뒤에 접속한다.

- 若者(わかもの)はいろんなことに挑戦(ちょうせん)するべきだ。
  청년은 다양한 것에 도전해야 한다.
- 今(いま)は治療(ちりょう)に専念(せんねん)するべきだ。
  지금은 치료에 전념해야 한다.
- 教育(きょういく)カリキュラムを見直(みなお)すべきだ。
  교육 커리큘럼을 재검토해야 한다.

실력 PLUS

[어휘]
学習 [がくしゅう] [명] 학습
いろんな 다양한
治療 [ちりょう] [명] 치료
専念 [せんねん] [명] 전념
教育 [きょういく] [명] 교육
カリキュラム [명] 커리큘럼

바로 체크 문장 작문하기

1. 노인에게 자리를 양보해야 한다. (お年寄(としよ)り, 席(せき), ゆずる)
   = ____________________
2. 리더로서 믿음직스러워야 한다. (リーダー, ～として, 頼(たの)もしい)
   = ____________________

정답 및 해설 p.369

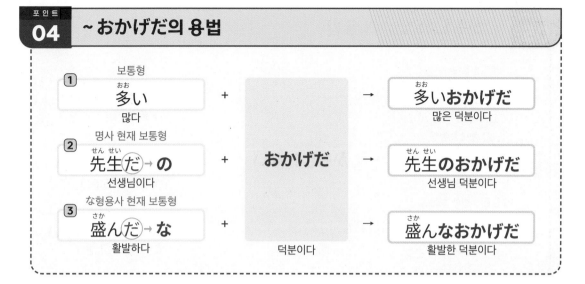

① ~おかげだ ~덕분이다 (보통형과 접속)

① ~おかげだ는 '~덕분이다'라는 뜻으로, 명사/형용사/동사의 보통형과 쓰일 때는 보통형 바로 뒤에 접속한다.

· 仕事が楽しいのは優しい先輩が多いおかげだ。
일이 즐거운 것은 상냥한 선배가 많은 덕분이다.

② ~のおかげだ ~덕분이다 (명사 현재 보통형과 접속)

~おかげだ가 명사의 현재 보통형과 쓰일 때는 끝 글자인 ~だ를 ~の로 바꾼 현재 보통형과 접속한다.

· 先生のおかげで志望校に合格できました。
선생님 덕분에 지망 학교에 합격할 수 있었습니다.

③ ~なおかげだ ~덕분이다 (な형용사 현재 보통형과 접속)

~おかげだ가 な형용사의 현재 보통형과 쓰일 때는 끝 글자인 ~だ를 ~な로 바꾼 현재 보통형과 접속한다.

· おいしいみかんがとれるのは気候が温暖なおかげだ。
맛있는 귤을 딸 수 있는 것은 기후가 온난한 덕분이다.

실력 PLUS

① ~おかげだ는 ~おかげで(~덕분에)와 같이 ~だ를 ~で로 바꿔 사용할 수도 있다.

어휘
志望校 [しぼうこう] 圓 지망 학교
みかん 圓 귤
とる 圄 따다
気候 [きこう] 圓 기후
温暖だ [おんだんだ] な형 온난하다

바로 체크 문장 작문하기

1. 비즈니스가 순조로운 덕분에 수입이 늘었다.
(ビジネス, 順調だ, 収入, 増える)
= _____

2. 예의가 바른 것은 부모님이 엄격했던 덕분이다.
(礼儀正しい, 親, きびしい)
= _____

정답 및 해설 p.369

① 보통형
な
泣く + **かもしれない** → **泣くかもしれない**
울다 울지도 모른다

② 명사 현재 보통형
きょうかい
教会だ + **かもしれない** → **教会かもしれない**
교회이다 할지도 모른다 교회일지도 모른다

③ な형용사 현재 보통형
こう りつ てき
効率的だ + → **効率的かもしれない**
효율적이다 효율적일지도 모른다

---

① **〜かもしれない** 〜할지도 모른다 (보통형과 접속)

①〜かもしれない는 '〜할지도 모른다'라는 뜻으로, 명사/형용사/동사의 보통형과 쓰일 때는 보통형 바로 뒤에 접속한다.

えい が み な
· **映画を見て泣くかもしれない。**
영화를 보고 울지도 모른다.

② **〜かもしれない** 〜할지도 모른다 (명사 현재 보통형과 접속)

〜かもしれない가 명사의 현재 보통형과 쓰일 때는 끝 글자인 〜だ를 뗀 현재 보통형과 접속한다.

たてもの きょうかい
· **あの建物は教会かもしれない。**
저 건물은 교회일지도 모른다.

③ **〜かもしれない** ~할지도 모른다 (な형용사 현재 보통형과 접속)

〜かもしれない가 な형용사의 현재 보통형과 쓰일 때는 끝 글자인 〜だ를 뗀 현재 보통형과 접속한다.

かた こうりつてき
· **そのやり方がより効率的かもしれません。**
그 하는 방법이 보다 효율적일지도 모릅니다.

실력 PLUS

① 〜かもしれない에서 〜しれない를 생략하고 〜かも(~일지도)만 말하기도 한다. 편한 사이끼리의 대화에서 사용된다.
わたし
예 **それ、私かも。**
그거, 나일지도 (몰라).

어휘
建物 [たてもの] 명 건물
教会 [きょうかい] 명 교회
より 부 보다
効率的だ [こうりつてきだ] な형 효율적이다

바로 체크 문장 작문하기

1. 저 사람이 다다 씨의 누나일지도 모른다.
ひと ただ ねえ
(人, 多田さん, お姉さん)

= _____

2. 나홀로 여행은 위험할지도 모른다.
ひとりたび きけん
(一人旅, 危険だ)

= _____

정답 및 해설 p.369

포인트 06

~ほかに의 용법

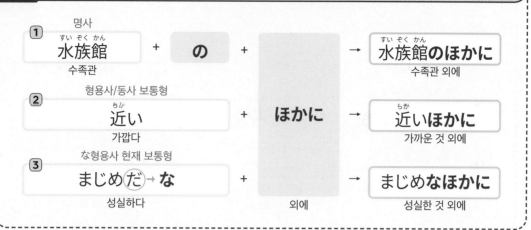

① 명사 すい ぞく かん 水族館 수족관	+	の	+	ほかに	→	すい ぞく かん 水族館のほかに 수족관 외에
② 형용사/동사 보통형 ちか 近い 가깝다			+	ほかに	→	ちか 近いほかに 가까운 것 외에
③ な형용사 현재 보통형 まじめだ → な 성실하다			+	ほかに 외에	→	まじめなほかに 성실한 것 외에

① ~のほかに ~외에 (명사와 접속)

~①ほかに는 '~외에'라는 뜻으로, 명사와 쓰일 때는 명사 뒤에 조사 ~の를 붙이고 접속한다.

すいぞくかん　　　　　　い
· **水族館のほかにどこに行きたい?**　수족관 외에 어디에 가고 싶어?

② ~ほかに ~외에 (형용사/동사 보통형과 접속)

~ほかに가 형용사/동사의 보통형과 쓰일 때는 보통형 바로 뒤에 접속한다.

ぶっけん　じょうけん　えき　ちか
· **物件の条件は駅に近いほかにありますか。**
집의 조건은 역에서 가까운 것 외에 있습니까?

しはら　　　　　はら　　　ふ　こ　　かのう
· **支払いはカードで払うほかに振り込みも可能だ。**
지불은 카드로 지불하는 것 외에 이체도 가능하다.

③ ~なほかに ~외에 (な형용사 현재 보통형과 접속)

~ほかに가 な형용사의 현재 보통형과 쓰일 때는 끝 글자인 ~だ를 ~な로 바꾼 현재 보통형과 접속한다.

かれ　　　　　　　　ちょうしょ
· **彼はまじめなほかに長所がない。**　그는 성실한 것 외에 장점이 없다.

실력 PLUS

① ほかに는 他(ほか)に와 같이 한자 표기하기도 한다.

어휘

水族館 [すいぞくかん] [명] 수족관
物件 [ぶっけん] [명] 집
支払い [しはらい] [명] 지불
カード [명] 카드
振り込み [ふりこみ] [명] 이체
長所 [ちょうしょ] [명] 장점

바로 체크 문장 작문하기

1. 이 가방은 튼튼한 것 외에 가벼운 점이 마음에 든다.
(かばん, 丈夫(じょうぶ)だ, 軽(かる)い, ところ, 気(き)に入(い)る, ~ている)
= ______________________

2. 숙달시키려면 연습하는 것 외에 방법은 없다.
(上達(じょうたつ), ~には, 練習(れんしゅう), 方法(ほうほう), ない)
= ______________________

정답 및 해설 p.369

보통형
積もる_つ
쌓이다
+
上に_{うえ}
하는 데다가
→
積もる上に_{つ うえ}
쌓이는 데다가

명사 현재 보통형
② 無料だ → である_{む りょう}
무료이다
+
→
無料である上に_{む りょう うえ}
무료인 데다가

な형용사 현재 보통형
③ おしゃれだ → な
멋지다
+
→
おしゃれな上に_{うえ}
멋진 데다가

---

① **~上に** ~하는 데다가 (보통형과 접속)

~上に는 '~하는 데다가'라는 뜻으로, 명사/형용사/동사의 보통형과 쓰일 때는 보통형 바로 뒤에 접속한다. 앞 내용과 맥락이 같은 내용을 추가할 때 사용한다.

· この道は雪が積もる上に傾斜があって危ない。

이 길은 눈이 쌓이는 데다가 경사가 있어서 위험하다.

② **~である上に** ~하는 데다가 (명사 현재 보통형과 접속)

~上に가 명사의 현재 보통형과 쓰일 때는 끝 글자인 ~だ를 ①~である로 바꾼 현재 보통형과 접속한다.

· 送料が無料である上に翌日届く。

배송료가 무료인 데다가 다음날 도착한다.

③ **~な上に** ~하는 데다가 (な형용사 현재 보통형과 접속)

~上に가 な형용사의 현재 보통형과 쓰일 때는 끝 글자인 ~だ를 ~な로 바꾼 현재 보통형과 접속한다.

· このリュックはおしゃれな上に収納力もある。

이 배낭은 멋진 데다가 수납력도 있다.

실력 PLUS

① ~である 대신 ~の로 바꿀 수도 있다.

어휘

積もる [つもる] 동1 쌓이다
傾斜 [けいしゃ] 명 경사
送料 [そうりょう] 명 배송료
翌日 [よくじつ] 명 다음날
リュック 명 배낭
おしゃれだ な형 멋지다
収納力 [しゅうのうりょく] 명 수납력

바로 체크 문장 작문하기

1. 지각한 데다가 숙제까지 두고 왔다.
   (遅刻, 宿題, 置く, ~てくる)
   = _____

2. 100페이지 이상인 데다가 어려운 논문을 읽었다.
   (100ページ, 以上, 難しい, 論文, 読む)
   = _____

정답 및 해설 p.369

~うちに의 용법 ①

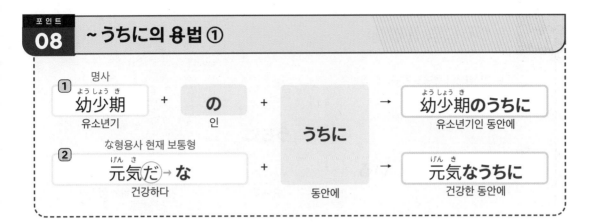

명사
幼少期 + の + うちに → 幼少期のうちに
유소년기   인   동안에   유소년기인 동안에

な형용사 현재 보통형
元気だ→な + → 元気なうちに
건강하다   건강한 동안에

---

1 **~のうちに** ~인 동안에 (명사와 접속)

~うちに는 '~동안에'라는 뜻으로, 명사와 쓰일 때는 명사 뒤에 조사 ~の를 붙이고 접속한다.

· **幼少期のうちに英語に触れたほうがいい。**
유소년기인 동안에 영어를 접하는 편이 좋다.

· **学生のうちに長期で旅行に行くつもりだ。**
학생인 동안에 장기로 여행하러 갈 생각이다.

2 **~なうちに** ~동안에 (な형용사 현재 보통형과 접속)

~うちに가 な형용사의 현재 보통형과 쓰일 때는 끝 글자인 ~だ를 ~な로 바꾼 현재 보통형과 접속한다.

· **両親が元気なうちに親孝行したい。**
부모님이 건강한 동안에 효도하고 싶다.

· **修理が可能なうちに修理したほうがいい。**
수리가 가능한 동안에 수리하는 편이 좋다.

실력 PLUS

어휘
幼少期 [ようしょうき] 圓 유소년기
触れる [ふれる] 動2 접하다
長期 [ちょうき] 圓 장기
親孝行 [おやこうこう] 圓 효도

바로 체크 **문장 작문하기**

1. 세일 기간인 동안에 사 두자.
   (セール期間, 買う, ~ておく)

   = _____

2. 참치가 신선한 동안에 회로 먹었다.
   (マグロ, 新鮮だ, さしみ, 食べる)

   = _____

정답 및 해설 p.369

1 **〜うちに** ~동안에 (い형용사 현재 보통형과 접속)

〜うちに가 い형용사의 현재 보통형과 쓰일 때는 현재 보통형 바로 뒤에 접속한다.

- **ドルが安いうちにドルを買っておいた。**
  달러가 싼 동안에 달러를 사 두었다.

- **スープが温かいうちに食べてください。**
  스프가 따뜻한 동안에 먹어 주세요.

2 **〜ているうちに** ~동안에 (동사 て형과 접속)

〜うちに가 ①동사 て형과 쓰일 때는 て형 뒤에 いる를 붙이고 접속한다.

- **晴れているうちに洗濯物を干そう。**
  날씨가 맑은 동안에 세탁물을 널자.

- **友達と遊んでいるうちに門限を過ぎていた。**
  친구와 놀고 있는 동안에 통금 시간을 지나 있었다.

실력 PLUS

① 동사 중에서도 **続く**(계속하다), **ある**(있다)와 같이 어떠한 상황이 계속되고 있음을 나타내는 동사의 경우, 동사의 기본형 뒤에 바로 **〜うちに**를 접속할 수 있다.

어휘

ドル [명] 달러
門限 [もんげん] [명] 통금 (시간)

정답 및 해설 p.369

바로 체크 **문장 작문하기**

1. 젊은 동안에 고생을 해두는 편이 좋다.
   (若い, 苦労, 〜ておく, 〜たほうがいい)
   = _____

2. 아이가 자고 있는 동안에 저녁 식사를 만들자.
   (子供, 寝る, 夕食, 作る)
   = _____

포인트 10 ~だけに의 용법

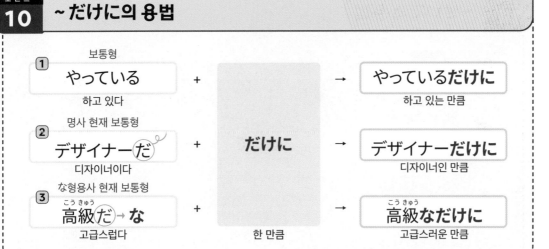

1 ~だけに ~한 만큼 (보통형과 접속)

~だけに는 '~한 만큼'이라는 ①뜻으로, 명사/형용사/동사의 보통형과 쓰일 때는 보통형 바로 뒤에 접속한다. 앞 내용을 고려했을 때 뒤 내용의 상황이 되는 것이 당연함을 나타낼 때 사용한다.

· ヨガをやっているだけに体がやわらかい。

요가를 하고 있는 만큼 몸이 유연하다.

2 ~だけに ~한 만큼 (명사 현재 보통형과 접속)

~だけに가 명사의 현재 보통형과 쓰일 때는 끝 글자인 ~だ를 뗀 현재 보통형과 접속한다.

· デザイナーだけに色のセンスがすばらしい。

디자이너인 만큼 색 감각이 훌륭하다.

3 ~なだけに ~한 만큼 (な형용사 현재 보통형과 접속)

~だけに가 な형용사의 현재 보통형과 쓰일 때는 끝 글자인 ~だ를 ~な로 바꾼 현재 보통형과 접속한다.

· この旅館は高級なだけにサービスも一流だ。

이 여관은 고급스러운 만큼 서비스도 일류이다.

실력 PLUS

① 뜻이 비슷한 문형으로 ~だけあって(~인 만큼)가 있다. 단, ~だけあって는 ~だけに와 달리 부정적인 내용에는 사용할 수 없다.

어휘

ヨガ 圏 요가
デザイナー 圏 디자이너
センス 圏 감각, 센스
高級だ [こうきゅうだ] な형 고급스럽다
一流 [いちりゅう] 圏 일류

바로 체크 문장 작문하기

1. 이 제조사는 유명한 만큼 신뢰할 수 있습니다.
   (メーカー, 有名だ, 信頼)

   = _____

2. 이 녹차는 진한 만큼 풍미가 깊다.
   (緑茶, 濃い, 味わい, 深い)

   = _____

정답 및 해설 p.369

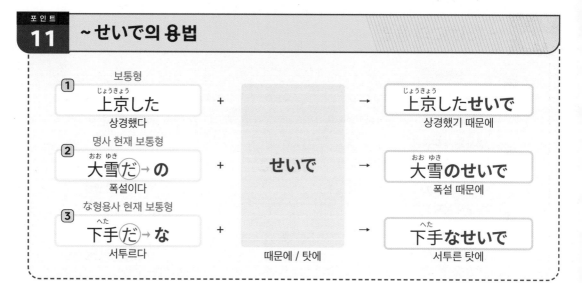

1 **~せいで** ~때문에 / ~탓에 (보통형과 접속)

~せいで는 '~때문에', '~탓에'라는 ①뜻으로, 명사/형용사/동사의 보통형과 쓰일 때는 보통형 바로 뒤에 접속한다.

・上京したせいで友達と離れ離れになった。
상경했기 때문에 친구와 멀리 떨어지게 되었다.

・意志が弱いせいで食欲に負けてしまう。
의지가 약한 탓에 식욕에 져 버린다.

2 **~のせいで** ~때문에 / ~탓에 (명사 현재 보통형과 접속)

~せいで가 명사의 현재 보통형과 쓰일 때는 끝 글자인 ~だ를 ~の로 바꾼 현재 보통형과 접속한다.

・大雪のせいで列車が止まっています。
폭설 때문에 열차가 멈춰 있습니다.

3 **~なせいで** ~때문에 / ~탓에 (な형용사의 현재 보통형과 접속)

~せいで가 な형용사의 현재 보통형과 쓰일 때는 끝 글자인 ~だ를 ~な로 바꾼 현재 보통형과 접속한다.

・アピールが下手なせいで面接に落ちました。
어필이 서투른 탓에 면접에서 떨어졌습니다.

실력 PLUS

① 뜻이 비슷한 문형인 ~おかげで (~덕분에)는 좋은 결과가 있었을 때 사용하는 데 반해, ~せいで는 좋지 않은 결과가 있었을 때 사용한다.

어휘
離れ離れ [はなればなれ] 圏 멀리 떨어짐
意志 [いし] 圏 의지
大雪 [おおゆき] 圏 폭설
アピール 圏 어필
下手だ [へただ] な형 서투르다

바로 체크 **문장 작문하기**

1. 부상당했기 때문에 주전 멤버에서 제외되었다.
   (けがをする, スタメン, 外れる)
   = _____

2. 성격이 겁이 많기 때문에 도전을 할 수 없다.
   (性格, 臆病だ, チャレンジ, できる)
   = _____

정답 및 해설 p.369

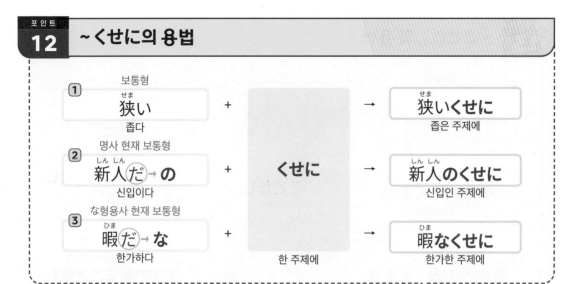

1 ~くせに ~한 주제에 (보통형과 접속)

~くせに는 '~한 주제에'라는 뜻으로, 명사/형용사/동사의 보통형과 쓰일 때는 보통형 바로 뒤에 접속한다.

· 家が狭いくせに家具は多い。
집이 좁은 주제에 가구는 많다.

· 金子さんは遅れて来たくせに謝らなかった。
가네코 씨는 늦게 온 주제에 사과하지 않았다.

2 ~のくせに ~한 주제에 (명사 현재 보통형과 접속)

~くせに가 명사의 현재 보통형과 쓰일 때는 끝 글자인 ~だ를 ~の로 바꾼 현재 보통형과 접속한다.

· 新人のくせに生意気だ。
신입인 주제에 건방지다.

3 ~なくせに ~한 주제에 (な형용사 현재 보통형과 접속)

~くせに가 な형용사의 현재 보통형과 쓰일 때는 끝 글자인 ~だ를 ~な로 바꾼 현재 보통형과 접속한다.

· あいつは暇なくせに連絡を返さない。
저 녀석은 한가한 주제에 답장을 하지 않는다.

실력 PLUS

어휘
生意気だ [なまいきだ] な형 건방지다
あいつ 명 저 녀석
連絡を返す [れんらくをかえす] 답장을 하다

바로 체크 문장 작문하기

1. 부모인 주제에 전혀 육아를 하지 않는다.
(親, 全然, 育児)

= _____

2. 자신도 대충인 주제에 남에게는 엄격하다.
(自分, いいかげんだ, 人, きびしい)

= _____

정답 및 해설 p.369

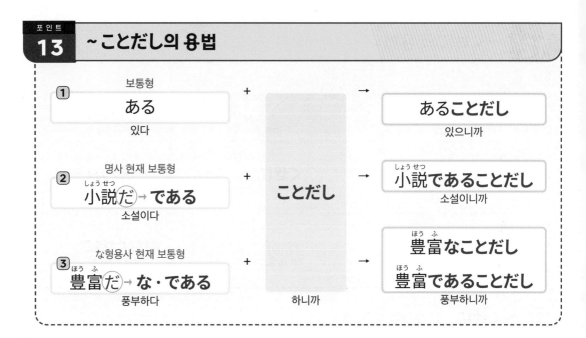

1 **～ことだし** ～하니까 (보통형과 접속)

①～ことだし는 '~하니까'라는 뜻으로, 명사/형용사/동사의 보통형과 쓰일 때는 보통형 바로 뒤에 접속한다. 결정이나 판단의 이유를 강조할 때 사용한다.

・**明日は試験がある**ことだし**、早く寝ます。**
내일은 시험이 있으니까, 빨리 잡니다.

2 **～であることだし** ～하니까 (명사 현재 보통형과 접속)

～ことだし가 명사의 현재 보통형과 쓰일 때는 끝 글자인 ～だ를 ～である로 바꾼 현재 보통형과 접속한다.

・**有名な小説**であることだし**、読んでみた。**
유명한 소설이니까, 읽어 봤다.

3 **～な・であることだし** ～하니까 (な형용사 현재 보통형과 접속)

～ことだし가 な형용사의 현재 보통형과 쓰일 때는 끝 글자인 ～だ를 ～な나 ～である로 바꾼 현재 보통형과 접속한다.

・**経験が豊富**なことだし**、心配はいらない。**
경험이 풍부하니까, 걱정은 필요 없다.

실력 PLUS

① ～ことだし는 뜻이 비슷한 표현인 ～ので(~이므로), ~から(~니까)로 바꿔 쓸 수 있다.

어휘
経験 [けいけん] 図 경험
豊富だ [ほうふだ] な형 풍부하다
いる 동1 필요하다

바로 체크 문장 작문하기

1. 이것은 기본적이니까, 외워 둬. (基本的だ, 覚える, ～ておく)

= _____

2. 기념일이니까, 외식이라도 할래? (記念日, 外食)

= _____

정답 및 해설 p.369

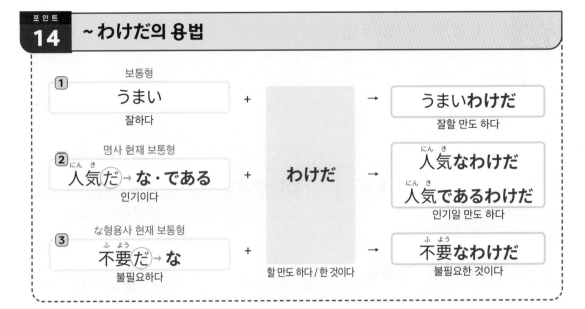

1 **~わけだ** ~할 만도 하다 / ~한 것이다 (보통형과 접속)

[①] ~わけだ는 '~할 만도 하다', '~한 것이다'라는 뜻으로, 명사/형용사/동사의 보통형과 쓰일 때는 보통형 바로 뒤에 접속한다. 어떠한 결과가 되는 것이 당연함을 나타낼 때 사용한다.

· 彼はカメラマンだった。撮影がうまいわけだ。
　그는 카메라맨이었다. 촬영을 잘할 만도 하다.

2 **~な・であるわけだ** ~할 만도 하다 / ~한 것이다 (명사 현재 보통형과 접속)

~わけだ가 명사의 현재 보통형과 쓰일 때는 끝 글자인 ~だ를 ~な나 ~である로 바꾼 현재 보통형과 접속한다.

· タイは物価が安いという。旅行先に人気なわけだ。
　태국은 물가가 싸다고 한다. 여행지로 인기일 만도 하다.

3 **~なわけだ** ~할 만도 하다 / ~한 것이다 (な형용사 현재 보통형과 접속)

~わけだ가 な형용사의 현재 보통형과 쓰일 때는 끝 글자인 ~だ를 [②] ~な로 바꾼 현재 보통형과 접속한다.

· ここでは釣りの道具が借りられるという。持ち物が不要なわけだ。
　여기서는 낚시 도구를 빌릴 수 있다고 한다. 소지품은 불필요한 것이다.

실력 PLUS

① ~わけだ는 だから(그러니), ~から(~니까), ~ので(~이므로)와 같은 표현과 자주 쓰인다.

② ~な 대신 ~である로 바꾼 후 な형용사 현재 보통형과 접속하기도 한다.

어휘
カメラマン 圏 카메라맨
釣り [つり] 圏 낚시
~という ~라고 한다
持ち物 [もちもの] 圏 소지품
不要だ [ふようだ] な형 불필요하다

바로 체크 문장 작문하기

1. 그는 그림으로 돈을 벌고 있다. 화가인 것이다.
(彼, 絵, 稼ぐ, ~ている, 画家)

= _____

2. 어느새 7시였다. 밖이 어두울 만도 하다.
(いつの間にか, 7時, 外, 暗い)

= _____

정답 및 해설 p.369

① 보통형
開いている
열려 있다
+ わけがない → 開いているわけがない
열려 있을 리가 없다

② 명사 현재 보통형
金持ちだ→ な・である
부자이다
+ → 金持ちなわけがない
金持ちであるわけがない
부자일 리가 없다

③ な형용사 현재 보통형
健康だ→ な・である
건강하다
+ → 健康なわけがない
健康であるわけがない
할 리가 없다   건강할 리가 없다

---

1 **〜わけがない** ~할 리가 없다 (보통형과 접속)

〜わけがない는 '~할 리가 없다'라는 ①뜻으로, 명사/형용사/동사의 보통형과 쓰일 때는 보통형 바로 뒤에 접속한다. 어떤 일이 이루어질 리가 없음을 주장할 때 사용한다.

・深夜にケーキ屋が開いているわけがない。
심야에 케이크집이 열려 있을 리가 없다.

2 **〜な・であるわけがない** ~할 리가 없다 (명사 현재 보통형과 접속)

〜わけがない가 명사의 현재 보통형과 쓰일 때는 끝 글자인 〜だ를 〜나 〜である로 바꾼 현재 보통형과 접속한다.

・けちな彼が金持ちなわけがない。　　　인색한 그가 부자일 리가 없다.

3 **〜な・であるわけがない** ~할 리가 없다 (な형용사 현재 보통형과 접속)

〜わけがない가 な형용사의 현재 보통형과 쓰일 때는 끝 글자인 〜だ를 〜나 〜である로 바꾼 현재 보통형과 접속한다.

・こんな生活を送っていて健康なわけがない。
이런 생활을 보내면서 건강할 리가 없다.

실력 PLUS

①뜻이 비슷한 문형인 **〜はずがない**(~일 리가 없다)와 바꿔 쓸 수 있다.

어휘
深夜 [しんや] 圏 심야
ケーキ屋 [ケーキや] 圏 케이크집
けちだ な형 인색하다
金持ち [かねもち] 圏 부자
健康だ [けんこうだ] な형 건강하다

바로 체크 문장 작문하기

1. 독감인데, 기운찰 리가 없다. (インフルエンザ, 元気だ)

= _____

2. 저런 비싼 반지를 살 수 있을 리가 없다. (高い, 指輪, 買う)

= _____

정답 및 해설 p.369

회화 대비

1 질문에 답하기

(1) **A** 苦手な食べ物はチーズだけですか。　싫어하는 음식은 치즈뿐인가요?

　　B いいえ、＿＿＿＿＿＿＿＿＿。(チーズ, 貝, きらいだ) 아니요, 치즈 외에 조개도 싫어합니다.

(2) **A** 今度、花見に行きませんか。　다음에 꽃구경하러 가지 않겠습니까?

　　B そうですね。桜が＿＿＿＿＿＿＿＿＿。(きれいだ, 行く) 그래요. 벚꽃이 아름다운 동안에 갑시다.

(3) **A** あのタレント、昔バスケの選手だったって知ってた？　그 탤런트, 옛날에 농구 선수였다는 것 알고 있어?

　　B ううん。それで＿＿＿＿＿＿＿＿＿。(背, 高い) 아니. 그래서 키가 큰 것이구나.

JLPT/회화 대비

2 대화 읽고 빈 칸 채우기

(1) **A** 「今近付いてきている台風、すごく強いんだって。」

　　B 「そうなんだ。あさっての講義、休講（　　　）ね。」

　　① かもしれない　　　　　　② なわけがない　　　　　　③ のはずだった

(2) **A** 「午後から映画を見に行かない？」

　　B 「うーん。天気もいい（　　　）外に出て遊びたいな。」

　　① 上に　　　　　　　　　　② ほかに　　　　　　　　　③ ことだし

(3) **A** 「ごめん。僕がゴールを外した（　　　）負けちゃった。」

　　B 「そんなことないよ。気にしないで。」

　　① せいで　　　　　　　　　② わりに　　　　　　　　　③ くせに

JLPT 대비

3 선택지 배열하고 ★에 들어갈 것 고르기

(1) **A** 「宝くじ、今度こそは当たるといいな。」

　　B 「また買ったの？宝くじなんて ＿＿＿＿ ★ ＿＿＿＿ じゃない。」

　　① わけが　　　　　　　　　② 当たる　　　　　　　　　③ ない

(2) 私が新人賞を受賞できたのは、いつも一緒に戦った ＿＿＿＿ ★ ＿＿＿＿ 思っています。

　　① チームメートの　　　　　② だと　　　　　　　　　　③ おかげ

정답 및 해설 p.369

05 명사, 형용사, 동사와 쓰이는 문형 ③

명사, 형용사, 동사와 쓰이는 문형 중에는 ～としたら[~라고 한다면], ～としても[~라고 할지라도]와 같은 문형이 있다.
이러한 문형의 용법과 접속 방법을 알아보자.

▲ MP3 바로 듣기

포인트 01 ～としたら와 ～としても의 용법

보통형			
住める 살 수 있다	+	① としたら 라고 한다면	→ 住めるとしたら 살 수 있다고 한다면
보통형			
雨だ 비이다	+	② としても 라고 할지라도	→ 雨だとしても 비라고 할지라도

---

① ～としたら ~라고 한다면

～としたら는 '~라고 한다면'이라는 뜻으로, 명사/형용사/동사의 보통형과 쓰일 때는 보통형 바로 뒤에 접속한다.

・どこにでも住めるとしたらどこに住む？
어디서든지 살 수 있다고 한다면 어디서 살래?

・台所が広かったとしたらオーブンを置きたい。
부엌이 넓었다고 한다면 오븐을 놓고 싶다.

② ～としても ~라고 할지라도

～としても는 '~라고 할지라도'라는 뜻으로, 명사/형용사/동사의 보통형과 쓰일 때는 보통형 바로 뒤에 접속한다. 어떤 상황이 사실이라 해도 영향이나 상관이 없음을 나타낼 때 사용한다.

・雨だとしても式典は行われます。
비라고 할지라도 식전은 진행됩니다.

・日本では当然だとしても海外では無礼だ。
일본에서는 당연하다고 할지라도 해외에서는 무례하다.

실력 PLUS

어휘
どこにでも 어디서든지
広い [ひろい] い형 넓다
オーブン 명 오븐
置く [おく] 동1 놓다
式典 [しきてん] 명 식전
無礼だ [ぶれいだ] な형 무례하다

바로 체크 문장 작문하기

1. 그녀의 열애 기사가 사실이라고 한다면 슬프다.
   (彼女, 熱愛スクープ, 事実, 悲しい)

   = _____

2. 다시 태어났다고 할지라도 나 자신이 되고 싶다.
   (生まれ変わる, 自分, なる, ～たい)

   = _____

정답 및 해설 p.370

~といっても와 ~というのに의 용법

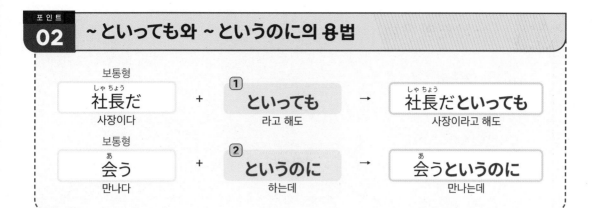

보통형
社長だ + ① **といっても** → **社長だといっても**
사장이다   라고 해도   사장이라고 해도

보통형
会う + ② **というのに** → **会うというのに**
만나다   하는데   만나는데

① **~といっても** ~라고 해도

~といっても는 '~라고 해도'라는 뜻으로, ①명사/형용사/동사의 보통형과 쓰일 때는 보통형 바로 뒤에 접속한다. 앞에서 언급한 내용으로 예상할 수 있는 바와 실제가 다를 때 사용하며, '사실은 생각보다 대단치 않다'라는 뉘앙스를 가진다.

· **社長だといっても従業員5人の小さな会社だ。**
사장이라고 해도 종업원 5명인 작은 회사이다.

· **きれいだといっても芸能人ほどじゃない。**
예쁘다고 해도 연예인 정도는 아니다.

② **~というのに** ~하는데

~というのに는 '~하는데', '~라고 하는데'라는 뜻으로, 명사/형용사/동사의 보통형과 쓰일 때는 보통형 바로 뒤에 접속한다. 어떤 사실과 맞지 않거나 반대의 내용을 나타낼 때 사용한다.

· **友達夫婦に会うというのにそんな格好？**
친구 부부를 만나는데 그런 차림이야?

· **病気で危ないというのに見舞いに来ない。**
병으로 위험한데 병문안 하러 오지 않는다.

실력 PLUS

① 명사 현재 보통형과 쓰일 때는 ~だ를 떼고 접속할 수도 있다.
예 **社長(だ)といっても**
사장이라고 해도

어휘
従業員 [じゅうぎょういん] ⑱ 종업원
小さな [ちいさな] 작은
芸能人 [げいのうじん] ⑱ 연예인
夫婦 [ふうふ] ⑱ 부부
そんな 그런
格好 [かっこう] ⑱ 차림
見舞い [みまい] ⑱ 병문안

바로 체크   문장 작문하기

1. 아티스트라고 해도 아마추어입니다. (アーティスト, アマチュア)

   = _____

2. 경제가 전공인데 숫자에 약하다. (経済, 専攻, 数字, 弱い)

   = _____

정답 및 해설 p.370

	보통형			
①	怖い (こわ)	+		→ 怖いだけだ (こわ)
	무섭다			무서울 뿐이다
	명사 현재 보통형		だけだ	
②	親友だ (しん ゆう)	+		→ 親友だけだ (しん ゆう)
	친구이다			친구뿐이다
	な형용사 현재 보통형			
③	無口だ→な (む くち)	+	뿐이다	→ 無口なだけだ (む くち)
	과묵하다			과묵할 뿐이다

① 〜だけだ ~뿐이다 (보통형과 접속)

〜だけだ는 '~뿐이다'라는 뜻으로, 명사/형용사/동사의 보통형과 쓰일 때는 보통형 바로 뒤에 접속한다.

- ただ失敗が怖いだけだ。 (しっぱい / こわ)　　　그저 실패가 무서울 뿐이다.
- あとは結果を待つだけだ。 (けっか / ま)　　　나머지는 결과를 기다릴 뿐이다.

② 〜だけだ ~뿐이다 (명사 현재 보통형과 접속)

〜だけだ가 명사의 현재 보통형과 쓰일 때는 끝 글자인 〜だ를 뗀 현재 보통형과 접속한다.

- 心を許せるのは親友だけだ。 (こころ / ゆる / しんゆう)　　　마음을 허락할 수 있는 것은 친구뿐이다.

③ 〜なだけだ ~뿐이다 (な형용사 현재 보통형과 접속)

〜だけだ가 な형용사의 현재 보통형과 쓰일 때는 끝 글자인 〜だ를 〜な로 바꾼 현재 보통형과 접속한다.

- 不機嫌なのではなく、無口なだけだ。 (ふ き げん / む くち)　　　불쾌한 것이 아니라, 과묵할 뿐이다.

실력 PLUS

어휘
ただ (부) 그저
不機嫌だ [ふきげんだ] (な형) 불쾌하다
無口だ [むくちだ] (な형) 과묵하다

바로 체크 문장 작문하기

1. 그것을 해도, 소용없을 뿐이다.
   (やる, 無駄だ (む だ))

   = _____

2. 데이트가 싫은 것이 아니라, 준비가 귀찮을 뿐이다.
   (デート, いやだ, 準備 (じゅん び), 面倒くさい (めんどう))

   = _____

정답 및 해설 p.370

포인트 04

~だけでなく의 용법

① 보통형 歌(うた)う 노래하다	+ だけでなく 뿐 아니라	→ 歌(うた)うだけでなく 노래할 뿐 아니라
② 명사 현재 보통형 ビールだ 맥주이다	+ だけでなく	→ ビールだけでなく 맥주뿐 아니라
③ な형용사 현재 보통형 まじめだ → な 성실하다	+ だけでなく	→ まじめなだけでなく 성실할 뿐 아니라

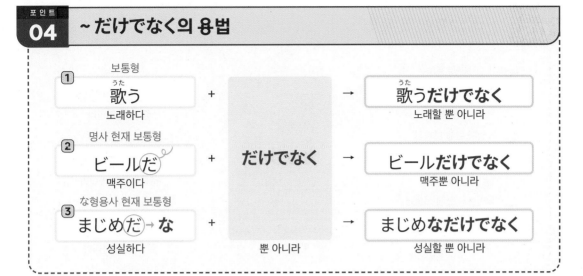

1 ~だけでなく ~뿐 아니라 (보통형과 접속)

① ~だけでなく는 '~뿐 아니라'라는 뜻으로, 명사/형용사/동사의 보통형과 쓰일 때는 보통형 바로 뒤에 접속한다.

· 出演者(しゅつえんしゃ)は歌(うた)うだけでなくダンスも踊(おど)った。
출연자는 노래할 뿐 아니라 춤도 췄다.

2 ~だけでなく ~뿐 아니라 (명사 현재 보통형과 접속)

~だけでなく가 명사의 현재 보통형과 쓰일 때는 끝 글자인 ~だ를 뗀 현재 보통형과 접속한다.

· ビールだけでなく日本酒(にほんしゅ)も好(す)きです。
맥주뿐 아니라 일본주도 좋아합니다.

3 ~なだけでなく ~뿐 아니라 (な형용사 현재 보통형과 접속)

~だけでなく가 な형용사의 현재 보통형과 쓰일 때는 끝 글자인 ~だ를 ~な로 바꾼 현재 보통형과 접속한다.

· まじめなだけでなくユーモアもあります。
성실할 뿐 아니라 재치도 있습니다.

실력 PLUS

① ~だけでなく는 ~も(~도)나 ~まで(~까지)와 같은 조사와 함께 사용된다.

[어휘]
出演者 [しゅつえんしゃ] [명] 출연자
日本酒 [にほんしゅ] [명] 일본주
ユーモア [명] 재치

바로 체크 문장 작문하기

1. 작사뿐 아니라 작곡도 담당했다.
(作詞(さくし), 作曲(さっきょく), 担当(たんとう))
= ______________________

2. 그 호텔은 깨끗할 뿐 아니라 역으로부터 가깝다.
(ホテル, きれいだ, 駅(えき), 近(ちか)い)
= ______________________

정답 및 해설 p.370

① 보통형
^減る
줄다
\+ ばかりか → ^減るばかりか
줄 뿐만 아니라

② 명사 현재 보통형
中国語だ
중국어이다
\+ → 中国語ばかりか
중국어뿐만 아니라

③ な형용사 현재 보통형
得意だ→な
잘하다
뿐만 아니라
\+ → 得意なばかりか
잘할 뿐만 아니라

---

① **~ばかりか** ~뿐만 아니라 (보통형과 접속)

①~ばかりか는 '~뿐만 아니라'라는 뜻으로, 명사/형용사/동사의 보통형과 쓰일 때는 보통형 바로 뒤에 접속한다. 어떤 것뿐 만이 아니라 다른 것도 있음을 나타낼 때 사용하며, 뒤에 언급된 것이 앞에 언급된 것보다 정도가 더 심하다.

· 今後は人口が減るばかりか経済力も下がる。
앞으로는 인구가 줄 뿐만 아니라 경제력도 내려간다.

② **~ばかりか** ~뿐만 아니라 (명사 현재 보통형과 접속)

~ばかりか가 명사의 현재 보통형과 쓰일 때는 끝 글자인 ~だ를 뗀 현재 보통형과 접속한다.

· 中国語ばかりか日本語もぺらぺらだ。
중국어뿐만 아니라 일본어도 술술 잘 한다.

③ **~なばかりか** ~뿐만 아니라 (な형용사 현재 보통형과 접속)

~ばかりか가 な형용사의 현재 보통형과 쓰일 때는 끝 글자인 ~だ를 ~な로 바꾼 현재 보통형과 접속한다.

· スポーツが得意なばかりか成績も優秀だ。
스포츠를 잘할 뿐만 아니라 성적도 우수하다.

실력 PLUS

① ~ばかりか는 ~も(~도)나 ~まで(~까지)와 같은 조사와 함께 사용된다.

어휘

今後 [こんご] 명 앞으로
経済力 [けいざいりょく] 명 경제력
ぺらぺらだ な형 (언어를) 술술 잘 하다
優秀だ [ゆうしゅうだ] な형 우수하다

바로 체크 문장 작문하기

1. 글자가 지저분할 뿐만 아니라 오류도 있습니다.
   (字, 汚い, 間違い, ある)

   = _____

2. 그 여배우는 국내뿐만 아니라 아시아에서도 인기가 있다.
   (女優, 国内, アジア, 人気)

   = _____

정답 및 해설 p.370

명사
掛(か)け算(ざん)
곱셈
+ どころか → 掛(か)け算(ざん)どころか
곱셈은커녕

な형용사 현재 보통형
簡単(かんたん)だ
간단하다
+ 은커녕 → 簡単(かんたん)どころか
간단하기는커녕

1 ～どころか ~은커녕 (명사와 접속)

～どころか는 '~은커녕'이라는 뜻으로, 명사와 쓰일 때는 명사 바로 뒤에 접속한다. 어떤 내용을 완전히 부정하며 사실은 전혀 다른 상황이라는 것을 이야기할 때 사용한다.

· 掛(か)け算(ざん)どころか足(た)し算(ざん)もできなかった。
곱셈은커녕 덧셈도 할 수 없었다.

· 背泳(せおよ)ぎどころかそもそも水泳(すいえい)ができません。
배영은커녕 애초에 수영을 못합니다.

2 ～どころか ~은커녕 (な형용사 현재 보통형과 접속)

～どころか가 ①な형용사의 현재 보통형과 쓰일 때는 끝 글자인 ～だ를 뗀 현재 보통형과 접속한다.

· 定期(ていき)テストは簡単(かんたん)どころか難(むずか)しかった。
정기 시험은 간단하기는커녕 어려웠다.

· 新(あたら)しく引(ひ)っ越(こ)した町(まち)は静(しず)かどころかにぎやかだった。
새로 이사한 마을은 조용하기는커녕 북적였다.

실력 PLUS

① な형용사의 현재 보통형과 쓰일 경우, ～だ를 떼고 ～な를 붙인 다음 ～どころか와 연결할 수도 있다.
예 簡単(かんたん)どころか(O)
簡単(かんたん)などころか(O)
간단하기는커녕

어휘
掛(か)け算(ざん) [かけざん] 명 곱셈
足(た)し算(ざん) [たしざん] 명 덧셈
背泳(せおよ)ぎ [せおよぎ] 명 배영
そもそも 부 애초에
定期(ていき) [ていき] 명 정기
にぎやかだ な형 북적이다

문장 작문하기

1. M사이즈는커녕 L사이즈도 들어가지 않습니다.
   (Mサイズ, Lサイズ, 入(はい)る)

   = _____

2. 그 가수는 유명하기는커녕 누구도 모른다.
   (歌手(かしゅ), 有名(ゆうめい)だ, 誰(だれ), 知(し)る)

   = _____

정답 및 해설 p.370

① ~どころか ~은커녕 (い형용사 현재 보통형과 접속)

~どころか가 い형용사의 현재 보통형과 쓰일 때는 현재 보통형 바로 뒤에 접속한다.

・一人暮らしは寂しいどころか楽しいです。

혼자 사는 것은 쓸쓸하기는커녕 재밌습니다.

・昨日の祭りは人が多いどころか少なかった。

어제 축제는 사람이 많기는커녕 적었다.

・あの山は低いどころかかなり高かった。

저 산은 낮기는커녕 꽤 높았다.

② ~どころか ~은커녕 (동사 기본형과 접속)

~どころか가 동사의 기본형과 쓰일 때는 기본형 바로 뒤에 접속한다.

・片付けるどころかさらに散らかした。

정리하기는커녕 더 어질렀다.

・運動するどころか食べてばかりいる。

운동하기는커녕 먹기만 한다.

・学校に早く着くどころか遅刻してしまった。

학교에 일찍 도착하기는커녕 지각해 버렸다.

실력 PLUS

어휘
低い [ひくい] い형 낮다
かなり 閅 꽤
散らかす [ちらかす] 동1 어지르다

바로 체크   **문장 작문하기**

1. 아깝기는커녕 완패였습니다. (惜しい, ぼろ負け)

  = _____

2. 비는 그치기는커녕 강해졌다. (雨, 止む, 強い, なる)

  = _____

정답 및 해설 p.371

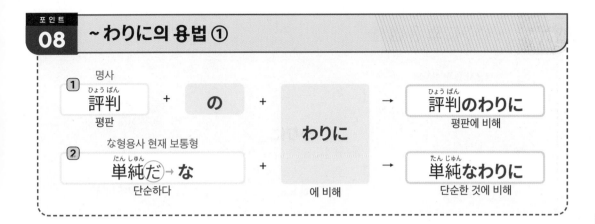

포인트 08

~わりに의 용법 ①

① 명사 評判(ひょうばん) 평판 + の + わりに 에 비해 → 評判(ひょうばん)のわりに 평판에 비해

② な형용사 현재 보통형 単純(たんじゅん)だ → な 단순하다 + わりに 에 비해 → 単純(たんじゅん)なわりに 단순한 것에 비해

① ~のわりに ~에 비해 (명사와 접속)

~わりに는 '~에 비해'라는 뜻으로, 명사와 쓰일 때는 명사 뒤에 조사 ~の를 붙이고 접속한다. 내용을 상식적으로 예상할 수 있는 기준과 비교할 때 사용하며, 긍정적인 뉘앙스로도 부정적인 뉘앙스로도 사용할 수 있다.

- **話題(わだい)の舞台(ぶたい)は評判(ひょうばん)のわりに微妙(びみょう)だった。**
  화제의 무대는 평판에 비해 미묘했다.
- **弟(おとうと)は野球未経験(やきゅうみけいけん)のわりにバッティングがうまい。**
  남동생은 야구 경험이 없는 것에 비해 배팅을 잘한다.

② ~なわりに ~에 비해 (な형용사 현재 보통형과 접속)

~わりに가 な형용사의 현재 보통형과 쓰일 때는 끝 글자인 ~だ를 ~な로 바꾼 현재 보통형과 접속한다.

- **この方法(ほうほう)は単純(たんじゅん)なわりに効果(こうか)がある。**
  이 방법은 단순한 것에 비해 효과가 있다.
- **日本語(にほんご)が上手(じょうず)なわりに英語(えいご)はできない。**
  일본어를 잘하는 것에 비해 영어는 못한다.

실력 PLUS

어휘
話題 [わだい] [명] 화제
舞台 [ぶたい] [명] 무대
評判 [ひょうばん] [명] 평판
微妙だ [びみょうだ] [な형] 미묘하다
野球 [やきゅう] [명] 야구
未経験 [みけいけん] [명] 경험이 없음
バッティング [명] 배팅
単純だ [たんじゅんだ] [な형] 단순하다
効果 [こうか] [명] 효과

바로 체크 문장 작문하기

1. 작업이 편한 것에 비해 시급이 높다. (作業(さぎょう), 楽(らく)だ, 時給(じきゅう), 高(たか)い)
   = ______________________
2. 그 제품은 가격에 비해 질이 좋지 않다. (製品(せいひん), 値段(ねだん), 質(しつ), 良(よ)い)
   = ______________________

정답 및 해설 p.371

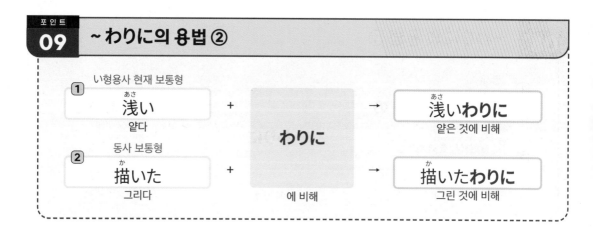

1 ～わりに ~에 비해 (い형용사 현재 보통형과 접속)

～わりに가 い형용사의 현재 보통형과 쓰일 때는 현재 보통형 바로 뒤에 접속
한다.

· 経験が浅いわりに仕事が早い。
경험이 얕은 것에 비해 일이 빠르다.

· 客が多いわりに料理はおいしくない。
손님이 많은 것에 비해 요리는 맛있지 않다.

· この道は険しいわりに通る人が多い。
이 길은 위험한 것에 비해 지나는 사람이 많다.

2 ～わりに ~에 비해 (동사 보통형과 접속)

～わりに가 동사의 보통형과 쓰일 때는 보통형 바로 뒤에 접속한다.

· はじめて描いたわりに上手でしょう？
처음으로 그린 것에 비해 잘하죠?

· 大学に受かったわりに表情が暗い。
대학에 붙은 것에 비해 표정이 어둡다.

· 何度も練習したわりにうまくならない。
몇 번이나 연습한 것에 비해 능숙해지지 않는다.

실력 PLUS

어휘
浅い [あさい] い형 얕다
険しい けわしい い형 위험하다
表情 [ひょうじょう] 명 표정
何度 [なんど] 명 몇 번

바로 체크 문장 작문하기

1. 이 차는 작은 것에 비해 트렁크가 넓다.
   (車, 小さい, トランク, 広い)

   = _____

2. 서둘러서 만든 것에 비해 좋은 시가 완성되었다.
   (急ぐ, 作る, いい, 詩, できる)

   = _____

정답 및 해설 p.371

포인트 10

~に違(ちが)いない의 용법

보통형				
① 成功(せいこう)する 성공하다	+	に違(ちが)いない	→	成功(せいこう)するに違(ちが)いない 성공할 것임에 틀림 없다
② 명사 현재 보통형 犯人(はんにん)だ 범인이다	+		→	犯人(はんにん)に違(ちが)いない 범인임에 틀림없다
③ な형용사 현재 보통형 器用(きよう)だ 손재주 있다	+	임에 틀림없다	→	器用(きよう)に違(ちが)いない 손재주 있음에 틀림없다

① ~に違(ちが)いない ~임에 틀림없다 (보통형과 접속)

①~に違(ちが)いない는 '~임에 틀림없다'라는 뜻으로, 명사/형용사/동사의 보통형과 쓰일 때는 보통형 바로 뒤에 접속한다. 확실한 근거를 바탕으로 추측할 때 사용한다.

・そのビジネスは成功(せいこう)するに違(ちが)いない。
그 비즈니스는 성공할 것임에 틀림없다.

② ~に違(ちが)いない ~임에 틀림없다 (명사 현재 보통형과 접속)

~に違(ちが)いない가 명사의 현재 보통형과 쓰일 때는 끝 글자인 ~だ를 뗀 현재 보통형과 접속한다.

・店(みせ)の店長(てんちょう)が事件(じけん)の犯人(はんにん)に違(ちが)いない。
가게의 점장이 사건의 범인임에 틀림없다.

③ ~に違(ちが)いない ~임에 틀림없다 (な형용사 현재 보통형과 접속)

~に違(ちが)いない가 な형용사의 현재 보통형과 쓰일 때는 끝 글자인 ~だ를 뗀 현재 보통형과 접속한다.

・マフラーを編(あ)むなんて器用(きよう)に違(ちが)いない。
머플러를 짜다니 손재주 있음에 틀림없다.

실력 PLUS

① ~に違(ちが)いない를 명사나 な형용사의 현재 보통형과 접속하는 경우, ~だ를 떼고 ~である를 붙인 다음 ~に違(ちが)いない와 연결할 수도 있다.

[예] 犯人(はんにん)であるに違(ちが)いない。
범인임에 틀림없다.
器用(きよう)であるに違(ちが)いない。
손재주 있음에 틀림없다.

[어휘]
ビジネス [명] 비즈니스
店長 [てんちょう] [명] 점장(님)
編む [あむ] [동1] 짜다

바로 체크 문장 작문하기

1. 오가와 씨는 오늘도 지각할 것임에 틀림없다.
(小川(おがわ)さん, 今日(きょう), 遅刻(ちこく))
= ______________________

2. 저 기사는 분명 사실임에 틀림없다.
(記事(きじ), きっと, 本当(ほんとう))
= ______________________

정답 및 해설 p.371

① 보통형
かわいい
귀엽다
+ に決まっている → かわいいに決まっている
귀여운 게 당연하다

② 명사 현재 보통형
彼女(だ)
그녀이다
+ → 彼女に決まっている
그녀인 게 당연하다

③ な형용사 현재 보통형
迷惑(だ)
민폐이다
+ → 迷惑に決まっている
한 게 당연하다 / 민폐인 게 당연하다

---

① ~に決まっている ~한 게 당연하다 (보통형과 접속)

~に決まっている는 '~한 게 당연하다'라는 ①뜻으로, 명사/형용사/동사의 보통형과 쓰일 때는 보통형 바로 뒤에 접속한다. 강한 확신과 추측을 나타낼 때 사용한다.

· 自分の子供はかわいいに決まっている。
자신의 아이는 귀여운 게 당연하다.

② ~に決まっている ~한 게 당연하다 (명사 현재 보통형과 접속)

~に決まっている가 명사의 현재 보통형과 쓰일 때는 끝 글자인 ~だ를 뗀 현재 보통형과 접속한다.

· 優勝は彼女に決まっている。
우승은 그녀인게 당연하다.

③ ~に決まっている ~한 게 당연하다 (な형용사 현재 보통형과 접속)

~に決まっている가 な형용사의 현재 보통형과 쓰일 때는 끝 글자인 ~だ를 뗀 현재 보통형과 접속한다.

· いきなり家に行くのは迷惑に決まっている。
갑자기 집에 가는 것은 민폐인 게 당연하다.

실력 PLUS

① 뜻이 비슷한 문형인 ~に違いない(~임에 틀림없다) 보다 일상 회화적인 표현이다.

어휘
いきなり (꾼) 갑자기
迷惑だ [めいわくだ] (な형) 민폐이다

바로 체크 문장 작문하기

1. 대학 생활은 즐거운 게 당연합니다. (大学, 生活, 楽しい)

= _____

2. 그런 부탁은 무리인 게 당연하다. (お願い, 無理だ)

= _____

정답 및 해설 p.371

회화 대비

1 질문에 답하기

(1) **A** 病気は良くなりましたか。   병은 좋아졌나요?

    B いいえ、＿＿＿＿＿＿＿＿＿＿。(良い, 悪化) 아니요, 좋아지기는커녕 악화되고 있어요.

(2) **A** どっちのチームが勝つと思う？   어느 팀이 이길 것 같아?

    B そんなの＿＿＿＿＿＿＿＿＿＿。(Aチーム) 그런 건 A팀인 게 당연해.

(3) **A** 顔が赤いけど、熱があるんじゃない？   얼굴이 빨간데, 열이 있는 거 아니야?

    B いや、＿＿＿＿＿＿＿＿＿＿。(ちょっと, 暑い) 아니, 좀 더울 뿐입니다.

JLPT/회화 대비

2 대화 읽고 빈 칸 채우기

(1) **A** 「新しい職場は仕事が楽しい（　　　）、同僚もみんないい人で、働きやすい環境です。」

    B 「それは良かったですね。」

    ① だけに   ② ばかりか   ③ といっても

(2) **A** 「海外転勤する（　　　）、どこがいいですか。」

    B 「暖かいところがいいので、タイですかね。」

    ① としたら   ② としても   ③ というのに

(3) **A** 「福岡で泊まったホテルはどうでしたか。」

    B 「高級ホテル（　　　）部屋もサービスもいまいちでした。」

    ① だけに   ② のほかに   ③ のわりに

JLPT 대비

3 선택지 배열하고 ★에 들어갈 것 고르기

(1) 彼の小説は ＿＿＿ ★ ＿＿＿ 海外でも出版されている。

    ① 日本   ② なく   ③ だけで

(2) この国は ＿＿＿ ★ ＿＿＿ が他の季節に比べてとても長い。

    ① といっても   ② 冬の期間   ③ 四季がある

정답 및 해설 p.371

06 명사, 형용사, 동사와 쓰이는 문형 ④

명사, 형용사, 동사와 쓰이는 문형 중에는 ～とは限(かぎ)らない(~라는 법은 없다), ～ということだ(~라고 한다)와 같은 문형이 있다. 이러한 문형의 용법과 접속 방법을 알아보자.

▲ MP3 바로 듣기

포인트 01 ～とは限(かぎ)らない와 ～ということだ의 用法(용법)

보통형
四角形(しかくけい)だ
사각형이다

＋

① とは限(かぎ)らない
라는 법은 없다

→

四角形(しかくけい)だとは限(かぎ)らない
사각형이라는 법은 없다

보통형
銀行員(ぎんこういん)だった
은행원이었다

＋

② ということだ
라고 한다

→

銀行員(ぎんこういん)だったということだ
은행원이었다고 한다

---

1 ～とは限(かぎ)らない ~라는 법은 없다

①～とは限らない는 '~라는 법은 없다'라는 뜻으로, 명사/형용사/동사의 보통형과 쓰일 때는 보통형 바로 뒤에 접속한다.

· すべての国(くに)の国旗(こっき)が四角形(しかくけい)だとは限(かぎ)らない。
  모든 나라의 국기가 사각형이라는 법은 없다.

· 牛乳(ぎゅうにゅう)を飲(の)んでも背(せ)が伸(の)びるとは限(かぎ)らない。
  우유를 마셔도 키가 자란다는 법은 없다.

2 ～ということだ ~라고 한다

～ということだ는 '~라고 한다'라는 뜻으로, 명사/형용사/동사의 보통형과 쓰일 때는 보통형 바로 뒤에 접속한다.

· 祖父(そふ)は昔(むかし)、銀行員(ぎんこういん)だったということだ。
  할아버지는 옛날에, 은행원이었다고 한다.

· 日本(にほん)の少子高齢化(しょうしこうれいか)は深刻(しんこく)だということだ。
  일본의 저출산 고령화는 심각하다고 한다.

실력 PLUS

①～とは限(かぎ)らない를 명사나 な형용사의 현재 보통형과 접속하는 경우 ~だ를 생략할 수 있다.

예 授業(じゅぎょう)(だ)とは限(かぎ)らない。
수업이라는 법은 없다.

きれい(だ)とは限(かぎ)らない。
예쁘다는 법은 없다.

어휘

すべて 명 모두
国旗 [こっき] 명 국기
四角形 [しかくけい] 명 사각형
銀行員 [ぎんこういん] 명 은행원
少子高齢化 [しょうしこうれいか] 명
저출산 고령화

바로 체크   문장 작문하기

1. 돈이 있어도 행복하다는 법은 없다.
   (お金(かね), ある, ～ても, 幸(しあわ)せだ)

   = _____

2. 11월인데 이 더위는 이상하다고 한다.
   (十一月(じゅういちがつ), 暑(あつ)さ, 異常(いじょう)だ)

   = _____

정답 및 해설 p.372

① 명사 현재 보통형

10キロ以内だ→で + **なければ ならない** → **10キロ以内でなければならない**

10킬로미터 이내이다 · 하지 않으면 안 된다 · 10킬로그램 이내이지 않으면 안 된다

② な형용사 현재 보통형

明確だ→で + → **明確でなければならない**

명확하다 · 명확하지 않으면 안 된다

① **~でなければならない** ~하지 않으면 안 된다 (명사 현재 보통형과 접속)

~なければならない는 '~하지 않으면 안 된다'라는 ①뜻으로, 명사의 현재 보통형과 쓰일 때는 끝 글자인 ~だ를 ~で로 바꾼 현재 보통형과 접속한다. 사회 통념상 반드시 해야 하는 일반적인 의무를 나타낼 때 사용한다. ~なくてはならない라고도 한다.

· **手荷物は10キロ以内でなければならない。**
수하물은 10킬로그램 이내이지 않으면 안 된다.

· **割引券は期限内でなければなりません。**
할인권은 기한 내이지 않으면 안 됩니다.

② **~でなければならない** ~하지 않으면 안 된다 (な형용사 현재 보통형과 접속)

~なければならない가 な형용사의 현재 보통형과 쓰일 때는 끝 글자인 ~だ를 ~で로 바꾼 현재 보통형과 접속한다.

· **目的は明確でなければならない。**
목적은 명확하지 않으면 안 된다.

· **家は快適でなければならない。**
집은 쾌적하지 않으면 안 된다.

실력 PLUS

① 뜻이 비슷한 문형으로 **~なければいけない, ~なければだめだ** (~하지 않으면 안 된다)가 있다. 이 두 문형은 주로 개인적인 이유로 반드시 해야 하는 일을 나타낸다는 점에서 **~なければならない**와 구별된다.

어휘

手荷物 [てにもつ] 몡 수하물
以内 [いない] 몡 이내
割引券 [わりびきけん] 몡 할인권
内 [ない] 내
目的 [もくてき] 몡 목적
明確だ [めいかくだ] な형 명확하다
快適だ [かいてきだ] な형 쾌적하다

바로 체크 문장 작문하기

1. 인간은 성실하지 않으면 안 됩니다.
   (人間, 誠実だ)

   = _____

2. 얼굴 사진 첨부인 신분증이 아니면 안 된다.
   (顔写真, 付き, 身分証明書)

   = _____

정답 및 해설 p.372

い형용사 현재 부정형
① 礼儀正しくない
れい ぎ ただ
예의 바르지 않다
＋
なければ
ならない
하지 않으면 안 된다
→
礼儀正しくなければならない
れい ぎ ただ
예의 바르지 않으면 안 된다

동사 ない형
② 納めない
おさ
납부하지 않다
＋
→
納めなければならない
おさ
납부하지 않으면 안 된다

① 〜なければならない ~하지 않으면 안 된다 (い형용사 현재 부정형과 접속)

〜なければならない가 い형용사의 현재 부정형과 쓰일 때는 〜ない를 떼고 접속한다.

· 誰にでも礼儀正しくなければならない。
だれ　　　れい ぎ ただ
누구에게나 예의 바르지 않으면 안 된다.

· 研究結果のデータは正しくなければならない。
けんきゅうけっ か　　　　　　　　ただ
연구 결과의 데이터는 올바르지 않으면 안 된다.

② 〜なければならない ~하지 않으면 안 된다 (동사 ない형과 접속)

〜なければならない가 동사의 ない형과 쓰일 때는 ない형 바로 뒤에 접속한다.

· 国民は税金を納めなければならない。
こくみん　ぜいきん　おさ
국민은 세금을 납부하지 않으면 안 된다.

· 回復のため、ちゃんと食べなければなりません。
かいふく　　　　　　　　　　た
회복을 위해, 제대로 먹지 않으면 안 됩니다.

실력 PLUS

어휘
誰にでも [だれにでも] 누구에게나
礼儀正しい [れいぎただしい] い형
예의 바르다
データ 명 데이터
税金 [ぜいきん] 명 세금
納める [おさめる] 동2 납부하다
回復 [かいふく] 명 회복
ちゃんと 부 제대로

바로 체크 문장 작문하기

1. 쓰레기는 분리해서 버리지 않으면 안 된다.
（ごみ, 分別, 捨てる）
　　　　ぶんべつ　す

= _____

2. 기모노의 띠는 어느 정도 꼭 끼지 않으면 안 된다.
（着物, 帯, ある, 程度, きつい）
　きもの　おび　　　　ていど

= _____

정답 및 해설 p.372

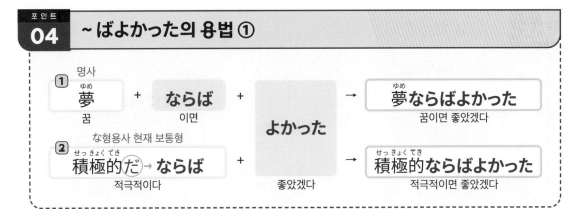

포인트
04 **~ばよかった의 용법 ①**

명사
① 夢 + ならば + よかった → 夢ならばよかった
꿈   이면   꿈이면 좋았겠다

な형용사 현재 보통형   좋았겠다
② 積極的だ → ならば + → 積極的ならばよかった
적극적이다   적극적이면 좋았겠다

---

① **~ならばよかった** ~하면 좋았겠다 (명사와 접속)

~ばよかった는 '~하면 좋았겠다'라는 뜻으로, 명사와 쓰일 때는 명사 뒤에 ~な
らば를 붙이고 よかった를 접속한다. 어떤 일을 하지 않은 것이 후회스럽거나 지금
그런 상태가 아닌 것이 안타깝다는 것을 나타낼 때 사용한다.

・**それが夢ならばよかった。**
그것이 꿈이면 좋았겠다.

・**すべて嘘ならばよかった。**
모두 거짓이면 좋았겠다.

② **~ならばよかった** ~하면 좋았겠다 (な형용사의 현재 보통형과 접속)

~ばよかった가 な형용사의 현재 보통형과 쓰일 때는 끝 글자인 ~だ를 ~なら
ば로 바꾼 현재 보통형과 よかった를 접속한다.

・**態度が積極的ならばよかった。**
태도가 적극적이면 좋았겠다.

・**会社までのアクセスがもう少し便利ならばよかった。**
회사까지의 교통수단이 조금 더 편리하다면 좋았겠다.

실력 PLUS

어휘
態度 [たいど] 명 태도
積極的だ [せっきょくてきだ] な형
적극적이다
アクセス 명 교통수단
もう少し [もうすこし] 부 조금 더

바로 체크 문장 작문하기

1. 나도 부자면 좋았겠다.
(私, 金持ち)

= _____

2. 색의 종류가 더 풍부했으면 좋았겠다.
(色, 種類, もっと, 豊富だ)

= _____

정답 및 해설 p.372

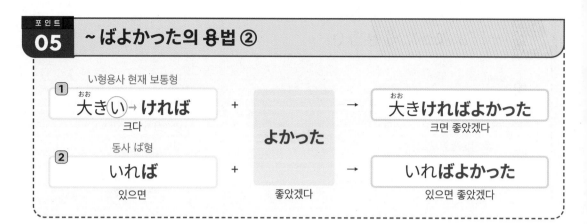

1 ~ければよかった ~하면 좋았겠다 (い형용사 현재 보통형과 접속)

~ばよかった가 い형용사의 현재 보통형과 쓰일 때는 끝 글자인 ~い를 ~ければ로 바꾼 현재 보통형과 よかった를 접속한다.

· 箱がもっと大きければよかった。   상자가 더 크면 좋았겠다.

· 背がもっと高ければよかった。   키가 더 크면 좋았겠다.

· サイズがもう少し小さければよかった。   사이즈가 조금 더 작았으면 좋았겠다.

2 ~ばよかった ~하면 좋았겠다 (동사의 ば형과 접속)

~ばよかった가 동사의 ば형과 쓰일 때는 ば형 바로 뒤에 접속한다.

· 私にも姉がいればよかった。
나에게도 언니가 있으면 좋았겠다.

· 無くさないようにもっと注意すればよかった。
잃어버리지 않도록 더 주의했으면 좋았겠다.

· もっと早く行動すればよかった。
더 빨리 행동하면 좋았겠다.

실력 PLUS

어휘
もっと 🉐 더
箱 [はこ] 🉐 상자
サイズ 🉐 사이즈

바로 체크 문장 작문하기

1. 어젯밤, 술을 마시지 않으면 좋았겠습니다. (昨夜, 酒, 飲む)

= _____

2. 버스 정류장이 가까웠으면 좋았겠다. (バス停, 近い)

= _____

정답 및 해설 p.372

~にしても의 용법

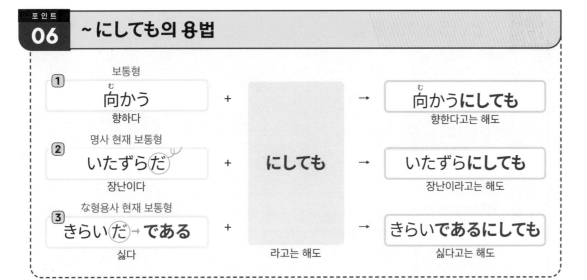

1 ~にしても ~라고는 해도 (보통형과 접속)

~にしても는 '~라고는 해도'라는 뜻으로, 명사/형용사/동사의 보통형과 쓰일 때는 보통형 바로 뒤에 접속한다. 어떤 상황을 제시, 가정한 것과 다른 결과가 나올 수 있다고 말할 때 사용한다. 보통 부정적인 상황이나 생각과 사용된다.

· 東京に向かうにしても様々な手段がある。
도쿄로 향한다고는 해도 다양한 수단이 있다.

실력 PLUS

2 ~にしても ~라고는 해도 (명사 현재 보통형과 접속)

~にしても가 명사의 현재 보통형과 쓰일 때는 끝 글자인 ~だ를 뗀 현재 보통형과 접속한다.

· 子供のいたずらにしてもひどい。
아이의 장난이라고는 해도 심하다.

3 ~であるにしても ~라고는 해도 (な형용사 현재 보통형과 접속)

~にしても가 な형용사의 현재 보통형과 쓰일 때는 끝 글자인 ~だ를 ~である로 바꾼 현재 보통형과 접속한다.

· 彼がきらいであるにしても無視は良くない。
그가 싫다고는 해도 무시는 좋지 않다.

어휘
様々だ [さまざまだ] な형 다양하다
手段 [しゅだん] 명 수단
いたずら 명 장난
無視 [むし] 명 무시

바로 체크 문장 작문하기

1. 독서에 열중한다고는 해도 소리가 전혀 들리지 않는다니.
(読書, 夢中だ, 声, まったく, 聞こえる, ~とは)

= _____

2. 초보 운전자라고는 해도 너무 느리다.
(初心者, ドライバー, 遅い, ~すぎる)

= _____

정답 및 해설 p.372

① **~というより** ~라기보다 (보통형과 접속)

~というより는 '~라기 보다'라는 뜻으로, 명사/형용사/동사의 보통형과 쓰일 때는 보통형 바로 뒤에 접속한다. 앞 내용도 틀리지 않으나 뒤의 내용이 더 타당할 때 사용한다.

· **みくちゃんはかわいいというよりきれいだ。**
미쿠는 귀엽다기보다 예쁘다.

② **~というより** ~라기보다 (명사 현재 보통형과 접속)

~というより가 명사의 현재 보통형과 쓰일 때는 끝 글자인 ~だ를 뗀 현재 보통형과 접속한다.

· **今日は和食というより洋食の気分です。**
오늘은 일식이라기보다 양식인 기분입니다.

③ **~というより** ~라기보다 (な형용사 현재 보통형과 접속)

~というより가 な형용사의 현재 보통형과 쓰일 때는 끝 글자인 ~だ를 뗀 현재 보통형과 접속한다.

· **彼はわがままというより意志が強い。**
그는 제멋대로라기보다 의지가 강하다.

실력 PLUS

어휘
和食 [わしょく] 몡 일식
洋食 [ようしょく] 몡 양식
気分 [きぶん] 몡 기분

바로 체크 **문장 작문하기**

1. 오늘은 시원하다기보다 쌀쌀합니다. (今日, 涼しい, 肌寒い)

= _____

2. 항상 설득한다기보다 설득당한다. (いつも, 説得)

= _____

정답 및 해설 p.372

포인트 08 ~かというと의 용법

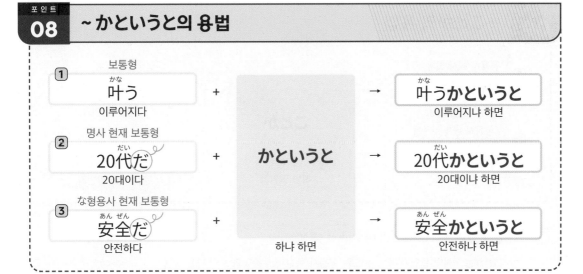

1 ~かというと ~하냐 하면 (보통형과 접속)

~かというと는 '~하냐 하면'이라는 ①뜻으로, 명사/형용사/동사의 보통형과 쓰일 때는 보통형 바로 뒤에 접속한다. 앞 내용으로 예상되는 결론이 사실은 아닐 수 있다고 부정할 때에 사용한다.

· 夢が必ず叶うかというとそうとは限らない。
꿈이 반드시 이루어지냐 하면 그렇다는 법은 없다.

2 ~かというと ~하냐 하면 (명사 현재 보통형과 접속)

~かというと가 명사의 현재 보통형과 쓰일 때는 끝 글자인 ~だ를 뗀 현재 보통형과 접속한다.

· 大学生が全員20代かというとそうではない。
대학생이 전원 20대이냐 하면 그렇지는 않다.

3 ~かというと ~하냐 하면 (な형용사 현재 보통형과 접속)

~かというと가 な형용사의 현재 보통형과 쓰일 때는 끝 글자인 ~だ를 뗀 현재 보통형과 접속한다.

· 日本が安全かというとそうは言いきれない。
일본이 안전하냐 하면 그렇게는 단언할 수 없다.

실력 PLUS

① 뜻이 비슷한 문형으로 ~かといえば(~인가 하면)가 있다.

어휘
必ず [かならず] ⑨ 반드시
大学生 [だいがくせい] ⑩ 대학생
代 [だい] 대
言いきる [いいきる] ⑤1 단언하다

바로 체크 문장 작문하기

1. 절대로 불가능하냐 하면 그것은 알 수 없다.
   (絶対に, 不可能だ, わかる)
   = _____

2. 어디가 이상하냐 하면 색깔의 조합이다.
   (どこ, おかしい, 色, 組み合わせ)
   = _____

정답 및 해설 p.372

① 형용사/동사 보통형
ありがたい + → **ありがたいことか**
고맙다　　　　　　　　　 **ことか** 　　　 고맙단 말인가

② な형용사 현재 보통형
退屈だ→な + 　　　　　　 → **退屈なことか**
지루하다　　　　　　 하단 말인가　　　 지루하단 말인가

1 **～ことか** ~하단 말인가 (형용사/동사 보통형과 접속)

①~ことか는 '~하단 말인가'라는 뜻으로, 형용사/동사의 보통형과 쓰일 때는 보통형 바로 뒤에 접속한다. 감정 등의 정도가 심함을 나타낼 때 사용한다.

· **支援がどれだけありがたいことか。**
지원이 얼마나 고맙단 말인가.

· **合格の報告を聞いてどれほど嬉しかったことか。**
합격 보고를 듣고 얼마나 기뻤단 말인가.

2 **～なことか** ~하단 말인가 (な형용사 현재 보통형과 접속)

～ことか가 な형용사의 현재 보통형과 쓰일 때는 끝 글자인 ～だ를 ～な로 바꾼 현재 보통형과 접속한다.

· **どれほど退屈なことか。**
얼마나 지루하단 말인가.

· **不自由ない暮らしがどれほど幸せなことか。**
불편함 없는 생활이 얼마나 행복하단 말인가.

실력 PLUS

① ～ことか는 **どれほど**(얼만큼), **どんなに**(얼마나), **何度**(몇 번)와 같은 의문사와 자주 사용된다.

어휘
支援 [しえん] 몡 지원
どれだけ 얼마나
ありがたい い형 고맙다
どれほど 몡 얼마나
嬉しい [うれしい] い형 기쁘다
不自由 [ふじゆう] 몡 불편함
暮らし [くらし] 몡 생활

바로 체크 문장 작문하기

1. 실연해서, 얼마나 슬펐단 말인가. (失恋, どれだけ, 悲しい)
= _____

2. 이 노래에 얼마나 격려받았단 말인가. (歌, どれほど, 励ます)
= _____

정답 및 해설 p.372

~からこそ와 ~からといって의 용법

보통형
親友だ + ① **からこそ** → **親友だからこそ**
친구이다 　　하기 때문에 　　　친구이기 때문에

보통형
セールだ + ② **からといって** → **セールだからといって**
세일이다 　　라고 해도 　　　세일이라고 해도

1 ~からこそ ~하기 때문에

~からこそ는 '~하기 때문에'라는 뜻으로, 명사/형용사/동사의 보통형과 쓰일 때는 보통형 바로 뒤에 접속한다. 이유나 원인을 강조하여 말할 때 사용한다.

· **親友だからこそ欠点を指摘できる。**
친구이기 때문에 결점을 지적할 수 있다.

· **珍しいからこそほしいと思う。**
드물기 때문에 갖고 싶다고 생각한다.

· **重要だからこそ何度も説明しました。**
중요하기 때문에 몇 번이나 설명했습니다.

2 ~からといって ~라고 해도

①~からといって는 '~라고 해도'라는 뜻으로, 명사/형용사/동사의 보통형과 쓰일 때는 보통형 바로 뒤에 접속한다. 앞 내용이 반드시 뒤 내용을 결정하지는 않음을 나타낼 때 사용하며, 부정에서만 사용한다.

· **セールだからといってそんなに安くなかった。**
세일이라고 해도 그렇게 싸지 않았다.

· **つらいからといってやめてはいけない。**
힘들다고 해도 그만두면 안 된다.

· **勉強したからといって成績が伸びるわけじゃない。**
공부했다고 해도 성적이 느는 것은 아니다.

실력 PLUS

① ~からといっては ~わけではない(~하는 것은 아니다), ~とは限らない(~라는 법은 없다), ~とはいえない(~라고 할 수는 없다)와 같은 문형과 자주 사용된다.

어휘
欠点 [けってん] 명 결점
セール 명 세일
つらい い형 힘들다
~てはいけない ~하면 안 된다

문장 작문하기

1. 많이 도전했기 때문에 성장할 수 있었다.
　(たくさん, 挑戦, 成長)

　= _____

2. 할 수 없다고 해도 포기해서는 안 됩니다.
　(できる, 諦める, ~てはいけない)

　= _____

정답 및 해설 p.372

포인트 11

~ようならの 용법

① 보통형 増える(ふ) 늘다	+	ようなら	→	増えるようなら 늘 것 같으면
② 명사 현재 보통형 火傷(やけど)だ→の 화상이다	+		→	火傷のようなら 화상일 것 같으면
③ な형용사 현재 보통형 無理(むり)だ→な 무리이다	+	할 것 같으면	→	無理なようなら 무리일 것 같으면

1 ～ようなら ~할 것 같으면 (보통형과 접속)

～ようなら는 '~할 것 같으면'이라는 뜻으로, 명사/형용사/동사의 보통형과 쓰일 때는 보통형 바로 뒤에 접속한다. 행동의 조건을 나타낼 때 사용한다.

· 人数(にんずう)が増(ふ)えるようなら会場(かいじょう)を変(か)えます。
인원 수가 늘 것 같으면 행사장을 바꿉니다.

2 ～のようなら ~할 것 같으면 (명사 현재 보통형과 접속)

～ようなら가 명사의 현재 보통형과 쓰일 때는 끝 글자인 ～だ를 ～の로 바꾼 현재 보통형과 접속한다.

· 火傷(やけど)のようなら塗(ぬ)り薬(ぐすり)を塗(ぬ)ったほうがいい。
화상일 것 같으면 연고를 바르는 편이 좋다.

3 ～なようなら ~할 것 같으면 (な형용사 현재 보통형과 접속)

～ようなら가 な형용사의 현재 보통형과 쓰일 때는 끝 글자인 ～だ를 ～な로 바꾼 현재 보통형과 접속한다.

· 無理(むり)なようなら断(ことわ)って。
무리일 것 같으면 거절해.

실력 PLUS

[어휘]
火傷 [やけど] [명] 화상
塗り薬 [ぬりぐすり] [명] 연고
塗る [ぬる] [동1] 바르다
無理だ [むりだ] [な형] 무리이다

바로 체크 문장 작문하기

1. 수상한 것 같으면 확인하는 편이 좋다.
(怪(あや)しい, 確認(かくにん), ～たほうがいい)
= ____________________

2. 한가할 것 같으면 이것도 부탁해도 돼?
(暇(ひま)だ, 頼(たの)む, ～てもいい)
= ____________________

정답 및 해설 p.372

---

1 질문에 답하기

(1) **A** 無地のシャツは地味かな？   무지 셔츠는 수수한가?

    B そう？ _____ ？(地味だ, シンプルだ, いい)   그래? 수수하다기보다는 심플해서 좋지 않을까?

(2) **A** この仕事は今日中に終わらせなければいけませんか。   이 일은 오늘 안에 끝내야 하나요?

    B うーん。_____。(難しい, 明日, 大丈夫だ)   음, 어려울 것 같으면 내일도 괜찮아요.

(3) **A** 二次面接だし、そんなに緊張する必要ないんじゃない？   2차 면접인데, 그렇게 긴장할 필요 없잖아?

    B _____。(二回目, 余計, 緊張, 〜んだよ)   두 번째이기 때문에, 더욱 긴장되는 거야.

2 대화 읽고 빈 칸 채우기

(1) **A** 「昨日のパーティー、本当に楽しかったですよ。」

    B 「そうなんですか。私も（   ）。」

    ① 行くということです   ② 行かなければなりません   ③ 行けばよかったです

(2) **A** 「佐藤君、なかなか来ないね。」

    B 「うん。遅れる（   ）連絡がほしいよね。」

    ① かというと   ② にしても   ③ ようなら

(3) **A** 「この冷蔵庫が人気だって。」

    B 「人気だからといって品質がいい（   ）よ。」

    ① とは限らない   ② ということだ   ③ からこそだ

3 선택지 배열하고 ★에 들어갈 것 고르기

(1) テストまでに5ページから15ページの ＿＿＿ ★ ＿＿＿。

    ① 覚えなければ   ② なりません   ③ 漢字を

(2) 今日、ライブを見に行く。チケットを予約した日から、この日を ＿＿＿ ★ ＿＿＿。

    ① どんなに   ② ことか   ③ 待った

정답 및 해설 p.372

07 여러 개의 단어와 쓰이는 문형

문형 중에는 여러 개의 단어와 연결되어야 의미가 성립하는 문형이 있다. 〜は〜より[~은 ~보다], 〜の中で〜が一番
[~중에서 ~이 제일]과 같이 여러 개의 단어와 쓰이는 문형의 용법과 접속 방법을 알아보자.

▲ MP3 바로 듣기

포인트 01 〜は〜より의 용법

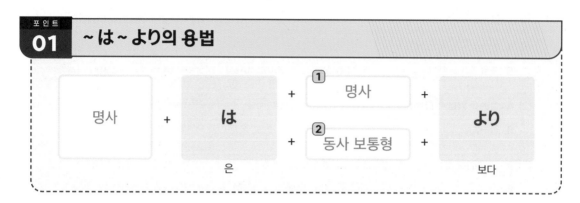

명사	+	は	+	① 명사	+	より
		은	+	② 동사 보통형		보다

① 〜は〜より ~은 ~보다 (명사와 접속)

〜は①〜よりは '~은 ~보다'라는 뜻으로, 〜は는 명사 뒤에 접속하고, 〜より는 명사
나 동사 뒤에 접속한다. 〜より가 명사와 쓰일 때는 경우 명사 바로 뒤에 접속한다.

· 福岡は東京より広いです。　　　후쿠오카는 도쿄보다 넓습니다.

· 妹は私より背が高い。　　　여동생은 나보다 키가 크다.

② 〜は〜より ~은 ~보다 (동사 보통형과 접속)

〜より가 동사와 쓰일 때는 경우 동사 보통형 뒤에 접속한다.

· 静岡は思ったより都会だった。
　시즈오카는 생각한 것보다 도시였다.

· 相手選手は予想していたより強かったです。
　상대 선수는 예상했던 것보다 강했습니다.

실력 PLUS

① 〜より 앞에 오는 것이 비교의 기
　준이 된다.

어휘
思う [おもう] 등1 생각하다
都会 [とかい] 명 도시

바로 체크　문장 작문하기

1. 오늘은 어제보다 춥습니다. (今日, 昨日, 寒い)

= _____

2. 미국은 중국보다 면적이 크다. (アメリカ, 中国, 面積, 大きい)

= _____

정답 및 해설 p.373

～の中で～が一番과 ～より～のほうが의 용법

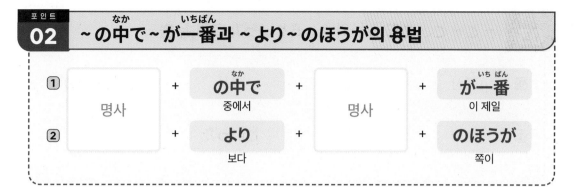

① 명사	+	の中で 중에서	+	명사	+	が一番 이 제일
② 명사	+	より 보다	+	명사	+	のほうが 쪽이

① ～の中で～が一番 ~중에서 ~이 제일

①～の中で～が一番은 '~중에서 ~이 제일'이라는 뜻으로, 보통 비교하는 대상이 3가지 이상일 때 사용한다. ～の中で, ～が一番 모두 명사 뒤에 접속한다.

· 食べ物の中で何が一番好きですか。
음식 중에서 무엇이 제일 좋습니까?

· ポーランドとギリシャ、スイスの中でスイスの物価が一番高い。
폴란드, 그리스, 스위스 중에서 스위스의 물가가 제일 비싸다.

② ～より～のほうが ~보다 ~쪽이

～より～のほうが는 '~보다 ~쪽이'라는 뜻으로, ～より, ～のほうが 모두 명사 뒤에 접속한다. 앞의 것과 비교하여 뒤의 것에 대해 어떻게 생각하는지 말할 때 사용한다.

· 猫より犬のほうが好きだ。
고양이보다 개 쪽이 좋다.

· 赤ワインより白ワインのほうが飲みやすい。
레드 와인보다 화이트 와인 쪽이 마시기 쉽다.

실력 PLUS

①～の中で에서 ～の中를 떼고 사용할 수도 있다.
예 韓国ドラマでどれが一番面白い?
한국 드라마에서 어느 것이 제일 재미있어?

어휘

食べ物 [たべもの] 톙 음식
赤ワイン [あかワイン] 톙 레드 와인
白ワイン [しろワイン] 톙 화이트 와인

바로 체크 문장 작문하기

1. 야구와 농구, 테니스 중에서 농구가 제일 인기이다.
(野球, バスケ, テニス, 人気)

= _____

2. 아버지보다 어머니 쪽이 연상입니다.
(父, 母, 年上)

= _____

정답 및 해설 p.373

①	명사	+	**と**	+	명사	+	**と、どちらが**
			랑				랑, 어느 쪽이

②	명사	+	명사	+	**といった**	+	명사
					와 같은		

① **~と~と、どちらが** ~랑 ~랑, 어느 쪽이

~と~と、①どちらが는 '~랑 ~랑, 어느 쪽이'라는 뜻으로, ~と와 ~と、どちらが 모두 명사 뒤에 접속한다.

· 飛行機と新幹線と、どちらが安いですか。
ひこうき　しんかんせん　　　　　　　やす

비행기랑 신칸센이랑, 어느 쪽이 쌉니까?

· 和食と洋食と、どちらがいいですか。
わしょく　ようしょく

일식이랑 양식이랑, 어느 쪽이 좋습니까?

② **A、BといったC** A, B와 같은 C

A、BといったC는 'A, B와 같은 C'라는 뜻으로, A, B, C 부분에는 모두 명사만 사용된다. 어떤 것에 대해 여러 예시를 들며 말할 때 사용한다.

· オレンジ、キウイといった果物が好きだ。
くだもの　す

오렌지, 키위와 같은 과일을 좋아한다.

· 黒、グレーといった暗い色の服を着る。
くろ　　　　　くら いろ ふく き

검정, 회색과 같은 어두운 색의 옷을 입는다.

실력 PLUS

① どちら 대신 どっち를 사용할 수도 있다.

어휘
オレンジ 몡 오렌지
キウイ 몡 키위
果物 [くだもの] 몡 과일
グレー 몡 회색

바로 체크 **문장 작문하기**

1. 편의점이랑 슈퍼랑, 어느 쪽이 가깝습니까?
(コンビニ, スーパー, 近い)
ちか

= _____

2. 태국, 베트남과 같은 아시아 나라를 여행한다.
(タイ, ベトナム, アジア, 国, 旅する)
くに たび

= _____

정답 및 해설 p.373

~ほど~ない의 용법

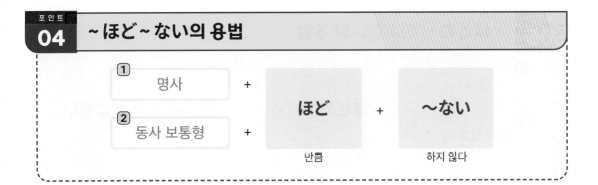

① 명사	+	ほど	+	~ない
② 동사 보통형	+	만큼		하지 않다

① ~ほど~ない ~만큼 ~하지 않다 (명사와 접속)

~ほど~ない는 '~만큼 ~하지 않다'라는 ①뜻으로, ~ほど 바로 앞의 대상과 비교하며 그 보다 정도가 덜함을 나타낼 때 사용한다. ~ほど가 명사와 쓰일 때는 명사 바로 뒤에 접속하며, ~ない 부분에는 명사, 형용사, 동사의 부정형을 사용한다.

· 今年は去年ほど暑くない。
올해는 작년만큼 덥지 않다.

· 私は中沢さんほど優しくない。
나는 나카자와 씨만큼 상냥하지 않다.

· 人間関係ほど複雑なものはありません。
인간관계만큼 복잡한 것은 없습니다.

② ~ほど~ない ~만큼 ~하지 않다 (동사 보통형과 접속)

~ほど가 동사와 쓰일 때는 동사 보통형 뒤에 접속한다. ~ない 부분에는 명사, 형용사, 동사의 부정형을 사용한다.

· 同僚に助けを求めるほど忙しくない。
동료에게 도움을 구할 만큼 바쁘지 않다.

· 注射は心配するほど痛くなかった。
주사는 걱정할 만큼 아프지 않았다.

· 「白夜行」は期待していたほど面白くなかった。
"백야행"은 기대했던 것만큼 재미있지 않았다.

실력 PLUS

① 뜻 속에 두 비교 대상이 공통된 성질을 가지고 있다는 뉘앙스를 포함한다.

예 蝶はアリほど小さくない。
나비는 개미만큼 작지 않다.
→ 나비와 개미 모두 작다.
→ 그러나 개미는 나비보다 작다.

어휘

暑い [あつい] (い형) 덥다
助け [たすけ] (명) 도움
求める [もとめる] (동2) 구하다

바로 체크 | 문장 작문하기

1. 이 거리는 베네치아만큼 아름답지 않다.
(街, ベネチア, 美しい)

= _____

2. 서울은 생각했던 만큼 춥지 않았다.
(ソウル, 思う, 寒い)

= _____

정답 및 해설 p.373

① **명사** +

② **동사 보통형** + **ほどの** + **명사** + **ではない**

할 정도의 는 아니다

---

① **~ほどの~ではない** ~할 정도의 ~는 아니다 (명사와 접속)

~ほどの~ではない는 '~할 정도의 ~는 아니다'라는 뜻으로, 어떤 것을 해야 할 만큼 중대한 상황이나 상태는 아님을 나타낼 때 사용한다. ~ほどの가 명사와 쓰일 ①때는 경우 명사 바로 뒤에 접속하며, ~ではない는 명사 뒤에 접속한다.

· プロほどの実力ではない。
じつりょく
  프로 정도의 실력은 아니다.

· 先生ほどの知識量ではない。
せんせい   ち しきりょう
  선생님 정도의 지식량은 아니다.

② **~ほどの~ではない** ~할 정도의 ~는 아니다 (동사 보통형과 접속)

~ほどの가 동사와 쓰일 때는 동사 보통형과 접속하며, ②~ではない는 명사 뒤에 접속한다.

· 泣くほどのことではない。
な
  울 정도의 일은 아니다.

· おいしくないが、食べられないほどの料理ではない。
た   りょうり
  맛있지 않지만, 먹을 수 없을 정도의 요리는 아니다.

실력 PLUS

① 때에 따라 형용사와 접속할 수도 있으나 접속할 수 있는 형용사가 한정적이다.

  예 動くのがきついほどの高熱
  うご   こうねつ
  ではない。
  움직이는 것이 힘들 정도의 고열은 아니다.

② ~ではない 앞에 こと(일)나 もの(것)를 연결하여, ~ほどのことではない(~할 정도의 일은 아니다)나 ~ほどのものではない(~할 정도의 것은 아니다)와 같이 자주 사용된다.

어휘
プロ (명) 프로
量 [りょう] 량, 양

바로 체크 문장 작문하기

1. 병원에 갈 정도의 상처는 아니다. (病院, 行く, けが)
   びょういん い

   = _____

2. 태풍 정도의 강풍은 아니다. (嵐, 強風)
   あらし きょうふう

   = _____

정답 및 해설 p.373

포인트 06 ~ば~ほどの 용법

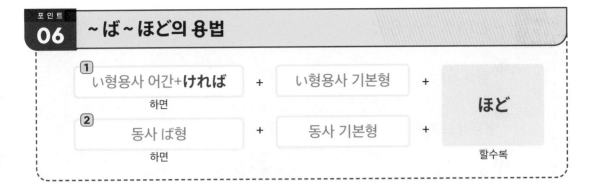

① い형용사 어간+**ければ** (하면)	+	い형용사 기본형	+	**ほど** (할수록)
② 동사 ば형 (하면)	+	동사 기본형	+	**ほど** (할수록)

① ～ければ～ほど ~하면 ~할수록 (い형용사와 접속)

～ば～ほど는 '~하면 ~할수록'이라는 뜻으로, 상태의 정도나 동작의 횟수에 비례해 다른 일이 ①진행됨을 나타낼 때 사용한다. ～ば와 ～ほど 앞에는 서로 같은 단어가 쓰여야 한다. ～ば～ほど가 い형용사와 쓰일 때는 ～ば 부분에 い형용사 어간 뒤에 ければ를 붙인 것을 사용하고 ～ほど는 い형용사 기본형 뒤에 접속한다.

· **意見は多ければ多いほどうれしいです。**
의견은 많으면 많을수록 기쁩니다.

· **気温が暑ければ暑いほど冷房代が上がります。**
기온이 더우면 더울수록 냉방비가 오릅니다.

② ～ば～ほど ~하면 ~할수록 (동사와 접속)

～ば～ほど가 동사와 쓰일 때는 ～ば 부분에 동사의 ば형을 사용하고 ～ほど는 동사 기본형 뒤에 접속한다.

· **年を取れば取るほど時間が早く感じる。**
나이를 먹으면 먹을수록 시간이 빠르게 느껴진다.

· **ジョギングを続ければ続けるほど体力がつくのがわかる。**
조깅을 계속하면 계속할수록 체력이 붙는 것을 알 수 있다.

실력 PLUS

① 진행되는 일이 예상과 반대되는 경우에도 사용할 수 있다.

[예] **読めば読むほど分からなくなった。**
읽으면 읽을수록 알 수 없게 되었다.

[어휘]

冷房 [れいぼう] [명] 냉방
代 [だい] 비, 값
感じる [かんじる] [동2] 느껴지다
ジョギング [명] 조깅
体力 [たいりょく] [명] 체력
つく [동1] 붙다

바로 체크 문장 작문하기

1. 단련하면 단련할수록 근육량이 늘었다.
(鍛える, 筋肉量, 増える)
= ______________________

2. 우편물은 가벼우면 가벼울수록 요금이 싸다.
(郵便物, 軽い, 料金, 安い)
= ______________________

정답 및 해설 p.373

① 명사 보통형	+			
② 형용사 보통형	+	**という**	+	명사
③ 동사 보통형	+	라는		

① ~という~ ~라는 ~ (명사와 접속)

~という~는 '~라는 ~'이라는 ①뜻으로, 어떤 내용을 설명할 때 사용한다. ~という가 명사와 쓰일 때는 ②명사의 보통형 뒤에 접속하며, ~という 뒤에는 명사만 접속할 수 있다.

・ある会社から不採用<small>かいしゃ ふ さいよう</small>だという連絡<small>れんらく</small>が届<small>とど</small>いた。

어느 회사로부터 채용하지 않는다는 연락이 도착했다.

② ~という~ ~라는 ~ (형용사와 접속)

~という가 형용사와 쓰일 때는 형용사의 보통형 뒤에 접속한다. ~という 뒤에는 명사만 접속할 수 있다.

・ザクロが美容<small>び よう</small>にいいという記事<small>き じ</small>を読<small>よ</small>んだ。

석류가 미용에 좋다는 기사를 읽었다.

③ ~という~ ~라는 ~ (동사와 접속)

~という가 동사와 쓰일 때는 동사의 보통형 뒤에 접속한다. ~という 뒤에는 명사만 접속할 수 있다.

・工場<small>こうじょう</small>で爆発<small>ばくはつ</small>が起<small>お</small>きたというニュースを見<small>み</small>た。

공장에서 폭발이 일어났다는 뉴스를 봤다.

실력 PLUS

① 뜻이 비슷한 표현으로 ~って~(~라는 ~)가 있다. 글로 쓸 때도 사용할 수 있는 ~という~와 달리, 일상 회화에서만 사용할 수 있다.

② 명사의 보통형 대신 명사만 연결하면, 뒤에 나오는 사람이나 사물의 이름을 말할 때 사용하는 문형이 된다.

예 山田<small>やまだ</small>という人<small>ひと</small> 야마다라는 사람

어휘

ある 어느

不採用 [ふさいよう] 몡 채용하지 않음

ザクロ 몡 석류

美容 [びよう] 몡 미용

ニュース 몡 뉴스

바로 체크 **문장 작문하기**

1. 고등학교 교사라는 꿈이 드디어 이루어졌다.
   (高校教師<small>こうこうきょう し</small>, 夢<small>ゆめ</small>, ついに, 叶<small>かな</small>う)

   = _____

2. 이 소재는 열에 강하다는 특징이 있다.
   (素材<small>そ ざい</small>, 熱<small>ねつ</small>, 強<small>つよ</small>い, 特徴<small>とくちょう</small>, ある)

   = _____

정답 및 해설 p.373

포인트
08

포인트 08 ~から~にかけて와 ~たり~たりする의 용법

① 명사 + **から** + 명사 + **にかけて**
에서 / 부터   에 걸쳐

② 과거 보통형 + **り** + 과거 보통형 + **りする**
하거나   하거나 하다

① ~から~にかけて ~에서/부터 ~에 걸쳐

~から~にかけて는 '~에서/부터 ~에 걸쳐'라는 뜻으로, 시간이나 공간의 범위를 대략적으로 나타낼 때 사용한다. ~から, ~にかけて 모두 명사 뒤에 접속한다.

· 西日本から東日本にかけて雪が降ります。
서일본에서 동일본에 걸쳐 눈이 내립니다.

· 一昨年から去年にかけて留学していた。
재작년부터 작년에 걸쳐 유학하고 있었다.

② ~たり~たりする ~하거나 ~하거나 하다

~たり~たりする는 '~하거나 ~하거나 하다'라는 ①뜻으로, 동사 た형 등 과거 보통형 뒤에 ~り와 ~りする를 접속한다. 여러 가지 중 몇 가지만 대표로 말할 때, 어떤 상태나 행위가 교대로 반복될 때 사용한다.

· 仕事は日によって暇だったり、忙しかったりする。
일은 날에 따라 한가하거나, 바쁘거나 한다.

· 海で泳いだり、キャンプをしたりしました。
바다에서 헤엄치거나, 캠핑을 하거나 했습니다.

실력PLUS

① 뜻 속에 직접 언급한 것 외에도 다른 것이 더 있음을 암시하는 뉘앙스가 있다.

어휘

東 [ひがし] 图 동
一昨年 [おととし] 图 재작년
キャンプ 图 캠핑, 캠프

바로 체크 **문장 작문하기**

1. 금요일부터 일요일에 걸쳐 바자회를 엽니다.
(金曜, 日曜, バザー, 開く)

= _____

2. 귀가 후에는 요가를 하거나, 자격증 공부를 하거나 한다.
(帰宅, ~後, ヨガ, 資格, 勉強)

= _____

정답 및 해설 p.373

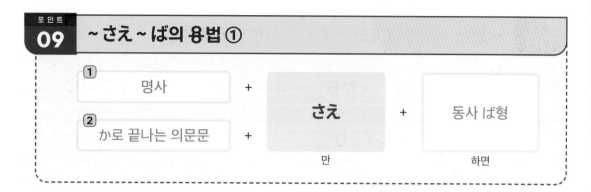

포인트 09

~さえ~ばの 용법 ①

1 명사	+	さえ	+	동사 ば형
2 か로 끝나는 의문문	+			
		만		하면

1 ～さえ～ば ~만 ~하면 (명사와 접속)

～さえ～ば는 '~만 ~하면'이라는 [①]뜻으로, 어떤 조건이 이루어지기만을 바라는 뉘앙스로 말할 때 사용한다. ～さえ가 명사와 쓰일 때는 명사 바로 뒤에 접속한다. ～さえ 뒤에는 동사 ば형만 접속한다.

- この試合(しあい)さえ勝(か)てば決勝戦(けっしょうせん)だ。 이 시합만 이기면 결승전이다.
- 単語(たんご)さえ覚(おぼ)えれば宿題(しゅくだい)は終(お)わりです。 단어만 외우면 숙제는 끝입니다.
- 今(いま)さえ楽(たの)しければいいです。 지금만 즐거우면 됩니다.

2 ～さえ～ば ~만 ~하면 (か로 끝나는 의문문과 접속)

～さえ는 か로 끝나는 의문문 뒤에도 접속할 수 있다.

- 原因(げんいん)がどこにあるのかさえはっきりすればいい。
  원인이 어디에 있는지만 확실해지면 된다.
- その店(みせ)に商品(しょうひん)があるのかさえわかれば買(か)いに行(い)くのに。
  그 가게에 상품이 있는지만 알면 사러 갈텐데.
- 誕生日(たんじょうび)がいつかさえ知(し)っていればプレゼントを用意(ようい)したのに。
  생일이 언제인지만 알고 있으면 선물을 준비했을텐데.

실력 PLUS

① 뜻이 비슷한 문형으로 **～さえ～たら**(~만 ~하면)가 있다.

어휘

決勝戦 [けっしょうせん] [명] 결승전
終わり [おわり] [명] 끝
はっきりする 확실해지다

바로 체크 문장 작문하기

1. 자신의 일만 하고 있으면 불평은 듣지 않는다.
   (自分(じぶん), 仕事(しごと), ～ている, 文句(もんく), 言(い)われる)
   = ____________________

2. 몇 명 오는지만 정해지면 준비할 수 있다.
   (何人(なんにん), 来(く)る, 決(き)まる, 準備(じゅんび))
   = ____________________

정답 및 해설 p.373

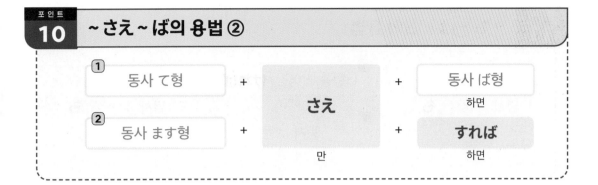

10 ~さえ~ば의 용법 ②

1 ~てさえ~ば ~만 ~하면 (동사와 접속 ①)

~さえ가 동사와 쓰일 때는 동사 て형 뒤에 접속한다.

· だまってさえいれば怒られなかっただろう。

입 다물고만 있으면 혼나지 않았을 것이다.

· 7時に起きてさえいれば遅刻しなかったはずだ。

7시에 일어나기만 했으면 지각하지 않았을 것이다.

· 最後の問題に正解してさえいれば満点だった。

마지막 문제에서 정답을 맞추기만 했으면 만점이었다.

2 ~さえすれば ~만 하면 (동사와 접속 ②)

~さえ가 동사와 쓰일 때는 동사 ます형 뒤에도 접속할 수 있다. 동사 ます형 뒤에 접속하는 경우 ~さえ 뒤에는 すれば만 쓸 수 있다.

· 家族が健康でいさえすればそれでいい。

가족이 건강하게 있기만 하면 그것으로 됐다.

· レポートを出しさえすれば単位が取れる。

레포트를 내기만 하면 학점을 딸 수 있다.

· 薬を飲みさえすれば治りますか。

약을 먹기만 하면 낫나요?

실력 PLUS

어휘

だまる 图1 입 다물다

正解する [せいかいする] 정답을 맞추다

満点 [まんてん] 图 만점

単位 [たんい] 图 학점

取る [とる] 图1 따다

---

1. 틈이 있기만 하면 게임을 하고 있다.

(暇, ある, ゲーム, ~ている)

= _____

2. 면허를 갖고 있기만 하면 누구든지 응모할 수 있다.

(免許, 持つ, 誰, 応募)

= _____

정답 및 해설 p.373

```
         ┌─────────────────────┐
         │ ①  い형용사 어간+ければ │
명사 + も + │         하고         │ + 명사 + も
         │ ②     동사 ば형       │
    도   │         하고         │        도
         └─────────────────────┘
```

① ~も~ければ~も ~도 ~하고 ~도 (い형용사와 접속)

~も~ば~も는 '~도 ~하고 ~도'라는 뜻으로, 비슷한 내용이나 상반되는 내용을 나열할 때 사용한다. ~も는 명사 뒤에 접속하며, い형용사와 쓰일 때는 ~ば 부분에 い형용사 어간 뒤에 ければ를 붙인 것을 사용한다.

· 課題の量も多ければ内容も難しかった。
  과제의 양도 많고 내용도 어려웠다.

· 日差しも暖かければ風も心地いい。
  햇살도 따뜻하고 바람도 기분 좋다.

· 今は時間もなければお金もありません。
  지금은 시간도 없고 돈도 없습니다.

② ~も~ば~も ~도 ~하고 ~도 (동사와 접속)

동사와 쓰일 때는 ~ば 부분에 동사 ば형을 사용한다.

· その考えに賛成の人もいれば反対の人もいる。
  그 생각에 찬성인 사람도 있고 반대인 사람도 있다.

· 今回の試験は易しい問題もあれば難しい問題もあった。
  이번 시험은 쉬운 문제도 있고 어려운 문제도 있었다.

· 斎藤君は勉強もできればスポーツもできる。
  사이토 군은 공부도 잘하고 스포츠도 잘한다.

실력 PLUS

어휘

日差し [ひざし] 圏 햇살
心地いい [ここちいい] 기분 좋다
考え [かんがえ] 圏 생각
易しい [やさしい] い형 쉽다

바로 체크 문장 작문하기

1. 이곳은 기온도 높고 습도도 높다.
   (気温, 高い, 湿度)
   = _____

2. 남편은 술도 마시지 않고 담배도 피우지 않는다.
   (夫, 酒, 飲む, たばこ, 吸う)
   = _____

정답 및 해설 p.373

회화 대비

1 질문에 답하기

(1) A 最寄りの駅はどこ？ _{も よ} 가장 가까운 역은 어디야?

　　 B 渋谷駅 ＿＿＿＿＿＿＿＿＿。(ところ) _{しぶ や} 시부야 역이라는 곳이야.

(2) A 応募の条件はありますか。 _{おう ぼ じょうけん} 응모 조건은 있습니까?

　　 B パソコンスキル＿＿＿＿＿＿＿＿＿。(ある, 誰でも, 応募) _{だれ おう ぼ}
　　 컴퓨터 기술만 있으면 누구든지 응모할 수 있습니다.

(3) A 英語と日本語と、どちらが話しやすいですか。 영어랑 일본어랑, 어느 쪽이 말하기 편합니까?

　　 B 日本語より＿＿＿＿＿＿＿＿＿。(英語, 話す, ～やすい) 일본어보다 영어가 말하기 편해요.

JLPT/회화 대비

2 대화 읽고 빈 칸 채우기

(1) A 「最近はスマホで何でもできますね。」 _{さいきん}

　　 B 「はい。スマホほど（　　　　）と思います。」
　　 ① 便利だ _{べん り}　　　　　　　② 便利なものはない _{べん り}　　　　　③ 便利ではない _{べん り}

(2) (会社で)

　　 A 「西山さん、毎朝早く来ていて偉いですね。」 _{にしやま えら}

　　 B 「いいえ、ほめられる（　　　　）ことではありません。」

　　 ① ほどの　　　　　　　　② といった　　　　　　　③ ほうが

(3) A 「イベントは成功でしたね。」 _{せいこう}

　　 B 「ええ、今年は（　　　　）多くのお客さんが来ました。」 _{きゃく}
　　 ① 予想していたより _{よ そう}　② 予想していたから _{よ そう}　③ 予想していても _{よ そう}

JLPT 대비

3 선택지 배열하고 ★에 들어갈 것 고르기

(1) 勉強はできるように ＿＿＿＿ ★ ＿＿＿＿ ものです。
　　 ① 面白い _{おもしろ}　　　　　　② なるほど　　　　　　　③ なれば

(2) 当店では年末 ＿＿＿＿ ★ ＿＿＿＿ 営業時間を短縮します。 _{ねんまつ えいぎょう たんしゅく}

　　 ① にかけて　　　　　　　② から　　　　　　　　③ 年始

정답 및 해설 p.373

5편

문장을 다채롭게 만드는 표현

일본어 문장을 다채롭게 만들기 위해서는 조건 표현, 높임말 표현 등의 다양한 문법 표현을 사용한다. 이러한 표현들은 특별한 뉘앙스를 가져, 상황이나 상대에 따라 구분하여 사용해야 하는 경우가 많다. 표현하고자 하는 바를 실제 회화에서 정확하게 구사하기 위해 이러한 표현들을 어떻게 사용해야 하는지 알아두는 것이 중요하다.

01 수수 표현

수수 표현이란 물건이나 행동을 주고받을 때 사용하는 표현이다. **あげる, くれる, もらう**와 같은 수수 표현을 어떻게 구분해서 사용하는지 알아보자.

▲ MP3 바로 듣기

포인트 01 あげる의 사용법

① 1인칭 나 —**あげる** 주다→ 2인칭 너 / 3인칭 남

② 2인칭 너 / 3인칭 (나와 가까운) 남 —**あげる** 주다→ 3인칭 남

① あげる 주다 (나 → 너, 남)

'나'가 대화 상대인 '너'에게, 혹은 '남'에게 무언가를 줄 때 あげる(주다)를 사용한다.

- **これ、君(きみ)にあげる。** 이것, 너에게 줄게.
- **彼女(かのじょ)にマフラーをあげた。** 그녀에게 머플러를 주었다.

② あげる 주다 (너, 남 → 남)

대화 상대인 '너'가 '남'에게 무언가를 줄 때, 나와 사이가 가까운 '남'이 나와 먼 '남'에게 무언가를 줄 때 ①あげる(주다)를 사용한다.

- **妻(つま)がめいたちにお年玉(としだま)をあげた。** 아내가 조카들에게 세뱃돈을 주었다.
- **小野(おの)さんに香水(こうすい)をあげますか。** 오노 씨에게 향수를 줍니까?

실력 PLUS

① **あげる**는 나와 관계 없는 제 3자끼리 무언가를 주고 받는 것에 대해서도 사용할 수 있다.

[예] **キムさんがかなさんに本(ほん)をあげた。** 김 씨가 가나 씨에게 책을 주었다.

[어휘]

お年玉 [おとしだま] [명] 세뱃돈

香水 [こうすい] [명] 향수

바로 체크 A, B 중 あげる가 올바르게 쓰인 문장 고르기

1. A 退職(たいしょく)する同僚(どうりょう)に花束(はなたば)をあげた。
   B 君(きみ)が娘(むすめ)にあげた絵本(えほん)、娘(むすめ)が喜(よろこ)んでいたよ。

2. A 友達(ともだち)が私(わたし)にハンカチをあげました。
   B 母(はは)が会社(かいしゃ)の人(ひと)にお土産(みやげ)をあげた。

정답 및 해설 p.375

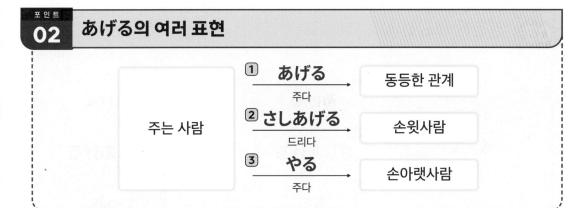

포인트 02

あげる의 여러 표현

주는 사람	① あげる → 주다	동등한 관계
	② さしあげる → 드리다	손윗사람
	③ やる → 주다	손아랫사람

① あげる 주다

①주는 사람과 받는 사람이 동등한 관계일 때는 あげる(주다)를 사용한다.

· 部下(ぶか)にあめをあげる。 부하에게 사탕을 준다.

· みんなにクイズのヒントをあげる。 모두에게 퀴즈의 힌트를 준다.

② さしあげる 드리다

주는 사람보다 받는 사람이 손윗사람일 때는 さしあげる(드리다)를 사용한다.

· 参加者(さんかしゃ)に記念品(きねんひん)をさしあげる。 참가자에게 기념품을 드린다.

· お客様(きゃくさま)にご連絡(れんらく)をさしあげる。 손님에게 연락을 드린다.

③ やる 주다

주는 사람보다 받는 사람이 손아랫사람이거나 동식물일 때는 ②やる(주다)를 사용한다.

· 金魚(きんぎょ)にえさをやる。 금붕어에게 먹이를 준다.

· 花(はな)に水(みず)をやりました。 꽃에 물을 주었습니다.

실력 PLUS

① 주는 사람이 나이고 받는 사람이 나의 가족인 경우, **さしあげる** 보다 보통 **あげる**를 사용한다.

[예] 父(ちち)に誕生日(たんじょうび)プレゼントを**あげる**。
아버지에게 생일 선물을 준다.

② **やる**는 뉘앙스가 거칠기 때문에 손아랫사람이나 동식물에게 주는 경우에도 **やる** 대신 **あげる**를 사용하기도 한다.

어휘

あめ [명] 사탕
参加者 [さんかしゃ] [명] 참가자
記念品 [きねんひん] [명] 기념품
ご連絡 [ごれんらく] [명] 연락
金魚 [きんぎょ] [명] 금붕어
えさ [명] 먹이

바로 체크 문장 작문하기

1. 조카에게 용돈을 주다. (おい, 小遣(こづか)い)
= ________________________

2. 교수님에게 감사의 편지를 드렸다. (教授(きょうじゅ), お礼(れい), 手紙(てがみ))
= ________________________

정답 및 해설 p.375

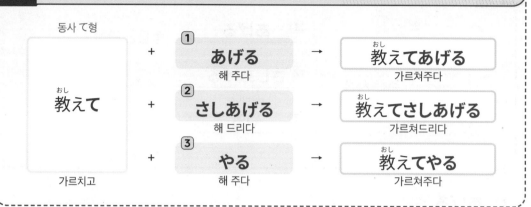

1 〜てあげる ~해 주다

물건이 아닌 행동을 제공해 줄 때는 あげる, さしあげる, やる 앞에 동사 て형을 붙인다. 행동을 제공하는 사람과 제공받는 사람이 동등한 관계일 때는 ①〜てあげる(~해 주다)를 사용한다.

こうはい　べんきょう　おし
・後輩に勉強を教えてあげる。
후배에게 공부를 가르쳐 준다.

2 〜てさしあげる ~해 드리다

행동을 제공하는 사람보다 제공받는 사람이 손윗사람일 때는 〜てさしあげる(~해 드리다)를 사용한다.

きゃくさま　かい ぎ しつ　　あんない
・お客様を会議室まで案内してさしあげる。
손님을 회의실까지 안내해 드린다.

3 〜てやる ~해 주다

행동을 제공하는 사람보다 제공받는 사람이 손아랫사람이거나 동식물일 때는 〜てやる(~해 주다)를 사용한다.

こ ども　まえがみ　き
・子供の前髪を切ってやる。
아이의 앞머리를 잘라 준다.

실력 PLUS

① 〜てあげる, 〜てさしあげる, 〜てやる 모두 은혜를 베풀어 준다는 뉘앙스를 가지므로 상대에게 직접적으로 사용할 경우 건방진 느낌을 줄 수 있다.

어휘

後輩 [こうはい] 몡 후배
案内 [あんない] 몡 안내
前髪 [まえがみ] 몡 앞머리

바로 체크 **문장 작문하기**

1. 친구의 고민을 들어주다. (親友, 悩み, 聞く)
しんゆう なや き

= _____

2. 부하를 차에 태워 주다. (部下, 車, 乗せる)
ぶ か くるま の

= _____

정답 및 해설 p.375

くれる의 사용법

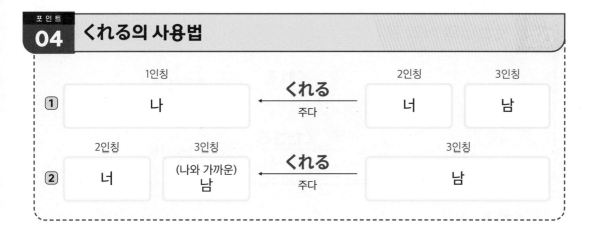

1인칭 | **くれる** 주다 | 2인칭 | 3인칭
나 | ← | 너 | 남

2인칭 | 3인칭 | **くれる** 주다 | 3인칭
너 | (나와 가까운) 남 | ← | 남

---

1 **くれる** 주다 (너, 남 → 나)

대화 상대인 '너', 혹은 '남'이 '나'에게 무언가를 줄 때 くれる(주다)를 사용한다.

· **あなたはいつも優しい言葉をくれる。**
　やさ　ことば
당신은 항상 상냥한 말을 준다.

· **フォロワーが私の投稿にコメントをくれた。**
　わたし　とうこう
팔로워가 나의 게시물에 댓글을 주었다.

2 **くれる** 주다 (남 → 너, 남)

'남'이 대화 상대인 '너'에게 무언가를 줄 때, '나'와 사이가 먼 '남'이 '나'와 가까운 '남'에게 무언가를 줄 때 くれる(주다)를 사용한다.

· **近所の人が息子にみかんをくれた。**
　きんじょ　ひと　むすこ
이웃 사람이 아들에게 귤을 주었다.

· **田村さんがあなたにテレビをくれましたか。**
　たむら
다무라 씨가 당신에게 텔레비전을 줬습니까?

실력 PLUS

어휘
フォロワー 몡 팔로워
投稿 [とうこう] 몡 게시물, 투고
コメント 몡 댓글
近所 [きんじょ] 몡 이웃

바로 체크　A, B 중 くれる가 올바르게 쓰인 문장 고르기

1.　A **友人が友人の先輩に手紙をくれた。**
　　　ゆうじん　ゆうじん　せんぱい　てがみ

　　B **息子はよく私に電話をくれる。**
　　　むすこ　　わたし　でんわ

2.　A **私は同期に手帳をくれた。**
　　　わたし　どうき　てちょう

　　B **弟の彼女が弟にチョコをくれた。**
　　　おとうと　かのじょ　おとうと

정답 및 해설 p.375

1 **くれる** 주다

① 주는 사람과 받는 사람이 동등한 관계이거나, 주는 사람이 손아랫사람일 때는 くれる(주다)를 사용한다.

・**友人が筆箱をくれた。**   친구가 필통을 주었다.
  ゆうじん　ふでばこ

・**教え子が手作りのクッキーをくれた。**   제자가 손수 만든 쿠키를 주었다.
  おし　ご　てづく

2 **くださる** 주시다

주는 사람이 받는 사람보다 손윗사람일 때는 くださる(주시다)를 사용한다.

・**先生が参考書をくださる。**
  せんせい　さんこうしょ
  선생님이 참고서를 주신다.

・**お客様がうちの商品に感想をくださる。**
  きゃくさま　しょうひん　かんそう
  손님이 우리 상품에 감상을 주신다.

실력 PLUS

① 주는 사람이 나의 가족이고 받는 사람이 나인 경우, 보통 **くれる**를 사용한다.

예 **父がかばんをくれた。**
  ちち
  아버지가 가방을 주었다.

어휘

筆箱 [ふでばこ] 몡 필통
教え子 [おしえご] 몡 제자
手作り [てづくり] 몡 손수 만듦
参考書 [さんこうしょ] 몡 참고서
うち 몡 우리
感想 [かんそう] 몡 감상

바로 체크 **문장 작문하기**

1. 부장님이 기획서에 의견을 주셨다. (部長, 企画書, 意見)
   ぶちょう　きかくしょ　いけん

  = _____

2. 히가시노 씨가 여동생에게 책을 주었다. (東野さん, 妹, 本)
   ひがしの　いもうと　ほん

  = _____

정답 및 해설 p.375

포인트 06 행동을 제공할 때의 くれる

동사 て형

誘(さそ)って
권하고

+ ① くれる
해 주다
→ 誘(さそ)ってくれる
권해 주다

+ ② くださる
해 주시다
→ 誘(さそ)ってくださる
권해 주시다

① ~てくれる ~해 주다

물건이 아닌 행동을 제공해 줄 때는 くれる와 くださる 앞에 동사 て형을 붙인다. 행동을 제공하는 사람과 제공받는 사람이 동등한 관계이거나, 제공하는 사람이 손아랫사람일 때는 ①~てくれる(~해 주다)를 사용한다.

- 森本君(もりもとくん)が遊(あそ)びに誘(さそ)ってくれる。 모리모토 군이 놀러가는 것을 권해 준다.
- 息子(むすこ)がレストランの予約(よやく)を取(と)ってくれた。 아들이 레스토랑 예약을 잡아 주었다.

② ~てくださる ~해 주시다

행동을 제공하는 사람이 제공받는 사람보다 손윗사람일 때는 ~てくださる(~해 주시다)를 사용한다.

- 教授(きょうじゅ)が論文(ろんぶん)をほめてくださる。 교수님이 논문을 칭찬해 주신다.
- 観客(かんきゃく)が兄(あに)を応援(おうえん)してくださる。 관객이 형을 응원해 주신다.

실력 PLUS

① **~てくれる**에는 어떤 것을 주거나 해 주어서 고맙다 혹은 도움이 되었다는 뉘앙스가 있다. 따라서 피해를 입었을 때는 사용하지 않는다.

[어휘]

遊び [あそび] [명] 놀러가는 것, 놀이
教授 [きょうじゅ] [명] 교수(님)
論文 [ろんぶん] [명] 논문
観客 [かんきゃく] [명] 관객
応援 [おうえん] [명] 응원

바로 체크 문장 작문하기

1. 상사가 실수를 커버해 주셨다.
(上司(じょうし), ミス, カバー)
= ______________________

2. 누군가가 나의 지갑을 경찰서에 전달해 주었다.
(誰(だれ)か, 私(わたし), 財布(さいふ), 交番(こうばん), 届(とど)ける)
= ______________________

정답 및 해설 p.375

포인트 07

もらう의 사용법

① 1인칭: 나 ← **もらう** 받다 ← 2인칭: 너 / 3인칭: 남

② 2인칭: 너 / 3인칭: 남 ← **もらう** 받다 ← 3인칭: 남

① もらう 받다 (너, 남 → 나)

'나'가 대화 상대인 '너' 혹은 '남'에게 ①무언가를 받을 때는 もらう(받다)를 사용한다.

- **親友(しんゆう)に靴(くつ)をもらう。** 친구에게 신발을 받는다.
- **会社(かいしゃ)から休(やす)みをもらいました。** 회사로부터 휴가를 받았습니다.

② もらう 받다 (남 → 너, 남)

대화 상대인 '너'가 '남'에게 혹은 '남'이 '남'에게 무언가를 받을 때는 もらう(받다)를 사용한다. あげる, くれる와는 다르게 나와의 관계와는 상관없이 사용할 수 있다.

- **遠藤選手(えんどうせんしゅ)はファンから元気(げんき)をもらう。** 엔도 선수는 팬으로부터 기운을 받는다.
- **姉(あね)は職場(しょくば)の人(ひと)に化粧品(けしょうひん)をもらった。** 언니는 직장 사람에게 화장품을 받았다.

실력 PLUS

① 무언가를 주는 상대를 **~に**나 **~から**로 나타낼 수 있다. 주는 이가 사람일 때는 **~に**와 **~から**를 둘 다 쓸 수 있지만 사람이 아닐 때는 **~から**만 쓸 수 있다.

어휘

職場 [しょくば] [명] 직장
化粧品 [けしょうひん] [명] 화장품
元気 [げんき] [명] 기운

바로 체크 문장 작문하기

1. 친척으로부터 맛있는 소고기를 받았다.
(親戚(しんせき), おいしい, 牛肉(ぎゅうにく))
= ______________________

2. 모리 씨, 남편에게 목걸이를 받았대.
(森(もり)さん, 旦那(だんな)さん, ネックレス)
= ______________________

정답 및 해설 p.375

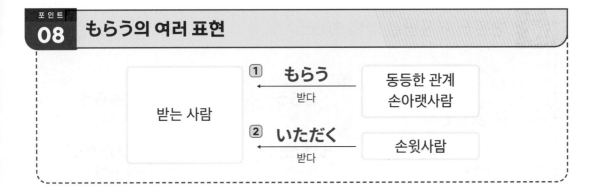

<table>
<tr><td rowspan="2">받는 사람</td><td>① もらう
받다 →</td><td>동등한 관계
손아랫사람</td></tr>
<tr><td>② いただく
받다 →</td><td>손윗사람</td></tr>
</table>

포인트 08 **もらう의 여러 표현**

---

1 **もらう** 받다

① 주는 사람과 받는 사람이 동등한 관계이거나 주는 사람이 손아랫사람일 때는 もらう(받다)를 사용한다.

· **家族に就職祝いをもらう。**
かぞく　しゅうしょくいわ

가족에게 취업 축하 선물을 받는다.

· **部下に旅行のお土産をもらった。**
ぶか　りょこう　みやげ

부하에게 여행 기념품을 받았다.

2 **いただく** 받다

주는 사람이 받는 사람보다 손윗사람일 때는 いただく(받다)를 사용한다.

· **課長からチョコレートをいただく。**
かちょう

과장님으로부터 초콜릿을 받는다.

· **番組宛てに視聴者から質問をいただいた。**
ばんぐみあ　しちょうしゃ　しつもん

방송 프로그램 앞으로 시청자로부터 질문을 받았다.

실력 PLUS

① 주는 사람이 나의 가족인 경우, いただく 보다 보통 もらう를 사용한다.

예 **父に服をもらう。**
ちち　ふく

아버지에게 옷을 받는다.

어휘

就職 [しゅうしょく] 몡 취업
祝い [いわい] 몡 축하(선물)
宛て [あて] 앞
視聴者 [しちょうしゃ] 몡 시청자

바로 체크 **문장 작문하기**

1. 부모에게 생활비를 받는다. (親, 仕送り)
   おや　しおく

   = _____

2. 거래처 분으로부터 와인을 받았다. (取引先, 方, ワイン)
   とりひきさき　かた

   = _____

정답 및 해설 p.375

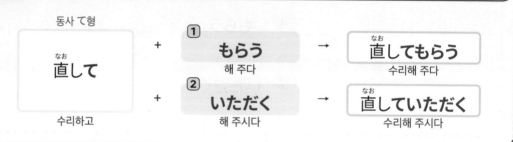

1 ～てもらう ~해 주다

물건이 아닌 행동을 ①제공받을 때는 もらう와 いただく 앞에 동사 て형을 붙인다. 행동을 제공하는 사람과 제공받는 사람이 동등한 관계이거나, 제공하는 사람이 손아랫사람일 때는 ～てもらう(~해 주다)를 사용한다. 직역하면 '(내가 남에게) 해 받다'가 되기 때문에 어색하므로 자연스럽게 '(남이 나에게) 해 주다'라고 해석한다.

- 友人に自転車を直してもらう。   친구가 자전거를 수리해 준다.
- 娘に乗車券を予約してもらった。   딸이 승차권을 예약해 주었다.

2 ～ていただく ~해 주시다

행동을 제공하는 사람이 제공받는 사람보다 손윗사람일 때는 ～ていただく(~해 주시다)를 사용한다. 직역하면 '(내가 남에게) 해 받다'가 되기 때문에 어색하므로 자연스럽게 '(남이 나에게) 해 주시다'라고 해석한다.

- プロの方に写真を撮っていただく。   프로인 분이 사진을 찍어 주신다.

실력 PLUS

① 제공받기 위해 어떤 행동을 요청한 경우에 자주 사용된다.

어휘
直す [なおす] 통1 수리하다
乗車券 [じょうしゃけん] 명 승차권
方 [かた] 명 분

바로 체크 문장 작문하기

1. 선배가 업무 상담에 응해 주셨다. (先輩, 仕事, 相談に乗る)

= _____

2. 의사가 증상을 진찰해 주다. (医者, 症状, 診る)

= _____

정답 및 해설 p.375

회화 대비

1 질문에 답하기

(1) **A** この本、どこで手に入れたの？　이 책 어디서 구했어?

　　B ああ、＿＿＿＿＿＿＿＿＿＿。(友達)　아, 친구한테 받았어.

(2) **A** 太郎のミルクはまだ？　다로의 우유는 아직?

　　B いや、＿＿＿＿＿＿＿＿＿＿。(さっき)　아니, 아까 줬어.

(3) **A** 旅行中、ワンちゃんは誰に預けていたの？　여행 중, 강아지는 누구한테 맡기고 있었어?

　　B 近くに住む姉が＿＿＿＿＿＿＿＿＿＿。(預かる)　근처에 사는 언니가 맡아주고 있었어.

JLPT/회화 대비

2 대화 읽고 빈 칸 채우기

(1) **A** 「日本語はどうやって勉強しましたか。」

　　B 「中学のとき、クラスに日本人の子がいて、その子に（　　　）。」

　　① 教えてくれました　　　　② 教えてもらいました　　　　③ 教えてあげました

(2) **A** 「この花は1日1回水を（　　　）。」

　　B 「はい。時間は気温が上がる前、つまり午前中に行ったほうがいいです。」

　　① やればいいですか　　　　② もらえばいいですか　　　　③ さしあげればいいですか

(3) **A** 「息子さんの高校は給食が出ますか。」

　　B 「出ません。だから、毎朝私が（　　　）。」

　　① 作ってあげています　　　② 作っていただいています　　　③ 作ってくれています

JLPT 대비

3 긴 글 읽고 빈 칸 채우기

私は大学で海に住む生き物について勉強しています。子供の頃、おじが（　1　）図鑑を読み、海の生き物に興味を持ちました。そして、海洋生物研究の分野で有名な石原教授がいるこの大学に入ることを決めました。入学後は石原教授の研究室に所属し、研究を（　2　）。

(1) ① あげた　　　　　　　② くれた　　　　　　　③ いただいた

(2) ① 指導してさしあげています　② 指導してやっています　③ 指導していただいています

정답 및 해설 p.375

02 추측/전언/비유/존재 표현

일본어에서는 추측이나 보고 들은 정보, 비유를 말할 때 ～そうだ, ～らしい, ～ようだ, ～みたいだ 등의 표현을 사용한다. 이러한 추측, 전언, 비유 표현 및 존재 표현을 어떻게 구분해서 사용하는지 알아보자.

▲ MP3 바로 듣기

포인트 01 추측 표현 ~そうだ의 용법

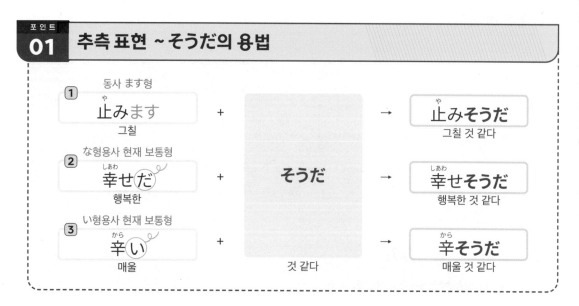

① 동사 ます형
止みます (그칠)
+
そうだ
것 같다
→ 止みそうだ (그칠 것 같다)

② な형용사 현재 보통형
幸せだ (행복한)
+
→ 幸せそうだ (행복한 것 같다)

③ い형용사 현재 보통형
辛い (매울)
+
→ 辛そうだ (매울 것 같다)

---

① **～そうだ** ~것 같다 (동사 ます형과 접속)

～そうだ가 동사와 쓰이면 움직임이나 변화가 일어날 징조를 ①예감할 때 사용한다. ～そうだ가 동사와 쓰일 때는 동사 ます형 뒤에 접속한다.

· もうすぐ雨が止みそうだ。　　　이제 곧 비가 그칠 것 같다.

② **～そうだ** ~것 같다 (な형용사 현재 보통형과 접속)

～そうだ가 형용사와 쓰이면 외관의 인상을 토대로 한 추측을 나타낼 때 사용한다. ～そうだ가 な형용사 현재 보통형과 쓰일 때는 ～だ를 뗀 현재 보통형과 접속한다.

· 海外に移住した友人は幸せそうだ。　해외로 이주한 친구는 행복한 것 같다.

③ **～そうだ** ~것 같다 (い형용사 현재 보통형과 접속)

②～そうだ가 い형용사 현재 보통형과 쓰일 때는 ～い를 뗀 현재 보통형과 접속한다.

· このラーメンはとても辛そうだ。　이 라멘은 매우 매울 것 같다.

바로 체크 문장 작문하기

1. 셔츠의 단추가 떨어질 것 같다. (シャツ, ボタン, 取れる)

= _____

2. 이 교재는 저에게는 어려울 것 같습니다. (教材, 私, 難しい)

= _____

정답 및 해설 p.376

포인트 02 추측 표현 ~らしい의 용법

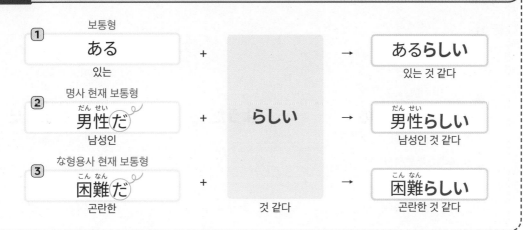

1 ~らしい ~것 같다 (보통형과 접속)

~らしい는 보거나 들은 객관적인 정보를 토대로 추측할 때 사용하며, 회화보다 글로 쓸 때 자주 사용한다. ~らしい가 명사/형용사/동사 보통형과 쓰일 때는 보통형 바로 뒤에 접속한다.

・松本さんは顔が赤い。どうやら熱があるらしい。

마쓰모토 씨는 얼굴이 빨갛다. 아무래도 열이 있는 것 같다.

・店の前はすごい行列だ。この店はおいしいらしい。

가게 앞은 엄청난 행렬이다. 이 가게는 맛있는 것 같다.

2 ~らしい ~것 같다 (명사 현재 보통형과 접속)

~らしい가 명사 현재 보통형과 쓰일 때는 ~だ를 뗀 현재 보통형과 접속한다.

・現場に大きな足跡があった。犯人はおそらく男性らしい。

현장에는 큰 발자국이 있었다. 범인은 아마 남성인 것 같다.

3 ~らしい ~것 같다 (な형용사 현재 보통형과 접속)

~らしい가 な형용사 현재 보통형과 쓰일 때는 ~だ를 뗀 현재 보통형과 접속한다.

・ゲーム機はどこも売り切れだ。定価で買うのは困難らしい。

게임기는 어디도 매진이다. 정가로 사는 것은 곤란한 것 같다.

실력 PLUS

어휘

赤い [あかい] (い형) 빨갛다
どうやら (부) 아무래도
行列 [ぎょうれつ] (명) 행렬
現場 [げんば] (명) 현장
足跡 [あしあと] (명) 발자국
おそらく (부) 아마
男性 [だんせい] (명) 남성
ゲーム機 [ゲームき] (명) 게임기
定価 [ていか] (명) 정가

바로 체크 문장 작문하기

1. 아무래도 옆집 사람은 이사한 것 같다.
   (どうやら, 隣, 家, 人, 引っ越す)

   = _____

2. 아무래도 남자친구는 일로 바쁜 것 같다.
   (どうも, 彼氏, 仕事, 忙しい)

   = _____

정답 및 해설 p.376

① 보통형
起<ruby>お</ruby>きた
일어난
＋ ようだ → 起<ruby>お</ruby>きたようだ
일어난 것 같다

② 명사 현재 보통형
トレンドだ…の
트렌드인
＋ ようだ → トレンドのようだ
트렌드인 것 같다

③ な형용사 현재 보통형
不<ruby>ふ</ruby>明<ruby>めい</ruby>だ…な
분명하지 않은
＋ ようだ
것 같다
→ 不<ruby>ふ</ruby>明<ruby>めい</ruby>なようだ
분명하지 않은 것 같다

---

1 〜ようだ ~것 같다 (보통형과 접속)

〜ようだ는 화자의 감각이나 주관적인 경험을 토대로 한 추측을 나타낼 때 사용한다.
〜ようだ가 명사/형용사/동사 보통형과 쓰일 때는 보통형 바로 뒤에 접속한다.

· 交<ruby>こう</ruby>差<ruby>さ</ruby>点<ruby>てん</ruby>で事<ruby>じ</ruby>故<ruby>こ</ruby>が起<ruby>お</ruby>きたようだ。
교차로에서 사고가 일어난 것 같다.

· 彼<ruby>かれ</ruby>が当<ruby>とう</ruby>選<ruby>せん</ruby>する確<ruby>かく</ruby>率<ruby>りつ</ruby>はゼロに等<ruby>ひと</ruby>しいようだ。
그가 당선할 확률은 제로와 다름없는 것 같다.

2 〜のようだ ~것 같다 (명사 현재 보통형과 접속)

〜ようだ가 ①명사 현재 보통형과 쓰일 때는 〜だ를 〜の로 바꾼 현재 보통형과
접속한다.

· 今<ruby>こ</ruby>年<ruby>とし</ruby>はショートパンツがトレンドのようだ。
올해는 쇼트 팬츠가 트렌드인 것 같다.

3 〜なようだ ~것 같다 (な형용사 현재 보통형과 접속)

〜ようだ가 な형용사 현재 보통형과 쓰일 때는 〜だ를 〜な로 바꾼 현재 보통형
과 접속한다.

· アレルギーの原<ruby>げん</ruby>因<ruby>いん</ruby>は不<ruby>ふ</ruby>確<ruby>たし</ruby>かなようです。
알레르기의 원인은 불확실한 것 같습니다.

실력 PLUS

① 명사와 접속할 수 있다는 점이
〜そうだ와 다르다. 따라서 명
사를 사용한 추측문을 만들 때는
〜ようだ를 사용한다.

예) 風<ruby>かぜ</ruby>邪そうだ。(X)
風<ruby>かぜ</ruby>邪のようだ。(O)
감기인 것 같다.

어휘
交差点 [こうさてん] 명 교차로
確率 [かくりつ] 명 확률
等しい [ひとしい] い형 다름없다
ショートパンツ 명 쇼트 팬츠
トレンド 명 트렌드
不確かだ [ふたしかだ] な형 불확실
하다

바로 체크 문장 작문하기

1. 이 지역의 산업은 농업이 주된 것 같다.
(地<ruby>ち</ruby>域<ruby>いき</ruby>, 産<ruby>さん</ruby>業<ruby>ぎょう</ruby>, 農<ruby>のう</ruby>業<ruby>ぎょう</ruby>, 主<ruby>おも</ruby>だ)

= _____

2. 나에게는 코코아가 변비에 듣는 것 같다.
(私<ruby>わたし</ruby>, ココア, 便<ruby>べん</ruby>秘<ruby>び</ruby>, 効<ruby>き</ruby>く)

= _____

정답 및 해설 p.376

포인트 04 추측 표현 ~みたいだ의 용법

① 보통형
迷っている
헤매고 있는

+ みたいだ → 迷っているみたいだ
헤매고 있는 것 같다

② 명사 현재 보통형
休みだ
휴일인

+ みたいだ → 休みみたいだ
휴일인 것 같다

③ な형용사 현재 보통형
大変だ
힘든

+ みたいだ → 大変みたいだ
힘든 것 같다

것 같다

---

① ~みたいだ ~것 같다 (보통형과 접속)

~みたいだ는 화자의 감각이나 주관적인 경험을 토대로 한 추측을 나타낼 때 사용한다. ~ようだ와 같은 뜻이지만 일상생활에서 자주 쓰는 회화체적인 표현이다. ~みたいだ가 명사/형용사/동사 보통형과 쓰일 때는 보통형 바로 뒤에 접속한다.

· あのおばあさんは道に迷っているみたいだ。
저 할머니는 길을 헤매고 있는 것 같다.

· 町田さんは高橋先輩と親しいみたいです。
마치다 씨는 다카하시 선배와 친한 것 같습니다.

② ~みたいだ ~것 같다 (명사 현재 보통형과 접속)

~みたいだ가 명사 현재 보통형과 쓰일 때는 ~だ를 뗀 현재 보통형과 접속한다.

· この食堂は今日休みみたいだ。
이 식당은 오늘 휴일인 것 같다.

③ ~みたいだ ~것 같다 (な형용사 현재 보통형과 접속)

~みたいだ가 な형용사 현재 보통형과 쓰일 때는 ~だ를 뗀 현재 보통형과 접속한다.

· 夫は新しいプロジェクトで大変みたいだ。
남편은 새로운 프로젝트로 힘든 것 같다.

실력 PLUS

어휘
食堂 [しょくどう] 圏 식당

바로 체크 문장 작문하기

1. 아이들은 학교가 즐거운 것 같다.
   (子供, ~たち, 学校, 楽しい)

   = _____

2. 김 씨는 연인이 생긴 것 같다.
   (キムさん, 恋人, できる)

   = _____

정답 및 해설 p.376

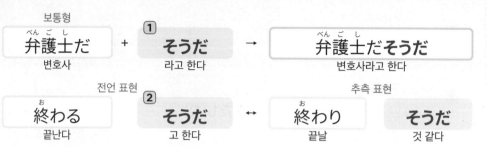

보통형
弁護士だ   +   ① そうだ   →   弁護士だそうだ
변호사   라고 한다   변호사라고 한다

전언 표현   추측 표현
終わる   ② そうだ   ↔   終わり   そうだ
끝난다   고 한다   끝날   것 같다

1 ～そうだ ~라고 한다

～そうだ는 외부에서 ①보거나 들은 정보를 전달할 때도 사용하며, 정보의 출처가 분명한 경우에 사용한다. 명사/형용사/동사의 보통형 바로 뒤에 접속한다.

· 林さんは弁護士だそうだ。

하야시 씨는 변호사라고 한다.

· 吉岡さんは1週間休暇をとるそうだ。

요시오카 씨는 1주일 휴가를 얻는다고 한다.

· この講義は課題が多いそうだ。

이 강의는 과제가 많다고 한다.

· このレストランはピザが有名だそうです。

이 레스토랑은 피자가 유명하다고 합니다.

2 ～そうだ의 주의할 점

～そうだ는 전언 표현으로 사용되느냐 추측 표현으로 사용되느냐에 따라 품사의 접속 방법이 달라진다.

· 明日までには終わるそうだ。   내일까지는 끝난다고 한다. (전언)

· 明日までには終わりそうだ。   내일까지는 끝날 것 같다. (추측)

실력 PLUS

① 보거나 들은 정보를 전달하는 표현을 '전언 표현'이라고 한다. 또는, '전문 표현'이라고도 한다.

어휘
休暇 [きゅうか] 圆 휴가
とる 图1 얻다

바로 체크   문장 작문하기

1. 일기예보에 의하면 내일은 흐림이라고 한다.
   (天気予報, ~によると, 明日, 曇り)

   = _____

2. 다음 주, 남쪽 마을에서 축제가 열린다고 합니다.
   (来週, 南町, 祭り, 開く)

   = _____

정답 및 해설 p.376

1 ~らしい ~라고 한다 (보통형과 접속)

~らしい는 외부에서 보거나 들은 정보를 전달할 때도 사용하며, 정보의 출처가 다소 불분명한 경우에 사용한다. ~らしい가 명사/형용사/동사 보통형과 쓰일 때는 보통형 바로 뒤에 접속한다.

· 大友君は春休みにロンドンに行くらしい。
오토모 군은 봄 방학에 런던에 간다고 한다.

· 疲労回復には豚肉がいいらしい。
피로 회복에는 돼지고기가 좋다고 한다.

2 ~らしい ~라고 한다 (명사 현재 보통형과 접속)

~らしい가 명사 현재 보통형과 쓰일 때는 ~だ를 뗀 현재 보통형과 접속한다.

· この駐車場は無料らしい。　　이 주차장은 무료라고 한다.

3 ~らしい ~라고 한다 (な형용사 현재 보통형과 접속)

~らしい가 な형용사 현재 보통형과 쓰일 때는 ~だ를 뗀 현재 보통형과 접속한다.

· その案件は緊急らしいです。　　그 안건은 긴급이라고 합니다.

실력 PLUS

어휘
春休み [はるやすみ] 圏 봄 방학
疲労 [ひろう] 圏 피로
駐車場 [ちゅうしゃじょう] 圏 주차장
案件 [あんけん] 圏 안건
緊急だ [きんきゅうだ] な형 긴급이다

바로 체크　문장 작문하기

1. 그녀는 청년으로부터 인기인 가수라고 한다.
（彼女, 若者, 人気, 歌手）

= _____

2. 농구부의 연습은 힘들다고 해.
（バスケ部, 練習, きつい）

= _____

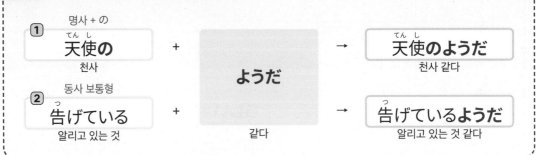

① ~のようだ ~같다 (명사와 접속)

①~ようだ는 어떤 것을 다른 것에 비유할 때도 사용한다. ~ようだ가 명사와 쓰일 때는 명사 뒤에 조사 ~の를 붙인 후 접속한다.

· 娘の笑顔はまるで天使のようだ。

딸의 웃는 얼굴은 마치 천사 같다.

· まだ山のように宿題が残っている。

아직 산 같이 숙제가 남아 있다.

② ~ようだ ~같다 (동사 보통형과 접속)

~ようだ가 ②동사 보통형과 쓰일 때는 동사 보통형 바로 뒤에 접속한다.

· 冷たい風が夏の終わりを告げているようだ。

차가운 바람이 여름의 끝을 알리고 있는 것 같다.

· 今日は身を切るような寒さだった。

오늘은 살을 에는 것 같은 추위였다.

실력 PLUS

① ~ようだ는 **まるで**(마치), **あたかも**(흡사)와 같은 표현과 자주 사용된다.

② 동사, 명사가 아닌 **い형용사**와 사용되기도 하는데, **面白い**와 같은 일부 **い형용사**와만 사용된다.

예 **塾に入って面白いように成績が伸びた。**
학원에 들어가고 재미있게도 성적이 올랐다.

어휘

まるで 倒 마치
天使 [てんし] 圀 천사
告げる [つげる] 동2 알리다
身を切る [みをきる] 살을 에다
寒さ [さむさ] 圀 추위

바로 체크   **문장 작문하기**

1. 행사장은 깨질 것 같은 박수에 휩싸였다.
   (会場, 割れる, 拍手, 包む)

   = _____

2. 회장님의 자택은 마치 성인 것 같다.
   (会長, 自宅, まるで, 城)

   = _____

정답 및 해설 p.376

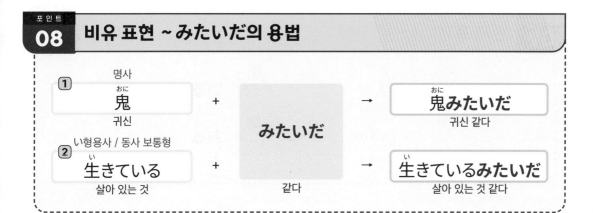

포인트 08 비유 표현 ~みたいだ의 용법

① 명사
鬼 (おに)
귀신

+ みたいだ (같다) → 鬼みたいだ (おに)
귀신 같다

② い형용사 / 동사 보통형
生きている (い)
살아 있는 것

+ みたいだ (같다) → 生きているみたいだ (い)
살아 있는 것 같다

---

① **〜みたいだ** ~같다 (명사와 접속)

〜みたいだ는 어떤 것을 다른 것에 비유할 때도 사용한다. 〜ようだ와 같은 뜻이지만 일상생활에서 자주 쓰는 회화체적인 표현이다. 〜みたいだ가 명사와 쓰일 때는 명사 바로 뒤에 접속한다.

· 怒ったコーチはまるで鬼みたいだ。(おこ)(おに)
화난 코치는 마치 귀신 같다.

· 森さんはスタイルが良くてモデルみたいだ。(もり)(よ)
모리 씨는 스타일이 좋아서 모델 같다.

② **〜みたいだ** ~같다 (い형용사, 동사 보통형과 접속)

〜みたいだ가 い형용사, 동사 보통형과 쓰일 때는 보통형 바로 뒤에 접속한다.

· 絵の中の猫はまるで生きているみたいだ。(え)(なか)(ねこ)(い)
그림 속의 고양이는 마치 살아 있는 것 같다.

· 私がすべて悪いみたいに言わないでよ。(わたし)(わる)(い)
내가 전부 나쁜 것 같이 말하지 말아 줘.

실력 PLUS

어휘
コーチ 圐 코치
鬼 [おに] 圐 귀신
スタイル 圐 스타일
モデル 圐 모델
絵 [え] 圐 그림
生きる [いきる] 图2 살다

바로 체크 문장 작문하기

1. 벌써 10월이지만, 오늘은 한여름 같은 더위이다.
   (もう, 10月, 今日, 真夏, 暑さ)(がつ)(きょう)(まなつ)(あつ)

   = _____

2. 여행 중은 계속 꿈을 꾸고 있는 것 같았다.
   (旅行, 〜中, ずっと, 夢, 見る, 〜ている)(りょこう)(ちゅう)(ゆめ)(み)

   = _____

정답 및 해설 p.376

포인트 09

존재 표현

人(ひと)が 사람이	+	① いる 있다
いすが 의자가	+	② ある 있다

① いる 있다

존재 표현 [①]いる(있다)는 사람이나 동물, 탈 것 등 움직일 수 있는 것이 있음을 나타낼 때 사용한다.

- 人(ひと)がいる。 사람이 있다.
- 犬(いぬ)が一匹(いっぴき)いる。 개가 한 마리 있다.
- 妹(いもうと)は家(いえ)にいない。 여동생은 집에 없다.

② ある 있다

존재 표현 ある(있다)는 물건이나 식물 등 움직일 수 없는 것이 있음을 나타낼 때 사용한다.

- いすがある。 의자가 있다.
- 大(おお)きな松(まつ)がある。 커다란 소나무가 있다.
- 会議室(かいぎしつ)は4階(かい)にあります。 회의실은 4층에 있습니다.

실력 PLUS

① **いる**의 부정형은 **いない**이다. **ある**의 부정형은 **ない**이다.

[어휘]
一匹 [いっぴき] 한 마리
松 [まつ] [명] 소나무
階 [かい] 층

바로 체크 **문장 작문하기**

1. 내일은 예정이 있다. (明日(あした), 予定(よてい))
   = ____________________

2. 아들은 교토에 있어. (息子(むすこ), 京都(きょうと))
   = ____________________

정답 및 해설 p.376

회화 대비

1 질문에 답하기

(1) **A** この後、食事に行きませんか。 잠시 후, 식사하러 가지 않겠습니까?

　 B すみません、＿＿＿＿＿＿＿＿＿＿。(今晩、約束) 죄송합니다, 오늘 밤은 약속이 있어요.

(2) **A** 曇っているけど、雨が降るのかな。 흐린데 비가 오나?

　 B うん、＿＿＿＿＿＿＿＿＿＿。(午後、雨) 응. 오후부터 비가 온다고 해.

(3) **A** ジョンさん、半袖だったよね。 존 씨, 반소매였지?

　 B うん、＿＿＿＿＿＿＿＿＿＿。(寒い) 응, 추울 것 같았지.

JLPT/회화 대비

2 대화 읽고 빈 칸 채우기

(1) **A** 「田中さんと林さんって顔が似ていると思わない？」

　 B 「うん。まるで兄弟（　　　）よね。」

　 ① みたいだ 　　　　　　　 ② らしい 　　　　　　　 ③ そうだ

(2) **A** 「大根に火が通ったか串を刺して確認してくれる？」

　 B 「はい。あ、まだちょっと（　　　）です。もう少し煮ましょう。」

　 ① 固いよう 　　　　　　　 ② 固くなさそう 　　　　　　　 ③ 固かったらしい

(3) **A** 「わあ、このケーキ、いちごがたくさんのっていて（　　　）ね。」

　 B 「じゃあ、一つ買ってみようか。」

　 ① おいしかったそうだ 　　　　　 ② おいしそうだ 　　　　　 ③ おいしくないそうだ

JLPT 대비

3 긴 글 읽고 빈 칸 채우기

> 水泳教室に通い始めました。私は昔から泳ぐのが苦手です。今日の授業でも、水の中で体が（ 1 ）重くなり、沈んでしまいました。でも、先生によると、練習すれば誰でも泳げるように（ 2 ）。私も諦めず教室に通って、いつか泳げるようになりたいです。

(1) ① 鉄らしい 　　　　　　 ② 鉄のように 　　　　　　 ③ 鉄だそうで

(2) ① なるそうです 　　　　 ② なりそうです 　　　　 ③ なってほしいそうです

정답 및 해설 p.376

03 조건 표현

조건 표현이란 어떤 일이 성립하기 위한 조건을 나타내는 표현이다. ~と, ~ば, ~たら, ~なら와 같은 조건 표현을 어떻게 구분해서 사용하는지 알아보자.

▲ MP3 바로 듣기

포인트 01 조건 표현 ~と의 용법

① 명사 / 형용사 현재형	+	
② 동사 기본형	+	**と**

하면

---

1 **~と** ~하면 (명사 / 형용사와 접속)

~と는 자연 현상이나 규칙, 습관과 같이 당연한 일이나 반복적인 일에 대해 말할 때 사용한다. '~했더니 ~했다'와 같이 어떤 사실을 발견했을 때에도 사용할 수 있다. ~と가 명사 / 형용사와 쓰일 때는 현재형 바로 뒤에 접속한다.

・点数が60点以下だと、不合格です。
　점수가 60점 이하이면, 불합격입니다.

・愛犬は嬉しいと、しっぽを振る。
　반려견은 기쁘면, 꼬리를 흔든다.

2 **~と** ~하면 (동사와 접속)

~と가 동사와 쓰일 때는 ①기본형 바로 뒤에 접속한다.

・このおもちゃは紐を引っ張ると手足が動く。
　이 장난감은 끈을 당기면 손발이 움직인다.

・待ち合わせ場所に行くと、彼が待っていた。
　만나기로 한 장소에 가니, 그가 기다리고 있었다.

실력 PLUS

① 기본형이 아니라 정중형과 연결하면 더 정중한 표현이 된다. ~です と와 ~ますと의 형태로 사용한다.
예 押しますと 누르시면

어휘

以下 [いか] 몡 이하
不合格 [ふごうかく] 몡 불합격
しっぽ 몡 꼬리
紐 [ひも] 몡 끈
引っ張る [ひっぱる] 동1 당기다
手足 [てあし] 몡 손발
待ち合わせ [まちあわせ] 몡 만나기로 함

바로 체크 문장 작문하기

1. 이 모퉁이를 돌면, 은행이 있습니다.
   (角, 曲がる, 銀行, ある)

   = _____

2. 일이 대충이면, 주변에게 민폐를 끼친다.
   (仕事, いい加減だ, 周り, 迷惑, かける)

   = _____

정답 및 해설 p.377

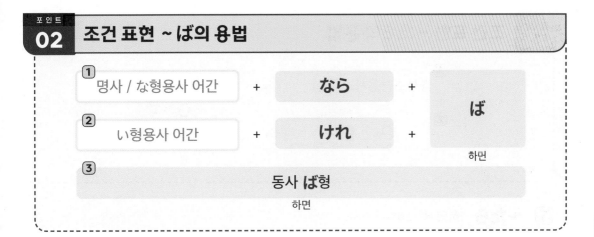

① 명사 / な형용사 어간 + なら + **ば**
② い형용사 어간 + けれ + 하면
③ 동사 **ば**형
하면

① **~ならば** ~하면 (명사 / な형용사와 접속)

~ば는 어떤 일이 이루어지기 위해 필요한 조건을 말할 때 사용한다. ~と와 같이 자연 현상이나 규칙, 습관과 같이 당연한 일이나 반복적인 일에 대해 말할 때에도 사용할 수 있다. ~ば가 명사 / な형용사와 쓰일 때는 명사나 な형용사 어간 뒤에 ~なら를 붙이고 접속한다.

・市民ならば、無料でホールが使えます。
시민이면, 무료로 홀을 사용할 수 있습니다.

・実現が可能ならば、画期的なアイデアだ。
실현이 가능하다면, 획기적인 아이디어이다.

② **~ければ** ~하면 (い형용사와 접속)

~ば가 い형용사와 쓰일 때는 い형용사 어간 뒤에 ~けれ를 붙이고 접속한다.

・リクエストが多ければ、セミナーを開催する。
요청이 많으면, 세미나를 개최한다.

③ **~ば** ~하면 (동사와 접속)

~ば가 동사와 쓰이면 동사 ば형이 된다. 동사 ば형은 p.52에서도 학습할 수 있다.

・このバスに乗れば、東京駅に行けます。
이 버스를 타면, 도쿄역으로 갈 수 있습니다.

실력 PLUS

어휘
ホール 명 홀
実現 [じつげん] 명 실현
画期的だ [かっきてきだ] な형 획기적이다
アイデア 명 아이디어
リクエスト 명 요청
セミナー 명 세미나

바로 체크 문장 작문하기

1. 노력을 계속하면, 반드시 기회는 온다.
　 (努力, 続ける, 必ず, チャンス, 来る)

　 = _____

2. 서투르다면, 연습하는 수밖에 없다.
　 (下手だ, 練習, ～しかない)

　 = _____

정답 및 해설 p.377

① 명사 / 형용사 과거형 +

② 동사 た형 +

ら

면

1 **～たら** ~하면 (명사 / 형용사와 접속)

①~たら는 '(만약) ~하면'과 같이 어떤 일을 가정할 때, 또는 '②~했더니 ~했다'와 같이 행동의 결과나 어떤 사태의 발견을 나타낼 때 사용한다. 또한, 개인적인 일에 자주 사용되는 경향이 있으며, ～と처럼 반복적인 일을 나타낼 때도 사용할 수 있다. ～たら가 명사, 형용사 ③과거형과 쓰일 때는 명사 / 형용사 과거형 뒤에 ら를 붙여서 사용한다.

· **テストが満点だったら、まんがをもらえる。**
    시험이 만점이라면, 만화를 받을 수 있다.

· **暇だったら、洗濯物をたたむのを手伝って。**
    한가하면, 세탁물 개는 것을 도와줘.

2 **～たら** ~하면 (동사와 접속)

～たら가 동사와 쓰일 때는 동사 た형 뒤에 ら를 붙여서 사용한다.

· **ハンドルを握ったら運転に集中しましょう。**
    핸들을 잡았으면 운전에 집중합시다.

· **会場に着いたら、イベントがもう始まっていた。**
    행사장에 도착했더니, 이벤트가 이미 시작되고 있었다.

실력 PLUS

① ～たら는 사용상의 제약이 적어 대부분의 경우에 사용할 수 있다.

② '~했더니'라는 뜻의 표현에는 ～たところ도 있다. ～たら가 ～たところ보다 부드러운 표현이다.

③ 과거형 중에서도 정중형과 연결하면 더 정중한 표현이 된다. 단, い형용사는 정중형과 연결할 수 없으며 명사와 な형용사는 ～でしたら, 동사는 ～ましたら의 형태로 사용한다.
예 **読みましたら** 읽으셨다면

어휘
たたむ 동1 개다
握る [にぎる] 동1 잡다

바로 체크 **문장 작문하기**

1. 카메라의 가격이 싸면, 사고 싶다.
   (カメラ, 値段, 安い, 買う, ～たい)
   = _____

2. 내가 새라면, 하늘을 날 수 있을텐데.
   (私, 鳥, 空, 飛ぶ, ～のに)
   = _____

정답 및 해설 p.377

04 조건 표현 ~なら의 용법

①	보통형	+	
②	명사 / な형용사 현재 보통형 (어미 だ 삭제)	+	**なら** 면

① ～なら ~라면 (보통형과 접속)

～なら는 앞 내용을 토대로 내린 조언이나 판단, 명령, 의지 등을 말할 때, 또는 '(만약) ~라면'과 같이 어떤 일을 가정할 때 사용한다. 화제를 제시할 때도 사용하며, ～と, ～たら, ～ば와 달리, 앞 내용이 뒤 내용보다 나중에 일어난 일이어도 [주]사용할 수 있다. ～なら가 명사 / 형용사 / 동사 보통형과 쓰일 때는 보통형 바로 뒤에 접속한다.

실력 PLUS

> ① 사용상의 제약으로, 당연히 일어나는 일이나 반복적인 일에 대해서는 사용할 수 없다.

- スーパーに行くなら、牛乳も買ってきて。
  슈퍼에 간다면, 우유도 사 와줘.

- 日差しがまぶしいなら、サングラスをかけたほうがいい。
  햇볕이 눈부시다면, 선글라스를 쓰는 편이 좋다.

② ～なら ~라면 (명사 / な형용사 현재 보통형과 접속)

～なら가 명사 / な형용사 현재 보통형과 쓰일 때는 ～だ를 뗀 현재 보통형과 접속한다.

- この宝石が本物なら、相当高いはずです。
  이 보석이 진짜라면, 상당히 비쌀 것입니다.

- 仕事が楽なら、給料は今より低くてもいい。
  일이 편하다면, 급료는 지금보다 적어도 된다.

어휘

まぶしい (い형) 눈부시다
サングラス (명) 선글라스
宝石 [ほうせき] (명) 보석
本物 [ほんもの] (명) 진짜
相当 [そうとう] (부) 상당히

바로 체크 문장 작문하기

1. 스즈키 씨라면, 꼭 합격할 수 있습니다.
   (鈴木さん, きっと, 合格)

   = _____

2. 라멘을 먹는다면, 역 앞의 가게가 맛있어.
   (ラーメン, 食べる, 駅前, 店, おいしい)

   = _____

정답 및 해설 p.377

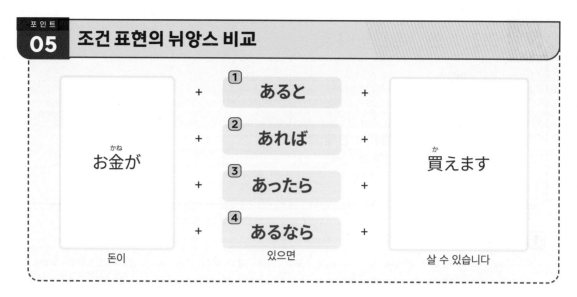

お金が
かね

① あると +
② あれば +
③ あったら +
④ あるなら +

買えます
か

돈이   있으면   살 수 있습니다

① ～と의 뉘앙스

～と는 뒤 내용이 반드시 일어날 일임을 나타내는 뉘앙스가 있다.

· **お金があると買えます。**   돈이 있으면 살 수 있습니다.
   かね   か
   → 돈이 있으면 반드시 살 수 있다고 말하는 뉘앙스

② ～ば의 뉘앙스

～ば는 뒤 내용의 성립을 위해서는 앞 내용의 성립이 필요하다고 강조하는 뉘앙스가 있다.

· **お金があれば買えます。**   돈이 있으면 살 수 있습니다.
   かね   か
   → 사려면 돈이 있어야 한다고 말하는 뉘앙스

③ ～たら의 뉘앙스

～たら는 특별한 뉘앙스 없이 단순히 '~하면'이라는 뜻을 나타낸다.

· **お金があったら買えます。**   돈이 있으면 살 수 있습니다.
   かね   か
   → 단순히 돈이 있으면 살 수 있다는 특별한 뉘앙스 없는 발언

④ ～なら의 뉘앙스

～なら는 상대의 말을 받아 자신의 의견을 말하는 뉘앙스가 있다.

· **お金があるなら買えます。**   돈이 있으면 살 수 있습니다.
   かね   か
   → 상대가 돈이 있다는 말을 했고, 그에 대한 자신의 의견을 말하고 있음

실력 PLUS

어휘
お金 [おかね] 몡 돈
買う [かう] 동1 사다

바로 체크   알맞은 조건 표현 고르기

1. 空港に(行くなら / 行ったら)、リムジンバスが早くて安い。
   くうこう   い   い   はや   やす

2. 用事が(なければ / ないと)、私も行きたかったんですが。
   ようじ   わたし い

정답 및 해설 p.377

실력 Up 연습문제 03 조건 표현

1 문장 읽고 빈 칸 채우기

(1) このドアは（　　　）と開きます。

　① 押せ　　　　　　　　　② 押す　　　　　　　　　③ 押し

(2) 海外に（　　　）なら薬は必須だ。

　① 行く　　　　　　　　　② 行っ　　　　　　　　　③ 行け

(3) 午後に（　　　）たら買い物に行こう。

　① なる　　　　　　　　　② なれ　　　　　　　　　③ なっ

2 대화 읽고 빈 칸 채우기

(1) A「ミステリー小説が好きなんですが、何かおすすめの本ありますか。」

　B「ミステリー（　　　）、『青い空』という本が面白いですよ。」

　① でも　　　　　　　　　② しか　　　　　　　　　③ なら

(2) A「この公園、池があって景色がいいですね。」

　B「ええ。春に（　　　）桜が咲いて、もっときれいですよ。」

　① なるなら　　　　　　　② なると　　　　　　　　③ なるのに

(3) A「高橋さんの電話番号を（　　　）教えてください。」

　B「すみません。私も知りません。」

　① 知っていると　　　　　② 知っていたら　　　　　③ 知っていたなら

3 긴 글 읽고 빈 칸 채우기

> 先週、電車で財布を落としました。私の（　1　）落とし物はめったに戻ってこないので、諦めていました。しかし、交番から連絡がありました。誰かが届けてくれたそうです。驚きましたし、とても嬉しかったです。私も今度落とし物を（　2　）、交番に届けようと思います。

(1)　① 国から　　　　　　　② 国にも　　　　　　　③ 国だと

(2)　① 拾ったら　　　　　　② 拾うと　　　　　　　③ 拾えば

정답 및 해설 p.378

04 높임말 표현

일본어의 높임말 표현으로는 상대를 높이는 존경 표현, 나를 낮추는 겸양 표현, 정중함을 드러내는 정중 표현 등이 있다.
일본어의 다양한 높임말 표현을 어떻게 구분해서 사용하는지 알아보자.

▲ MP3 바로 듣기

포인트 01 존경 표현 お/ご~になる의 용법

① お + 帰ります(かえ) [돌아갑니다] + になる → お帰りになる(かえ) [돌아가시다]
　　　　　동사 ます형

② ご + 出席(しゅっせき) [출석] + になる [하시다] → ご出席になる(しゅっせき) [출석하시다]
　　　　　명사

---

① お~になる ~하시다 (동사 ます형과 접속)

お/ご~になる는 '~하시다'라는 뜻으로 상대의 행동을 높여 말하는 표현이며, 높임 말의 의미로 쓰인 동사 수동형과 같은 표현이다. ①동사 ます형을 사용하여 존경 표현을 만들 때는 ます형 앞에 お가 쓰인다.

· お客様(きゃくさま)がお帰(かえ)りになる。　　　손님이 돌아가신다.

· 社長(しゃちょう)はお目覚(めざ)めになりましたか。　사장님은 깨셨습니까?

② ご~になる ~하시다 (명사와 접속)

명사를 사용하여 존경 표현을 만들 때는 한자어 명사 앞에 ご가 쓰인다.

· 多(おお)くの来客(らいきゃく)がご出席(しゅっせき)になる。　많은 방문객이 출석하신다.

· 保護者(ほごしゃ)の方(かた)がご到着(とうちゃく)になった。　보호자 분이 도착하셨다.

실력 PLUS

① 동사 중에서도 3그룹 동사와 두 글자로 된 2그룹 동사와는 사용할 수 없다.

어휘

目覚める [めざめる] 동2 깨다
多く [おおく] 명 많음
来客 [らいきゃく] 명 방문객

바로 체크 문장 작문하기

1. 선생님은 자주 유화를 그리신다. (先生(せんせい), よく, 油絵(あぶらえ), 描(か)く)

   = _____

2. 차장님은 벌써 귀가하셨습니다. (次長(じちょう), もう, 帰宅(きたく))

   = _____

정답 및 해설 p.378

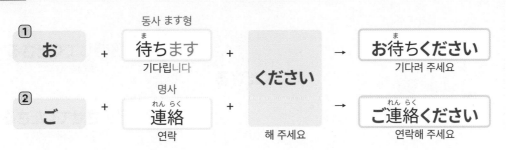

02 존경 표현 お/ご~ください의 용법

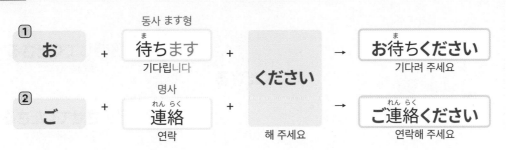

1 お~ください ~해 주세요 (동사 ます형과 접속)

お/ご~ください는 '~해 주세요'라는 뜻으로 상대에게 정중하게 어떤 행동을 해 달라고 요청하는 표현이다. 앞서 배운 お/ご~になる와 마찬가지로, 동사 ます형을 사용하여 존경 표현을 만들 때는 ます형 앞에 お가 쓰인다.

· こちらで、少々お待ちください。
이쪽에서, 잠시 기다려 주세요.

· 詳しい内容は担当者にお尋ねください。
상세한 내용은 담당자에게 물어봐 주세요.

2 ご~ください ~해 주세요 (명사와 접속)

앞서 배운 お/ご~になる와 마찬가지로, 명사를 사용하여 존경 표현을 만들 때는 한자어 명사 앞에 ⓘご가 쓰인다.

· 何かあれば、すぐにご連絡ください。
무언가 있으면, 바로 연락해 주세요.

· 怪しいメールにご注意ください。
의심스러운 메일에 주의해 주세요.

실력 PLUS

① ご가 아니라 お가 붙는 한자어 명사도 있다.

예 **お電話** 전화
お掃除 청소

어휘

少々 [しょうしょう] ⊞ 잠시
尋ねる [たずねる] 图2 물어보다
すぐに ⊞ 바로

바로 체크   문장 작문하기

1. 이쪽에 생년월일을 기입해 주세요. (生年月日, 記入)

  = _____

2. 앞 자리부터 채워서 앉아 주세요. (前, 席, 詰める, 座る)

  = _____

정답 및 해설 p.378

①
동사 て형
招待して
しょうたい
초대하고

+

くださる

해 주시다

→

招待してくださる
しょうたい
초대해 주시다

②
동사 사역형의 て형
研究させて
けんきゅう
연구하게 하고

+

→

研究させてくださる
けんきゅう
연구하게 해 주시다

---

① **〜てくださる** ~해 주시다

〜てくださる는 '~해 주시다'라는 뜻으로 상대가 나에게 어떤 행동을 해 줬음을 나타내는 표현이다. 동사 て형 뒤에 くださる를 접속한다.

· 先輩が自宅に招待してくださる。
  せんぱい　じたく　しょうたい
  선배가 자택에 초대해 주신다.

· たくさんの人が調査に協力してくださる。
  ひと　ちょうさ　きょうりょく
  많은 사람이 조사에 협력해 주신다.

· 消防隊員が命を救ってくださった。
  しょうぼうたいいん　いのち　すく
  소방대원이 목숨을 구해 주셨다.

② **〜させてくださる** ~하게 해 주시다

①〜させてくださる는 '~하게 해 주시다'라는 뜻으로 어떤 행동을 허락하거나 하게 둔 것을 나타내는 표현이며 이에 감사하다는 뉘앙스를 가진다. 동사 사역형의 て형 뒤에 くださる를 접속한다.

· 山口教授は自由に研究させてくださる。
  やまぐちきょうじゅ　じゆう　けんきゅう
  야마구치 교수님은 자유롭게 연구하게 해 주신다.

· 料理長は多くのことを学ばせてくださる。
  りょうりちょう　おお　まな
  주방장은 많은 것을 배우게 해 주신다.

· 上司が家に泊まらせてくださった。
  じょうし　いえ　と
  상사가 집에 묵게 해 주셨다.

실력 PLUS

① 〜させてくださる는 결과적으로 행동하는 사람은 나지만, 행동을 허가한 상대를 높이는 것이므로 존경 표현에 해당한다.

어휘
自宅 [じたく] ⑱ 자택
招待 [しょうたい] ⑱ 초대
協力 [きょうりょく] ⑱ 협력
消防隊員 [しょうぼうたいいん] ⑱ 소방대원
命 [いのち] ⑱ 목숨
救う [すくう] ⑤ 구하다
料理長 [りょうりちょう] ⑱ 주방장
泊まる [とまる] ⑤ 묵다

바로 체크 문장 작문하기

1. 점장님이 일을 가르쳐 주셨다.
   てんちょう　しごと　おし
   (店長, 仕事, 教える)

   = _____

2. 선생님은 공부의 중요함을 깨닫게 해 주셨다.
   せんせい　べんきょう　たいせつ　　　き づ
   (先生, 勉強, 大切だ, 〜さ, 気付く)

   = _____

정답 및 해설 p.378

일반 동사		존경어
いる	→	① いらっしゃる
있다		계시다

1 존경어

'있다'의 높임말 '계시다'처럼 일본어에도 상대를 높이는 뜻을 가지는 동사가 있는 데, 이를 ①존경어라고 한다.

② **いらっしゃる**	계시다 (いる의 존경어)
	가다 (行く의 존경어)
	오다 (来る의 존경어)
ご存じだ	알고 계시다 (知っている의 존경어)
なさる	하시다 (する의 존경어)
おっしゃる	말씀하시다 (言う의 존경어)
ご覧になる	보시다 (見る의 존경어)
くださる	주시다 (くれる의 존경어)
召し上がる	드시다 (食べる, 飲む의 존경어)

실력 PLUS

① 존경어를 만드는 방법으로 단어
앞에 **お**나 **ご**를 붙이기도 한다.
예 **お名前とご住所** 이름과 주소

② **いらっしゃる, なさる, おっしゃ
る, くださる**는 **ます**형으로 바꿀
때 끝 글자 **る**를 **り**가 아닌 **い**로
바꾼다.

5강
문장을 다채롭게 만드는 표현 | 쉽게 끝나는 **해커스 일본어 문법**

바로 체크 **알맞은 존경어로 바꾸기**

1. 食べる … _____

2. する … _____

3. 知っている … _____

4. 言う … _____

정답 및 해설 p.378

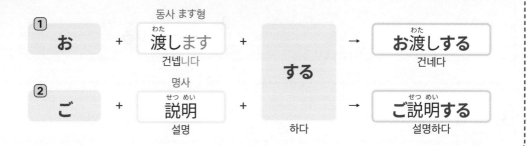

포인트 05

겸양 표현 お/ご ~するの 용법

			동사 ます형				
①	お	+	渡(わた)します 건넵니다	+	する 하다	→	お渡(わた)しする 건네다
			명사				
②	ご	+	説明(せつめい) 설명	+		→	ご説明(せつめい)する 설명하다

① お～する ~하다 (동사 ます형과 접속)

お/ご ~[①]する는 '~하다'라는 뜻으로 나의 행동을 낮춰 상대를 높이는 겸양 표현이다. 동사 ます형을 사용하여 겸양 표현을 만들 때는 ます형 앞에 お가 쓰인다.

- 客(きゃく)にパンフレットをお渡(わた)しする。 손님에게 팸플릿을 건넨다.
- 駅(えき)までは私(わたし)がお送(おく)りします。 역까지는 제가 배웅하겠습니다.
- タクシーは私(わたし)がお呼(よ)びします。 택시는 제가 부르겠습니다.

② ご～する ~하다 (명사와 접속)

명사를 사용하여 겸양 표현을 만들 때는 한자어 명사 앞에 ご가 쓰인다.

- 今月(こんげつ)の売上(うりあげ)についてご説明(せつめい)する。 이번 달 매출에 대해서 설명한다.
- 調査(ちょうさ)の結果(けっか)をご報告(ほうこく)しました。 조사 결과를 보고했습니다.
- 改(あらた)めてご連絡(れんらく)いたします。 다시 연락드리겠습니다.

실력 PLUS

① **する**의 겸양어인 **いたす**를 사용하기도 한다.

[어휘]
パンフレット [명] 팸플릿
売上 [うりあげ] [명] 매출
改めて [あらためて] [부] 다시

바로 체크 문장 작문하기

1. 차를 대접했다. (お茶(ちゃ), 出(だ)す)
= ____________________

2. 관내를 안내할게요. (館内(かんない), 案内(あんない))
= ____________________

정답 및 해설 p.379

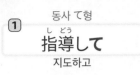
06 겸양 표현 ~ていただく와 ~させていただく의 용법

① 동사 て형
指導して
지도하고

+

いただく
해 주시다

→

指導していただく
지도해 주시다

② 동사 사역형의 て형
提案させて
제안하게 하고

+

→

提案させていただく
제안하다

---

1 ～ていただく ~해 주시다

～ていただく는 '~해 주시다'라는 뜻으로 상대가 나에게 어떤 행동을 해 줬음을 나타내는 표현이다. 동사 て형 뒤에 いただく를 접속한다.

· **現役選手に指導していただく。**
현역 선수가 지도해 주신다.

· **課長に報告書を確認していただく。**
과장님이 보고서를 확인해 주신다.

· **教授に課題の締め切りを延ばしていただいた。**
교수님이 과제의 마감을 연기해 주셨다.

2 ～させていただく ~하다

～させていただく는 '~하다'라는 뜻으로, 상대의 ①동의나 허락을 받아 어떤 행동을 할 때 사용하는 표현이다. 동의나 허락을 해 주어 감사하다는 뉘앙스를 가진다. 동사 사역형의 て형에 いただく를 접속한다.

· **新しいプランを提案させていただく。**
새로운 플랜을 제안한다.

· **立派な会場で個展を開かせていただく。**
훌륭한 행사장에서 개인전을 연다.

· **試合を中止させていただきます。**
시합을 중지하겠습니다.

실력 PLUS

① 동의를 일방적으로 구할 때 ~さ
せていただく를 사용하기도 한다.
예 **本日は休業させていただ
きます。**
오늘은 휴업하겠습니다.

어휘

現役 [げんえき] 몡 현역
報告書 [ほうこくしょ] 몡 보고서
締め切り [しめきり] 몡 마감
延ばす [のばす] 동1 연기하다
プラン 몡 플랜
個展 [こてん] 몡 개인전

바로 체크 | 문장 작문하기

1. 하야시 씨가 좋은 레스토랑을 소개해 주셨다.
(林さん, いい, レストラン, 紹介)
= _____

2. 시장님에게 인터뷰를 했다.
(市長, インタビュー)
= _____

정답 및 해설 p.379

일반 동사 き **聞く** 묻다	→	①	겸양어 I うかが **伺う** 여쭈다
일반 동사 い **行く** 가다	→	②	겸양어 II まい **参る** 가다

① 겸양어 I

'묻다'의 높임말 '여쭈다'처럼 일본어에도 나를 낮추는 뜻을 가지는 동사가 있다. 이를 ①겸양어라고 한다. 겸양어는 크게 두 종류로 나뉘는데, 겸양어 I 은 나를 낮추고 상대를 높이는 뜻을 가지는 동사이다.

め **お目にかかる**	あ 뵙다 (会う의 겸양어)	もう あ **申し上げる**	い 말하다 (言う의 겸양어)
ぞん あ **存じ上げる**	し 알다 (知る의 겸양어)	はいけん **拝見する**	み 보다 (見る의 겸양어)
うかが **伺う**	여쭈다, 듣다 き (聞く의 겸양어)	**さしあげる**	드리다 (あげる의 겸양어)
	찾아뵙다 たず (訪ねる의 겸양어)	**いただく**	받다 (もらう의 겸양어)

② 겸양어 II

겸양어 II 는 나를 낮추는 뜻을 가지는 동사이다. 겸양어 I 과 달리 상대를 높이는 뜻은 가지고 있지 않다. 이 말을 듣는 상대에 대한 정중한 표현이다.

まい **参る**	い 가다 (行く의 겸양어)	**いたす**	하다 (する의 겸양어)
	く 오다 (来る의 겸양어)	もう **申す**	い 말하다 (言う의 겸양어)
おる	있다 (いる의 겸양어)	**いただく**	た 먹다 (食べる의 겸양어)
ぞん **存じる**	し 알다 (知る의 겸양어)		の 마시다 (飲む의 겸양어)

실력 PLUS

① 겸양어, 존경어와 같은 높임말을 사용할 때 일본어는 친밀도나 심리적 거리와 같은 상대적인 기준을 따른다. 제3자에 대해 말할 때, 나보다 대화 상대에게 더 가까운 사이면 높이고, 나와 더 가까운 사이면 낮춘다. 둘 모두에게 먼 사이인 손윗사람이면 높인다.

바로 체크 **알맞은 겸양어로 바꾸기**

1. み
見る …▷ _____

2. く
来る …▷ _____

3. あ
会う …▷ _____

4. た
食べる …▷ _____

정답 및 해설 p.379

정중 표현

명사 / い형용사 / な형용사 어간	+	① **です** 입니다 / 합니다
동사 ます형	+	② **ます** 합니다
명사 / な형용사 어간	+	③ **でございます** 입니다 / 합니다

---

① **〜です** ~입니다 / 합니다

상대에게 정중하게 말하는 표현을 정중 표현이라고 한다. 존경 표현, 겸양 표현과는 달리 상대나 나를 높이거나 낮추지는 않는다. 정중 표현 〜です는 명사 / い형용사 / な형용사 어간 뒤에 접속한다.

- <ruby>和菓子<rt>わ が し</rt></ruby>はおいしいです。　　　　　화과자는 맛있습니다.

② **〜ます** ~합니다

정중 표현 〜ます는 동사 ます형 뒤에 접속한다.

- 9<ruby>時<rt>じ</rt></ruby>から<ruby>朝礼<rt>ちょうれい</rt></ruby>が<ruby>始<rt>はじ</rt></ruby>まります。　　9시부터 조례가 시작됩니다.

③ **〜でございます** ~입니다 / 합니다

정중 표현 ①〜でございます는 명사 / な형용사 어간 뒤에 접속한다.

- あちらが<ruby>東京<rt>とうきょう</rt></ruby>タワーでございます。　　저쪽이 도쿄 타워입니다.

실력PLUS

① 〜でございます의 정중도가 〜です, 〜ます보다 높다.

어휘

和菓子 [わがし] 명 화과자
朝礼 [ちょうれい] 명 조례

바로 체크 문장 작문하기

1. ABC 상사의 박입니다.
　(<ruby>商事<rt>しょう じ</rt></ruby>, パク)

= _____

2. 오늘은 길이 매우 막히고 있습니다.
　(<ruby>今日<rt>きょう</rt></ruby>, <ruby>道<rt>みち</rt></ruby>, <ruby>大変<rt>たいへん</rt></ruby>, <ruby>混<rt>こ</rt></ruby>む, 〜ている)

= _____

정답 및 해설 p.379

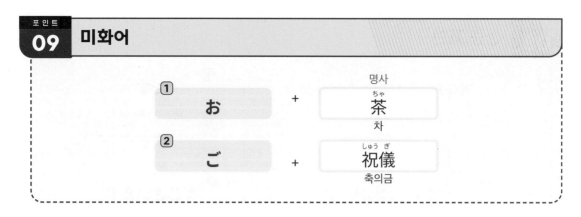

① お + 명사 ^{ちゃ}茶 차

② ご + ^{しゅう ぎ}祝儀 축의금

1 お가 붙는 미화어

미화어는 보다 품위 있게 말하기 위해 사용되는 말로, ^①명사 앞에 お를 붙여 만들 수 있다.

お茶 ちゃ	차	お土産 みやげ	여행 선물	お花 はな	꽃	お掃除 そうじ	청소
お湯 ゆ	따뜻한 물	お弁当 べんとう	도시락	お菓子 かし	과자	お箸 はし	젓가락

2 ご가 붙는 미화어

미화어 중에는 お가 아니라 ご를 붙여 만드는 미화어도 있다.

ご祝儀 しゅう ぎ	축의금	ご機嫌 き げん	기분	ご馳走 ち そう	진수 성찬	ご褒美 ほう び	포상

실력 PLUS

① 명사가 모두 미화어가 될 수 있는 것은 아니며, 기본적으로 외래어 는 미화어가 될 수 없다.

바로 체크 お나 ご 붙여 미화어로 만들기

1. (   ) 花
はな
2. (   ) 機嫌
き げん
3. (   ) 褒美
ほう び
4. (   ) 菓子
か し

정답 및 해설 p.379

실력 Up 연습문제 04 높임말 표현

▲ MP3 바로 듣기

회화 대비

1 질문에 답하기

(1) **A** 何時に来ますか。　몇 시에 오세요?

B ＿＿＿＿＿＿＿＿＿＿＿＿。(3時)　3시에 찾아뵙겠습니다.

(2) **A** 春川先生はどちらの方ですか。　하루카와 선생님은 어느 분이세요?

B あちらの＿＿＿＿＿＿＿＿＿＿＿。(つえ, 持つ, 方)　지팡이를 들고 계신 분입니다.

(3) **A** 高橋さんはどこですか。　다카하시 씨는 어디입니까?

B ＿＿＿＿＿＿＿＿＿＿＿＿。(ロビー)　네, 로비에 계십니다.

JLPT/회화 대비

2 대화 읽고 빈 칸 채우기

(1) **A** 「会議室にペンを忘れたみたいだ。」

B 「はい、社長。私が取って（　　　）。」

① いただきます　　　　② 参ります　　　　③ おります

(2) (観光バスで)

A 「皆様、右手に見えますのがスカイツリーで（　　　）。」

① ございます　　　　② 申し上げます　　　　③ 存じます

(3) **A** 「4人です。予約はしていません。」

B 「4名様ですね。お席を確認しますので、少々（　　　）。」

① 待たせてください　　　　② お待ちください　　　　③ お待ちいたします

JLPT 대비

3 긴 글 읽고 빈 칸 채우기

> 会社の上司の結婚式に（　1　）。日本の結婚式は招待された人しか行けません。席も決められています。上司の奥さんにははじめて（　2　）とても優しそうな方でした。二人の幸せそうな姿を見て、私も幸せな気持ちになりました。

(1) ① 招待していただきました　② 招待させていただきました　③ 招待しました

(2) ① ご覧になりましたが　② 拝見しましたが　③ お目にかかりましたが

정답 및 해설 p.379

정답 및 해설

1편 문장의 기초가 되는 품사

01 명사로 문장 만들기

포인트
01 명사의 현재형 p.16

1. 4人(よにん)です。
2. 夏休(なつやす)みだ。

포인트
02 명사의 현재부정형 p.17

1. カップルではないです。/ カップルではありません。
2. 今年(ことし)ではない。

포인트
03 명사의 과거형 p.18

1. 満席(まんせき)でした。
2. 花火大会(はなびたいかい)だった。

포인트
04 명사의 과거부정형 p.19

1. 入口(いりぐち)ではなかった。
2. 花屋(はなや)ではありませんでした。/ 花屋(はなや)ではなかったです。

포인트
05 명사의 현재의문형 p.20

1. 湖(みずうみ) ではないですか。/ 湖(みずうみ) ではありませんか。
2. 地下(ちか)ですか。

포인트
06 명사의 과거의문형 p.21

1. 姉妹(しまい)ではありませんでしたか。/ 姉妹(しまい)ではなかったですか。
2. セールでしたか。

포인트
07 명사의 연결형 p.22

1. 兄(あに)ではなくて 弟(おとうと) だ。
2. インフルエンザで欠席(けっせき)です。

실력 Up 연습문제 p.23

1

(1) はい、友達(ともだち)でした。

(2) いいえ、日本人(にほんじん)ではありません。/ 日本人(にほんじん)ではないです。

(3) はい、猫(ねこ)ではなかったです。/ 猫(ねこ)ではありませんでした。

어휘 **はい** 네 **友達** [ともだち] [명] 친구 **いいえ** 아니요
日本人 [にほんじん] [명] 일본인 **猫** [ねこ] [명] 고양이

2

(1) A「100円(えん)ですか。」 100엔입니까?
B「いいえ、100円(えん) (③ではなくて) 150円(えん)です。」
아니요, 100엔 (③이 아니라) 150엔입니다.

(2) A「2年生(ねんせい) (③ではないですか) 。」
2학년 (③이 아닙니까)?
B「はい、2年生(ねんせい)です。」 네, 2학년입니다.

(3) A「公園(こうえん)は右(みぎ)ですか。」 공원은 오른쪽입니까?
B「いいえ、左(ひだり) (①です) 。」 아니요, 왼쪽(①입니다).

어휘 **円** [えん] 엔 **年生** [ねんせい] 학년 **公園** [こうえん] [명] 공원
～は [조] ~은, 는 **右** [みぎ] [명] 오른쪽 **左** [ひだり] [명] 왼쪽

3

(1) 先生(せんせい) ①で ③★マラソン選手(せんしゅ) ②です。
선생님 ①이고 ③★마라톤 선수 ②입니다.

(2) 誕生日(たんじょうび)は ③10月(がつ)13日(にち) ②★では ①ない。10月(がつ)15日(にち)だ。
생일은 ③10월 13일 ②★이 ①아니다. 10월 15일이다.

어휘 **先生** [せんせい] [명] 선생(님) **マラソン** [명] 마라톤
選手 [せんしゅ] [명] 선수 **誕生日** [たんじょうび] [명] 생일
～は [조] ~은, 는 **月** [がつ] 월 **日** [にち] 일

02 형용사로 문장 만들기

포인트
01 형용사의 명사 수식형 p.24

1. 大切(たいせつ)な思(おも)い出(で)
2. 険(けわ)しい道(みち)

포인트 02	な형용사의 현재형	p.25

1. 心配です。
2. 真っ白だ。

포인트 03	な형용사의 현재부정형	p.26

1. 同じではないです。/ 同じではありません。
2. 確かではありません。/ 確かではないです。

포인트 04	な형용사의 과거형	p.27

1. 意外だった。
2. なだらかでした。

포인트 05	な형용사의 과거부정형	p.28

1. 気楽ではなかった。
2. 手軽ではありませんでした。/ 手軽ではなかったです。

포인트 06	な형용사의 현재의문형	p.29

1. 重要ですか。
2. 逆ではないですか。/ 逆ではありませんか。

포인트 07	な형용사의 과거의문형	p.30

1. 巨大でしたか。
2. 得意ではありませんでしたか。/ 得意ではなかったですか。

포인트 08	な형용사의 연결형	p.31

1. 高級ではなくて安いホテル
2. 独特で甘い匂いだ。

포인트 09	い형용사의 현재형	p.32

1. かわいい。
2. 良いです。

포인트 10	い형용사의 현재부정형	p.33

1. 高くないです。/ 高くありません。
2. 忙しくありません。/ 忙しくないです。

포인트 11	い형용사의 과거형	p.34

1. 美しかったです。
2. 汚かった。

포인트 12	い형용사의 과거부정형	p.35

1. 低くなかった。
2. おかしくありませんでした。/ おかしくなかったです。

포인트 13	い형용사의 현재의문형	p.36

1. 小さくないですか。/ 小さくありませんか。
2. 濃くありませんか。/ 濃くないですか。

포인트 14	い형용사의 과거의문형	p.37

1. 詳しくなかったですか。/ 詳しくありませんでしたか。
2. 難しくありませんでしたか。/ 難しくなかったですか。

포인트 15	い형용사의 연결형	p.38

1. かっこよくておしゃれだ。
2. 深くなくて浅いです。

실력 Up 연습문제　　　　　　　　　　　p.39

1

(1) はい、きれいでした。

(2) いいえ、ひまではありません。/ ひまではないです。

(3) いいえ、古くありませんでした。/ 古くなかったです。

어휘　はい 네　きれいだ な형 예쁘다　いいえ 아니요
　　　ひまだ な형 한가하다　古い [ふるい] い형 오래되다

2

(1) A「部屋、(③暑くありませんか)。」
　　방, (③덥지 않습니까)?
　　B「はい、暑いです。」 네, 덥습니다.

(2) A「運転、得意ですか。」 운전, 잘합니까?
　　B「いいえ、得意(①ではなくて)苦手です。」
　　아니요, 잘 (①하지 않고) 서투릅니다.

(3) A「(①新しい)ぼうしですか。かわいいです。」

(①새로운) 모자입니까? 귀여워요.

B「はい、ありがとうございます。」 네, 고맙습니다.

어휘 部屋 [へや] 몡 방　暑い [あつい] ᶖ형 덥다
　　　運転 [うんてん] 몡 운전　得意だ [とくいだ] ᶇ형 잘하다
　　　苦手だ [にがてだ] ᶇ형 서투르다　新しい [あたらしい] ᶖ형 새롭다
　　　ぼうし 몡 모자　かわいい ᶖ형 귀엽다
　　　ありがとうございます 고맙습니다

3

(1) 西田君は ③まじめ ②★で ①いい 人です。

니시다 군은 ③성실 ②★하고 ①좋은 사람입니다.

(2) テストは ②難しく ③★ありません ①でした。

시험은 ②어렵지 ③★않았 ①습니다.

어휘 君 [くん] 군　まじめだ ᶇ형 성실하다　いい ᶖ형 좋다
　　　人 [ひと] 몡 사람　テスト 몡 시험
　　　難しい [むずかしい] ᶖ형 어렵다

---

03 동사 알맞게 활용하기 ①

포인트 01 동사의 종류　　p.40

1. 1그룹
2. 3그룹
3. 1그룹
4. 2그룹

어휘 話す [はなす] 동1 이야기하다　する 동3 하다
　　　言う [いう] 동1 말하다　数える [かぞえる] 동2 세다

포인트 02 1그룹 동사의 과거형 ①　　p.41

1. B
2. A

어휘 渡す [わたす] 동1 건네다　使う [つかう] 동1 사용하다

포인트 03 1그룹 동사의 과거형 ②　　p.42

1. A
2. B

어휘 読む [よむ] 동1 읽다　置く [おく] 동1 두다

포인트 04 2그룹, 3그룹 동사의 과거형　　p.43

1. A
2. B

어휘 来る [くる] 동3 오다　食べる [たべる] 동2 먹다

포인트 05 동사의 정중형　　p.44

1. B
2. A

어휘 する 동3 하다　泳ぐ [およぐ] 동1 헤엄치다

포인트 06 동사 ます형과 쓰이는 표현 ①　　p.45

1. 料理を手伝いますか。
2. 人口が増えません。

포인트 07 동사 ます형과 쓰이는 표현 ②　　p.46

1. 経営学を学びました。
2. パスワードを変えませんでした。

포인트 08 동사의 부정형　　p.47

1. B
2. B

어휘 来る [くる] 동3 오다　見る [みる] 동2 보다

포인트 09 동사 ない형과 쓰이는 표현　　p.48

1. ぼうしをかぶらないです。
2. 客が来なかった。

포인트 10 1그룹 동사의 연결형 ①　　p.49

1. B
2. A

어휘 返す [かえす] 동1 되돌려주다　割る [わる] 동1 나누다

포인트 11 1그룹 동사의 연결형 ②　　p.50

1. B
2. A

어휘 開く [ひらく] 동1 열다　飛ぶ [とぶ] 동1 날다

포인트 12 2그룹, 3그룹 동사의 연결형　　p.51

1. B
2. A

어휘 する 동3 하다　着る [きる] 동2 입다

포인트 13 동사의 가정형　　p.52

1. A
2. A

어휘 する 동3 하다　来る [くる] 동3 오다

실력 Up 연습문제　　p.53

1

(1) はい、遅れます。

(2) いいえ、来ません。/ 来ないです。

(3) いや、出かけなかった。

어휘 はい 네　遅れる [おくれる] 동2 늦다　いいえ 아니요
　　　来る [くる] 동3 오다　いや 아니
　　　出かける [でかける] 동2 외출하다

2

(1) A「試験に（②合格しました）。」시험에 (②합격했습니다).
　　B「本当ですか。おめでとうございます。」
　　정말입니까? 축하합니다.

(2) A「昨日、デパートに行きました。」
　　어제, 백화점에 갔습니다.
　　B「私は海に（①行って）泳ぎました。」
　　저는 바다에 (①가서) 헤엄쳤습니다.

(3) A「ご飯を食べて、カフェに寄らない?」
　　밥을 먹고, 카페에 들르지 않을래?
　　B「ううん、（③寄らない）。」아니, (③안 들러).

어휘 試験 [しけん] 명 시험　〜に 조 ~에　合格 [ごうかく] 명 합격
　　　本当だ [ほんとうだ] な형 정말이다
　　　おめでとうございます 축하합니다　昨日 [きのう] 명 어제
　　　デパート 명 백화점　行く [いく] 동1 가다　私 [わたし] 명 나, 저
　　　〜は 조 ~는, 은　海 [うみ] 명 바다　泳ぐ [およぐ] 동1 헤엄치다
　　　ご飯 [ごはん] 명 밥　〜を 조 ~을, 를　食べる [たべる] 동2 먹다
　　　カフェ 명 카페　寄る [よる] 동1 들르다

3

(1) 雪は30分後に ②止んで ③★積もりません ①でした。
　　눈은 30분 후에 ②그쳐서 ③★쌓이지 않 ①았습니다.

(2) この薬を ③飲めば ②★熱が ①下がり ます。
　　이 약을 ③먹으면 ②★열이 ①내려 갑니다.

어휘 雪 [ゆき] 명 눈　〜は 조 ~은, 는　分 [ぶん] 분
　　　後 [ご] 후　〜に 조 ~에　止む [やむ] 그치다
　　　積もる [つもる] 동1 쌓이다　この 이　薬 [くすり] 명 약
　　　〜を 조 ~을, 를　飲む [のむ] 동1 (약을) 먹다, 마시다
　　　熱 [ねつ] 명 열　下がる [さがる] 동1 내려가다

04 동사 알맞게 활용하기②

포인트 01 자동사　　　　　p.54

1. A　　　　　2. B
3. A　　　　　4. A

어휘 倒れる [たおれる] 동2 쓰러지다　上がる [あがる] 동1 올라가다

切れる [きれる] 동2 끊어지다　下がる [さがる] 동1 내려가다

포인트 02 타동사　　　　　p.55

1. A　　　　　2. A
3. A　　　　　4. A

어휘 閉める [しめる] 동2 닫다　壊す [こわす] 동1 부수다
　　　始める [はじめる] 동2 시작하다　残す [のこす] 동1 남기다

포인트 03 동사의 가능형　　　　　p.56

1. 運転ができる。
2. ペットが飼える。

포인트 04 동사의 의지형　　　　　p.57

1. 家に帰ろう。
2. 練習をしよう。

포인트 05 동사의 명령형　　　　　p.58

1. 席に座れ。
2. ドアを閉めろ。

포인트 06 동사의 사역형　　　　　p.59

1. 食器を洗わせる。
2. 提案を受け入れさせる。

포인트 07 사역형 문장　　　　　p.60

1. 彼はヒップホップをはやらせた。
2. 娘にバレエを習わせた。

포인트 08 동사의 수동형　　　　　p.61

1. 犯人と疑われる。
2. 秘密を知られる。

포인트 09 수동형 문장①　　　　　p.62

1. 彼は彼女に提案を断られた。
2. 彼女は彼氏に誤解された。

1. 犯人に逃げられた。
2. あの映画は昨日公開された。

1. チームを組ませられる。/ チームを組まされる。
2. 主役を務めさせられる。

실력 Up 연습문제　　　　　　p.65

1

(1) はい、全部終わらせました。
(2) いいえ、固くて開けられません。
(3) はい、今年発表された論文です。

어휘　はい 네　全部 [ぜんぶ] 冏 전부　終わる [おわる] 馬 끝나다
　　　いいえ 아니요　固い [かたい] い웹 딱딱하다, 단단하다
　　　開ける [あける] 馬2 열다　今年 [ことし] 冏 올해
　　　発表 [はっぴょう] 冏 발표　論文 [ろんぶん] 冏 논문

2

(1) A「昔の絵ですか。」옛날의 그림입니까?
　　B「はい、200年前に（③描かれました）。」
　　　네, 200년 전에 （③그려졌습니다）.

(2) A「遊園地、楽しかった。」놀이공원, 즐거웠어.
　　B「うん、また（①来よう）。」응, 또 （①오자）.

(3) A「テスト、（①頑張れ）。」테스트, （①힘내라）.
　　B「はい、頑張ります。」네, 힘내겠습니다.

어휘　昔 [むかし] 冏 옛날　〜の 조 ~의　絵 [え] 冏 그림　はい 네
　　　年前 [ねんまえ] 년 전　〜に 조 ~에
　　　描く [かく] 馬1 그리다　遊園地 [ゆうえんち] 冏 놀이공원
　　　楽しい [たのしい] い웹 즐겁다　うん 응　また 튀 또
　　　来る [くる] 馬3 오다　テスト 冏 테스트
　　　頑張る [がんばる] 馬1 힘내다

3

(1) きらいなホラー映画 ①を ②★友達に ③見させられた。
　　싫어하는 호러 영화 ①를 ②★친구에게 ③보여졌다.

(2) 私は 妹 に ③新しい ②★かさを ①壊された。
　　나는 여동생에게 ③새로운 ②★우산을 ①파손당했다.

어휘　きらいだ な웹 싫어하다　ホラー 冏 호러　映画 [えいが] 冏 영화
　　　〜を 조 ~를, 을　友達 [ともだち] 冏 친구　〜に 조 ~에게
　　　見る [みる] 馬2 보다　私 [わたし] 冏 나, 저　〜は 조 ~는, 은
　　　妹 [いもうと] 冏 여동생　新しい [あたらしい] い웹 새롭다
　　　かさ 冏 우산　壊す [こわす] 馬1 파손하다

05 조사를 문장 속에 사용하기 ①

1. サッカーが上手だ。
2. お腹が痛い。

1. 声が聞こえる。
2. 薬を飲んだが、治らない。

1. 彼氏は美容師だ。
2. トンネルを抜ける。

1. クラスメイトのノートです。
2. 黄色のワンピースを着る。

1. 赤いかさは松本のです。
2. 昼ご飯食べないの？

1. コーヒーを3杯も飲む。
2. 金曜日も休みだ。

<table>
<tr><td>

포인트 07 　**〜と의 용법**　　　　p.72

1. 絵がすばらしいとほめられた。
2. 青と黒のペンだ。

</td><td>

2. 教科書は金曜日までに返して。

실력 Up 연습문제　　　　p.81

1

(1) 週末は山でキャンプをします。
(2) いいえ、電車に乗って行きます。
(3) 魚が苦手です。

</td></tr>
</table>

포인트 08 　**〜へ의 용법**　　　　p.73

1. 次の人へバトンを渡す。
2. 今年は国へ帰りませんでした。

> 어휘　週末 [しゅうまつ] 명 주말　山 [やま] 명 산　キャンプ 명 캠핑
> する 동3 하다　いいえ 아니요　電車 [でんしゃ] 명 전철
> 乗る [のる] 동1 타다　行く [いく] 동1 가다
> 魚 [さかな] 명 생선　苦手だ [にがてだ] な형 싫어하다

포인트 09 　**〜に의 용법**　　　　p.74

1. 生徒は教室にいる。
2. ゆうかさんと友達になった。

2

(1) A「これ、Bさんのかばんですか。」
　　이거, B 씨의 가방인가요?
　　B「いいえ、私（②の）ではありません。」
　　아니요, 저(②의 것)이 아니에요.

포인트 10 　**〜で의 용법①**　　　　p.75

1. 次の駅で降りよう。
2. 面接はリモートで行います。

(2) A「りんごじゃなくてバナナを買ったの？」
　　사과가 아니고 바나나를 샀어?
　　B「はい、りんごが売り切れだった（②ので）バナナを買
　　いました。」
　　네, 사과가 품절이었 (②으므로) 바나나를 샀습니다.

포인트 11 　**〜で의 용법②**　　　　p.76

1. 冬休みも部活で忙しい。
2. 明日で今年も終わりだ。

(3) A「ドラマは何時に始まりますか。」
　　드라마는 몇 시에 시작되나요?
　　B「11時（①から）です。」11시(①부터)예요.

포인트 12 　**〜より와 〜ので의 용법**　　　　p.77

1. 夫は私より若い。
2. 終電の時間なので、帰ります。

> 어휘　これ 명 이것　さん 씨　かばん 명 가방　いいえ 아니요
> 私 [わたし] 명 저, 나　りんご 명 사과　バナナ 명 바나나
> 買う [かう] 동1 사다　はい 네　売り切れ [うりきれ] 명 품절
> ドラマ 명 드라마　何時 [なんじ] 명 몇 시
> 始まる [はじまる] 동1 시작되다　時 [じ] 시

포인트 13 　**〜から의 용법①**　　　　p.78

1. 今日は朝から眠たい。
2. 彼の気持ちが表情から伝わった。

3

(1) 大学 ②より ③★合格通知 ①が 届きました。
　　대학 ②으로부터 ③★합격 통지 ①가 도착했습니다.

(2) レポート課題 ③は ②★日曜日 ①までに 終わらせよう。
　　리포트 과제 ②는 ①★일요일 ③까지 끝내자.

포인트 14 　**〜から의 용법②**　　　　p.79

1. ご飯を食べたから、満腹だ。
2. この酒は米から造られる。

> 어휘　大学 [だいがく] 명 대학　合格 [ごうかく] 명 합격
> 通知 [つうち] 명 통지　届く [とどく] 동1 도착하다
> レポート 명 리포트　課題 [かだい] 명 과제
> 日曜日 [にちようび] 명 일요일　終わる [おわる] 동1 끝나다

포인트 15 　**〜まで와 〜までに의 용법**　　　　p.80

1. 二年前まで学生でした。

06 조사를 문장 속에 사용하기 ②

실력 Up 연습문제   p.93

1

(1) ええ、あなたこそ大丈夫でしたか。

(2) いいえ、難しくて、答えが何番かわかりません。

(3) スポーツが好きで、テニスや野球が趣味です。

> **어휘** ええ 네 あなた 图 당신 大丈夫だ [だいじょうぶだ] な형 괜찮다
> いいえ 아니요 難しい [むずかしい] い형 어렵다
> 答え [こたえ] 图 답 何番 [なんばん] 图 몇 번 わかる 图1 알다
> スポーツ 图 스포츠 好きだ [すきだ] な형 좋아하다
> テニス 图 테니스 野球 [やきゅう] 图 야구 趣味 [しゅみ] 图 취미

2

(1) A「最近、K-pop（②ばかり）聞きます。」
　　요즘, K-pop (②만) 듣습니다.
　　B「僕もです。」 저도입니다.

(2) A「予選で（①負けるなんて）。」
　　예선에서 (①지다니).
　　B「うん、悔しい。」 응, 분해.

(3) A「来週、リリーさんの誕生日だ（③って）。」
　　다음 주, 릴리 씨의 생일이(③래).
　　B「そうなんだ。プレゼントを準備する？」
　　그렇구나. 선물을 준비할래?

> **어휘** 最近 [さいきん] 图 요즘, 최근 聞く [きく] 图1 듣다
> 僕 [ぼく] 图 저, 나 予選 [よせん] 图 예선
> 負ける [まける] 图2 지다 悔しい [くやしい] い형 분하다
> 来週 [らいしゅう] 图 다음 주 さん 씨
> 誕生日 [たんじょうび] 图 생일 プレゼント 선물
> 準備 [じゅんび] 图 준비

3

(1) うちは駅_{えき}から遠_{とお}い②し★部屋_{へや}①もせまい。

우리 집은 역에서 멀 ②고 ③★방 ①도 좁다.

(2) この漢字_{かんじ}は簡単_{かんたん}なので、③小学生_{しょうがくせい}②★でも①読_よめます。

이 한자는 간단하므로, ③초등학생 ②★이라도 ①읽을 수 있습니다.

어휘 うち 圓 우리 집 駅 [えき] 圓 역 遠い [とおい] い형 멀다
部屋 [へや] 圓 방 せまい い형 좁다 この 이
漢字 [かんじ] 圓 한자 簡単だ [かんたんだ] な형 간단하다
小学生 [しょうがくせい] 圓 초등학생 読む [よむ] 동 읽다

---

07 조사를 문장 끝에 사용하기

포인트 01 ～よ의 용법 p.94

1. うそはひどいよ。
2. 電柱_{でんちゅう}にぶつかるよ。

포인트 02 ～ね의 용법 p.95

1. 支度_{したく}は終_おわったね。
2. あのアイドル、かわいいね。

포인트 03 ～わ의 용법 p.96

1. 上手_{じょうず}な演奏_{えんそう}だったわ。
2. 私_{わたし}がおごるわ。

포인트 04 ～さ와 ～ぞ의 용법 p.97

1. 今度_{こんど}のイベントも成功_{せいこう}するさ。
2. JLPTに合格_{ごうかく}するぞ。

포인트 05 ～かしら와 ～っけ의 용법 p.98

1. ドレスは似合_{にあ}うかしら。
2. レストラン、予約_{よやく}したっけ?

실력 Up 연습문제 p.99

1

(1) 1位_いです。チャンピオンになるぞ。
(2) いや。会議_{かいぎ}、2時_じからだっけ?
(3) 東駅_{ひがしえき}ですね。止_とまります。

어휘 位 [い] 위 チャンピオン 圓 챔피언 なる 동 되다 いや 애니
会議 [かいぎ] 圓 회의 時 [じ] 시 駅 [えき] 圓 역
止まる [とまる] 동 서다

2

(1) A「大学_{だいがく}に合格_{ごうかく}できるかしら。」

대학에 합격할 수 있을까?
B「心配_{しんぱい}はいらないよ。合格できる(②さ)。」

걱정은 필요없어. 합격할 수 있을 (②거야).

(2) A「番組_{ばんぐみ}がつまらない(①わ)。他_{ほか}のを見_みよう。」

방송이 재미없 (①어). 다른 것을 보자.
B「うん。」응.

(3) A「ラッシュアワーはタクシーより電車_{でんしゃ}が
(②早_{はや}いよ)。」

러시아워는 택시보다 전철이 (②빨라).
B「そう?じゃあ、電車_{でんしゃ}で帰_{かえ}ろう。」

그래? 그럼, 전철로 돌아가자.

어휘 大学 [だいがく] 圓 대학 合格 [ごうかく] 圓 합격
心配 [しんぱい] 圓 걱정 いる 동 필요하다
番組 [ばんぐみ] 圓 방송 つまらない い형 재미없다
他 [ほか] 圓 다른 것 見る [みる] 동 보다
ラッシュアワー 圓 러시아워 タクシー 圓 택시
電車 [でんしゃ] 圓 전철 早い [はやい] い형 빠르다
じゃあ 쩝 그럼 帰る [かえる] 동 돌아가다

3

(1) 今日_{きょう}は時間_{じかん}があるし、部屋_{へや}の掃除_{そうじ}③でも
①★しよう②かしら。

오늘은 시간이 있으니, 방 청소 ③라도 ①★해볼 ②까.

(2) 私_{わたし}は新人_{しんじん}に仕事_{しごと}を教_{おし}えるので、レジは佐々木_{ささき}さん②に
③★任_{まか}せます①わ。

나는 신입에게 일을 가르칠테니, 계산대는 사사키 씨 ②에게 ③★맡 ①길게요.

어휘 今日 [きょう] 圓 오늘 時間 [じかん] 圓 시간 ある 동 있다
部屋 [へや] 圓 방 掃除 [そうじ] 圓 청소
私 [わたし] 圓 나, 저 新人 [しんじん] 圓 신입
仕事 [しごと] 圓 일 教える [おしえる] 동2 가르치다
レジ 圓 계산대 さん 씨 任せる [まかせる] 동2 맡기다

2편 문장을 풍부하게 만드는 품사

01 부사로 문장 꾸미기 ①

1. 彼女は何でもよく食べる。
2. 休みの日はよく絵を描く。

1. もう30才になった。
2. もう本屋に着く。

1. 兄はまだ会社です。
2. いつもコーヒーを飲みます。

1. 昨日はもっと寒かった。
2. 週末はずっと家にいました。

1. 私は高田さんと特に親しい。
2. アトラクションはかなり怖かった。

1. 紅茶にミルクを少し入れました。/ 紅茶にミルクをちょっと入れました。
2. サービスにちょっと不満がある。/ サービスに少し不満がある。

1. 猫のグッズをたくさん買いました。/ 猫のグッズをいっぱい買いました。
2. 箱の中にはあめがいっぱいあった。/ 箱の中にはあめがたくさんあった。

실력 Up 연습문제   p.109

1

(1) はい、ちょっと忙しかったです。/ 少し忙しかったです。

(2) ううん、さっきたくさん食べたから。/ さっきいっぱい食べたから。

(3) よく家族で山に登ります。

어휘 ちょっと 🝐 좀 少し [すこし] 🝐 조금
忙しい [いそがしい] ㋖형 바쁘다 さっき 🝐 아까
たくさん 🝐 잔뜩 いっぱい 🝐 잔뜩, 가득
食べる [たべる] 톱2 먹다 よく 🝐 자주 家族 [かぞく] 🝐 가족
山 [やま] 🝐 산 登る [のぼる] 톱1 오르다

2

(1) A「Bさん、先に帰ります。」

　　B씨, 먼저 돌아갈게요.
　　B「はい。私は仕事が（②まだ）終わらないので、もうちょっと残ります。」

　　네. 저는 일이 （②아직） 끝나지 않아서, 조금 더 남을게요.

(2) A「新しい家は快適ですか。」

　　새로운 집은 쾌적합니까?
　　B「はい。前より（①ずっと）広くて、最高です。」

　　네. 전보다 （①매우） 넓어서, 최고입니다.

(3) (電話で)

　　(전화로)
　　A「お母さん、荷物届いたよ。ありがとう。」

　　엄마, 짐 도착했어. 고마워.
　　B「え、（③もう）届いたの？早かったね。」

　　어, （③벌써） 도착했어? 빨랐네.

어휘 さん 씨 先に [さきに] 🝐 먼저 帰る [かえる] 톱1 돌아가다
私 [わたし] 🝐 저 仕事 [しごと] 🝐 일 まだ 🝐 아직
終わる [おわる] 톱1 끝나다 もう 🝐 더 ちょっと 🝐 조금
残る [のこる] 톱1 남다 新しい [あたらしい] ㋖형 새롭다
家 [いえ] 🝐 집 快適だ [かいてきだ] な형 쾌적하다
前 [まえ] 🝐 전 ずっと 🝐 매우 広い [ひろい] ㋖형 넓다
最高だ [さいこうだ] な형 최고다 電話 [でんわ] 🝐 전화
お母さん [おかあさん] 🝐 엄마 荷物 [にもつ] 🝐 짐
届く [とどく] 톱1 도착하다 ありがとう 고마워 もう 🝐 벌써
早い [はやい] ㋖형 빠르다

3

(1) 駅前の食堂は人気で、店内 ②には ①★いつも ③お客さん がいっぱいいる。

역 앞의 식당은 인기라서, 가게 안 ②에는 ①★항상 ③손님 이 잔뜩 있다.

(2) 夜は気温が ①かなり ③★下がる ②から マフラーと手袋 を持って行こう。

밤은 기온이 ①꽤 ③★내려가 ②니까 머플러와 장갑을 가지고 가자.

어휘　駅前 [えきまえ] 圓 역 앞　食堂 [しょくどう] 圓 식당
　　　人気 [にんき] 圓 인기　店内 [てんない] 圓 가게 안
　　　いつも 图 항상　お客さん [おきゃくさん] 圓 손님
　　　いっぱい 图 잔뜩　いる 图2 있다　夜 [よる] 圓 밤
　　　気温 [きおん] 圓 기온　かなり 图 꽤
　　　下がる [さがる] 图1 내려가다　マフラー 圓 머플러
　　　手袋 [てぶくろ] 圓 장갑　持つ [もつ] 图1 가지다
　　　行く [いく] 图1 가다

02 부사로 문장 꾸미기②

포인트 01 **とても와 非常に의 용법**　p.110

1. その人形はとてもかわいらしい。/ その人形は非常にかわいらしい。
2. 最近怖い事件が非常に多いです。/ 最近怖い事件がとても多いです。

포인트 02 **だいぶ와 ほとんど의 용법**　p.111

1. オフィスがだいぶ片付いた。
2. ディナーはほとんど出来上がった。

포인트 03 **絶対와 決して의 용법**　p.112

1. ミスは決して許されない。
2. 秘密は絶対人に言いません。

포인트 04 **必ず와 きっと의 용법**　p.113

1. その教材はきっと難しくない。
2. 人は誰でも必ず死ぬ。

포인트 05 **ときどき와 はじめて의 용법**　p.114

1. 彼女をはじめて両親に紹介した。
2. ときどき祖母と電話します。

포인트 06 **すぐに와 すでに의 용법**　p.115

1. 商品はすぐに届きますか。
2. その件はすでに上司に報告した。

포인트 07 **ついに와 やっと의 용법**　p.116

1. ついにうそがばれました。
2. やっと仕事が落ち着いた。

실력 Up 연습문제　p.117

1

(1) 弁当が多いですが、ときどき外で食べます。
(2) 田中はすでに退職しました。
(3) はい、新入生は必ず参加します。

어휘　弁当 [べんとう] 圓 도시락　多い [おおい] い圏 많다
　　　ときどき 图 가끔　外 [そと] 圓 밖　食べる [たべる] 图2 먹다
　　　すでに 图 이미　退職 [たいしょく] 圓 퇴직
　　　新入生 [しんにゅうせい] 圓 신입생
　　　必ず [かならず] 图 반드시　参加 [さんか] 圓 참가

2

(1) A「前の車、(①とても) 大きいね。」

　　앞의 차, (①아주) 크네.
　　B「うん、車内も広くて人気があるって。」

　　응, 차내도 넓어서 인기가 있대.

(2) A「先生、環境問題は深刻ですか。」

　　선생님, 환경 문제는 심각한가요?
　　B「ええ、(①非常に) 深刻です。」

　　네, (①매우) 심각합니다.

(3) A「USBは見つかりましたか。」

　　USB는 발견했습니까?
　　B「三日探して、(①やっと) 見つかりました。引き出しの中にありました。」

　　3일 찾아서, (①겨우) 발견했습니다. 서랍 안에 있었습니다.

어휘　前 [まえ] 圓 앞　車 [くるま] 圓 차　とても 图 아주
　　　大きい [おおきい] い圏 크다　車内 [しゃない] 圓 차내
　　　広い [ひろい] い圏 넓다　人気 [にんき] 圓 인기

ある 图1 있다 先生 [せんせい] 图 선생님
環境 [かんきょう] 图 환경 問題 [もんだい] 图 문제
深刻だ [しんこくだ] な형 심각하다
非常に [ひじょうに] 图 매우 見つかる [みつかる] 图1 발견하다
三日 [みっか] 图 3일 探す [さがす] 图1 찾다
やっと 图 겨우 引き出し [ひきだし] 图 서랍
中 [なか] 图 안

3

(1) 留学先での楽しかった思い出 ③は ①★きっと ②忘れ
ません。
유학한 곳에서의 즐거웠던 추억 ③은 ①★꼭 ②잊지 않겠
습니다.

(2) マラソンに ②はじめて ③★挑戦した ①が 最後まで走
れて嬉しかった。
마라톤에 ②처음으로 ③★도전했는 ①데 마지막까지 달
릴 수 있어서 기뻤다.

어휘 留学先 [りゅうがくさき] 图 유학한 곳
楽しい [たのしい] い형 즐겁다 思い出 [おもいで] 图 추억
きっと 图 꼭 忘れる [わすれる] 图2 잊다 マラソン 图 마라톤
はじめて 图 처음 挑戦 [ちょうせん] 图 도전
最後 [さいご] 图 마지막 走る [はしる] 图1 달리다
嬉しい [うれしい] い형 기쁘다

03 부사로 문장 꾸미기③

포인트 01 あまりと全然の 용법 p.118

1. あまり期待しない。
2. プロの演奏は全然違うね。

포인트 02 まったくとちっともの 용법 p.119

1. 売り上げがちっとも上がりません。
2. こんな結果はまったく予想しなかった。

포인트 03 やはりとむしろの 용법 p.120

1. 状況はむしろ悪化しました。
2. そんな話はやはり信じられません。

포인트 04 どうもの 용법 p.121

1. どうもすみませんでした。
2. どうもパソコンの調子が悪い。

포인트 05 ずいぶんと なかなかの 용법 p.122

1. 渋滞で車がなかなか進まない。
2. 今日はずいぶん暖かい。/ 今日はなかなか暖かい。

포인트 06 まずと そろそろの 용법 p.123

1. そろそろ出発しよう。
2. まず、トイレから掃除をする。

포인트 07 ゆっくりと どんどんの 용법 p.124

실력 Up 연습문제
p.125

1. 将来の夢はゆっくり考えて決めます。
2. 無人コンビニがどんどん増えた。

1

(1) 曇りだから、なかなか乾かない。

(2) まず、手から洗おう。

(3) ああ、どうもありがとうございます。

어휘 曇り [くもり] 图 (날씨가) 흐림 なかなか 图 좀처럼
乾く [かわく] 图1 마르다 まず 图 우선 手 [て] 图 손
洗う [あらう] 图1 씻다 どうも 图 정말
ありがとうございます 감사합니다

2

(1) A「最近、この歌が韓国で人気です。」
최근, 이 노래가 한국에서 인기입니다.
B「そうですか。日本では (③あまり) 有名
じゃないです。」
그렇습니까? 일본에서는 (③별로) 유명하지 않습니다.

(2) A「4月になりましたし、今年も (②そろそろ)
桜が咲きますね。」
4월이 되었으니, 올해도 (②슬슬) 벚꽃이 피겠네요.
B「ええ、楽しみです。」 네, 기대됩니다.

(3) A「頭は痛くないですか。」
머리는 아프지 않습니까?
B「薬を飲んで、治りました。今は (①ちっとも)
痛くないです。」
약을 먹고, 나았습니다. 지금은 (①조금도) 아프지 않습
니다.

어휘 最近 [さいきん] 图 최근 この 이 歌 [うた] 图 노래

韓国 [かんこく] 圏 한국　人気 [にんき] 圏 인기
日本 [にほん] 圏 일본　あまり 凰 별로
有名だ [ゆうめいだ] 尼形 유명하다　月 [がつ] 월
なる 動1 되다　今年 [ことし] 圏 올해　そろそろ 凰 슬슬
桜 [さくら] 圏 벚꽃　咲く [さく] 動1 피다
楽しみだ [たのしみだ] 尼形 기대되다　頭 [あたま] 圏 머리
痛い [いたい] い形 아프다　薬を飲む [くすりをのむ] 약을 먹다
治る [なおる] 動1 낫다　今 [いま] 圏 지금　ちっとも 凰 조금도

3

(1) アニメやまんがは興味がなくし見ない ②ので ③★まっ
たく ①わからない 。

　애니메이션이나 만화는 관심이 없어서 보지 않 ②으므로
③★전혀 ①모른다.

(2) 失敗は成長につながるから、だめなこと ③ではなくて
②★むしろ ①良いこと です。

　실패는 성장에 이어지기 때문에, 못쓸 것 ③이 아니라 ②
★오히려 ①좋은 것 입니다.

어휘　アニメ 圏 애니메이션　まんが 圏 만화
興味 [きょうみ] 圏 관심, 흥미　ない い形 없다
見る [みる] 動2 보다　まったく 凰 전혀　わかる 動1 알다
失敗 [しっぱい] 圏 실패　成長 [せいちょう] 圏 성장
つながる 動1 이어지다　だめだ 尼形 못쓰다, 소용없다
こと 圏 것　むしろ 凰 오히려　良い [よい] い形 좋다

---

04 접속사로 내용 연결하기①

포인트 01 | それで와 だから의 용법　p.126

1.　A　パソコンが故障した。だから、修理を頼んだ。
　　　컴퓨터가 고장 났다. 그래서, 수리를 부탁했다.
2.　A　家を買います。それで、お金をためました。
　　　집을 삽니다. 그래서, 돈을 모았습니다.

어휘　パソコン 圏 컴퓨터　故障 [こしょう] 圏 고장
修理 [しゅうり] 圏 수리　頼む [たのむ] 動1 부탁하다
家 [いえ] 圏 집　買う [かう] 動1 사다　お金 [おかね] 圏 돈
ためる 動2 모으다

포인트 02 | そこで와 そのため의 용법　p.127

1.　A　最近、客が増えた。そこで、スタッフを増やした。
　　　최근, 손님이 늘었다. 그래서, 스태프를 늘렸다.
2.　B　今日は残業した。そのため、社員食堂で夕食を済
　　　ませた。 오늘은 야근했다. 그 때문에, 사원 식당에서
　　　저녁밥을 해결했다.

어휘　最近 [さいきん] 圏 최근　客 [きゃく] 圏 손님
増える [ふえる] 動2 늘다　スタッフ 圏 스태프
増やす [ふやす] 動1 늘리다　今日 [きょう] 圏 오늘
残業 [ざんぎょう] 圏 야근　社員 [しゃいん] 圏 사원
食堂 [しょくどう] 圏 식당　夕食 [ゆうしょく] 圏 저녁밥
済ませる [すませる] 動2 해결하다

포인트 03 | すると와 したがって의 용법　p.128

1.　B　窓を開けた。すると、心地よい風が入った。
　　　창문을 열었다. 그랬더니, 기분 좋은 바람이 들어왔다.
2.　B　森田選手にレッドカードが出されました。
　　　したがって、退場です。 모리타 선수에게 레드 카드가
　　　주어졌습니다. 따라서, 퇴장입니다.

어휘　窓 [まど] 圏 창문　開ける [あける] 動2 열다
心地よい [ここちよい] 기분 좋다　風 [かぜ] 圏 바람
入る [はいる] 動1 들어오다　選手 [せんしゅ] 圏 선수
レッドカード 圏 레드 카드　出す [だす] 動1 주다
退場 [たいじょう] 圏 퇴장

포인트 04 | しかし와 でも의 용법　p.129

1.　B　すばらしいアイディアだ。しかし、現実性がない。
　　　멋진 아이디어다. 그러나, 현실성이 없다.
2.　A　靴下が破れました。でも、ぬって履きます。
　　　양말이 찢어졌습니다. 그래도, 꿰매서 신습니다.

어휘　すばらしい い形 멋지다　アイディア 圏 아이디어
現実性 [げんじつせい] 圏 현실성　ない い形 없다
靴下 [くつした] 圏 양말　破れる [やぶれる] 動2 찢어지다
ぬう 動1 꿰매다　履く [はく] 動1 신다

포인트 05 | それから와 そして의 용법　p.130

1.　A　じゃがいもを洗う。それから、皮をむく。
　　　감자를 씻는다. 그러고 나서, 껍질을 벗긴다.
2.　B　ピザをテイクアウトした。そして、家で食べた。
　　　피자를 테이크아웃했다. 그리고, 집에서 먹었다.

어휘　じゃがいも 圏 감자　洗う [あらう] 動1 씻다　皮 [かわ] 圏 껍질
むく 動1 벗기다　ピザ 圏 피자　テイクアウト 圏 테이크아웃
家 [いえ] 圏 집　食べる [たべる] 動2 먹다

포인트 06 | しかも와 ちなみに의 용법　p.131

1.　B　本校の生徒は300人です。ちなみに、半数以上が女
　　　子生徒です。 본교의 학생은 300명입니다. 덧붙여
　　　서, 반수 이상이 여자 학생입니다.

2. B その歌手の歌声はすてきだ。しかも、歌の歌詞もいい。그 가수의 노랫소리는 멋지다. 게다가, 노래의 가사도 좋다.

어휘 本校 [ほんこう] [명] 본교 生徒 [せいと] [명] 학생
人 [にん] 명 半数 [はんすう] [명] 반수
以上 [いじょう] [명] 이상 女子 [じょし] [명] 여자
その 그 歌手 [かしゅ] [명] 가수 歌声 [うたごえ] [명] 노랫소리
すてきだ [な형] 멋지다 歌 [うた] [명] 노래 歌詞 [かし] [명] 가사
いい [い형] 좋다

포인트 07 そのうえ와 それに의 용법 p.132

1. B 南さんは大企業で働く。そのうえ、部長を務める。
미나미 씨는 대기업에서 일한다. 더군다나, 부장을 맡는다.

2. A 地震で本棚が倒れた。それに、窓も割れた。
지진으로 책꽂이가 쓰러졌다. 게다가, 창문도 깨졌다.

어휘 さん 씨 大企業 [だいきぎょう] [명] 대기업
働く [はたらく] [동1] 일하다 部長 [ぶちょう] [명] 부장(님)
務める [つとめる] [동2] 맡다 地震 [じしん] [명] 지진
本棚 [ほんだな] [명] 책꽂이 倒れる [たおれる] [동2] 쓰러지다
窓 [まど] [명] 창문 割れる [われる] [동2] 깨지다

실력 Up 연습문제 p.133

1

(1) はい。それにメニューが豊富です。
(2) 5人兄弟です。ちなみに、僕が長男です。
(3) そうです。だから、4月と5月は少し安いです。
/ それで、4月と5月は少し安いです。

어휘 それに [접] 게다가 メニュー [명] 메뉴
豊富だ [ほうふだ] [な형] 풍부하다
5人兄弟 [ごにんきょうだい] 5형제 ちなみに [접] 덧붙여서
僕 [ぼく] [명] 나, 저 長男 [ちょうなん] [명] 장남 そうだ 그렇다
だから [접] 그래서 それで [접] 그래서 月 [がつ] 월
少し [すこし] [부] 좀 安い [やすい] [い형] 싸다

2

(1) A「パソコンがおかしいですか。」
컴퓨터가 이상합니까?
B「はい。さっきファイルを開きました。
(③すると) 突然電源が切れました。」
네. 아까 파일을 열었습니다. (③그랬더니) 갑자기 전원이 꺼졌습니다.

(2) A「来月から大学生ですね。大学は近いですか。」
다음 달부터 대학생이네요. 대학은 가깝습니까?
B「遠いです。(②でも) 一人暮らしはいやなので、頑張って通います。」
멉니다. (②그래도) 혼자 사는 것은 싫기 때문에, 힘내서 다니겠습니다.

(3) (テレビ番組で)
(텔레비전 방송에서)
A「相川さんは昔、スケートの選手でした。(②しかも) オリンピックに2度出場しました。」
아이카와 씨는 옛날에, 스케이트 선수였습니다. (②게다가) 올림픽에 2번 출전했습니다.

어휘 パソコン [명] 컴퓨터 おかしい [い형] 이상하다 さっき [명] 아까
ファイル [명] 파일 開く [ひらく] [동1] 열다 すると [접] 그랬더니
突然 [とつぜん] [부] 갑자기 電源 [でんげん] [명] 전원
切れる [きれる] [동2] 꺼지다 来月 [らいげつ] [명] 다음 달
大学生 [だいがくせい] [명] 대학생 大学 [だいがく] [명] 대학
近い [ちかい] [い형] 가깝다 遠い [とおい] [い형] 멀다
でも [접] 그래도 一人暮らし [ひとりぐらし] [명] 혼자 사는 것
いやだ [な형] 싫다 頑張る [がんばる] [동1] 힘내다
通う [かよう] [동1] 다니다 さん 씨 昔 [むかし] [명] 옛날
スケート [명] 스케이트 選手 [せんしゅ] [명] 선수
しかも [접] 게다가 オリンピック [명] 올림픽 度 [ど] 번
出場 [しゅつじょう] [명] 출전

3

(1) 来月、新店舗がオープンします。(③そこで) パート社員を3名募集します。
다음 달, 새 매장이 오픈합니다. (③그래서) 파트 타임 직원을 3명 모집합니다.

(2) 息子は歌が好きだ。(②しかし) シャイなので、家族の前だけで歌う。
아들은 노래를 좋아한다. (②그러나) 부끄러움을 타서, 가족 앞에서만 부른다.

어휘 来月 [らいげつ] [명] 다음 달 新店舗 [しんてんぽ] [명] 새 매장
オープン [명] 오픈 そこで [접] 그래서
パート社員 パートしゃいん [명] 파트 타임 직원
名 [めい] 명 募集 [ぼしゅう] [명] 모집 息子 [むすこ] [명] 아들
歌 [うた] [명] 노래 好きだ [すきだ] [な형] 좋아하다 しかし [접] 그러나
シャイだ [な형] 부끄러움을 타다 家族 [かぞく] [명] 가족
前 [まえ] [명] 앞 歌う [うたう] [동1] 부르다

05 접속사로 내용 연결하기 ②

1. A 私は大学院生で、また、講師です。 나는 대학원생이
   고, 또, 강사입니다.

2. B 失礼かつ不適切な発言をした。 실례이며 동시에 부
   적절한 발언을 했다.

> 어휘　私 [わたし] 명 나, 저　大学院生 [だいがくいんせい] 명 대학원생
> 講師 [こうし] 명 강사　失礼だ [しつれいだ] な형 실례이다
> 不適切だ [ふてきせつだ] な형 부적절하다
> 発言 [はつげん] 명 발언

포인트
02 及び와 並びに의 用法　　　p.135

1. B 新商品のデザイン並びに価格が決まりました。
   신상품의 디자인 그리고 가격이 정해졌습니다.

2. A アメリカ及びイギリスの文化を勉強する。
   미국 및 영국의 문화를 공부한다.

> 어휘　新商品 [しんしょうひん] 명 신상품　デザイン 명 디자인
> 価格 [かかく] 명 가격　決まる [きまる] 동1 정해지다
> アメリカ 명 미국　イギリス 명 영국　文化 [ぶんか] 명 문화
> 勉強 [べんきょう] 명 공부

포인트
03 なぜなら와 すなわち의 用法　　　p.136

1. B ベトナムの首都、すなわちハノイを訪れた。
   베트남의 수도, 다시 말하면 하노이를 방문했다.

2. A 病院に行った。なぜなら、熱があるからだ。
   병원에 갔다. 왜냐하면, 열이 있기 때문이다.

> 어휘　ベトナム 명 베트남　首都 [しゅと] 명 수도　ハノイ 명 하노이(지명)
> 訪れる [おとずれる] 동2 방문하다　病院 [びょういん] 명 병원
> 行く [いく] 동1 가다　なぜなら 접 왜냐하면　熱 [ねつ] 명 열
> ある 동1 있다

포인트
04 つまり와 要するに의 用法　　　p.137

1. B 客がサインをした。つまり、取引は成功だ。
   고객이 서명을 했다. 즉, 거래는 성공이다.

2. B ケーキやプリン、要するに甘い物が好きだ。
   케이크나 푸딩, 요컨대 단 것을 좋아한다.

> 어휘　客 [きゃく] 명 고객　サイン 명 서명, 사인　取引 [とりひき] 명 거래
> 成功 [せいこう] 명 성공　ケーキ 명 케이크　プリン 명 푸딩
> 甘い [あまい] い형 달다　物 [もの] 명 것
> 好きだ [すきだ] な형 좋아하다

포인트
05 それでは와 ところで의 用法　　　p.138

1. B それでは、イベント当日もよろしくお願いします。
   그럼, 이벤트 당일도 잘 부탁합니다.

2. B そばがおいしいですね。ところで、明日は何を
   しますか。 소바가 맛있네요. 그런데, 내일은 무엇을
   합니까?

> 어휘　イベント 명 이벤트　当日 [とうじつ] 명 당일
> よろしくお願いします [よろしくおねがいします] 잘 부탁합니다
> そば 명 소바, 메밀국수　おいしい い형 맛있다
> 明日 [あした] 명 내일　何 [なに] 명 무엇

포인트
06 または와 それとも의 用法　　　p.139

1. B 席は窓側でいい?それとも、通路側?
   자리는 창가 쪽으로 괜찮아? 아니면, 통로 쪽?

2. A パスタ、またはピザから選べる。
   파스타, 또는 피자에서 고를 수 있다.

> 어휘　席 [せき] 명 자리　窓側 [まどがわ] 명 창가 쪽
> いい い형 괜찮다, 좋다　通路側 [つうろがわ] 명 통로 쪽
> パスタ 명 파스타　ピザ 명 피자　選ぶ [えらぶ] 동1 고르다

포인트
07 あるいは와 もしくは의 用法　　　p.140

1. A 学校の靴下は白、もしくは黒です。 학교의 양말은 하
   양, 또는 검정입니다.

2. A 出席か、あるいは欠席か教えて。 출석인지, 혹은 결
   석인지 가르쳐 줘.

> 어휘　学校 [がっこう] 명 학교　靴下 [くつした] 명 양말
> 白 [しろ] 명 하양　黒 [くろ] 명 검정　出席 [しゅっせき] 명 출석
> 欠席 [けっせき] 명 결석　教える [おしえる] 동2 가르치다

실력 Up 연습문제　　　p.141

1

(1) はい。幼児及び9歳までの児童は無料です。/幼児並び
   に9歳までの児童は無料です。

(2) いいえ。電話あるいはメールでお願いします。

(3) Aチームが5枚とBチームが3枚、つまり8枚です。

> 어휘　幼児 [ようじ] 명 유아　及び [および] 접 및　歳 [さい] 세
> 児童 [じどう] 명 아동　無料 [むりょう] 명 무료
> 電話 [でんわ] 명 전화　あるいは 접 혹은　メール 명 메일
> お願い [おねがい] 명 부탁　チーム 명 팀　枚 [まい] 장
> つまり 접 즉

정답
쉽게 끝나는 해커스 일본어 문법

2

(1) A「アクション映画を見る？（①それとも）、

　　　ホラー映画？」

　　　액션 영화를 볼래? (①아니면), 공포 영화?

　　B「僕はホラー映画がいい。」

　　　나는 공포 영화가 좋아.

(2) (試験会場で)

　　(시험장에서)

　　A「試験が終わりました。（①それでは）、

　　　解答用紙を回収します。」

　　　시험이 끝났습니다. (①그럼) 답안지를 회수합니다.

(3) A「ランチセットは、ハンバーグ（②または）カレーから選

　　　べます。」

　　　런치 세트는, 함박 스테이크 (②또는) 카레에서 고를 수

　　　있습니다.

　　B「カレーでお願いします。」 카레로 부탁합니다.

> **어휘** **アクション** 몡 액션 **映画** [えいが] 몡 영화
> **見る** [みる] 居2 보다 **それとも** 쥅 아니면 **ホラー** 몡 공포
> **僕** [ぼく] 몡 나 **いい** [い형] 좋다
> **試験会場** [しけんかいじょう] 몡 시험장 **試験** しけん 몡 시험
> **終わる** [おわる] 居1 끝나다 **それでは** 쥅 그럼
> **解答用紙** [かいとうようし] 몡 답안지
> **回収** [かいしゅう] 몡 회수 **ランチ** 몡 런치 **セット** 몡 세트
> **ハンバーグ** 몡 함박 스테이크 **または** 쥅 또는 **カレー** 몡 카레
> **選ぶ** [えらぶ] 居1 고르다 **お願い** [おねがい] 몡 부탁

3

(1) 斎藤君とは、子供のころからの友達、（②すなわち）

　　幼なじみだ。 사이토 군과는, 어린시절부터 친구, (②다

　　시 말하면) 소꿉친구이다.

(2) 今朝はゆっくり運転した。（①なぜなら）昨日の雪で道が

　　凍って、危なかったからだ。

　　오늘 아침은 천천히 운전했다. (①왜냐하면) 어제 눈 때

　　문에 길이 얼어서, 위험했기 때문이다.

> **어휘** **君** [くん] 군 **子供のころ** [こどものころ] 어린 시절
> **友達** [ともだち] 몡 친구 **すなわち** 쥅 다시 말하면
> **幼なじみ** [おさななじみ] 몡 소꿉친구
> **今朝** [けさ] 몡 오늘 아침 **ゆっくり** 튄 천천히
> **運転** [うんてん] 몡 운전 **なぜなら** 쥅 왜냐하면
> **昨日** [きのう] 몡 어제 **雪** [ゆき] 몡 눈 **道** [みち] 몡 길
> **凍る** [こおる] 居1 얼다 **危ない** [あぶない] [い형] 위험하다

---

06 그 외 품사 알아보기

포인트 01 감동사의 종류① p.142

1. A	2. B
3. B	4. A

포인트 02 감동사의 종류② p.143

1. もしもし、田中ですか。

2. おはようございます、部長。

포인트 03 의문사의 종류 p.144

1. 誕生日はいつですか。

2. 誰からの電話ですか。

포인트 04 지시어의 종류 p.145

1. エレベーターはあちらです。

2. その日は卒業式だった。

포인트 05 연체사의 종류 p.146

1. A	2. B
3. B	4. A

포인트 06 접두사의 종류 p.147

1. A	2. B
3. A	4. A

포인트 07 접미사의 종류 p.148

1. B	2. B
3. A	4. A

실력 Up 연습문제 p.149

1

(1) はい、デパートはあちらです。

(2) 歩いてほんの5分しかかかりません。

(3) すみません。掃除中で使えません。

> **어휘** **デパート** 몡 백화점 **あちら** 저쪽 **歩く** [あるく] 居1 걷다
> **ほんの** 겨우 **分** [ふん] 분 **かかる** 居1 (시간이) 걸리다

掃除 [そうじ] 명 청소 中 [ちゅう] 중
使う [つかう] 동1 쓰다, 사용하다

2

(1) A「ホテル代は（①どのくらい）かかりましたか。」

　　호텔비는 (①어느 정도) 들었습니까?

　　B「2万円くらいかかりました。」

　　2만 엔 정도 들었습니다.

(2) (玄関で)

　　(현관에서)

　　A「お母さん、（②いってきます）。」

　　어머니, (②다녀오겠습니다).

　　B「いってらっしゃい。気を付けてね。」

　　잘 다녀와. 조심해.

(3) A「面接を受けた5社中、（③ある）会社から合格の連絡が来ました。」

　　면접을 본 5사 중, (③어느) 회사에서 합격 연락이 왔습니다.

　　B「おめでとうございます。」축하합니다.

어휘　ホテル 명 호텔 代 [だい] 비 どのくらい 어느 정도
かかる 동1 들다 万円 [まんえん] 만 엔
玄関 [げんかん] 명 현관 お母さん [おかあさん] 명 어머니
いってきます 다녀오겠습니다 いってらっしゃい 잘 다녀와
気を付ける [きをつける] 조심하다 面接 [めんせつ] 명 면접
受ける [うける] 동2 보다 社 [しゃ] 사
中 [ちゅう] 중 ある 어느 会社 [かいしゃ] 명 회사
合格 [ごうかく] 명 합격 連絡 [れんらく] 명 연락
来る [くる] 동3 오다 おめでとうございます 축하합니다

3

(1) 教室には①誰③★も②いません でした。

　　교실에는 ①누구 ③★도 ②없었 습니다.

(2) そんな③話を②★どうして①信じました か。

　　그런 ③이야기를 ②★어째서 ①믿었습니 까?

어휘　教室 [きょうしつ] 명 교실 誰 [だれ] 명 누구 いる 동2 있다
話 [はなし] 명 이야기 どうして 어째서
信じる [しんじる] 동2 믿다

07 품사 깊이 있게 활용하기

포인트 01 형용사를 동사로 바꾸기 p.150

1. 原さんは大学合格を嬉しがった。

2. リタイアを残念がった。

포인트 02 형용사를 명사로 바꾸기 p.151

1. このビルの高さは50メートルだ。

2. このみかんは甘みが強い。

포인트 03 형용사를 부사로 바꾸기 p.152

1. 今日は珍しく自転車で出勤した。

2. 自分の気持ちを正直に話す。

포인트 04 동사를 명사로 바꾸기 p.153

1. 原さんは諦めが早い。

2. 問題の答えは何ですか。

포인트 05 문장을 명사로 바꾸기① p.154

1. タイピングが速いのはいいが、誤字が多い。

2. 毎日早起きをするのがつらい。

포인트 06 문장을 명사로 바꾸기② p.155

1. 今年の目標は家計簿をつけることだ。

2. 性格がまじめなことが長所です。

포인트 07 문장을 명사로 바꾸기③ p.156

1. 先生に進学するということを伝えた。/
先生に進学するってことを伝えた。

2. セキュリティーが弱いということが問題です。/
セキュリティーが弱いってことが問題です。

포인트 08 여러 품사로 명사 꾸미기 p.157

1. 屋台のやきそばを食べた。

2. すてきなネックレスですね。

포인트 09 문장으로 명사 꾸미기 p.158

1. 足の速い 妹 がうらやましい。

2. ここはスーツを取り扱う店です。

1

(1) 学校の先生になることです。
_{がっこう　せんせい}

(2) 最近、悩みがあります。
_{さいきん　なや}

(3) いいえ、息子が動物を怖がるので飼えません。
_{むすこ　どうぶつ　こわ　か}

어휘　**学校** [がっこう] 명 학교　**先生** [せんせい] 명 선생님
　　　なる 동1 되다　**最近** [さいきん] 명 요즘, 최근
　　　悩む [なやむ] 동1 고민하다　**ある** 동1 있다
　　　息子 [むすこ] 명 아들　**動物** [どうぶつ] 명 동물
　　　怖い [こわい] い형 무섭다　**飼う** [かう] 동1 기르다

2

(1) A「好きな料理は何ですか。」
　　_{す　りょうり　なん}

　　좋아하는 요리는 무엇인가요?
　　B「カレーです。特に母（①の）作ったカレーが好きです。」
　　　　　　　　_{とく　はは　つく　す}

　　카레입니다. 특히 어머니 (①가) 만든 카레를 좋아합
　　니다.

(2) A「入社式での社長の話どうだった?」
　　_{にゅうしゃしき　しゃちょう　はなし}

　　입사식에서의 사장님의 이야기 어땠어?
　　B「感動したよ。言葉に（②重み）があったね。」
　　　_{かんどう　ことば　おも}

　　감동했어. 말에 (②무게)가 있었어.

(3) (運転中)
　　_{うんてんちゅう}

　　(운전 중)

　　A「この先に急なカーブがあります。」
　　　_{さき　きゅう}

　　이 앞에 급격한 커브가 있습니다.
　　B「はい。反対から来る車に気を付けて
　　　_{はんたい　く　くるま　き　つ}

　　　（③安全に）運転します。」
　　　_{あんぜん　うんてん}

　　네. 반대에서 오는 차에 조심해서 (③안전하게) 운전하
　　겠습니다.

어휘　**好きだ** [すきだ] な형 좋아하다　**料理** [りょうり] 명 요리
　　　カレー 명 카레　**特に** [とくに] 부 특히　**母** [はは] 명 어머니
　　　作る [つくる] 동1 만들다　**入社式** [にゅうしゃしき] 명 입사식
　　　社長 [しゃちょう] 명 사장(님)　**話** [はなし] 명 이야기
　　　感動 [かんどう] 명 감동　**言葉** [ことば] 명 말
　　　重い [おもい] い형 무겁다　**ある** 동1 있다　**運転** [うんてん] 명 운전
　　　中 [ちゅう] 중　**先** [さき] 명 앞　**急だ** [きゅうだ] な형 급격하다
　　　カーブ 명 커브　**反対** [はんたい] 명 반대　**来る** [くる] 동3 오다
　　　車 [くるま] 명 차　**気を付ける** [きをつける] 조심하다
　　　安全だ [あんぜんだ] な형 안전하다

3

(1) 韓国ドラマに興味がある人は、ドラマで韓国語を学ぶ
　　_{かんこく　きょうみ　ひと　かんこくご　まな}

　　②の ①★が ③おすすめ です。

　　한국 드라마에 관심이 있는 사람은, 드라마로 한국어를 배
　　우는 ②것 ①★을 ③추천 합니다.

(2) アンケート調査から、この商品の購入者は2、30代が
　　_{ちょうさ　しょうひん　こうにゅうしゃ　だい}

　　①多い ③★という ②ことが わかった。
　　_{おお}

　　설문 조사에서, 이 상품의 구매자는 2, 30대가 ①많 ③★
　　다는 ②것을 알았다.

어휘　**韓国** [かんこく] 명 한국　**ドラマ** 명 드라마
　　　興味 [きょうみ] 명 관심, 흥미　**ある** 동1 있다
　　　人 [ひと] 명 사람　**韓国語** [かんこくご] 명 한국어
　　　学ぶ [まなぶ] 동1 배우다　**おすすめ** 명 추천
　　　アンケート調査 [アンケートちょうさ] 명 설문 조사
　　　商品 [しょうひん] 명 상품　**購入者** [こうにゅうしゃ] 명 구매자
　　　代 [だい] 대　**多い** [おおい] い형 많다　**〜ということ** ~라는 것
　　　わかる 동1 알다

3편 문장의 틀이 되는 문형1

01 명사와 쓰이는 문형

1. 時間をください。
2. 兄弟がほしい。

1. このガムはももの味がします。
2. 忘年会はいつにする？

1. 自分らしく生きる。
2. 教師として実力が足りない。

1. プロジェクトについて説明した。
2. ピアニストに対して憧れがあった。

1. あなたにとって大切なものは何ですか。
2. 作曲の能力においてすばらしい。

1. 調査によって新しい事実がわかった。
2. 先生によると私の発音は悪くないって。

1. 国民の意向に反して、増税する。
2. 失恋に加えて失業までするなんて。

1. 遺産をめぐってもめる。
2. 4代にわたって経営を続ける。

1. 商品のことでメーカーから連絡が来た。
2. 渡辺教授の下で修士課程を修了した。

실력 Up 연습문제　　p.171

1

(1) ええ、コーラをください。
(2) ああ、青木さんによると来月だって。
(3) 祖母からもらった指輪が私にとって宝物です。

어휘 コーラ 명 콜라　～をください ~을 주세요　さん 씨
　　　～によると ~에 따르면　来月 らいげつ 명 다음 달
　　　祖母 そぼ 명 할머니　～から 조 ~로부터　もらう 동1 받다
　　　指輪 ゆびわ 명 반지　私 わたし 명 저, 나　～にとって ~에게
　　　宝物 たからもの 명 보물

2

(1) (授業で)
　　　(수업에서)
　　　A「今日は授業で電気(①について)学び
　　　ます。」
　　　오늘은 수업에서 전기(①에 대해서) 배웁니다.
(2) A「春(③らしい)天気ですね。」
　　　봄(③다운) 날씨네요.
　　　B「はい、あたたかくて気持ちいいです。」
　　　네, 따뜻해서 기분 좋습니다.
(3) A「あのビル、めずらしい形だね。」
　　　저 빌딩, 희한한 모양이네.
　　　B「うん。有名な芸術家(③によって)建てられたって。」
　　　응. 유명한 예술가 (③에 의해) 지어졌대.

어휘 授業 [じゅぎょう] 명 수업　今日 [きょう] 명 오늘
　　　電気 [でんき] 명 전기　～について ~에 대해서
　　　学ぶ [まなぶ] 동1 배우다　春 [はる] 명 봄　～らしい ~답다
　　　天気 [てんき] 명 날씨　あたたかい い형 따뜻하다
　　　気持ちいい きもちいい い형 기분 좋다　ビル 명 빌딩
　　　めずらしい い형 희한하다　形 [かたち] 명 모양
　　　有名だ [ゆうめいだ] な형 유명하다
　　　芸術家 [げいじゅつか] 예술가　～によって ~에 의해
　　　建てる [たてる] 동2 짓다

3

(1) 遠くのほうから犬③の①★鳴き声が②する。

   먼 곳에서 개 ③의 ①★울음 소리가 ②난다.

(2) (天気予報で)

   (일기예보에서)

   A 「明日は③全国に②★わたって①激しい 雨が降る
   予報です。また、強い風にも注意が必要です。」

   A "내일은 ③전국에 ②★걸쳐 ①세찬 비가 내릴 예보입
   니다. 또, 강한 바람에도 주의가 필요합니다."

어휘　遠い [とおい] いᵉ 멀다　ほう 곳, 쪽　犬 [いぬ] ᵉ 개
　　　鳴き声 [なきごえ] ᵉ 울음 소리　〜がする ~가 나다
　　　天気予報 [てんきよほう] 일기예보　明日 [あした] ᵉ 내일
　　　全国 [ぜんこく] ᵉ 전국　〜にわたって ~에 걸쳐
　　　激しい [はげしい] いᵉ 세차다　雨 [あめ] ᵉ 비
　　　降る [ふる] 동1 내리다　予報 [よほう] ᵉ 예보　また 뿐 또
　　　強い [つよい] いᵉ 강하다　風 [かぜ] ᵉ 바람
　　　注意 [ちゅうい] ᵉ 주의　必要だ [ひつようだ] なᵉ 필요하다

02 동사 기본형과 쓰이는 문형

포인트 01 〜な와 〜には의 用법　p.172

1. 危ないから、こっちに来るな。
2. セミナー室を利用するには予約が必須です。

포인트 02 〜ことができる와 〜しかない의 用법　p.173

1. データから天気を予測することができます。
2. 仕事が多い日は残業するしかありません。

포인트 03 〜ことにする와 〜ようにする의 用법　p.174

1. 会社をやめることにしました。
2. あいまいなことは調べるようにします。

포인트 04 〜ことになる와 〜ようになる의 用법　p.175

1. 店舗を増やすことになりました。
2. 最近は現金よりカードを使うようになった。

포인트 05 〜ことになっている와 〜ことだ의 用법　p.176

1. 金魚の世話は息子がすることになっている。
2. 薬を飲んで休むことです。

포인트 06 〜ことなく와 〜上での 用법　p.177

1. 塾に通うことなく勉強する。
2. 商品を選ぶ上で値段は重要な要素です。

포인트 07 〜ことはない와 〜までもない의 用법　p.178

1. 一人で悩むことはないです。
2. その絵の魅力は説明するまでもない。

포인트 08 〜ところだ와 〜つもりだ의 用법　p.179

1. 飛行機に乗り込むところです。
2. ワーホリでカナダに行くつもりだった。

포인트 09 〜わけにはいかない와 〜ものではない의 用법　p.180

1. 会議に遅れるわけにはいきません。
2. 人に迷惑をかけるものではない。

포인트 10 〜一方で와 〜一方だ의 用법　p.181

1. まじめな学生がいる一方で、そうではない学生もいる。
2. 体重が増加する一方です。

포인트 11 〜なり와 〜や否や의 用법　p.182

1. 父はふとんに入るなり、眠りについた。
2. チケットは発売されるや否や、売り切れた。

실력 Up 연습문제　p.183

1

(1) はい。でも、借りるにはカードが必要です。
(2) はい、緊張することなく話せました。
(3) はい、今から家を出るところです。

어휘　でも 쩹 하지만　借りる [かりる] 동2 빌리다　〜には ~하려면
　　　カード ᵉ 카드　必要だ [ひつようだ] なᵉ 필요하다
　　　緊張 [きんちょう] ᵉ 긴장　〜ことなく ~하지 않고

話す [はなす] 튄1 이야기하다　今 [いま] 명 지금　家 [いえ] 명 집
出る [でる] 튄2 나오다　〜ところだ ~하려던 참이다

2

(1) A「雨が止みませんね。」 비가 그치지 않네요.
　　B「仕方ないです。ピクニックは諦める (②しかありません)。」
　　어쩔 수 없어요. 피크닉은 포기하는 (②수밖에 없습니까).

(2) A「基礎の練習ばかりでつまらないよ。」
　　기초 연습뿐이어서 재미없어.
　　B「スポーツを (①する上で) 一番大切なことだから頑張ろう。」
　　스포츠를 (①하는 데 있어서) 제일 중요한 것이니까 힘내자.

(3) A「そんな汚い言葉を (①使うものではありません)。」
　　그런 더러운 말을 (①써서는 안 됩니다).
　　B「はい、気を付けます。」 네, 조심하겠습니다.

어휘　雨 [あめ] 명 비　止む [やむ] 튄1 그치다
　　　仕方ない [しかたない] い형 어쩔 수 없다
　　　ピクニック 명 피크닉　諦める [あきらめる] 튄2 포기하다
　　　〜しかない ~할 수밖에 없다　基礎 [きそ] 명 기초
　　　練習 [れんしゅう] 명 연습　つまらない い형 재미없다
　　　スポーツ 명 스포츠　〜上で [〜うえで] ~하는 데 있어서
　　　一番 [いちばん] 명 제일　大切だ [たいせつだ] な형 중요하다
　　　こと 명 것　頑張る [がんばる] 튄1 힘내다
　　　汚い [きたない] い형 더럽다　言葉 [ことば] 명 말
　　　使う [つかう] 튄1 쓰다　〜ものではない ~해서는 안 된다
　　　気を付ける [きをつける] 조심하다

3

(1) 入学試験の成績が ②良ければ ③★奨学金を ①受け
　　取ることが できます。
　　입학 시험 성적이 ②좋으면 ③★장학금을 ①받을 수 있습니다.

(2) 健康を考えて、たばこを ②やめる ③★ことに ①する。
　　건강을 생각해서, 담배를 ②끊 ③★기로 ①하다.

어휘　入学 [にゅうがく] 명 입학　試験 [しけん] 명 시험
　　　成績 [せいせき] 명 성적　良い [よい] い형 좋다
　　　奨学金 [しょうがくきん] 명 장학금
　　　受け取る [うけとる] 튄1 받다　〜ことができる ~할 수 있다
　　　健康 [けんこう] 명 건강　考える [かんがえる] 튄2 생각하다
　　　たばこ 명 담배　やめる 튄2 끊다　〜ことにする ~하기로 하다

03 동사 ます형과 쓰이는 문형

1. 飲み物を注文しましょう。
2. 進路は自分で決めなさい。

1. 甘い物が食べたいです。
2. 同僚が家に来たがる。

1. アルバイトをしながら大学に通います。/
　アルバイトをしつつ大学に通います。
2. 自分の業務を進めつつ部下をケアする。/
　自分の業務を進めながら部下をケアする。

1. 雪が積もって、すべりやすい。
2. 彼は無口で近付きにくかった。

1. 合格するまで試験を受け続けます。
2. めがねを買い直すつもりだ。

1. 昨日から日記をつけ始めた。
2. キムさんが急に泣き出した。/ キムさんが急に泣き始めた。

1. 犬の散歩をし終わった。
2. 毎月給料を使いきる。

1. 言葉では感謝を伝えきれない。

2. AIに人間（にんげん）の仕事（しごと）がうばわれかねない。

ポイント 09　〜そうになる와 〜方（かた）의 용법　　p.192

1. 父（とう）さんにうそがばれそうになる。
2. この漢字（かんじ）の読（よ）み方（かた）が思（おも）い出（だ）せない。

실력 Up 연습문제　　p.193

1

(1) 自分（じぶん）で起（お）きなさい。

(2) うーん、使（つか）いにくくていまいちだよ。

(3) うん、もう読（よ）み終（お）わったよ。

어휘　自分で [じぶんで] 스스로　起きる [おきる] 동2 일어나다
　　　〜なさい ~하세요　使う [つかう] 동1 사용하다
　　　〜にくい ~하기 어렵다　いまいちだ 나형 별로이다
　　　もう 분 이제　読む [よむ] 동1 읽다
　　　〜終わる [〜おわる] 다 ~하다

2

(1) A「夜（よる）遅（おそ）いからテレビの音（おと）を下（さ）げよう。」
　　　밤늦었으니까 텔레비전 소리를 낮추자.
　　B「うん。隣（となり）の家（いえ）の迷惑（めいわく）に（③なりかねない）からね。」
　　　응. 옆집에 민폐가 (③될지도 모르) 니까.

(2) A「部長（ぶちょう）、報告書（ほうこくしょ）の書（か）き方（かた）が違（ちが）ったので（②書（か）き直（なお）しました）。」
　　　부장님, 보고서 쓰는 법이 달랐어서 (②다시 썼습니다).
　　B「はい。後（あと）で確認（かくにん）しますね。」
　　　네. 나중에 확인할게요.

(3) A「さあ、会議（かいぎ）を（③始（はじ）めましょう）。」
　　　자, 회의를 (③시작합시다).
　　B「はい。今日（きょう）は商品（しょうひん）のデザインについて話（はな）し合（あ）います。」
　　　네. 오늘은 상품의 디자인에 대해서 의논합시다.

어휘　夜 [よる] 명 밤　遅い [おそい] い형 늦다　テレビ 명 텔레비전
　　　音 [おと] 명 소리　下げる [さげる] 동2 낮추다
　　　隣 [となり] 명 옆　家 [いえ] 명 집　迷惑 [めいわく] 명 민폐
　　　〜になる ~가 되다　〜かねない ~할지도 모르다
　　　部長 [ぶちょう] 명 부장(님)　報告書 [ほうこくしょ] 명 보고서
　　　書く [かく] 동1 쓰다　〜方 [〜かた] ~하는 법
　　　違う [ちがう] 동1 다르다　〜直す [〜なおす] 다시 ~하다
　　　後で [あとで] 나중에　確認 [かくにん] 명 확인
　　　会議 [かいぎ] 명 회의　始める [はじめる] 동2 시작하다
　　　〜ましょう ~합시다　今日 [きょう] 명 오늘
　　　商品 [しょうひん] 명 상품　デザイン 명 디자인
　　　〜について ~에 대해서　話し合う [はなしあう] 동1 의논하다

3

(1) 大学卒業後（だいがくそつぎょうご）も仕事（しごと）を見（み）つけて③日本（にほん）に②★住（す）み続（つづ）ける①つもりです。
　　대학 졸업 후도 일을 찾아서 ③일본에 ②★계속 살 ①생각
　　입니다.

(2) このバッグは ②どんな服（ふく）①★にも ③合（あ）わせやすい の
　　で、よく使（つか）う。
　　이 가방은 ②어떤 옷 ①★에도 ③조화시키기 쉬 워서, 자
　　주 사용한다.

어휘　大学 [だいがく] 명 대학　卒業 [そつぎょう] 명 졸업
　　　後 [ご] 후　仕事 [しごと] 명 일　見つける みつける 동2 찾다
　　　日本 [にほん] 명 일본　住む [すむ] 동1 살다
　　　〜続ける [〜つづける] 계속 ~하다　〜つもりだ ~할 생각이다
　　　バッグ 명 가방　どんな 어떤　服 [ふく] 명 옷
　　　合わせる あわせる 동2 조화시키다　〜やすい ~하기 쉽다
　　　よく 분 자주　使う [つかう] 동1 사용하다

04　동사 て형과 쓰이는 문형

포인트 01　〜ている와 〜てある의 용법　　p.194

1. 姉（あね）がリビングでテレビを見（み）ている。
2. 明日（あした）の講義（こうぎ）の予習（よしゅう）はしてある。

포인트 02　〜ていく와 〜てくる의 용법　　p.195

1. パズルを完成（かんせい）させていく。
2. 宿題（しゅくだい）をしてきた。

포인트 03　〜てみる와 〜てみせる의 용법　　p.196

1. 髪（かみ）を切（き）って、イメージを変（か）えてみた。
2. あの大学（だいがく）に合格（ごうかく）してみせる。

포인트 04　〜ておく와 〜てしまう의 용법　　p.197

1. ネットで化粧品（けしょうひん）を頼（たの）んでおく。
2. 道（みち）で転（ころ）んでしまった。

포인트 05　〜てください와 〜てほしい의 용법　　p.198

1. レポートは金曜日（きんようび）までに出（だ）してください。

2. 個人情報は削除してほしい。

06 ～てもいい와 ～てもかまわない의 용법　p.199

1. 作文には何を書いてもいいです。

2. えんぴつで記入してもかまいません。

07 ～てはならない와 ～てばかりいる의 용법　p.200

1. 日本では電車内で通話してはならない。

2. 息子は遊んでばかりいる。

08 ～てから와 ～て以来의 용법　p.201

1. 体を洗ってから温泉に入ろう。

2. 入学して以来、一度も欠席していない。

09 ～てはじめて와 ～てからでないと의 용법　p.202

1. 子供を産んではじめて親の気持ちがわかった。

2. 書類を作成し終わってからでないと帰れない。

실력 Up 연습문제　p.203

1

(1) はい、倉庫にあるか確認してきます。

(2) いいえ、焼いてからでないと食べられません。

(3) いえ、<u>写真を撮ってもかまいません</u>。

어휘　倉庫 [そうこ] 몡 창고　ある 통1 있다　確認 [かくにん] 몡 확인
　　　～てくる ~하고 오다　焼く [やく] 통1 굽다
　　　～てからでないと ~하고 나서가 아니면
　　　食べる [たべる] 통2 먹다　～ことができない ~할 수 없다
　　　写真 [しゃしん] 몡 사진　撮る [とる] 통1 찍다
　　　～てもかまわない ~해도 상관없다

2

(1) A「テープをどこに置きましたか。」
　　테이프를 어디에 놓았나요?
　　B「ああ、机の上に(②置いておきました)。」
　　아, 책상 위에 (②놓아 두었습니다).

(2) A「同窓会はずいぶん久しぶりですよね。」
　　동창회는 꽤 오랜만이지요.
　　B「はい。10年前に(①して以来)集まっていませんでした。」

네. 10년 전에 (①한 이후로) 모이지 않았어요.

(3) A「駅にA大学の文化祭のポスターが
　　(①貼ってあった)よ。一緒に行かない?」

역에 A대학의 문화제 포스터가 (①붙어 있었) 어. 같이

가지 않을래?

B「うん、行こう。」 응. 가자.

어휘　テープ 몡 테이프　置く [おく] 통1 놓다　机 [つくえ] 몡 색상
　　　上 [うえ] 몡 위　～ておく ~해 두다
　　　同窓会 [どうそうかい] 몡 동창회　ずいぶん 閉 꽤나
　　　久しぶりだ [ひさしぶりだ] な형 오랜만
　　　年前 [ねんまえ] 년 전　～て以来 [~ていらい] ~한 이후로
　　　集まる [あつまる] 통1 모이다　駅 [えき] 몡 역
　　　大学 [だいがく] 몡 대학　文化祭 [ぶんかさい] 몡 문화제
　　　ポスター 몡 포스터　貼る [はる] 통1 붙이다
　　　～てある ~해 있다　一緒に [いっしょに] 같이
　　　行く [いく] 통1 가다

3

(1) 今後も日本を ②訪れる ③★旅行者は
　　①増えていく と思う。
　　앞으로도 일본을 ②방문하는 ③★여행자는 ①늘어갈 것
　　이라고 생각한다.

(2) 私が応援している ②チームは ③★今シーズン ①負け
　　て ばかりいる。
　　내가 응원하고 있는 ②팀은 ③★이번 시즌 ①지기 만 한다.

어휘　今後 [こんご] 몡 앞으로　日本 [にほん] 몡 일본
　　　訪れる [おとずれる] 통2 방문하다
　　　旅行者 [りょこうしゃ] 몡 여행자　増える [ふえる] 통2 늘다
　　　～ていく ~해 가다　～と思う [~とおもう] ~라고 생각하다
　　　私 [わたし] 나, 저　応援 [おうえん] 몡 응원
　　　～ている ~하고 있다　チーム 몡 팀　今 [こん] 이번
　　　シーズン 몡 시즌　負ける [まける] 통2 지다
　　　～てばかりいる ~하기만 하다

05 동사 た형/ない형/의지형과 쓰이는 문형

01 ～たものだ와 ～たことがある의 용법　p.204

1. 高校生の頃、両親とよくぶつかったものだ。

2. 着物を着たことがありますか。

02 ～たところ와 ～たところだ의 용법　p.205

1. アプリでタクシーを呼んだところ、すぐ来た。

정답 및 해설　363

2. ちょうど帰ってきたところだ。

포인트 03 ~たところで와 ~たとたん의 용법 p.206

1. 今から急いだところで間に合わない。
2. 彼と目が合ったとたん恋に落ちました。

포인트 04 ~たほうがいい와 ~たばかりだ의 용법 p.207

1. 今日は早く寝たほうがいい。
2. グリーンさんは日本に来たばかりだ。

포인트 05 ~ないで와 ~ないこともない의 용법 p.208

1. テストの前日は寝ないで勉強した。
2. 字が小さいが、読めないこともない。

포인트 06 ~ないでもない와 ~ずにはいられない의 용법 p.209

1. この時計は高いが、買えないでもない。
2. あのシーンは泣かずにはいられない。

포인트 07 ~ようと思う와 ~ようとする의 용법 p.210

1. カフェの求人に応募しようと思う。
2. 娘がいたずらしようとする。

실력 Up 연습문제 p.211

1

(1) いいえ、以前にも行ったことがあります。

(2) いや、まだ書き始めたばかりだよ。

(3) はい、もう少し残業しようと思います。

어휘 **以前** [いぜん] [명] 이전 **行く** [いく] [동1] 가다
~たことがある ~한 적이 있다 **まだ** [부] 아직
書く [かく] [동1] 쓰다 **~始める** [~はじめる] ~하기 시작하다
~たばかりだ ~한 지 얼마 되지 않았다
もう少し [もうすこし] [부] 좀 더 **残業** [ざんぎょう] [명] 잔업
~ようと思う [~ようとおもう] ~하려고 생각하다

2

(1) A「昨夜から頭痛が治らないんだ。」
어젯밤부터 두통이 낫지 않아.
B「今日は会社を (③休んだほうがいい) よ。」
오늘은 회사를 (③쉬는 편이 좋) 아.

(2) A「部長、新人をあんなに怒るなんてひどいね。」
부장님, 신입을 저렇게 꾸짖다니 너무하네.
B「まあ、私は部長の気持ち、(②わからないこともない)よ。」
뭐, 나는 부장님의 마음, (②알지 못할 것도 없) 어.

(3) A「今日は徹夜で勉強するぞ。」
오늘은 밤을 새워서 공부하겠어.
B「今からテスト勉強を (②したところで) もう遅いよ。」
지금부터 시험 공부를 (②한다 해도) 이미 늦었어.

어휘 **昨夜** [さくや] [명] 어젯밤 **頭痛** [ずつう] [명] 두통
治る [なおる] [동1] 낫다 **今日** [きょう] [명] 오늘
会社 [かいしゃ] [명] 회사 **休む** [やすむ] [동1] 쉬다
~たほうがいい ~하는 편이 좋다 **部長** [ぶちょう] [명] 부장(님)
新人 [しんじん] [명] 신입 **あんなに** 저렇게
怒る [おこる] [동1] 꾸짖다 **ひどい** [い형] 너무하다
私 [わたし] [명] 나, 저 **気持ち** [きもち] [명] 마음
わかる [동1] 알 수 있다 **~ないこともない** ~하지 않을 것도 없다
徹夜 [てつや] [명] 밤을 새움 **勉強** [べんきょう] [명] 공부
今 [いま] [명] 지금 **テスト** [명] 시험 **~たところで** ~한다 해도
もう [부] 이미 **遅い** [おそい] [い형] 늦다

3

(1) 久しぶりに母に電話したが、声を聞いた ①とたん ②★涙が ③あふれて きた。
오랜만에 어머니에게 전화했는데, 목소리를 듣는 ①순간 ②★눈물이 ③넘쳐흐르기 시작했다.

(2) 店員に人気メニューを ②尋ねた ①★ところ ③とんかつ をおすすめされた。
점원에게 인기 메뉴를 ②물었 ①★더니 ③돈가스 를 추천받았다.

어휘 **久しぶりだ ひさしぶりだ** [な형] 오랜만이다 **母** [はは] [명] 어머니
電話 [でんわ] [명] 전화 **声** [こえ] [명] 목소리
聞く [きく] [동1] 듣다 **~たとたん** ~한 순간
涙 [なみだ] [명] 눈물 **あふれる** [동2] 넘쳐흐르다
~てくる ~하기 시작하다 **店員** [てんいん] [명] 점원
人気 [にんき] [명] 인기 **メニュー** [명] 메뉴
尋ねる [たずねる] [동2] 묻다 **~たところ** ~했더니
とんかつ [명] 돈까스 **おすすめ** [명] 추천

4편 문장의 틀이 되는 문형 2

01 명사, 동사와 쓰이는 문형①

실력 Up 연습문제   p.223

1

(1) はい、大会で勝つために毎日練習しています。

(2) そうですね。授業の後で集めます。

(3) うん、新製品が出るたびに買い換えているんだ。

어휘 大会 [たいかい] 명 대회 勝つ [かつ] 동1 이기다
～ために ~위해서 毎日 [まいにち] 명 매일
練習 [れんしゅう] 명 연습 ～ている ~하고 있다
授業 [じゅぎょう] 명 수업 ～後で [~あとで] ~후에
集める [あつめる] 동2 모으다
新製品 [しんせいひん] 명 신제품 出る [でる] 동2 나오다
～たびに ~마다 買い換える [かいかえる] 동2 새로 사서 바꾸다

2

(1) A「お母さん、おやつはある？」 엄마, 간식은 있어?
　　 B「あるけど、おやつを（①食べる前に）手を洗ってき
　　　 て。」
　　 있는데, 간식을 (①먹기 전에) 손을 씻고 와.

(2) A「プロジェクトは順調ですか。」
　　　 프로젝트는 순조롭습니까?
　　 B「はい。最初に立てた計画（②どおりに）進んでいま
　　　 す。」
　　　 네. 처음에 세운 계획 (②대로) 진행되고 있습니다.

(3) A「次のオリンピックはいつだっけ？」
　　　 다음 올림픽은 언제였지?
　　 B「4年（③ごとに）開かれるから来年だね。」
　　　 4년 (③마다) 열리니까 내년이네.

어휘 お母さん [おかあさん] 명 엄마 おやつ 명 간식
ある 동1 있다 食べる [たべる] 동2 먹다
～前に [~まえに] ~하기 전에 手 [て] 명 손
洗う [あらう] 동1 씻다 ～てくる ~하고 오다
プロジェクト 명 프로젝트
順調だ [じゅんちょうだ] な형 순조롭다
最初 [さいしょ] 명 처음 立てる [たてる] 동2 세우다

計画 [けいかく] 圏 계획 　～どおりに ~대로
進む [すすむ] 匽1 진행되다 　～ている ~하고 있다
次 [つぎ] 圏 다음 　オリンピック 圏 올림픽 　いつ 圏 언제
年 [ねん] 년 　～ごとに ~마다 　開く [ひらく] 匽1 열리다
来年 [らいねん] 圏 내년

3

(1) 公園は ②遊びに ③★来た ①親子でいっぱいでした。

　공원은 ②놀러 ③★온 ①부모 자식으로 가득이었습니다.

(2) 現代人は30年前の ③人に ②★比べて ①睡眠時間が
　30分ほど減少しているという。

　현대인은 30년 전의 ③사람에 ②★비해서 ①수면 시간이
　30분 정도 감소해 있다고 한다.

어휘　公園 [こうえん] 圏 공원 　遊ぶ [あそぶ] 匽1 놀다 　～に ~하러
　　　来る [くる] 匽3 오다 　親子 [おやこ] 圏 부모 자식
　　　いっぱい 倍 가득 　現代人 [げんだいじん] 圏 현대인
　　　年前 [ねんまえ] 圏 년전 　人 [ひと] 圏 사람
　　　～に比べて [～にくらべて] ~에 비해서
　　　睡眠 [すいみん] 圏 수면 　時間 [じかん] 圏 시간 　分 [ぶん] 분
　　　減少 [げんしょう] 圏 감소 　～ている ~해 있다 　～という ~라고 한다

02 명사, 동사와 쓰이는 문형②

포인트 01 ～にあたって의 用법　　　p.224

1. 契約にあたっていくつか手続きが必要だ。/
　契約するにあたっていくつか手続きが必要だ。
2. 申し込むにあたって条件を確認してください。

포인트 02 ～ついでに의 用법　　　p.225

1. シャワーを浴びるついでに浴室を掃除した。
2. 買い物のついでに郵便物を出してきた。/
　買い物するついでに郵便物を出してきた。

포인트 03 ～とともに의 用법　　　p.226

1. グローバル化とともに外国人従業員が増えた。
2. 言語を習うとともに異文化を体験する。

포인트 04 ～がてら의 用법　　　p.227

1. 英語の勉強をしがてら洋画を見ます。
2. 新年のあいさつがてら友人に会った。

포인트 05 ～がちだ의 用법　　　p.228

1. 石井君はアルバイトを休みがちだ。
2. 現代人は運動が不足がちです。

포인트 06 ～末に의 用법　　　p.229

1. 研究を続けた末にすごい発見をした。
2. 浪人の末に、第一志望の大学に受かった。

포인트 07 ～あまり의 用법　　　p.230

1. 恐怖のあまり足がふるえた。
2. 試合で焦るあまりミスを連発した。

포인트 08 ～おそれがある의 用법　　　p.231

1. あの山は噴火のおそれがあるという。
2. 高齢者は風邪でも亡くなるおそれがある。

포인트 09 ～きらいがある의 用법　　　p.232

1. 部長は何でも否定するきらいがある。
2. 弟 は人の話を聞き流すきらいがある。

실력 Up 연습문제　　　p.233

1

(1) 帰省がてら旅行しました。

(2) やっぱり色々悩んだ末にやめることにした。

(3) いつも大げさに話すきらいがあるからわからない。/ 大
　げさに話すきらいがあるのでわからない。

어휘　帰省 [きせい] 圏 귀성 　～がてら ~하는 겸
　　　旅行 [りょこう] 圏 여행 　やっぱり 倍 역시
　　　色々 [いろいろ] 倍 여러모로 　悩む [なやむ] 匽1 고민하다
　　　～末に [～すえに] ~한 끝에 　やめる 匽2 그만두다
　　　～ことにする ~하기로 하다 　いつも 倍 항상
　　　大げさだ おおげさだ な匽 과장하다
　　　話す [はなす] 匽1 이야기하다
　　　～きらいがある ~하는 경향이 있다 　わかる 匽1 알다

2

(1) A「散歩に (③行くついでに) ごみを出してきて。」

산책하러 (③가는 김에) 쓰레기를 내놓고 와.

B「いいよ。燃えるごみだよね?」

좋아. 타는 쓰레기지?

(2) (役所で)

(관공서에서)

A「パスポートの申請 (②にあたって) 顔写真が必要です。」

여권 신청 (②할 때에) 얼굴 사진이 필요합니다.

B「顔写真、持ってきました。これです。」

얼굴 사진, 가져왔습니다. 이것입니다.

(3) (歯医者で)

(치과에서)

A「すぐ治療したほうがいいですか。」

바로 치료하는 편이 좋나요?

B「はい。このままでは歯を抜くことに (①なるおそれが
あります)。」

네. 이대로는 이를 빼게 (①될 우려가 있습니다).

어휘 散歩 [さんぽ] 圏 산책 ～に ～하러 行く [いく] 图1 가다
～ついでに ~하는 김에 ごみ 쓰레기 出す [だす] 图1 내놓다
～てくる ~하고 오다 いい い형 좋다 燃える [もえる] 图2 타다
役所 [やくしょ] 圏 관공서 パスポート 圏 여권
申請 [しんせい] 圏 신청 ～にあたって ~함에 있어서
顔写真 [かおじゃしん] 圏 얼굴 사진
必要だ [ひつようだ] な형 필요하다 持つ [もつ] 图1 가지다
歯医者 [はいしゃ] 圏 치과, 치과 의사 すぐ 图 바로
治療 [ちりょう] 圏 치료 ～たほうがいい ~하는 편이 좋다
このままでは 이대로는 歯 [は] 圏 이, 이빨
抜く [ぬく] 图1 빼다 ～ことになる ~하게 되다
～おそれがある ~할 우려가 있다.

3

(1) 時代の①変化 ③★とともに ②私たちの働き方 も大き
く変わりました。

시대의 ①변화 ③★와 동시에 ②우리의 일하는 방식 도 크
게 바뀌었습니다.

(2) その歌手は緊張する②あまり①★歌詞を ③間違えて
しまった。

그 가수는 긴장한 ②나머지 ①★가사를 ③틀려 버렸다.

어휘 時代 [じだい] 圏 시대 変化 [へんか] 圏 변화
～とともに ~와 동시에 私たち [わたしたち] 圏 우리
働く [はたらく] 图1 일하다
～方 [～かた] ~하는 방식, ~하는 방법
大きい [おおきい] い형 크다 変わる [かわる] 图1 바뀌다
歌手 [かしゅ] 圏 가수 緊張 [きんちょう] 圏 긴장
～あまり ~한 나머지 歌詞 [かし] 圏 가사
間違える [まちがえる] 图2 틀리다 ～てしまう ~해 버리다

03 명사, 형용사, 동사와 쓰이는 문형 ①

포인트
01 ～なくて의 用法 p.234

1. 今日はお客さんが多くなくて暇でした。

2. 外国に行ったとき、水がただじゃなくて驚いた。/
外国に行ったとき、水がただではなくて驚いた。

포인트
02 ～だろう의 用法 p.235

1. このアニメは海外でも人気だろう。

2. 雪が降っているし、外は寒いだろう。

포인트
03 ～でしょう의 用法 p.236

1. この問題はテストに出るでしょう。

2. 新作のスカート、おしゃれでしょう?

포인트
04 ～と思う와 ～ても의 用法 p.237

1. このワンピースは私には小さいと思う。

2. 野菜はきらいでも食べたほうがいい。

포인트
05 ～はずだ의 用法 p.238

1. ゆきさんは韓国語がぺらぺらなはずだ。

2. この問題の答えは1番のはずだ。

포인트
06 ～はずがない의 用法 p.239

1. こんなに簡単な計算を間違えるはずがない。

2. 彼はプロだから下手なはずがない。

포인트
07 ～とき의 用法 p.240

1. 眠いときはコーヒーを飲む。

2. この商店街がにぎやかだったときもある。

포인트
08 ～場合의 用法 p.241

1. ４０点以下の場合、追試を受けてください。

2. 返信が不要な場合、そのことを伝えよう。

포인트 09 ~のに의 용법 p.242

1. 週末なのに、デパートは空いていました。
2. 三井君は細いのに、よく食べる。

포인트 10 ~ため의 용법 p.243

1. 事故のため、電車が遅れています。
2. 子供が熱を出したため、会社を早退した。

포인트 11 ~まま의 용법 ① p.244

1. 小学校の校舎は20年前のままでした。
2. 十分な準備ができなくて、不安なまま試験を受けた。

포인트 12 ~まま의 용법 ② p.245

1. もう一月なのにツリーを飾ったままだ。
2. みそ汁に水を足したのにしょっぱいままだ。

포인트 13 ~かどうか의 용법 p.246

1. ローンの審査が通るかどうか不安だ。
2. 注文する前に辛いかどうか聞いた。

포인트 14 ~すぎる의 용법 ① p.247

1. そうめんをゆですぎてしまった。
2. 学生のとき、貧乏すぎて外食もできなかった。

포인트 15 ~すぎる의 용법 ② p.248

1. うるさすぎて、先生に注意された。
2. 太田さんの服装は派手すぎる。

실력 Up 연습문제 p.249

1

(1) とても悲しいと思います。

(2) はい。30人以上の場合、1200円になります。

(3) 上級です。初級者には難しいでしょう。

어휘 **とても** [부] 너무 **悲しい** [かなしい] [い형] 슬프다
~と思う [~とおもう] ~라고 생각하다 **人** [にん] 명
以上 [いじょう] [명] 이상 **~の場合** [~のばあい] ~인 경우
円 [えん] 엔 **なる** [동1] 되다 **上級** [じょうきゅう] [명] 상급
初級者 [しょきゅうしゃ] [명] 초급자
難しい [むずかしい] [い형] 어렵다

2

(1) A「牛肉が1000円だけど、買う?」
소고기가 1000엔인데, 살까?
B「それは (①高すぎる)。他のはない?」
그건 (①너무 비싸). 다른 것은 없어?

(2) (家で)
(집에서)
A「またトイレの電気をつけた (②ままだ) よ。」
또 화장실 전기를 켠 (②채)야.
B「ごめん。気を付けるね。」 미안해. 조심할게.

(3) A「明日の会議に、本部長が (①出席するかどうか) わかりますか。」
내일 회의에, 본부장님이 (①출석할지 어떨지) 압니까?
B「今回は出席しないと聞いていますが。」
이번에는 참석하지 않는다고 들었는데요.

어휘 **牛肉** [ぎゅうにく] [명] 소고기 **円** [えん] 엔
買う [かう] [동1] 사다 **高い** [たかい] [い형] 비싸다
~すぎる 너무 ~하다 **他** [ほか] [명] 다른 (것) **ない** [い형] 없다
家 [いえ] [명] 집 **また** [부] 또 **トイレ** [명] 화장실
電気 [でんき] [명] 전기 **つける** [동2] 켜다 **~まま** ~한 채
気を付ける [きをつける] 조심하다 **明日** [あした] [명] 내일
会議 [かいぎ] [명] 회의 **本部長** [ほんぶちょう] [명] 본부장(님)
出席 [しゅっせき] [명] 출석 **~かどうか** ~할지 어떨지
わかる [동1] 알다 **今回** [こんかい] [명] 이번
聞く [きく] [동1] 듣다 **~ている** ~해 있다

3

(1) 最初から ③うまく ②★なくても ①練習 すれば、できるようになるだろう。
처음부터 ③잘하지 ②★않아도 ①연습하면, 할 수 있게 될 것이다.

(2) ③重くなくて ①便利な ②★サイズ のノートパソコンがほしい。
③무겁지 않고 ①편리한 ②★사이즈 의 노트북을 갖고 싶다.

어휘 **最初** [さいしょ] [명] 처음 **うまい** [い형] 잘하다 **~ても** ~해도
練習 [れんしゅう] [명] 연습 **~ようになる** ~하게 되다
~だろう ~일 것이다 **重い** [おもい] [い형] 무겁다
便利だ [べんりだ] [な형] 편리하다 **サイズ** [명] 사이즈
ノートパソコン [명] 노트북 **~がほしい** ~을 갖고 싶다

04 명사, 형용사, 동사와 쓰이는 문형②

1. 若いうちに苦労をしておいたほうがいい。
2. 子供が寝ているうちに夕食を作ろう。

포인트
01 ～のだ의 **用法** p.250

1. 渋滞で遅れたのです。
2. 休日は暇なのだ。

포인트
10 ～だけに의 **用法** p.259

1 このメーカーは有名なだけに信頼できます。
2. この緑茶は濃いだけに味わいが深い。

포인트
02 ～べきだ의 **用法** ① p.251

1. 食品工場は清潔であるべきです。
2. 人生の主人公は自分であるべきだ。

포인트
11 ～せいで의 **用法** p.260

1. けがをしたせいでスタメンから外れた。
2. 性格が臆病なせいでチャレンジができない。

포인트
03 ～べきだ의 **用法** ② p.252

1. お年寄りに席をゆずるべきだ。
2. リーダーとして頼もしくあるべきだ。

포인트
12 ～くせに의 **用法** p.261

1. 親のくせに全然育児をしない。
2. 自分もいいかげんなくせに人にはきびしい。

포인트
04 ～おかげだ의 **用法** p.253

1. ビジネスが順調なおかげで収入が増えた。
2. 礼儀正しいのは親がきびしかったおかげだ。

포인트
13 ～ことだし의 **用法** p.262

1. これは基本的なことだし、覚えておいて。/
   これは基本的であることだし、覚えておいて。
2. 記念日であることだし、外食でもする？

포인트
05 ～かもしれない의 **用法** p.254

1. あの人が多田さんのお姉さんかもしれない。
2. 一人旅は危険かもしれない。

포인트
14 ～わけだ의 **用法** p.263

1. 彼は絵で稼いでいる。画家なわけだ。/
   彼は絵で稼いでいる。画家であるわけだ。
2. いつの間にか7時だった。外が暗いわけだ。

포인트
06 ～ほかに의 **用法** p.255

1. このかばんは丈夫なほかに軽いところが気に入って
   いる。
2. 上達させるには練習するほかに方法はない。

포인트
15 ～わけがない의 **用法** p.264

1. インフルエンザなのに元気なわけがない。/
   インフルエンザなのに元気であるわけがない。
2. あんな高い指輪を買えるわけがない。

포인트
07 ～上に의 **用法** p.256

1. 遅刻した上に宿題まで置いてきた。
2. 100ページ以上である上に難しい論文を読んだ。

실력 Up 연습문제 p.265

1

(1) いいえ、チーズのほかに貝もきらいです。

(2) そうですね。桜がきれいなうちに行きましょう。

포인트
08 ～うちに의 **用法** ① p.257

1. セール期間のうちに買っておこう。
2. マグロが新鮮なうちにさしみで食べた。

(3) ううん。それで<ruby>背<rt>せ</rt></ruby>が<ruby>高<rt>たか</rt></ruby>いわけだね。

지금 다가오고 있는 태풍, 굉장히 강하대.

어휘 チーズ <ruby>名</ruby> 치즈　〜ほかに ~외에　貝 [かい] <ruby>名</ruby> 조개
きらいだ <ruby>な形</ruby> 싫어하다　桜 [さくら] <ruby>名</ruby> 벚꽃
きれいだ <ruby>な形</ruby> 예쁘다　〜なうちに ~하는 동안에
行く [いく] <ruby>동1</ruby> 가다　それで <ruby>접</ruby> 그래서　背 [せ] <ruby>名</ruby> 키
高い [たかい] <ruby>い形</ruby> (키가) 크다　〜わけだ ~인 것이다

2

(1) A「<ruby>今<rt>いま</rt></ruby><ruby>近付<rt>ちかづ</rt></ruby>いてきている<ruby>台風<rt>たいふう</rt></ruby>、すごく<ruby>強<rt>つよ</rt></ruby>いんだって。」

지금 다가오고 있는 태풍, 굉장히 강하대.

B「そうなんだ。あさっての<ruby>講義<rt>こうぎ</rt></ruby>、<ruby>休講<rt>きゅうこう</rt></ruby>（①かもしれない）

ね。」

그렇구나. 모레 강의, 휴강 (①일지도 모르겠) 네.

(2) A「<ruby>午後<rt>ごご</rt></ruby>から<ruby>映画<rt>えいが</rt></ruby>を<ruby>見<rt>み</rt></ruby>に<ruby>行<rt>い</rt></ruby>かない?」

오후부터 영화를 보러 가지 않을래?

B「うーん。<ruby>天気<rt>てんき</rt></ruby>もいい（③ことだし）<ruby>外<rt>そと</rt></ruby>に<ruby>出<rt>で</rt></ruby>て<ruby>遊<rt>あそ</rt></ruby>びたい

な。」

음. 날씨도 좋으(③니까) 밖에 나가서 놀고 싶네.

(3) A「ごめん。<ruby>僕<rt>ぼく</rt></ruby>がゴールを<ruby>外<rt>はず</rt></ruby>した（①せいで）

<ruby>負<rt>ま</rt></ruby>けちゃった。」

미안해. 내가 골을 놓친 (①탓에) 져버렸어.

B「そんなことないよ。<ruby>気<rt>き</rt></ruby>にしないで。」

그렇지 않아. 신경 쓰지마.

어휘 今 [いま] <ruby>名</ruby> 지금　近付く [ちかづく] <ruby>동1</ruby> 다가오다
〜てくる ~해 오다　〜ている ~하고 있다
台風 [たいふう] <ruby>名</ruby> 태풍　すごく <ruby>부</ruby> 엄청
強い [つよい] <ruby>い形</ruby> 강하다　あさって <ruby>名</ruby> 모레
講義 [こうぎ] <ruby>名</ruby> 강의　休講 [きゅうこう] <ruby>名</ruby> 휴강
〜かもしれない ~일지도 모른다　午後 [ごご] <ruby>名</ruby> 오후
映画 [えいが] <ruby>名</ruby> 영화　見る [みる] <ruby>동2</ruby> 보다　〜に ~하러
行く [いく] <ruby>동1</ruby> 가다　天気 [てんき] <ruby>名</ruby> 날씨　いい <ruby>い形</ruby> 좋다
〜ことだし ~니까　外 [そと] <ruby>名</ruby> 밖　出る [でる] <ruby>동2</ruby> 나오다
遊ぶ [あそぶ] <ruby>동1</ruby> 놀다　僕 [ぼく] <ruby>名</ruby> 나　ゴール <ruby>名</ruby> 골
外す [はずす] <ruby>동1</ruby> 놓치다　〜せいで ~탓에
負ける [まける] <ruby>동2</ruby> 지다　〜ちゃう ~해 버리다
気にする [きにする] 신경 쓰다

3

(1) A「<ruby>宝<rt>たから</rt></ruby>くじ、<ruby>今度<rt>こんど</rt></ruby>こそは<ruby>当<rt>あ</rt></ruby>たるといいな。」

복권, 이번에야말로 당첨되면 좋겠어.

B「また<ruby>買<rt>か</rt></ruby>ったの?<ruby>宝<rt>たから</rt></ruby>くじなんて②<ruby>当<rt>あ</rt></ruby>たる

①★わけが③ないじゃない。」

또 산거야? 복권 같은 건 ②당첨될 ①★ 리가 ③없잖

아.

(2) <ruby>私<rt>わたし</rt></ruby>が<ruby>新人賞<rt>しんじんしょう</rt></ruby>を<ruby>受賞<rt>じゅしょう</rt></ruby>できたのは、いつも<ruby>一緒<rt>いっしょ</rt></ruby>に<ruby>戦<rt>たたか</rt></ruby>った

①<ruby>チームメートの</ruby>③★<ruby>おかげ</ruby>②<ruby>だと</ruby><ruby>思<rt>おも</rt></ruby>っています。

제가 신인상을 수상할 수 있었던 것은, 항상 함께 싸운 ①

<ruby>チームメート</ruby>③★<ruby>덕분</ruby>②이라고 생각하고 있습니다.

어휘 宝くじ [たからくじ] <ruby>名</ruby> 복권　今度 [こんど] <ruby>名</ruby> 이번
当たる [あたる] <ruby>동1</ruby> 당첨되다　いい <ruby>い形</ruby> 좋다　また <ruby>부</ruby> 또
買う [かう] <ruby>동1</ruby> 사다　〜わけがない ~할 리가 없다
私 [わたし] <ruby>名</ruby> 저, 나　新人賞 [しんじんしょう] <ruby>名</ruby> 신인상
受賞 [じゅしょう] <ruby>名</ruby> 수상　いつも <ruby>부</ruby> 항상
一緒に [いっしょに] 같이　戦う [たたかう] <ruby>동1</ruby> 싸우다
チームメート <ruby>名</ruby> 팀메이트　〜おかげだ ~덕분이다
〜と思う [〜とおもう] ~라고 생각하다　〜ている ~하고 있다

05 명사, 형용사, 동사와 쓰이는 문형③

포인트 01 〜としたら와 〜としても의 用法 　p.266

1. <ruby>彼女<rt>かのじょ</rt></ruby>の<ruby>熱愛<rt>ねつあい</rt></ruby>スクープが<ruby>事実<rt>じじつ</rt></ruby>だとしたら<ruby>悲<rt>かな</rt></ruby>しい。

2. <ruby>生<rt>う</rt></ruby>まれ<ruby>変<rt>か</rt></ruby>わったとしても<ruby>自分<rt>じぶん</rt></ruby>になりたい。

포인트 02 〜といっても와 〜というのに의 用法 　p.267

1. アーティストだといってもアマチュアです。

2. <ruby>経済<rt>けいざい</rt></ruby>が<ruby>専攻<rt>せんこう</rt></ruby>だというのに<ruby>数字<rt>すうじ</rt></ruby>に<ruby>弱<rt>よわ</rt></ruby>い。

포인트 03 〜だけだ의 用法 　p.268

1. それをやっても、<ruby>無駄<rt>むだ</rt></ruby>なだけだ。

2. デートがいやなのではなく、<ruby>準備<rt>じゅんび</rt></ruby>が<ruby>面倒<rt>めんどう</rt></ruby>くさいだけだ。

포인트 04 〜だけでなく의 用法 　p.269

1. <ruby>作詞<rt>さくし</rt></ruby>だけでなく<ruby>作曲<rt>さっきょく</rt></ruby>も<ruby>担当<rt>たんとう</rt></ruby>した。

2. そのホテルはきれいなだけでなく<ruby>駅<rt>えき</rt></ruby>から<ruby>近<rt>ちか</rt></ruby>い。

포인트 05 〜ばかりか의 用法 　p.270

1. <ruby>字<rt>じ</rt></ruby>が<ruby>汚<rt>きたな</rt></ruby>いばかりか<ruby>間違<rt>まちが</rt></ruby>いもあります。

2. その<ruby>女優<rt>じょゆう</rt></ruby>は<ruby>国内<rt>こくない</rt></ruby>ばかりかアジアでも<ruby>人気<rt>にんき</rt></ruby>がある。

포인트 06 〜どころか의 用法① 　p.271

1. MサイズどころかLサイズも<ruby>入<rt>はい</rt></ruby>りません。

2. その<ruby>歌手<rt>かしゅ</rt></ruby>は<ruby>有名<rt>ゆうめい</rt></ruby>どころか<ruby>誰<rt>だれ</rt></ruby>も<ruby>知<rt>し</rt></ruby>らない。

| 포인트 07 | ~どころか의 용법 ② | p.272 |

1. 惜しいどころかぼろ負けでした。
2. 雨は止むどころか強くなった。

| 포인트 08 | ~わりに의 용법 ① | p.273 |

1 作業が楽なわりに時給が高い。
2. その製品は値段のわりに質が良くない。

| 포인트 09 | ~わりに의 용법 ② | p.274 |

1. この車は小さいわりにトランクが広い。
2. 急いで作ったわりにいい詩ができた。

| 포인트 10 | ~に違いない의 용법 | p.275 |

1. 小川さんは今日も遅刻するに違いない。
2. あの記事はきっと本当に違いない。

| 포인트 11 | ~に決まっている의 용법 | p.276 |

1. 大学生活は楽しいに決まっています。
2. そんなお願いは無理に決まっている。

실력 Up 연습문제　　　　　　p.277

1

(1) いいえ、良くなるどころか悪化しています。

(2) そんなのAチームに決まっている。

(3) いや、ちょっと暑いだけです。

어휘　良い [よい] い형 좋다　~どころか ~는커녕
悪化 [あっか] 명 악화　~ている ~하고 있다　チーム 명 팀
~に決まっている [~にきまっている] ~인 게 당연하다
ちょっと 뷔 좀　暑い [あつい] い형 덥다　~だけだ ~뿐이다

2

(1) A「新しい職場は仕事が楽しい (②ばかりか)、同僚も
みんないい人で、働きやすい環境です。」
새로운 직장은 일이 재밌을 (②뿐만 아니라), 동료도
모두 좋은 사람이라서, 일하기 쉬운 환경입니다.
B「それは良かったですね。」그것은 다행이네요.

(2) A「海外転勤する (①としたら)、どこがいいですか。」
해외 전근한(①다고 한다면), 어디가 좋을까요?

B「暖かいところがいいので、タイですかね。」

따뜻한 곳이 좋으니까, 태국일까요?

(3) A「福岡で泊まったホテルはどうでしたか。」

후쿠오카에서 묵었던 호텔은 어땠어요?

B「高級ホテル (③のわりに) 部屋もサービスもいま

いちでした。」

고급 호텔 (③인 것에 비해) 방도 서비스도 별로였

어요.

어휘　新しい [あたらしい] い형 새롭다　職場 [しょくば] 명 직장
仕事 [しごと] 명 일　楽しい [たのしい] い형 즐겁다
~ばかりか ~뿐만 아니라　同僚 [どうりょう] 명 동료
みんな 명 모두　いい い형 좋다　人 [ひと] 명 사람
働く [はたらく] 동1 일하다　~やすい ~하기 쉽다
環境 [かんきょう] 명 환경　良い [よい] い형 다행이다, 좋다
海外 [かいがい] 명 해외　転勤 [てんきん] 명 전근
~としたら ~라고 한다면　暖かい [あたたかい] い형 따뜻하다
ところ 명 곳　タイ 명 태국　福岡 [ふくおか] 명 후쿠오카(지명)
泊まる [とまる] 동1 묵다　ホテル 명 호텔
高級 [こうきゅう] 명 고급　~のわりに ~인 것에 비해
部屋 [へや] 명 방　サービス 명 서비스
いまいちだ な형 별로다

3

(1) 彼の小説は①日本③★だけで②なく 海外でも出版さ
れている。

그의 소설은 ①일본 ③★뿐 ②아니라 해외에서도 출판되

고 있다.

(2) この国は③四季がある①★といっても②冬の期間 が
他の季節に比べてとても長い。

이 나라는 ③사계절이 있다 ①★고 해도 ②겨울 기간이 다

른 계절에 비해 아주 길다.

어휘　彼 [かれ] 명 그　小説 [しょうせつ] 명 소설
日本 [にほん] 명 일본　~だけでなく ~뿐 아니라
海外 [かいがい] 명 해외　出版 [しゅっぱん] 명 출판
~ている ~하고 있다　国 [くに] 명 나라
四季 [しき] 명 사계절　~といっても ~라고 해도
冬 [ふゆ] 명 겨울　期間 [きかん] 명 기간
他 [ほか] 명 다른 (것)　季節 [きせつ] 명 계절
~に比べて [~にくらべて] ~에 비해　とても 뷔 아주
長い [ながい] い형 길다

06 명사, 형용사, 동사와 쓰이는 문형 ④

1. お金があっても幸せだとは限らない。
2. 十一月なのにこの暑さは異常だということだ。

1. 人間は誠実でなければなりません。
2. 顔写真付きの身分証明書でなければならない。

1. ごみは分別して捨てなければならない。
2. 着物の帯はある程度きつくなければならない。

1. 私も金持ちならばよかった。
2. 色の種類がもっと豊富ならばよかった。

1. 昨夜、酒を飲まなければよかったです。
2. バス停が近ければよかった。

1. 読書に夢中であるにしても声がまったく聞こえない
   とは。
2. 初心者ドライバーにしても遅すぎる。

1. 今日は涼しいというより肌寒いです。
2. いつも説得するというより説得される。

1. 絶対に不可能かというとそれはわからない。
2. どこがおかしいかというと色の組み合わせだ。

1. 失恋して、どれだけ悲しかったことか。
2. この歌にどれほど励まされたことか。

1. たくさん挑戦したからこそ成長できた。
2. できないからといって諦めてはいけません。

1. 怪しいようなら確認したほうがいい。
2. 暇なようならこれも頼んでもいい?

실력 Up 연습문제   p.289

1

(1) そう?地味というよりシンプルでいいんじゃない?

(2) うーん。難しいようなら明日でも大丈夫ですよ。

(3) 二回目だからこそ、余計緊張するんだよ。

어휘   **地味だ [じみだ]** な형 수수하다   **〜というより** ~라기보다
      シンプルだ な형 심플하다   **いい** い형 좋다
      難しい [むずかしい] い형 어렵다   **〜ようなら** ~할 것 같으면
      明日 [あした] 명 내일   **大丈夫だ [だいじょうぶだ]** な형 괜찮다
      回目 [かいめ] 번째   **〜からこそ** ~이기 때문에
      余計 [よけい] 부 더욱   **緊張 [きんちょう]** 명 긴장   **〜んだ** ~거야

2

(1) A「昨日のパーティー、本当に楽しかったですよ。」

     어제 파티, 정말로 즐거웠어요.

     B「そうなんですか。私も(③行けばよかったです)。」

     그래요? 저도 (③갔으면 좋았겠어요).

(2) A「佐藤君、なかなか来ないね。」

     사토 군, 좀처럼 오지 않네.

     B「うん。遅れる(②にしても)連絡がほしいよね。」

     응. 늦는(②다고 해도) 연락을 원해.

(3) A「この冷蔵庫が人気だって。」

     이 냉장고가 인기래.

     B「人気だからといって品質がいい(①とは限らない)よ。」

     인기가 많다고 해도 품질이 좋(①다는 법은 없)어.

어휘   **昨日 [きのう]** 명 어제   **パーティー** 명 파티
      本当に [ほんとうに] 부 정말로   **楽しい [たのしい]** い형 즐겁다
      私 [わたし] 명 저, 나   **行く [いく]** 동1 가다

~ばよかった ~하면 좋았겠다　君 [くん] 군
なかなか ⑨ 좀처럼　来る [くる] ⑤3 오다
遅れる [おくれる] ⑤2 늦다　~にしても ~라고 해도
連絡 [れんらく] ⑨ 연락　~がほしい ~을 원하다
冷蔵庫 [れいぞうこ] ⑨ 냉장고　人気 [にんき] ⑨ 인기
品質 [ひんしつ] ⑨ 품질　いい ⑨형 좋다
~とは限らない [~とはかぎらない] ~라는 법은 없다

3

(1) テストまでに5ページから15ページの ③漢字を ①★覚
えなければ ②なりません。

시험까지 5페이지부터 15페이지의 ③한자를 ①★외우지
않으면 ②안 됩니다.

(2) 今日、ライブを見に行く。チケットを予約した日から、こ
の日を ①どんなに ③★待った ②ことか。

오늘, 라이브를 보러 간다. 티켓을 예약한 날부터, 이 날을
①얼마나 ③★기다렸 ②단 말인가.

어휘　テスト ⑨ 시험　ページ 페이지　漢字 [かんじ] ⑨ 한자
覚える [おぼえる] ⑤2 외우다
~なければならない ~하지 않으면 안 된다
今日 [きょう] ⑨ 오늘　ライブ 라이브　見る [みる] ⑤2 보다
~に ~하러　行く [いく] ⑤1 가다　チケット 티켓
予約 [よやく] ⑨ 예약　日 [ひ] ⑨ 날　どんなに ⑨ 얼마나
待つ [まつ] ⑤1 기다리다　~ことか ~란 말인가

07 여러 개의 단어와 쓰이는 문형

포인트 01 ~は~より의 용법　　p.290

1. 今日は昨日より寒いです。
2. アメリカは中国より面積が大きい。

포인트 02 ~の中で~が一番과 ~より~のほうが의 용법　p.291

1. 野球とバスケ、テニスの中でバスケが一番人気だ。
2. 父より母のほうが年上です。

포인트 03 ~と~と、どちらが와 A,BといったC의 용법　p.292

1. コンビニとスーパーと、どちらが近いですか。
2. タイ、ベトナムといったアジアの国を旅する。

포인트 04 ~ほど~ない의 용법　　p.293

1. この街はベネチアほど美しくない。

2. ソウルは思ったほど寒くなかった。

포인트 05 ~ほどの~ではない의 용법　　p.294

1. 病院に行くほどのけがではない。
2. 嵐ほどの強風ではない。

포인트 06 ~ば~ほど의 용법　　p.295

1. 鍛えれば鍛えるほど筋肉量が増えた。
2. 郵便物は軽ければ軽いほど料金が安い。

포인트 07 ~という~의 용법　　p.296

1. 高校教師という夢がついに叶った。
2. この素材は熱に強いという特徴がある。

포인트 08 ~から~にかけて와 ~たり~たりする의 용법　p.297

1. 金曜から日曜にかけてバザーを開きます。
2. 帰宅後はヨガをしたり、資格の勉強をしたりする。

포인트 09 ~さえ~ば의 용법①　　p.298

1. 自分の仕事さえしていれば文句は言われない。
2. 何人来るのかさえ決まれば準備できる。

포인트 10 ~さえ~ば의 용법②　　p.299

1. 暇がありさえすればゲームをしている。
2. 免許を持ってさえいれば誰でも応募できる。

포인트 11 ~も~ば~も의 용법　　p.300

1. ここは気温も高ければ湿度も高い。
2. 夫は酒も飲まなければたばこも吸わない。

실력 Up 연습문제　　p.301

1

(1) 渋谷駅というところだよ。
(2) パソコンスキルさえあれば誰でも応募できます。
(3) 日本語より英語のほうが話しやすいです。

어휘　渋谷駅 [しぶやえき] 시부야 역　〜という〜 ~라고 하는~
　　　ところ 图 곳　パソコン 图 컴퓨터　スキル 图 기술
　　　〜さえ〜ば ~만 ~하면　誰 [だれ] 图 누구　応募 [おうぼ] 图 응모
　　　日本語 [にほんご] 图 일본어　英語 [えいご] 图 영어
　　　〜より〜のほうが ~보다 ~쪽이　話す [はなす] 图 말하다
　　　〜やすい ~하기 쉽다

〜から〜にかけて ~부터 ~에 걸쳐　営業 [えいぎょう] 图 영업
時間 [じかん] 图 시간　短縮 [たんしゅく] 图 단축

2

(1) A「最近はスマホで何でもできますね。」

　　요즘에는 스마트폰으로 무엇이든지 할 수 있네요.

　　B「はい。スマホほど(②便利なものはない)と思います。」

　　네. 스마트폰만큼 (②편리한 것은 없) 다고 생각해요.

(2) (会社で)

　　(회사에서)

　　A「西山さん、毎朝早く来ていて偉いですね。」

　　니시야마 씨, 매일 아침 일찍 오고 대단하네요.

　　B「いいえ、ほめられる(①ほどの)ことではありません。」

　　아니요. 칭찬받을 (①정도의) 일은 아닙니다.

(3) A「イベントは成功でしたね。」

　　이벤트는 성공이었네요.

　　B「ええ、今年は(①予想していたより)多くのお客さん
　　が来ました。」

　　네, 올해는 (①예상했던 것보다) 많은 손님이 왔어요.

어휘　最近 [さいきん] 图 요즘, 최근　スマホ 图 스마트폰
　　　何でも [なんでも] 무엇이든지　便利だ [べんりだ] な형 편리하다
　　　もの 图 것　〜ほど〜ない ~만큼 ~하지 않다
　　　〜と思う [〜とおもう] ~다고 생각하다　会社 [かいしゃ] 图 회사
　　　さん 씨　毎朝 [まいあさ] 图 매일 아침　早く [はやく] 閉 빨리
　　　来る [くる] 图3 오다　〜ている ~하고 있다
　　　偉い [えらい] い형 대단하다　ほめる 图2 칭찬하다　こと 图 일
　　　〜ほどの〜ではない ~할 정도의 ~는 아니다
　　　イベント 图 이벤트　成功 [せいこう] 图 성공
　　　今年 [ことし] 图 올해　予想 [よそう] 图 예상
　　　〜は〜より ~은 ~보다　多く [おおく] 图 많음
　　　お客さん [おきゃくさん] 图 손님

3

(1) 勉強はできるように ③なれば ②★なるほど ①面白い
　　ものです。

　　공부는 할 수 있게 ③되면 ②★될 수록 ①재미있는 것입니다.

(2) 当店では年末 ②から ③★年始 ①にかけて 営業時間
　　を短縮します。

　　본점에서는 연말 ②부터 ③★연시 ①에 걸쳐 영업시간을
　　단축합니다.

어휘　勉強 [べんきょう] 图 공부　〜ようになる ~하게 되다
　　　〜ば〜ほど ~하면 ~할수록　面白い [おもしろい] い형 재미있다
　　　もの 图 것　当店 [とうてん] 图 본점, 이 가게
　　　年末 [ねんまつ] 图 연말　年始 [ねんし] 图 연시

5편 문장을 다채롭게 만드는 표현

01 수수 표현

포인트 01 あげる의 사용법　　p.304

1.　A　　　　　　2.　B

어휘　退職 [たいしょく] 圀 퇴직　同僚 [どうりょう] 圀 동료
　　　花束 [はなたば] 圀 꽃다발　あげる 동2 주다　母 [はは] 圀 어머니
　　　会社 [かいしゃ] 圀 회사　人 [ひと] 圀 사람
　　　お土産 [おみやげ] 圀 여행 선물

포인트 02 あげる의 여러 표현　　p.305

1.　おいに小遣いをやる。/ おいに小遣いをあげる。
2.　教授にお礼の手紙をさしあげた。

포인트 03 행동을 제공할 때의 あげる　　p.306

1.　親友の悩みを聞いてあげる。
2.　部下を車に乗せてやる。/ 部下を車に乗せてあげる。

포인트 04 くれる의 사용법　　p.307

1.　B　　　　　　2.　B

어휘　息子 [むすこ] 圀 아들　よく 囝 곧잘　私 [わたし] 圀 나, 저
　　　電話 [でんわ] 圀 전화　くれる 동2 주다　弟 [おとうと] 圀 남동생
　　　彼女 [かのじょ] 圀 여자친구　チョコ 圀 초콜릿

포인트 05 くれる의 여러 표현　　p.308

1.　部長が企画書に意見をくださった。
2.　東野さんが妹に本をくれた。

포인트 06 행동을 제공할 때의 くれる　　p.309

1.　上司がミスをカバーしてくださった。
2.　誰かが私の財布を交番に届けてくれた。

포인트 07 もらう의 사용법　　p.310

1.　親戚においしい牛肉をもらった。/
　　親戚からおいしい牛肉をもらった。
2.　森さん、旦那さんにネックレスをもらったって。/

森さん、旦那さんからネックレスをもらったって。

포인트 08 もらう의 여러 표현　　p.311

1.　親に仕送りをもらう。/ 親から仕送りをもらう。
2.　取引先の方にワインをいただいた。/
　　取引先の方からワインをいただいた。

포인트 09 행동을 제공받을 때의 もらう　　p.312

1.　先輩に仕事の相談に乗っていただいた。
2.　医者に症状を診てもらう。

실력 Up 연습문제　　p.313

1

(1)　ああ、友達にもらった。/ 友達からもらった。

(2)　いや、さっきあげた。/ さっきやった。

(3)　近くに住む姉が預かってくれていた。

어휘　友達 [ともだち] 圀 친구　もらう 동1 받다　さっき 囝 아까
　　　あげる 동2 주다　やる 동1 주다　近く [ちかく] 圀 근처
　　　住む [すむ] 동1 살다　姉 [あね] 圀 언니
　　　預かる [あずかる] 동1 맡다　~てくれる ~해 주다
　　　~ている ~하고 있다

2

(1)　A「日本語はどうやって勉強しましたか。」

일본어는 어떻게 공부했습니까?

B「中学のとき、クラスに日本人の子がいて、その子に
　（②教えてもらいました）。」

중학교일 때, 반에 일본인 아이가 있어서, 그 아이가
（②가르쳐 주었습니다）.

(2)　A「この花は1日1回水を（①やればいいですか）。」

이 꽃은 1일 1회 물을 （①주면 됩니까） ?

B「はい。時間は気温が上がる前、つまり午前中に行っ
　たほうがいいです。」

네. 시간은 기온이 오르기 전, 즉 오전 중에 하는 편이
좋습니다.

(3)　A「息子さんの高校は給食が出ますか。」

아드님의 고등학교는 급식이 나오나요?

B「出ません。だから、毎朝私が（①作ってあげています）。」

나오지 않습니다. 그래서, 매일 아침 제가 (①만들어 주고 있어요).

어휘　日本語 [にほんご] 圏 일본어　どうやって 團 어떻게
　　　勉強 [べんきょう] 圏 공부　中学 [ちゅうがく] 圏 중학교
　　　〜のとき ~일 때　クラス 圏 반　日本人 [にほんじん] 圏 일본인
　　　子 [こ] 圏 아이　いる 图2 있다　教える [おしえる] 图2 가르치다
　　　花 [はな] 圏 꽃　日 [にち] 회　回 [かい] 회　水 [みず] 圏 물
　　　やる 图1 주다　時間 [じかん] 圏 시간　気温 [きおん] 圏 기온
　　　上がる [あがる] 图1 오르다　前 [まえ] 전　つまり 團 즉
　　　午前 [ごぜん] 圏 오전　中 [ちゅう] 중　行う [おこなう] 图1 하다
　　　〜たほうがいい ~하는 편이 좋다　息子さん [むすこさん] 圏 아드님
　　　高校 [こうこう] 圏 고등학교　給食 [きゅうしょく] 圏 급식
　　　出る [でる] 图2 나오다　だから 圏 그래서
　　　毎朝 [まいあさ] 圏 매일 아침　私 [わたし] 圏 저, 나
　　　作る [つくる] 图1 만들다　〜てあげる ~해 주다
　　　〜ている ~하고 있다

3

(1)~(2)

저는 대학에서 바다에 사는 생물에 대해 공부하고 있습니다. 어린 시절, 삼촌이 (②준) 도감을 읽고, 바다 생물에 흥미를 가졌습니다. 그리고, 해양 생물 연구 분야에서 유명한 이시하라 교수가 있는 이 대학에 들어가는 것을 결정했습니다. 입학 후는 이시하라 교수의 연구실에 소속해, 연구를 (③지도받고 있습니다).

어휘　私 [わたし] 圏 저, 나　大学 [だいがく] 圏 대학
　　　海 [うみ] 圏 바다　住む [すむ] 图1 살다
　　　生き物 [いきもの] 圏 생물　〜について ~에 대해서
　　　勉強 [べんきょう] 圏 공부　子供の頃 [こどものころ] 어린 시절
　　　おじ 삼촌　くれる 图2 주다　図鑑 [ずかん] 圏 도감
　　　読む [よむ] 图1 읽다　興味 [きょうみ] 圏 흥미
　　　持つ [もつ] 图1 가지다　そして 圏 그리고
　　　海洋 [かいよう] 圏 해양　生物 [せいぶつ] 圏 생물
　　　研究 [けんきゅう] 圏 연구　分野 [ぶんや] 圏 분야
　　　有名だ [ゆうめいだ] な園 유명하다
　　　教授 [きょうじゅ] 圏 교수(님)　いる 图2 있다
　　　入る [はいる] 图1 들어가다　こと 圏 것
　　　決める [きめる] 图2 결정하다　入学 [にゅうがく] 圏 입학
　　　後 [ご] 후　研究室 [けんきゅうしつ] 圏 연구실
　　　所属 [しょぞく] 圏 소속　指導 [しどう] 圏 지도
　　　〜ていただく ~해 주시다

02 추측/전언/비유/존재 표현

포인트 01　추측 표현 〜そうだ의 용법　p.314

1.　シャツのボタンが取れそうだ。
2.　この教材は私には難しそうです。

포인트 02　추측 표현 〜らしい의 용법　p.315

1.　どうやら隣の家の人は引っ越したらしい。
2.　どうも彼氏は仕事で忙しいらしい。

포인트 03　추측 표현 〜ようだ의 용법　p.316

1.　この地域の産業は農業が主なようだ。
2.　私にはココアが便秘に効くようだ。

포인트 04　추측 표현 〜みたいだ의 용법　p.317

1.　子供たちは学校が楽しいみたいだ。
2.　キムさんは恋人ができたみたいだ。

포인트 05　전언 표현 〜そうだ의 용법　p.318

1.　天気予報によると明日は曇りだそうだ。
2.　来週、南町で祭りが開かれるそうです。

포인트 06　전언 표현 〜らしい의 용법　p.319

1.　彼女は若者から人気の歌手らしい。
2.　バスケ部の練習はきついらしいよ。

포인트 07　비유 표현 〜ようだ의 용법　p.320

1.　会場は割れるような拍手に包まれた。
2.　会長の自宅はまるで城のようだ。

포인트 08　비유 표현 〜みたいだ의 용법　p.321

1.　もう10月だが、今日は真夏みたいな暑さだ。
2.　旅行中はずっと夢を見ているみたいだった。

포인트 09　존재 표현　p.322

1.　明日は予定がある。
2.　息子は京都にいる。

실력 Up 연습문제　p.323

1

(1)　すみません、今晩は約束があります。

(2) うん、午後から雨らしいよ。/ 午後から雨だそうよ。

(3) うん、寒そうだったね。

어휘 今晩 [こんばん] 몡 오늘 밤　約束 [やくそく] 몡 약속
　　ある 톰1 있다　午後 [ごご] 몡 오후　雨 [あめ] 몡 비
　　~らしい ~라고 한다　寒い [さむい] い형 춥다
　　~そうだ ~것 같다

2

(1) A「田中さんと林さんって顔が似ていると思わない?」
다나카 씨와 하야시 씨는 얼굴이 닮아있다고 생각하지 않아?
B「うん。まるで兄弟(①みたいだ)よね。」
응. 마치 형제(①같)네.

(2) A「大根に火が通ったか串を刺して確認してくれ
る?」무가 익었는지 꼬치를 찔러서 확인해 줄래?
B「はい。あ、まだちょっと(①固いよう)です。
もう少し煮ましょう。」
네. 아, 아직 조금 (①단단한 것 같) 아요. 조금 더 끓입
시다.

(3) A「わあ、このケーキ、いちごがたくさんのっていて(②お
いしそうだ)ね。」
와, 이 케이크, 딸기가 잔뜩 올라가 있어서 (②맛있을
것 같) 네.
B「じゃあ、一つ買ってみようか。」
그럼, 한 개 사 볼까?

어휘 さん 씨　顔 [かお] 몡 얼굴　似る [にる] 톰2 닮다
　　~ている ~해 있다　思う [おもう] 톰1 생각하다　まるで 마치
　　兄弟 [きょうだい] 몡 형제　大根 [だいこん] 몡 무
　　火が通る [ひがとおる] 익다　串 [くし] 몡 꼬치
　　刺す [さす] 톰1 찌르다　確認 [かくにん] 몡 확인
　　~てくれる ~해 주다　まだ 팀 아직　ちょっと 팀 조금
　　固い [かたい] い형 단단하다　~ようだ ~인 것 같다
　　もう少し [もうすこし] 팀 조금 더　煮る [にる] 톰2 끓이다
　　ケーキ 케이크　いちご 딸기　たくさん 팀 잔뜩
　　のる 톰1 오르다　おいしい い형 맛있다　~そうだ ~인 것 같다
　　一つ [ひとつ] 몡 한 개　買う [かう] 톰1 사다　~てみる ~해 보다

3

(1)~(2)

수영 교실에 다니기 시작했습니다. 저는 옛날부터 수영을 잘 못합
니다. 오늘 수업에서도, 물속에서 몸이 (②쇠 같이) 무거워져, 가
라앉아 버렸습니다. 하지만, 선생님에 따르면, 연습하면 누구나 수
영할 수 있도록 (①된다고 합니다). 저도 포기하지 않고 교실에
다녀서, 언젠가 수영할 수 있게 되고 싶습니다.

어휘 水泳 [すいえい] 몡 수영　教室 [きょうしつ] 몡 교실
　　通う [かよう] 톰1 다니다

~始める [~はじめる] ~하기 시작하다　私 [わたし] 몡 저, 나
昔 [むかし] 몡 옛날　泳ぐ [およぐ] 톰1 수영하다
苦手だ [にがてだ] な형 잘 못하다　今日 [きょう] 몡 오늘
授業 [じゅぎょう] 몡 수업　水 [みず] 몡 물　中 [なか] 몡 속
体 [からだ] 몡 몸　鉄 [てつ] 몡 쇠　~ようだ ~같다
重い [おもい] い형 무겁다　なる 톰1 해지다
沈む [しずむ] 톰1 가라앉다　~てしまう ~해 버리다
でも 쫩 하지만　先生 [せんせい] 몡 선생(님)
~によると ~에 따르면　練習 [れんしゅう] 몡 연습
誰 [だれ] 몡 누구　~ようになる ~하게 되다
~そうだ ~라고 한다　諦める [あきらめる] 톰2 포기하나
いつか 팀 언젠가　~たい ~하고 싶다

03 조건 표현

포인트 01 **조건 표현 ~と의 용법** p.324

1. この角を曲がると、銀行があります。
2. 仕事がいい加減だと、周りに迷惑をかける。

포인트 02 **조건 표현 ~ば의 용법** p.325

1. 努力を続ければ、必ずチャンスは来る。
2. 下手ならば、練習するしかない。

포인트 03 **조건 표현 ~たら의 용법** p.326

1. カメラの値段が安かったら、買いたい。
2. 私が鳥だったら、空を飛べるのに。

포인트 04 **조건 표현 ~なら의 용법** p.327

1. 鈴木さんなら、きっと合格できます。
2. ラーメンを食べるなら、駅前の店がおいしい。

포인트 05 **조건 표현의 뉘앙스 비교** p.328

1. 空港に行くなら、リムジンバスが早くて安い。
공항에 간다면, 리무진 버스가 빠르고 싸다.
2. 用事がなければ、私も行きたかったんですが。
볼일이 없으면, 저도 가고 싶었는데요.

어휘 空港 [くうこう] 몡 공항　行く [いく] 톰1 가다
　　リムジンバス 몡 리무진 버스　早い [はやい] い형 빠르다
　　安い [やすい] い형 싸다　用事 [ようじ] 몡 볼일　ない い형 없다
　　私 [わたし] 몡 저, 나　~たい ~하고 싶다

1

(1) このドアは (②押す) と開きます。

이 문은 (②밀)면 열립니다.

(2) 海外に (①行く) なら、薬は必須です。

해외에 (①간)다면 약은 필수입니다.

(3) 午後に (③なっ) たら、買い物に行こう。

오후가 (③되)면 쇼핑하러 가자.

어휘　ドア 몡 문　押す [おす] 동1 밀다　～と ~하면
　　　開く [ひらく] 동1 열리다　海外 [かいがい] 몡 해외
　　　行く [いく] 동1 가다　～なら ~라면　薬 [くすり] 몡 약
　　　必須 [ひっす] 몡 필수　午後 [ごご] 몡 오후
　　　なる 동1 되다　～たら ~하면　買い物 [かいもの] 몡 쇼핑
　　　～に ~하러

2

(1) A「ミステリー小説が好きなんですが、何かおすすめの
　　本ありますか。」

미스터리 소설을 좋아합니다만, 무언가 추천하는 책 있
나요?

　B「ミステリー (③なら)、『青い空』という本が面白いです
　　よ。」

미스터리 (③라면), "파란 하늘"이라는 책이 재미있어요.

(2) A「この公園、池があって景色がいいですね。」

이 공원, 연못이 있어서 경치가 좋네요.

　B「ええ。春に (②なると) 桜が咲いて、もっときれいですよ。」

네. 봄이 (②되면) 벚꽃이 피어서, 더 예뻐요.

(3) A「高橋さんの電話番号を (②知っていたら)
　　教えてください。」

다카하시 씨의 전화번호를 (②알고 있다면) 가르쳐 주세요.

　B「すみません。私も知りません。」

죄송합니다. 저도 몰라요.

어휘　ミステリー 몡 미스터리　小説 [しょうせつ] 몡 소설
　　　好きだ [すきだ] 나형 좋아하다　何か [なにか] 무언가
　　　おすすめ 몡 추천　本 [ほん] 몡 책　ある 동1 있다
　　　～なら ~라면　青い [あおい] い형 파랗다　空 [そら] 몡 하늘
　　　～という ~라는　面白い [おもしろい] い형 재미있다
　　　公園 [こうえん] 몡 공원　池 [いけ] 몡 연못
　　　景色 [けしき] 몡 경치　いい い형 좋다　春 [はる] 몡 봄
　　　なる 동1 되다　～と ~하면　桜 [さくら] 몡 벚꽃
　　　咲く [さく] 동1 피다　もっと 뿐 더　きれいだ 나형 예쁘다
　　　さん 씨　電話番号 [でんわばんごう] 몡 전화번호
　　　知る [しる] 동1 알다　～たら ~하면
　　　教える [おしえる] 동2 가르치다　～てください ~해 주세요
　　　私 [わたし] 몡 저, 나

3

(1)~(2)

> 지난주에 전철에서 지갑을 떨어뜨렸습니다. 우리 (③나라라면)
> 분실물은 거의 돌아오지 않기 때문에, 포기하고 있었습니다. 그러
> 나, 파출소에서 연락이 있었습니다. 누군가가 전달해주었다고 합
> 니다. 놀랐고, 매우 기뻤습니다. 저도 다음에 분실물을 (①주우
> 면) 파출소에 전달하려고 합니다.

어휘　財布 [さいふ] 몡 지갑　落とす [おとす] 동1 떨어뜨리다
　　　落とし物 [おとしもの] 몡 분실물　めったに 뿐 거의
　　　戻る [もどる] 동1 돌아오다　～てくる ~해 오다
　　　諦める [あきらめる] 동2 포기하다　しかし 그러나
　　　交番 [こうばん] 몡 파출소　連絡 [れんらく] 몡 연락
　　　届ける [とどける] 동2 전달하다　～てくれる ~해 주다
　　　～そうだ ~라고 한다　驚く [おどろく] 동1 놀라다
　　　とても 뿐 매우　嬉しい [うれしい] い형 기쁘다
　　　今度 [こんど] 몡 다음　拾う [ひろう] 동1 줍다

04 높임말 표현

1. 先生はよく油絵をお描きになる。

2. 次長はもうご帰宅になりました。

1. こちらに生年月日をご記入ください。

2. 前の席から詰めてお座りください。

1. 店長が仕事を教えてくださった。

2. 先生は勉強の大切さに気付かせてくださった。

1. 食べる 먹다
　⋯ 召し上がる 드시다

2. する 하다
　⋯ なさる 하시다

3. 知っている 알고 있다
　⋯ ご存じだ 알고 계시다

4. 言^いう 말하다

   … おっしゃる 말씀하시다

포인트 05 겸양 표현 お/ご〜する의 용법　　p.334

1. お茶^{ちゃ}をお出^だしした。
2. 館内^{かんない}をご案内^{あんない}しますね。

포인트 06 겸양 표현 〜ていただく와 〜させていただく의 용법　p.335

1. 林^{はやし}さんにいいレストランを紹介^{しょうかい}していただいた。/
   林^{はやし}さんからいいレストランを紹介^{しょうかい}していただいた。
2. 市長^{しちょう}にインタビューさせていただいた。

포인트 07 겸양어　　p.336

1. 見^みる 보다

   … 拝見^{はいけん}する 보다

2. 来^くる 오다

   … 参^{まい}る 오다

3. 会^あう 만나다

   … お目^めにかかる 뵙다

4. 食^たべる 먹다

   … いただく 먹다

포인트 08 정중 표현　　p.337

1. ABC商事^{しょうじ}のパクです。/ ABC商事^{しょうじ}のパクでございます。
2. 今日^{きょう}は道^{みち}が大変混^{たいへんこ}んでいます。

포인트 09 미화어　　p.338

1. お花^{はな} 꽃
2. ご機嫌^{きげん} 기분
3. ご褒美^{ほうび} 포상
4. お菓子^{かし} 과자

실력 Up 연습문제　　p.339

1

(1) 3時^じに伺^{うかが}います。

(2) あちらの<u>つえ</u>を<u>お持^もちになった方^{かた}</u>です。

(3) ロビーにいらっしゃいます。

어휘　時 [じ] 시　伺う [うかがう] 통1 찾아뵙다　あちら 명 저쪽
　　つえ 명 지팡이　持つ [もつ] 통1 들다　方 [かた] 명 분
　　ロビー 명 로비　いらっしゃる 통1 계시다

2

(1) A「会議室^{かいぎしつ}にペンを忘^{わす}れたみたいだ。」

　　회의실에 펜을 잊고 온 것 같아.

　　B「はい、社長^{しゃちょう}。私^{わたし}が取^とって (②参^{まい}ります)。」

　　네, 사장님. 제가 가져 (②오겠습니다).

(2) (観光^{かんこう}バスで)

　　(관광버스에서)

　　A「皆様^{みなさま}、右手^{みぎて}に見^みえますのがスカイツリーで (①ござい

　　ます)。」

　　여러분, 오른쪽에 보이는 것이 스카이트리 (①입니다).

(3) A「4人^{にん}です。予約^{よやく}はしていません。」

　　4명입니다. 예약은 하지 않았습니다.

　　B「4名様^{めいさま}ですね。お席^{せき}を確認^{かくにん}しますので、少々^{しょうしょう} (②お待^ま

　　ちください)

　　4분이지요. 자리를 확인할 테니, 잠시 (②기다려 주세요).

어휘　会議室 [かいぎしつ] 명 회의실　ペン 명 펜
　　忘れる [わすれる] 통2 잊고 오다　〜みたいだ 〜인 것 같다
　　取る [とる] 통1 가져오다　参る [まいる] 통1 오다
　　皆様 [みなさま] 여러분　右手 [みぎて] 명 오른쪽
　　人 [にん] 명　予約 [よやく] 명 예약　〜ている 〜해 있다
　　名様 [めいさま] 분　席 [せき] 명 자리
　　確認 [かくにん] 명 확인　少々 [しょうしょう] 부 잠시
　　待つ [まつ] 통1 기다리다

3

(1)~(2)

회사 상사의 결혼식에 (①초대해 주셨습니다) . 일본의 결혼식은
초대받은 사람밖에 갈 수 없습니다. 자리도 정해져 있습니다. 상사
의 부인과는 처음으로 (③만나뵈었습니다만) 매우 상냥할 것 같
은 분이었습니다. 두 사람의 행복한 것 같은 모습을 보고, 저도 행
복한 기분이 되었습니다.

어휘　会社 [かいしゃ] 명 회사　上司 [じょうし] 명 상사
　　結婚式 [けっこんしき] 명 결혼식　招待 [しょうたい] 명 초대
　　日本 [にほん] 명 일본　人 [ひと] 명 사람
　　行く [いく] 통1 가다　席 [せき] 명 자리
　　決める [きめる] 통2 정하다　〜ている 〜해 있다
　　奥さん [おくさん] 명 부인　はじめて 부 처음으로
　　お目にかかる [おめにかかる] (만나)뵙다　とても 부 매우
　　優しい [やさしい] い형 상냥하다　〜そうだ 〜것 같다
　　方 [かた] 명 분　二人 [ふたり] 명 두 사람
　　幸せだ [しあわせだ] な형 행복하다　姿 [すがた] 명 모습
　　見る [みる] 통2 보다　私 [わたし] 명 나, 저
　　気持ち [きもち] 명 기분　なる 통1 되다

부록

- 자주 쓰이는 동사 활용
- 자주 쓰이는 숫자 표현

자주 쓰이는 동사 활용

● 실생활에서 자주 쓰이는 동사가 그룹별로 어떻게 활용되는지 표를 통해 비교해 보자.

1그룹 동사

기본형	과거형	정중형	부정형	연결형	가정형
い **行く** 가다	い **行った** 갔다	い **行きます** 갑니다	い **行かない** 가지 않다	い **行って** 가고	い **行けば** 가면
いそ **急ぐ** 서두르다	いそ **急いだ** 서둘렀다	いそ **急ぎます** 서두릅니다	いそ **急がない** 서두르지 않다	いそ **急いで** 서두르고	いそ **急げば** 서두르면
はな **話す** 이야기하다	はな **話した** 이야기했다	はな **話します** 이야기합니다	はな **話さない** 이야기하지 않다	はな **話して** 이야기하고	はな **話せば** 이야기하면
さが **探す** 찾다	さが **探した** 찾았다	さが **探します** 찾습니다	さが **探さない** 찾지 않다	さが **探して** 찾고	さが **探せば** 찾으면
か **買う** 사다	か **買った** 샀다	か **買います** 삽니다	か **買わない** 사지 않다	か **買って** 사고	か **買えば** 사면
なら **習う** 배우다	なら **習った** 배웠다	なら **習います** 배웁니다	なら **習わない** 배우지 않다	なら **習って** 배우고	なら **習えば** 배우면
ま **待つ** 기다리다	ま **待った** 기다렸다	ま **待ちます** 기다립니다	ま **待たない** 기다리지 않다	ま **待って** 기다리고	ま **待てば** 기다리면
た **立つ** 서다	た **立った** 섰다	た **立ちます** 섭니다	た **立たない** 서지 않다	た **立って** 서고	た **立てば** 서면
の **乗る** 타다	の **乗った** 탔다	の **乗ります** 탑니다	の **乗らない** 타지 않다	の **乗って** 타고	の **乗れば** 타면
う **売る** 팔다	う **売った** 팔았다	う **売ります** 팝니다	う **売らない** 팔지 않다	う **売って** 팔고	う **売れば** 팔면
よ **読む** 읽다	よ **読んだ** 읽었다	よ **読みます** 읽습니다	よ **読まない** 읽지 않다	よ **読んで** 읽고	よ **読めば** 읽으면
の **飲む** 마시다	の **飲んだ** 마셨다	の **飲みます** 마십니다	の **飲まない** 마시지 않다	の **飲んで** 마시고	の **飲めば** 마시면
し **死ぬ** 죽다	し **死んだ** 죽었다	し **死にます** 죽습니다	し **死なない** 죽지 않다	し **死んで** 죽고	し **死ねば** 죽으면
よ **呼ぶ** 부르다	よ **呼んだ** 불렀다	よ **呼びます** 부릅니다	よ **呼ばない** 부르지 않다	よ **呼んで** 부르고	よ **呼べば** 부르면
あそ **遊ぶ** 놀다	あそ **遊んだ** 놀았다	あそ **遊びます** 놉니다	あそ **遊ばない** 놀지 않다	あそ **遊んで** 놀고	あそ **遊べば** 놀면

가능형	의지형	명령형	사역형	수동형	사역수동형
^い行ける 갈 수 있다	^い行こう 가야지	^い行け 가	^い行かせる 가게 하다	^い行かれる 가게 되다	^い行かせられる 억지로 가게 되다
^{いそ}急げる 서두를 수 있다	^{いそ}急ごう 서둘러야지	^{いそ}急げ 서둘러라	^{いそ}急がせる 서두르게 하다	^{いそ}急がれる 서두르게 되다	^{いそ}急がせられる 억지로 서두르게 되다
^{はな}話せる 이야기할 수 있다	^{はな}話そう 이야기해야지	^{はな}話せ 이야기해라	^{はな}話させる 이야기하게 하다	^{はな}話される 이야기되다	^{はな}話させられる 억지로 이야기하게 되다
^{さが}探せる 찾을 수 있다	^{さが}探そう 찾아야지	^{さが}探せ 찾아라	^{さが}探させる 찾게 하다	^{さが}探される 찾아지다	^{さが}探させられる 억지로 찾게 되다
^か買える 살 수 있다	^か買おう 사야지	^か買え 사라	^か買わせる 사게 하다	^か買われる 사게 되다	^か買わせられる 억지로 사게 되다
^{なら}習える 배울 수 있다	^{なら}習おう 배워야지	^{なら}習え 배워라	^{なら}習わせる 배우게 하다	^{なら}習われる 배우게 되다	^{なら}習わせられる 억지로 배우게 되다
^ま待てる 기다릴 수 있다	^ま待とう 기다려야지	^ま待て 기다려라	^ま待たせる 기다리게 하다	^ま待たれる 기다려지다	^ま待たせられる 억지로 기다리게 되다
^た立てる 설 수 있다	^た立とう 서야지	^た立て 서라	^た立たせる 서게 하다	^た立たれる 서지다	^た立たせられる 억지로 서게 되다
^の乗れる 탈 수 있다	^の乗ろう 타야지	^の乗れ 타라	^の乗らせる 타게 하다	^の乗られる 타게 되다	^の乗らせられる 억지로 타게 되다
^う売れる 팔 수 있다	^う売ろう 팔아야지	^う売れ 팔아라	^う売らせる 팔게 하다	^う売られる 팔게 되다	^う売らせられる 억지로 팔게 되다
^よ読める 읽을 수 있다	^よ読もう 읽어야지	^よ読め 읽어라	^よ読ませる 읽게 하다	^よ読まれる 읽히다	^よ読ませられる 억지로 읽게 되다
^の飲める 마실 수 있다	^の飲もう 마셔야지	^の飲め 마셔라	^の飲ませる 마시게 하다	^の飲まれる 마셔지다	^の飲ませられる 억지로 마시게 되다
^し死ねる 죽을 수 있다	^し死のう 죽어야지	^し死ね 죽어라	^し死なせる 죽게 하다	^し死なれる 죽게 되다	^し死なせられる 억지로 죽게 되다
^よ呼べる 부를 수 있다	^よ呼ぼう 불러야지	^よ呼べ 불러라	^よ呼ばせる 부르게 하다	^よ呼ばれる 불러지다	^よ呼ばせられる 억지로 부르게 되다
^{あそ}遊べる 놀 수 있다	^{あそ}遊ぼう 놀아야지	^{あそ}遊べ 놀아라	^{あそ}遊ばせる 놀게 하다	^{あそ}遊ばれる 놀아지다	^{あそ}遊ばせられる 억지로 놀게 되다

부록

쉽게 끝내는 왜가스 일본어 문법

기본형	과거형	정중형	부정형	연결형	가정형
た **食べる** 먹다	た **食べた** 먹었다	た **食べます** 먹습니다	た **食べない** 먹지 않다	た **食べて** 먹고	た **食べれば** 먹으면
や **辞める** 그만두다	や **辞めた** 그만뒀다	や **辞めます** 그만둡니다	や **辞めない** 그만두지 않다	や **辞めて** 그만두고	や **辞めれば** 그만두면
き **決める** 정하다	き **決めた** 정했다	き **決めます** 정합니다	き **決めない** 정하지 않다	き **決めて** 정하고	き **決めれば** 정하면
はじ **始める** 시작하다	はじ **始めた** 시작했다	はじ **始めます** 시작합니다	はじ **始めない** 시작하지 않다	はじ **始めて** 시작하고	はじ **始めれば** 시작하면
ね **寝る** 자다	ね **寝た** 잤다	ね **寝ます** 잡니다	ね **寝ない** 자지 않다	ね **寝て** 자고	ね **寝れば** 자면
み **見る** 보다	み **見た** 봤다	み **見ます** 봅니다	み **見ない** 보지 않다	み **見て** 보고	み **見れば** 보면
き **着る** 입다	き **着た** 입었다	き **着ます** 입습니다	き **着ない** 입지 않다	き **着て** 입고	き **着れば** 입으면
お **起きる** 일어나다	お **起きた** 일어났다	お **起きます** 일어납니다	お **起きない** 일어나지 않다	お **起きて** 일어나고	お **起きれば** 일어나면
しん **信じる** 믿다	しん **信じた** 믿었다	しん **信じます** 믿습니다	しん **信じない** 믿지 않다	しん **信じて** 믿고	しん **信じれば** 믿으면
と **閉じる** 닫다	と **閉じた** 닫았다	と **閉じます** 닫습니다	と **閉じない** 닫지 않다	と **閉じて** 닫고	と **閉じれば** 닫으면

기본형	과거형	정중형	부정형	연결형	가정형
する 하다	**した** 했다	**します** 했습니다	**しない** 하지 않다	**して** 하고	**すれば** 하면
く **来る** 오다	き **来た** 왔다	き **来ます** 옵니다	こ **来ない** 오지 않다	き **来て** 오고	く **来れば** 오면

가능형	의지형	명령형	사역형	수동형	사역수동형
^た**食べられる** 먹을 수 있다	^た**食べよう** 먹어야지	^た**食べろ** 먹어라	^た**食べさせる** 먹게 하다	^た**食べられる** 먹히다	^た**食べさせられる** 억지로 먹게 되다
^や**辞められる** 그만둘 수 있다	^や**辞めよう** 그만둬야지	^や**辞めろ** 그만둬라	^や**辞めさせる** 그만두게 하다	^や**辞められる** 그만두게 되다	^や**辞めさせられる** 억지로 그만두게 되다
^き**決められる** 정할 수 있다	^き**決めよう** 정해야지	^き**決めろ** 정해라	^き**決めさせる** 정하게 하다	^き**決められる** 정하게 되다	^き**決めさせられる** 억지로 정하게 되다
^{はじ}**始められる** 시작할 수 있다	^{はじ}**始めよう** 시작해야지	^{はじ}**始めろ** 시작해라	^{はじ}**始めさせる** 시작하게 하다	^{はじ}**始められる** 시작되다	^{はじ}**始めさせられる** 억지로 시작하게 되다
^ね**寝られる** 잘 수 있다	^ね**寝よう** 자야지	^ね**寝ろ** 자라	^ね**寝させる** 자게 하다	^ね**寝られる** 자게 되다	^ね**寝させられる** 억지로 자게 되다
^み**見られる** 볼 수 있다	^み**見よう** 봐야지	^み**見ろ** 봐라	^み**見させる** 보게 하다	^み**見られる** 보여지다	^み**見させられる** 억지로 보게 되다
^き**着られる** 입을 수 있다	^き**着よう** 입어야지	^き**着ろ** 입어라	^き**着させる** 입게 하다	^き**着られる** 입혀지다	^き**着させられる** 억지로 입게 되다
^お**起きられる** 일어날 수 있다	^お**起きよう** 일어나야지	^お**起きろ** 일어나라	^お**起きさせる** 일어나게 하다	^お**起きられる** 일어나지다	^お**起きさせられる** 억지로 일어나게 되다
^{しん}**信じられる** 믿을 수 있다	^{しん}**信じよう** 믿어야지	^{しん}**信じろ** 믿어라	^{しん}**信じさせる** 믿게 하다	^{しん}**信じられる** 믿어지다	^{しん}**信じさせられる** 억지로 믿게 되다
^と**閉じられる** 닫을 수 있다	^と**閉じよう** 닫아야지	^と**閉じろ** 닫아라	^と**閉じさせる** 닫게 하다	^と**閉じられる** 닫히다	^と**閉じさせられる** 억지로 닫게 되다

가능형	의지형	명령형	사역형	수동형	사역수동형
できる 할 수 있다	**しよう** 해야지	**しろ** 해라	**させる** 하게 하다	**される** 받다	**させられる** 억지로 하게 되다
^こ**来れる** 올 수 있다	^こ**来よう** 와야지	^こ**来い** 와라	^こ**来させる** 오게 하다	^こ**来られる** 와지다	^こ**来させられる** 억지로 오게 되다

자주 쓰이는 숫자 표현

● 실생활에서 자주 사용하는 10,000단위까지의 숫자와 개수나 나이 등 숫자를 세는 단위를 알아 보자. 파란색 글자는 읽는 법이 특수한 표현이므로 주의한다.

0-10

0	1	2	3	4	5
れい ゼロ まる	いち	に	さん	し・よん	ご
	6	7	8	9	10
	ろく	しち・なな	はち	く・きゅう	じゅう

10-100

10	20	30	40	50
じゅう	にじゅう	さんじゅう	よんじゅう	ごじゅう
60	70	80	90	100
ろくじゅう	ななじゅう	はちじゅう	きゅうじゅう	ひゃく

100-1,000

100	200	300	400	500
ひゃく	にひゃく	さんびゃく	よんひゃく	ごひゃく
600	700	800	900	1,000
ろっぴゃく	ななひゃく	はっぴゃく	きゅうひゃく	せん

1,000-10,000

1,000	2,000	3,000	4,000	5,000
せん	にせん	さんぜん	よんせん	ごせん
6,000	7,000	8,000	9,000	10,000
ろくせん	ななせん	はっせん	きゅうせん	いちまん

하나-열

1つ	2つ	3つ	4つ	5つ
ひとつ	ふたつ	みっつ	よっつ	いつつ
6つ	7つ	8つ	9つ	10
むっつ	ななつ	やっつ	ここのつ	とお

~개(~個)

1個	2個	3個	4個	5個
いっこ	にこ	さんこ	よんこ	ごこ
6個	7個	8個	9個	10個
ろっこ	ななこ	はっこ	きゅうこ	じゅっこ

1人	2人	3人	4人	5人
ひとり	ふたり	さんにん	よにん	ごにん
6人	7人	8人	9人	10人
ろくにん	しちにん ななにん	はちにん	きゅうにん	じゅうにん

~살, 세(~歳)

1歳	2歳	3歳	4歳	5歳
いっさい	にさい	さんさい	よんさい	ごさい
6歳	7歳	8歳	9歳	10歳
ろくさい	ななさい	はっさい	きゅうさい	じゅっさい

~마리(~匹)

1匹	2匹	3匹	4匹	5匹
いっぴき	にひき	さんびき	よんひき	ごひき
6匹	7匹	8匹	9匹	10匹
ろっぴき	ななひき	はっぴき	きゅうひき	じゅっぴき

1本	2本	3本	4本	5本
いっぽん	にほん	さんぼん	よんほん	ごほん
6本	7本	8本	9本	10本
ろっぽん	ななほん	はっぽん	きゅうほん	じゅっぽん

~장(~枚)

1枚	2枚	3枚	4枚	5枚
いちまい	にまい	さんまい	よんまい	ごまい
6枚	7枚	8枚	9枚	10枚
ろくまい	ななまい	はちまい	きゅうまい	じゅうまい

~회(~回)

1回	2回	3回	4回	5回
いっかい	にかい	さんかい	よんかい	ごかい
6回	7回	8回	9回	10回
ろっかい	ななかい	はちかい はっかい	きゅうかい	じゅっかい

~번(~番)

1番	2番	3番	4番	5番
いちばん	にばん	さんばん	よんばん	ごばん
6番	7番	8番	9番	10番
ろくばん	ななばん	はちばん	きゅうばん	じゅうばん

~층(~階)

※ 3은 階를 がい로도 발음하는 것에 주의한다.

1階	2階	3階	4階	5階
いっかい	にかい	さんかい さんがい	よんかい	ごかい
6階	7階	8階	9階	10階
ろっかい	ななかい	はちかい はっかい	きゅうかい	じゅっかい

~잔(~杯)

1杯	2杯	3杯	4杯	5杯
いっぱい	にはい	さんばい	よんはい	ごはい
6杯	7杯	8杯	9杯	10杯
ろっぱい	ななはい	はっぱい	きゅうはい	じゅっぱい

~권(~冊)

1冊	2冊	3冊	4冊	5冊
いっさつ	にさつ	さんさつ	よんさつ	ごさつ
6冊	7冊	8冊	9冊	10冊
ろくさつ	ななさつ	はっさつ	きゅうさつ	じゅっさつ

~대(~台)

1台	2台	3台	4台	5台
いちだい	にだい	さんだい	よんだい	ごだい
6台	7台	8台	9台	10台
ろくだい	ななだい	はちだい	きゅうだい	じゅうだい

~시(~時)

1時	2時	3時	4時	5時	6時
いちじ	にじ	さんじ	よじ	ごじ	ろくじ
7時	8時	9時	10時	11時	12時
しちじ	はちじ	くじ	じゅうじ	じゅういちじ	じゅうにじ

1分	2分	3分	4分	5分
いっぷん	にふん	さんぷん	よんぷん	ごふん
6分	7分	8分	9分	10分
ろっぷん	ななふん	はちふん はっぷん	きゅうふん	じゅっぷん

~초(~秒)

1秒	2秒	3秒	4秒	5秒
いちびょう	にびょう	さんびょう	よんびょう	ごびょう
6秒	7秒	8秒	9秒	10秒
ろくびょう	ななびょう	はちびょう	きゅうびょう	じゅうびょう

~월(~月)

1月	2月	3月	4月	5月	6月
いちがつ	にがつ	さんがつ	しがつ	ごがつ	ろくがつ
7月	8月	9月	10月	11月	12月
しちがつ	はちがつ	くがつ	じゅうがつ	じゅういちがつ	じゅうにがつ

1日	2日	3日	4日	5日
ついたち	ふつか	みっか	よっか	いつか
6日	7日	8日	9日	10日
むいか	なのか	ようか	ここのか	とおか
11日	12日	13日	14日	15日
じゅういちにち	じゅうににち	じゅうさんにち	じゅうよっか	じゅうごにち
16日	17日	18日	19日	20日
じゅうろくにち	じゅうしちにち	じゅうはちにち	じゅうくにち	はつか
21日	22日	23日	24日	25日
にじゅういちにち	にじゅうににち	にじゅうさんにち	にじゅうよっか	にじゅうごにち
26日	27日	28日	29日	30日
にじゅうろくにち	にじゅうしちにち	にじゅうはちにち	にじゅうくにち	さんじゅうにち

문형·표현 인덱스

교재에서 학습한 문형과 표현을 일본어의 오십음도
순으로 정리했습니다.

문형·표현 인덱스

쉽게 끝내는
해커스
일본어 문법

초판 1쇄 발행 2024년 5월 9일

지은이	해커스 일본어연구소
펴낸곳	㈜해커스 어학연구소
펴낸이	해커스 어학연구소 출판팀

주소	서울특별시 서초구 강남대로61길 23 ㈜해커스 어학연구소
고객센터	02-537-5000
교재 관련 문의	publishing@hackers.com
	해커스일본어 사이트(japan.Hackers.com) 교재 Q&A 게시판
동영상강의	japan.Hackers.com

ISBN	978-89-6542-684-4 (13730)
Serial Number	01-01-01

일본어 교육 1위
해커스일본어(japan.Hackers.com)

해커스 일본어

- 해커스 스타강사의 **일본어 인강**(교재 내 할인쿠폰 수록)
- QR코드를 통해 예시단어와 예문을 언제 어디서든 들을 수 있는 **교재 MP3**
- **일본어 문법/어휘 무료 동영상강의** 등 다양한 일본어 학습 콘텐츠

쉽고 재미있는 일본어 학습을 위한
체계적 학습자료

무료 일본어 레벨테스트
5분 만에 일본어 실력 확인
& 본인의 실력에 맞는 학습법 추천!

선생님과의 1:1 Q&A
학습 내용과 관련된 질문사항을
Q&A를 통해 직접 답변!

해커스일본어 무료 강의
실시간 가장 핫한 해커스일본어
과목별 무료 강의 제공!

데일리 무료 학습 콘텐츠
일본어 단어부터 한자, 회화 콘텐츠까지
매일매일 확인하는 데일리 무료 콘텐츠!

쉽게 **끝**내는
해커스
일본어 문법

문법 핵심 요약 노트

해커스 어학연구소

명사로 문장 만들기

명사의 현재형

현재형	～だ ~이다	～です ~입니다
현재부정형	～ではない ~이 아니다	～ではないです ~이 아니에요
		～ではありません ~이 아닙니다

명사의 과거형

과거형	～だった ~이었다	～でした ~이었습니다
과거부정형	～ではなかった ~이 아니었다	～ではなかったです ~이 아니었어요
		～ではありませんでした ~이 아니었습니다

명사의 의문형

현재형	～ですか ~입니까?	～ではないですか ~이 아니에요?
		～ではありませんか ~이 아닙니까?
과거형	～でしたか ~이었습니까?	～ではなかったですか ~이 아니었어요?
		～ではありませんでしたか ~이 아니었습니까?

명사의 연결형

긍정형	～で ~이고
부정형	～ではなくて ~이 아니고

※ 교재 p.16에서 학습할 수 있습니다.

형용사로 문장 만들기

な형용사의 활용형

명사수식형	〜だ → 〜な ~한	
현재형	〜だ ~하다	〜です ~합니다
현재부정형	〜ではない ~하지 않다	〜ではないです ~하지 않아요
		〜ではありません ~하지 않습니다
과거형	〜だった ~했다	〜でした 했습니다
과거부정형	〜ではなかった ~하지 않았다	〜ではなかったです ~하지 않았어요
		〜ではありませんでした ~하지 않았습니다
현재의문형	〜ですか ~합니까?	〜ではないですか ~하지 않아요?
		〜ではありませんか ~하지 않습니까?
과거의문형	〜でしたか ~했습니까?	〜ではなかったですか ~하지 않았어요?
		〜ではありませんでしたか ~하지 않았습니까?
연결형	〜で ~하고	〜ではなくて ~하지 않고

い형용사의 활용형

명사수식형	~い ~한	
현재형	~い ~하다	~です ~습니다
현재부정형	~くない ~하지 않다	~くないです , ~하지 않아요
		~くありません ~하지 않습니다
과거형	~かった ~했다	~かったです ~했습니다
과거부정형	~くなかった ~하지 않았다	~くなかったです ~하지 않았어요
		~くありませんでした ~하지 않았습니다
현재의문형	~ですか ~습니까?	~くないですか ~하지 않아요?
		~くありませんか ~하지 않습니까?
과거의문형	~かったですか ~했습니까?	~くなかったですか ~하지 않았어요?
		~くありませんでしたか ~하지 않았습니까?
연결형	~くて ~하고	~くなくて ~하지 않고

※ 교재 p.24에서 학습할 수 있습니다.

동사 알맞게 활용하기 ①

동사의 종류

1그룹 동사	2그룹 동사, 3그룹 동사를 제외한 동사
2그룹 동사	る로 끝나면서 る 앞의 글자가 い단이나 え단인 동사
3그룹 동사	する, 来る

동사 활용형

과거형	[1그룹 동사] ～す → ～した ～う, つ, る → ～った ～く, ぐ → ～いた, いだ ～ぬ, む, ぶ → ～んだ
	[2그룹 동사] ～る + た
	[3그룹 동사] した・来た
정중형	[1그룹 동사] ～う단 → ～い단 + ます
	[2그룹 동사] ～る + ます
	[3그룹 동사] します・来ます
부정형	[1그룹 동사] ～う단 → ～あ단 + ない
	[2그룹 동사] ～る + ない
	[3그룹 동사] しない・来ない

연결형	[1그룹 동사] ～す → ～して ～う, つ, る → ～って ～く, ぐ → ～いて, いで ～ぬ, む, ぶ → ～んで
	[2그룹 동사] ～る + て
	[3그룹 동사] して・来て
가정형	[1그룹 동사] ～う단 → ～え단 + ば
	[2그룹 동사] ～る + れば
	[3그룹 동사] すれば・来れば

동사 ます형/ない형과 쓰이는 표현

～ますか	~합니까?	～ないです	~하지 않아요
～ません	~하지 않습니다		
～ました	~했습니다	～なかった	~하지 않았다
～ませんでした	~하지 않았습니다		

※ 교재 p.40에서 학습할 수 있습니다.

동사 알맞게 활용하기 ②

자동사와 타동사

자동사	~れ단나 ~あ단 + る로 끝나는 동사가 많음
타동사	~え단 + る나 ~す로 끝나는 동사가 많음

동사 활용형

가능형	[1그룹 동사] ~う단 → ~え단 + る
	[2그룹 동사] ~る + られる
	[3그룹 동사] できる・来られる
의지형	[1그룹 동사] ~う단 → ~お단 + う
	[2그룹 동사] ~る + よう
	[3그룹 동사] しよう・来よう
명령형	[1그룹 동사] ~う단 → ~え단
	[2그룹 동사] ~る + ろ
	[3그룹 동사] しろ・来い
사역형	[1그룹 동사] ~う단 → ~あ단 + せる
	[2그룹 동사] ~る + させる
	[3그룹 동사] させる・来させる

수동형	[1그룹 동사] 〜う단 → 〜あ단 + れる
	[2그룹 동사] 〜る + られる
	[3그룹 동사] される・来(こ)られる
사역수동형	[1그룹 동사] 〜う단 → 〜あ단 + せられる・される
	[2그룹 동사] 〜る + させられる
	[3그룹 동사] させられる・来(こ)させられる

사역형 문장

〜を〜させる	~을 ~하게 하다
〜に〜を〜させる	~에게 ~을 ~하게 하다

수동형 문장

〜は〜に〜される	~은 ~에게 ~받다
〜は〜に〜を〜される	~은 ~에게 ~을 ~당하다
〜に〜される	~가 ~다 (그래서 곤란하다)
〜は〜される	~는 ~되다

※ 교재 p.54에서 학습할 수 있습니다.

조사를 문장 속에 사용하기 ①

~が ~이/가 등	読書が趣味です。　독서가 취미입니다.
	音楽が好きだ。　음악을 좋아한다.
	海が見える。　바다가 보인다.
	安いが、うまい。　싸지만, 맛있다.
~は ~은/는	新幹線は速い。　신칸센은 빠르다.
~を ~을/를 등	鏡を見る。　거울을 보다.
	駅を出発した。　역에서 출발했다.
~の ~의 등	公園の中を散歩しました。　공원의 안을 산책했습니다.
	担当の川西です。　담당인 가와니시입니다.
	私のです。　저의 것입니다.
	わからないの。　모르겠어.
~も ~도 등	来週も雨が続きます。　다음 주도 비가 계속됩니다.
	五日もかかった。　5일이나 걸렸다.
~と ~와/과 등	父と組み立てる。　아버지와 조립한다.
	雪となった。　눈이 되었다.
	ありがとうと言った。　고마워라고 말했다.
~へ ~로 등	アメリカへ旅立つ。　미국으로 여행가다.
	恩師へ送る。　은사에게 보낸다.

~に ~에 등	マンションに住^すむ。　맨션에 산다.	
	妻^{つま}にプレゼントした。　아내에게 선물했다.	
	先生^{せんせい}になった。　선생님이 되었다.	
~で ~에서 등	パン屋^やで働^{はたら}く。　빵집에서 일한다.	
	ロープウエーで山^{やま}に登^{のぼ}る。　케이블카로 산에 오른다.	
	インフルエンザで熱^{ねつ}が出^でた。　독감 때문에 열이 났다.	
	あと5分^{ふん}で列車^{れっしゃ}が来^きます。　앞으로 5분이면 열차가 옵니다.	
~より ~보다 등	去年^{きょねん}より給料^{きゅうりょう}が増^ふえた。　작년보다 월급이 늘었다.	
	只今^{ただいま}より開始^{かいし}します。　지금부터 개시합니다.	
~ので ~므로	体調^{たいちょう}が悪^{わる}いので、早退^{そうたい}します。　몸 상태가 안 좋으므로, 조퇴합니다.	
~から ~부터 등	10時^じから始^{はじ}まります。　10시부터 시작됩니다.	
	出口^{でぐち}から出^でました。　출구로 나왔습니다.	
	寒^{さむ}いから、上着^{うわぎ}を着^きた。　춥기 때문에, 겉옷을 입었다.	
	酸素^{さんそ}と水素^{すいそ}からなる。　산소와 수소로 이루어진다.	
~まで ~까지 등	留学^{りゅうがく}するまで中国語^{ちゅうごくご}は話^{はな}せなかった。　유학할 때까지 중국어는 말하지 못했다.	
	親^{おや}にまで反対^{はんたい}された。　부모님에게마저 반대당했다.	
~までに ~까지	次^{つぎ}の授業^{じゅぎょう}までに出^だす。　다음 수업까지 낸다.	

※ 교재 p.66에서 학습할 수 있습니다.

조사를 문장 속에 사용하기 ②

~だけ ~만	<ruby>一<rt>ひと</rt></ruby>つだけ　한 개만
~しか ~밖에	10<ruby>万円<rt>まんえん</rt></ruby>しか　10만 엔밖에
~か ~나 등	<ruby>音楽<rt>おんがく</rt></ruby>かラジオ　음악이나 라디오
	<ruby>誰<rt>だれ</rt></ruby>か<ruby>来<rt>き</rt></ruby>ました。　누군가 왔습니다.
	<ruby>撮<rt>と</rt></ruby>りますか。　찍을까요?
~や ~랑	<ruby>肉<rt>にく</rt></ruby>や<ruby>魚<rt>さかな</rt></ruby>　고기랑 생선
~とか ~라든가 등	<ruby>玄関<rt>げんかん</rt></ruby>とか<ruby>廊下<rt>ろうか</rt></ruby>　현관이라든가 복도
	<ruby>今晩<rt>こんばん</rt></ruby>、<ruby>飲<rt>の</rt></ruby>み<ruby>会<rt>かい</rt></ruby>だとか。　오늘 밤, 회식이라던가.
~くらい ~정도 등	40<ruby>分<rt>ぷん</rt></ruby>くらいかかる。　40분 정도 걸린다.
	カレーくらい<ruby>作<rt>つく</rt></ruby>れる。　카레 정도는 만들 수 있다.
~こそ ~야말로	<ruby>明日<rt>あした</rt></ruby>こそ<ruby>早起<rt>はやお</rt></ruby>きしよう。　내일이야말로 일찍 일어나자.
~ずつ ~씩	4ページずつ<ruby>勉強<rt>べんきょう</rt></ruby>する。　4페이지씩 공부한다.
~すら ~조차	<ruby>家<rt>いえ</rt></ruby>にちゃわんすらない。　집에 밥공기조차 없다.
~ばかり ~만	<ruby>失敗<rt>しっぱい</rt></ruby>ばかりする。　실패만 한다.

~なんか ~따위 등	うそなんかつかない。 거짓말 따위 하지 않는다.
	納豆^{なっとう}なんかを食^たべる。 낫토 같은 것을 먹는다.
~なんて ~하다니	悪口^{わるくち}を言^いうなんてひどい。 욕을 말하다니 너무해.
~って ~라는 등	上野^{うえの}って駅^{えき}の近^{ちか}く 우에노라는 역 근처
	川上^{かわかみ}さんって30代^{だい}なの？ 가와카미 씨는 30대야?
	木曜日^{もくようび}は寒波^{かんぱ}だって。 목요일은 한파래.
~など ~등 등	名前^{なまえ}などを書^かいた。 이름 등을 썼다.
	接客^{せっきゃく}などをする。 접객 같은 것을 한다.
	ゆうれいなど怖^{こわ}くない。 유령 따위 무섭지 않다.
~でも ~라도 등	カフェにでも行^いきませんか。 카페에라도 가지 않으실래요?
	冬^{ふゆ}でも暖^{あたた}かい。 겨울일지라도 따뜻하다.
	どこでもいい。 어디든지 좋아.
~し ~하고 등	かっこいいし、面白^{おもしろ}い。 멋있고, 재미있다.
	近^{ちか}いし、歩^{ある}いて行^いこう。 가까우니, 걸어서 가자.

※ 교재 p.82에서 학습할 수 있습니다.

조사를 문장 끝에 사용하기

~よ ~야 등	こた ばん 答えは1番だよ。 정답은 1번이야.
	と しょかん べんきょう 図書館で勉強しようよ。 도서관에서 공부하자.(응?)
~ね ~네 등	けしき 景色がきれいだね。 경치가 아름답네.
	ひと ステーキ一つですね。 스테이크 하나지요?
	いっしょ い 一緒に行こうね。 함께 가자.(알았지?)
~わ ~할게 등	じ かえ 9時には帰るわ。 9시에는 돌아갈게.
	けしき 景色がすばらしいわ。 경치가 근사하네.
~さ ~거야	しんぱい 心配ないさ。 걱정 없을 거야.
~ぞ ~하겠어	たいかい しょう と 大会で賞を取るぞ。 대회에서 상을 타겠어.
~かしら ~할까? 등	よろこ プレゼント、喜ぶかしら。 선물, 기뻐할까?
	ご ご は 午後から晴れないかしら。 오후부터 개지 않으려나?

~っけ	音楽会、今週だっけ？
~였나	음악회, 이번 주였나?

※ 교재 p.94에서 학습할 수 있습니다.

부사로 문장 꾸미기 ①

よく 잘 등	よく頑張りました。 잘 힘냈습니다.
	よく喫茶店に行きます。 자주 찻집에 갑니다.
もう 이미 등	夕食はもう食べた。 저녁밥은 이미 먹었다.
	お湯がもう沸くよ。 물이 곧 끓어.
まだ 아직	まだお腹が空かない。 아직 배고프지 않다.
いつも 항상	母のご飯はいつもおいしい。 어머니의 밥은 항상 맛있다.
ずっと 계속 등	ずっと曇りでした。 계속 흐렸습니다.
	山頂はずっと先です。 산꼭대기는 훨씬 앞입니다.
もっと 더	料理をもっと頼みますか。 요리를 더 주문할까요?
かなり 꽤	今日はかなり涼しいですね。 오늘은 꽤 시원하네요.
特に 특히	今年の冬は特に寒いです。 올해의 겨울은 특히 춥습니다.

少し 조금	この電子レンジは少し古い。 이 전자레인지는 조금 낡았다.
ちょっと 좀	スープがちょっと辛いです。 스프가 좀 맵습니다.
たくさん 잔뜩	宿題がたくさんあります。 숙제가 잔뜩 있습니다.
いっぱい 가득	ほこりがいっぱいたまる。 먼지가 가득 쌓이다.

※ 교재 p.102에서 학습할 수 있습니다.

とても 아주	お湯がとても熱い。 물이 아주 뜨겁다.
非常に 매우	プロジェクトは非常に順調だ。 프로젝트는 매우 순조롭다.
だいぶ 꽤나	ワールドカップはだいぶ先だ。 월드컵은 꽤나 앞날이다.
ほとんど 거의	ほとんど寝ませんでした。 거의 자지 않았습니다.
絶対 절대	最後まで絶対諦めません。 마지막까지 절대 포기하지 않습니다.
決して 결코	思い出は決して忘れない。 추억은 결코 잊지 않는다.
必ず 반드시	必ず優勝します。 반드시 우승하겠습니다.
きっと 꼭	次はきっと成功するよ。 다음은 꼭 성공할게.
ときどき 가끔	ネットスーパーはときどき利用する。 인터넷 마트는 가끔 이용한다.
はじめて 처음으로	はじめてバイクに乗りました。 처음으로 오토바이를 탔습니다.
すぐに 바로	わからないことはすぐに調べる。 모르는 것은 바로 조사한다.

すでに 이미	受付(うけつけ)はすでに終了(しゅうりょう)しました。 접수는 이미 종료했습니다.
ついに 마침내	夢(ゆめ)がついに叶(かな)った。 꿈이 마침내 이루어졌다.
やっと 겨우	宿題(しゅくだい)がやっと終(お)わった。 숙제가 겨우 끝났다.

※ 교재 p.110에서 학습할 수 있습니다.

2편

문장을 풍부하게 만드는 품사! | 쉽게 끝내는 해커스 일본어 문법

부사로 문장 꾸미기 ③

あまり 별로	そのチームはあまり強くなかった。 그 팀은 별로 강하지 않았다.
全然 전혀	話の内容が全然わからない。 이야기 내용을 전혀 모르겠다.
まったく 전혀 등	私はまったく関係がない。 나는 전혀 관계가 없다.
	まったく新しい取り組みだ。 완전히 새로운 대처이다.
ちっとも 조금도	試験勉強がちっともはかどらない。 시험 공부가 조금도 순조롭게 되지 않는다.
やはり 역시	やはり飲み会には行かない。 역시 회식에는 안 갈래.
むしろ 오히려	むしろ魚がいい。 오히려 생선이 좋다.
どうも 정말 등	どうも失礼しました。 정말 실례했습니다.
	どうも納得できなかった。 도무지 납득할 수 없었다.
	どうも心が落ち着かない。 어쩐지 마음이 진정되지 않는다.
ずいぶん 꽤	それはずいぶん前のことです。 그것은 꽤 전의 일입니다.

なかなか 좀처럼 등	電車、なかなか来ないね。 전철, 좀처럼 오지 않네.
	なかなか上手だね。 꽤 잘하네.
まず 우선	まず、玉ねぎを切ります。 우선, 양파를 자릅니다.
そろそろ 슬슬	そろそろ寝ようよ。 슬슬 자자.
ゆっくり 천천히 등	風車がゆっくり回る。 풍차가 천천히 돈다.
	旅館でゆっくり過ごした。 여관에서 느긋이 지냈다.
どんどん 점점	身長がどんどん伸びました。 키가 점점 자랐습니다.

※ 교재 p.118에서 학습할 수 있습니다.

접속사로 내용 연결하기 ①

それで 그래서	汗をかいた。それで、シャワーを浴びた。 땀을 흘렸다. 그래서, 샤워를 했다.
だから 그러니까	ジュースがぬるい。だから、氷を入れて。 주스가 미지근해. 그러니까, 얼음을 넣어줘.
そこで 그래서	旅行先を決めます。そこで、意見を出しました。 여행할 곳을 정합니다. 그래서 의견을 냈습니다.
そのため 그 때문에	大会が開かれます。そのため、この道は通れません。 대회가 열립니다. 그 때문에, 이 길은 지나갈 수 없습니다.
すると 그랬더니	教室に入った。すると、チャイムが鳴った。 교실에 들어갔다. 그랬더니, 종이 울렸다.
したがって 따라서	就職先が多い。したがって、人口が集中する。 취직처가 많다. 따라서, 인구가 집중한다.
しかし 그러나	火事が起きた。しかし、無事だった。 화재가 일어났다. 그러나, 무사했다.
でも 그래도	雨でした。でも、散歩をしました。 비였습니다. 그래도, 산책을 했습니다.
それから 그러고 나서	シャワーを浴びる。それから、歯を磨く。 샤워를 한다. 그러고 나서, 이를 닦는다.
そして 그리고	冬が去った。そして春が訪れた。 겨울이 지나갔다. 그리고 봄이 찾아왔다.
しかも 게다가	やおやの野菜が安い。しかも、新鮮だ。 야채 가게의 야채가 싸다. 게다가, 신선하다.

ちなみに 덧붙여서	会議は14時です。ちなみに、第2会議室です。 회의는 14시입니다. 덧붙여서, 제2회의실입니다.
そのうえ 더군다나	シュートがうまい。そのうえ、視野も広い。 슛을 잘한다. 더군다나, 시야도 넓다.
それに 게다가	山がある。それに、海もある。 산이 있다. 게다가, 바다도 있다.

※ 교재 p.126에서 학습할 수 있습니다.

2편

문장을 풍부하게 만드는 품사 | 쉽게 끝내는 해커스 일본어 문법

접속사로 내용 연결하기 ②

また 또한	停電^{ていでん}した。また、山^{やま}も崩^{くず}れた。 정전되었다. 또한, 산도 무너졌다.
かつ 한편	感動的^{かんどうてき}で、かつ面白^{おもしろ}い。 감동적이고, 한편 재미있다.
及^{およ}び 및	生産及^{せいさんおよ}び販売^{はんばい}を終了^{しゅうりょう}しました。 생산 및 판매를 종료했습니다.
並^{なら}びに 그 밖에	氏名並^{しめいなら}びに電話番号^{でんわばんごう}を記入^{きにゅう}する。 성명 그 밖에 전화번호를 기입한다.
なぜなら 왜냐하면	タクシーは乗^のらない。なぜなら、運賃^{うんちん}が高^{たか}いからだ。 택시는 타지 않는다. 왜냐하면, 운임이 비싸기 때문이다.
すなわち 다시 말하자면	関係者^{かんけいしゃ}、すなわち職員以外^{しょくいんいがい}、立入禁止^{たちいりきんし}です。 관계자, 다시 말하자면 직원 이외, 출입 금지입니다.
つまり 즉	二日後^{ふつかご}、つまりあさってです。 이틀 후, 즉 모레입니다.
要^{よう}するに 요컨대	その方法^{ほうほう}は効果的^{こうかてき}です。要^{よう}するに賛成^{さんせい}です。 그 방법은 효과적입니다. 요컨대 찬성입니다.
それでは 그럼	それでは、始^{はじ}めます。 그럼, 시작하겠습니다.
ところで 그런데	ところで、お腹^{なか}が空^すかない? 그런데, 배고프지 않아?
または 또는	白^{しろ}、または黒^{くろ}が人気^{にんき}です。 하양, 또는 검정이 인기입니다.

それとも 아니면	肉にしますか。それとも、魚にしますか。 고기로 합니까? 아니면, 생선으로 합니까?
あるいは 혹은	一週間あるいはそれ以上かかる。 일주일 혹은 그 이상 걸린다.
もしくは 또는	鉛筆もしくはシャーペンで記入する。 연필 또는 샤프로 기입한다.

※ 교재 p.134에서 학습할 수 있습니다.

그 외 품사 알아보기

감동사의 종류

감정 감동사	あれ 어라, あっ 앗 등
응답 감동사	はい 네, いいえ 아니요 등
인사말 감동사	おはようございます 안녕하세요, すみません 죄송합니다 등
부름 감동사	さあ 자, もしもし 여보세요 등
구령 감동사	どっこいしょ 영차, よいしょ 얼쑤 등

의문사의 종류

사람/사물/장소 의문사	誰(だれ) 누구, 何(なに) 무엇, どこ 어디 등
수량/정도 의문사	いくつ 몇 개, いくら 얼마, いつ 언제 등
이유/방법 의문사	なぜ 왜, どうして 어째서, どう 어떻게 등

지시어의 종류

こ~	この 이, こちら 이쪽, これ 이것 등
そ~	その 그, そちら 그쪽, それ 그것 등
あ~	あの 저, あちら 저쪽, あれ 저것 등
ど~	どの 어느, どちら 어느 쪽, どれ 어느 것 등

연체사의 종류

る·な로 끝나는 연체사	ある 어느, 大^{おお}きな 큰 등
た·だ로 끝나는 연체사	大^{たい}した 대단한, 思^{おも}い切^きった 대담한 등
の·が로 끝나는 연체사	ほんの 겨우, 我^わが 나의 등

접두사의 종류

대표적인 접두사	大^{おお}〜 많은~, 最^{さい}〜 최~ 등
정중함을 더해주는 접두사	お + 훈독으로 읽는 순수 일본어 단어 ご + 음독으로 읽는 한자어 *예외: お電話^{でんわ}, お掃除^{そうじ} 등

접미사의 종류

대표적인 접미사	〜中^{ちゅう} ~중, 〜頃^{ごろ} ~무렵 등
사람을 나타내는 접미사	〜さん ~씨, 〜様^{さま} ~님 등

※ 교재 p.142에서 학습할 수 있습니다.

품사 깊이 있게 활용하기

형용사/동사를 다른 품사로 바꾸기

형용사 → 동사	[な형용사] ～だ + ～がる ~해하다
	[い형용사] ～い + ～がる ~해하다
형용사 → 명사	～だ・～い + ～さ ~기, ~함
	～だ・～い + ～み ~기, ~함
형용사 → 부사	[な형용사] ～だ → ～に ~하게
	[い형용사] ～い → ～く ~하게
동사 → 명사	[1그룹 동사] ～う단 → ～い단 ~함
	[2그룹 동사] ～る ~함

문장을 명사로 바꾸기

～の ~것	[보통형 문장] 보통형 문장 + ～の
	[명사/な형용사 현재 보통형 문장] ～だ → ～な + ～の
～こと ~것	[보통형 문장] 보통형 문장 + ～こと
	[명사 현재 보통형 문장] ～だ → ～である + ～こと
	[な형용사 현재 보통형 문장] ～だ → ～な + ～こと
～ということ ~라는 것	보통형 문장 + ～ということ

～ってこと ~라는 것	보통형 문장 + ～ってこと

여러 품사/문장으로 명사 꾸미기

명사/형용사/동사로 명사 꾸미기	[보통형] 명사/형용사/동사 보통형 + 명사
	[명사 현재 보통형] ～だ → ～の + 명사
	[な형용사 현재 보통형] ～だ → ～な + 명사
문장으로 명사 꾸미기	[보통형 문장] 보통형 문장 + 명사 * 주어에 조사 ～が가 사용된 경우, 보통 ～가를 ～の로 바꾸어야 더 자연스러워진다.

※ 교재 p.150에서 학습할 수 있습니다.

명절을 풍부하게 만드는 품사 | 쉽게 끝내는 해커스 일본어 문법

07 품사 깊이 있게 활용하기　**29**

명사와 쓰이는 문형

~をください ~을 주세요	アイスコーヒーをください。 아이스 커피를 주세요.
~がほしい ~을 갖고 싶다	新_{あたら}しいかばんがほしい。 새로운 가방을 갖고 싶다.
~がする ~가 난다	カレーのいい匂_{にお}いがする。 카레의 좋은 냄새가 난다.
~にする ~로 하다	ソファーの色_{いろ}は青_{あお}にする。 소파의 색은 파랑으로 한다.
~らしい ~답다	春_{はる}らしい天気_{てんき}だ。 봄다운 날씨다.
~として ~로서	代表_{だいひょう}としてオリンピックに出_でる。 대표로서 올림픽에 나간다.
~について ~에 대해	進学_{しんがく}について相談_{そうだん}した。 진학에 대해 상담했다.
~に対_{たい}して ~에 대하여	仕事_{しごと}に対_{たい}して熱心_{ねっしん}だ。 일에 대하여 열심이다.
~にとって ~에게	愛犬_{あいけん}は私_{わたし}にとって宝物_{たからもの}です。 반려견은 저에게 보물입니다.
~において ~에 있어서	医療分野_{いりょうぶんや}においてAIが活用_{かつよう}される。 의료 분야에 있어서 AI가 활용된다.
~によって ~에 의해	台風_{たいふう}によって電車_{でんしゃ}が止_とまった。 태풍에 의해 전철이 멈췄다.

~によると ~에 따르면	記事<ruby>き<rt></rt></ruby>によると火災<ruby>かさい<rt></rt></ruby>が起<ruby>お<rt></rt></ruby>こったということだ。 기사에 따르면 화재가 일어났다는 것이다.
~に反<ruby>はん<rt></rt></ruby>して ~에 반해	予想<ruby>よそう<rt></rt></ruby>に反<ruby>はん<rt></rt></ruby>して、合格<ruby>ごうかく<rt></rt></ruby>した。 예상에 반해, 합격했다.
~に加<ruby>くわ<rt></rt></ruby>えて ~에다가	停電<ruby>ていでん<rt></rt></ruby>に加<ruby>くわ<rt></rt></ruby>えて水道<ruby>すいどう<rt></rt></ruby>まで止<ruby>と<rt></rt></ruby>まった。 정전에다가 수도까지 멈췄다.
~をめぐって ~을 둘러싸고	事件<ruby>じけん<rt></rt></ruby>をめぐってうわさが流<ruby>なが<rt></rt></ruby>れる。 사건을 둘러싸고 소문이 퍼진다.
~にわたって ~에 걸쳐	20年<ruby>ねん<rt></rt></ruby>にわたって番組<ruby>ばんぐみ<rt></rt></ruby>の司会<ruby>しかい<rt></rt></ruby>を務<ruby>つと<rt></rt></ruby>める。 20년에 걸쳐 방송 사회를 맡는다.
~のことで ~에 대해서	日程<ruby>にってい<rt></rt></ruby>のことで話<ruby>はな<rt></rt></ruby>した。 일정에 대해서 이야기했다.
~の下<ruby>もと<rt></rt></ruby>で ~하에	医者<ruby>いしゃ<rt></rt></ruby>の指導<ruby>しどう<rt></rt></ruby>の下<ruby>もと<rt></rt></ruby>で禁煙<ruby>きんえん<rt></rt></ruby>に取<ruby>と<rt></rt></ruby>り組<ruby>く<rt></rt></ruby>む。 의사의 지도하에 금연에 힘쓴다.

※ 교재 p.162에서 학습할 수 있습니다.

동사 기본형과 쓰이는 문형

~な ~하지 마	そのことは心配するな。 그 일은 걱정하지 마.
~には ~하려면	この会社で働くには英語力が必要だ。 이 회사에서 일하려면 영어 실력이 필요하다.
~ことができる ~할 수 있다	トムさんはギターを弾くことができる。 톰 씨는 기타를 칠 수 있다.
~しかない ~할 수밖에 없다	誤解を解くには話し合うしかない。 오해를 풀려면 서로 이야기할 수밖에 없다.
~ことにする ~하기로 하다	地元に戻ることにする。 고향으로 돌아가기로 하다.
~ようにする ~하도록 하다	11時には寝るようにする。 11시에는 자도록 하다.
~ことになる ~하게 되다	入院することになる。 입원하게 되다.
~ようになる ~하게 되다	子供がしゃべるようになる。 아이가 말하게 되다.
~ことになっている ~하기로 되어 있다	研修を受けることになっている。 연수를 받기로 되어 있다.
~ことだ ~해야 한다	トラブルは上司に報告することだ。 트러블은 상사에게 보고해야 한다.
~ことなく ~하지 않고	その工場は止まることなく稼働する。 그 공장은 멈추지 않고 가동한다.

～上で ～하는 데 있어서	業務を行う上でPCスキルは欠かせない。 업무를 하는 데 있어서 PC 기술은 빠뜨릴 수 없다.
～ことはない ～할 필요는 없다	そんなに緊張することはない。 그렇게 긴장할 필요는 없다.
～までもない ～할 것도 없다	業者に頼むまでもない。 업자에게 부탁할 것도 없다.
～ところだ ～하려던 참이다	電車に乗るところだ。 전철에 타려던 참이다.
～つもりだ ～할 생각이다	シンガポールに行くつもりだ。 싱가포르에 갈 생각이다.
～わけにはいかない ～할 수는 없다	誘いを断るわけにはいかない。 권유를 거절할 수는 없다.
～ものではない ～해서는 안 된다	人をだますものではない。 사람을 속여서는 안 된다.
～一方で ～하는 한편	子供が減る一方で、高齢者は増える。 아이가 줄어드는 한편, 고령자는 늘어난다.
～一方だ ～하기만 하다	物価が上がる一方だ。 물가가 오르기만 한다.
～なり ～하자마자	電車に乗るなり、ドアが閉まった。 전철에 타자마자, 문이 닫혔다.
～や否や ～하자마자	社長が現れるや否や、皆立ち上がった。 사장님이 나타나자마자, 모두 일어섰다.

※ 교재 p.172에서 학습할 수 있습니다.

3편
문장의 틀이 되는 문형 1 | 쉽게 끝내는 왜카스 일본어 문법

동사 ます형과 쓰이는 문형

~ましょう ~합시다	次の駅で降りましょう。 다음 역에서 내립시다.
~なさい ~하세요	早く起きなさい。 빨리 일어나세요.
~たい ~하고 싶다	犬が飼いたい。 개를 키우고 싶다.
~たがる ~하고 싶어 하다	妹は私のまねをしたがる。 여동생은 나의 흉내를 내고 싶어 한다.
~ながら ~하면서	歩きながらスマホを見る。 걸으면서 스마트폰을 본다.
~つつ ~하면서	風景を楽しみつつドライブした。 풍경을 즐기면서 드라이브했다.
~やすい ~하기 쉽다	説明がわかりやすい。 설명이 알기 쉽다.
~にくい ~하기 어렵다	水に強くて壊れにくい。 물에 강하고 망가지기 어렵다.
~続ける 계속 ~하다	返事を待ち続ける。 답장을 계속 기다린다.
~直す 다시 ~하다	電話をかけ直す。 전화를 다시 건다.
~始める ~하기 시작하다	ピアノを習い始める。 피아노를 배우기 시작하다.

~出す (방금) ~하기 시작하다	**突然歌い出す。** 갑자기 노래하기 시작하다.
~終わる 다 ~하다	**小説を読み終わる。** 소설을 다 읽다.
~きる 전부 ~하다	**仕事をやりきる。** 일을 전부 하다.
~きれない (다) ~할 수 없다	**量が多くて食べきれない。** 양이 많아서 다 먹을 수 없다.
~かねない ~할지도 모른다	**会社が倒産しかねない。** 회사가 도산할지도 모른다.
~そうになる ~할 뻔하다	**電柱にぶつかりそうになる。** 전봇대에 부딪칠 뻔하다.
~方 ~하는 법	**機械の使い方を説明する。** 기계 사용하는 법을 설명한다.

※ 교재 p.184에서 학습할 수 있습니다.

동사 て형과 쓰이는 문형

~ている ~하고 있다	でん わ　ともだち　はな 電話で友達と話している。 전화로 친구와 이야기하고 있다.
~てある ~해 있다	せんたくもの　ほ 洗濯物が干してある。 세탁물이 널려 있다.
~ていく ~해 가다	に ほん ご　べんきょう　つづ 日本語の勉強を続けていく。 일본어 공부를 계속해 가다.
~てくる ~해 오다	あたら　しごと　な 新しい仕事に慣れてくる。 새로운 일에 익숙해져 오다.
~てみる ~해 보다	さそ パーティーに誘ってみる。 파티에 불러 본다.
~てみせる ~하고야 말겠다	しょうらい　べん ご し 将来は弁護士になってみせる。 장래에는 변호사가 되고야 말겠다.
~ておく ~해 두다	じゅん び プレゼントを準備しておく。 선물을 준비해 두다.
~てしまう ~해 버리다	がくせいしょう　な 学生証を無くしてしまう。 학생증을 잃어버리다.
~てください ~해 주세요	な まえ　か こちらに名前を書いてください。 이쪽에 이름을 써 주세요.
~てほしい ~해 주면 좋겠다	か じ　て つだ 家事を手伝ってほしい。 집안일을 도와 주면 좋겠다.
~てもいい ~해도 된다	しっぱい はじめてだから失敗してもいい。 처음이니까 실패해도 된다.

〜てもかまわない ~해도 상관없다	コンサートで写真を撮ってもかまわない。 콘서트에서 사진을 찍어도 상관없다.
〜てはならない ~해서는 안 된다	展示作品に触ってはならない。 전시 작품을 만져서는 안 된다.
〜てばかりいる ~하기만 하다	休みの日は寝てばかりいる。 휴일 날은 자기만 한다.
〜てから ~하고 나서	バスが止まってから動いてください。 버스가 멈추고 나서 움직여 주세요.
〜て以来 ~한 이후로	卒業して以来、恩師に会っていない。 졸업한 이후로, 은사와 만나지 않고 있다.
〜てはじめて ~하고 나서야 비로소	東京に来てはじめて満員電車を体験した。 도쿄에 오고 나서야 비로소 만원 전철을 체험했다.
〜てからでないと ~하고 나서가 아니면	飛行機は予約してからでないと乗れない。 비행기는 예약하고 나서가 아니면 탈 수 없다.

※ 교재 p.194에서 학습할 수 있습니다.

~たものだ ~하곤 했다	<ruby>友達<rt>ともだち</rt></ruby>と<ruby>公園<rt>こうえん</rt></ruby>で<ruby>走<rt>はし</rt></ruby>り<ruby>回<rt>まわ</rt></ruby>ったものだ。 친구와 공원에서 뛰어 다니곤 했다.
~たことがある ~한 적이 있다	<ruby>富士山<rt>ふじさん</rt></ruby>に<ruby>登<rt>のぼ</rt></ruby>ったことがある。 후지산에 오른 적이 있다.
~たところ ~했더니	<ruby>応募<rt>おうぼ</rt></ruby>したところ、<ruby>当選<rt>とうせん</rt></ruby>した。 캠페인에 응모했더니, 당선했다.
~たところだ 막 ~한 참이다	<ruby>駅<rt>えき</rt></ruby>に<ruby>着<rt>つ</rt></ruby>いたところだ。 역에 막 도착한 참이다.
~たところで ~한다 해도	<ruby>泣<rt>な</rt></ruby>いたところで<ruby>状況<rt>じょうきょう</rt></ruby>は<ruby>変<rt>か</rt></ruby>わらない。 운다 해도 상황은 바뀌지 않는다.
~たとたん ~한 순간	<ruby>家<rt>うち</rt></ruby>を<ruby>出<rt>で</rt></ruby>たとたん<ruby>雨<rt>あめ</rt></ruby>が<ruby>降<rt>ふ</rt></ruby>り<ruby>出<rt>だ</rt></ruby>した。 집을 나온 순간 비가 내리기 시작했다.
~たほうがいい ~하는 편이 좋다	<ruby>表<rt>ひょう</rt></ruby>を<ruby>加<rt>くわ</rt></ruby>えたほうがいい。 표를 추가하는 편이 좋다.
~たばかりだ ~한 지 얼마 되지 않았다	<ruby>課長<rt>かちょう</rt></ruby>は<ruby>子供<rt>こども</rt></ruby>が<ruby>生<rt>う</rt></ruby>まれたばかりだ。 과장님은 아이가 태어난 지 얼마 되지 않았다.
~ないで ~하지 않고	コートを<ruby>着<rt>き</rt></ruby>ないで<ruby>出<rt>で</rt></ruby>かけた。 코트를 입지 않고 외출했다.
~ないこともない ~하지 않을 것도 없다	<ruby>頼<rt>たの</rt></ruby>まれれば、<ruby>引<rt>ひ</rt></ruby>き<ruby>受<rt>う</rt></ruby>けないこともない。 부탁받으면, 받아들이지 않을 것도 없다.
~ないでもない ~하지 않는 것도 아니다	<ruby>娘<rt>むすめ</rt></ruby>の<ruby>進路<rt>しんろ</rt></ruby>を<ruby>心配<rt>しんぱい</rt></ruby>しないでもない。 딸의 진로를 걱정하지 않는 것도 아니다.

~ずにはいられない ~하지 않을 수 없다	無事を願わずにはいられない。 무사를 바라지 않을 수 없다.
~ようと思う ~하려고 생각하다	半年後にJLPTを受けようと思う。 반년 후에 JLPT를 보려고 생각한다.
~ようとする ~하려고 하다	犯人が逃げようとする。 범인이 도망치려고 한다.

※ 교재 p.204에서 학습할 수 있습니다.

명사, 동사와 쓰이는 문형 ①

~に ~하러	ゼミのメンバーと花見に行く。 세미나 멤버와 꽃 구경하러 가다. 図書館に勉強しに行く。 도서관에 공부하러 간다.
~前に ~전에	運動の前にストレッチをする。 운동 전에 스트레칭을 한다. ご飯を食べる前に手を洗った。 밥을 먹기 전에 손을 씻었다.
~後で ~후에	夕食の後でフルーツを食べよう。 저녁 식사 후에 과일을 먹자. ドラマを見た後で宿題をします。 드라마를 본 후에 숙제를 합니다.
~ために ~위해서	マイホームのためにお金をためる。 내 집을 위해서 돈을 모은다. 成績を上げるために塾に通いたい。 성적을 올리기 위해서 학원에 다니고 싶다.
~かわりに ~대신	ご飯のかわりにシリアルを食べた。 밥 대신 시리얼을 먹었다. 運動するかわりに食事制限はしていない。 운동하는 대신 식사 제한은 하고 있지 않다.
~とおりに ~대로	マニュアルどおりに対応する。 매뉴얼대로 대응한다. 私が言うとおりにしてください。 제가 말하는 대로 해 주세요.

~たびに ~때마다	しょうがつ かぞく じっか きせい 正月のたびに家族で実家へ帰省する。 설날 때마다 가족과 함께 본가로 귀성한다. うた き むかし おも だ この歌を聞くたびに昔を思い出す。 이 노래를 들을 때마다 옛날을 떠올린다.
~ごとに ~(때)마다	はっぴょう グループごとに発表してください。 그룹마다 발표해 주세요. あめ ふ きおん さ 雨が降るごとに気温が下がっていく。 비가 내릴 때마다 기온이 내려 간다.
~に比べて ~에 비해서	ことし ふゆ れいねん くら あたた 今年の冬は例年に比べて暖かい。 올해 겨울은 예년에 비해서 따뜻하다. たんぴん か くら とく セットのほうが単品で買うのに比べて得だ。 세트인 쪽이 단품으로 사는 것에 비해서 이득이다.

※ 교재 p.214에서 학습할 수 있습니다.

명사, 동사와 쓰이는 문형 ②

~にあたって ~할 때에	小学校入学にあたってランドセルを買った。 초등학교 입학할 때에 란도셀을 샀다. インドに入国するにあたってビザを取得した。 인도에 입국할 때에 비자를 취득했다.
~ついでに ~하는 김에	犬の散歩のついでにスーパーへ寄った。 개 산책하는 김에 슈퍼에 들렀다. 自分の弁当を作るついでに妹の分も作った。 나의 도시락을 만드는 김에 여동생의 몫도 만들었다.
~とともに ~와 동시에	医療の進歩とともに平均寿命が伸びた。 의료 진보와 동시에 평균 수명이 늘어났다. 台風が近付くとともに風が強まった。 태풍이 다가옴과 동시에 바람이 강해졌다.
~がてら ~하는 겸	運転の練習がてらドライブをする。 운전 연습하는 겸 드라이브를 한다. 涼みがてらカフェに立ち寄った。 바람을 쐬는 겸 카페에 들렀다.
~がちだ ~하기 십상이다	うちのうさぎは病気がちだ。 우리 집 토끼는 앓기 십상이다. 電気を消すのを忘れがちだ。 전기 불을 끄는 것을 잊기 십상이다.
~末に ~끝에	激しい戦いの末にAチームが勝利した。 격심한 싸움 끝에 A팀이 승리했다. 家族で考えた末に娘の名前が決まった。 가족끼리 생각한 끝에 딸의 이름이 정해졌다.

~あまり ~한 나머지	緊張のあまり心臓がばくばくしている。 긴장한 나머지 심장이 벌렁벌렁하고 있다. 仕事に熱中するあまり家族との時間が少ない。 일에 열중한 나머지 가족과의 시간이 적다.
~おそれがある ~우려가 있다	これ以上雨が降れば洪水のおそれがある。 이 이상 비가 내리면 홍수의 우려가 있다. 日常生活に支障を及ぼすおそれがある。 일상 생활에 지장을 끼칠 우려가 있다.
~きらいがある ~하는 경향이 있다	彼は自信過剰のきらいがある。 그는 자기 과신하는 경향이 있다. 上司は挑戦をいやがるきらいがある。 상사는 도전을 싫어하는 경향이 있다.

※ 교재 p.224에서 학습할 수 있습니다.

4장

문장의 틀이 되는 문형 2 | 쉽게 끝내는 해커스 일본어 문법

명사, 형용사, 동사와 쓰이는 문형 ①

~なくて ~하지 않아서	地震ではなくて　지진이 아니라서 お湯が出なくて　뜨거운 물이 나오지 않아서
~だろう ~할 것이다	望ましいだろう。　바람직할 것이다. 財布だろう。　지갑일 것이다. 当然だろう。　당연할 것이다.
~でしょう ~(겠)죠	難しいでしょう?　어렵죠? 無料でしょう?　무료죠? 大丈夫でしょう。　괜찮겠죠.
~と思う ~라고 생각하다	運命だと思う。　운명이라고 생각한다.
~ても ~해도	特急でも　특급이어도
~はずだ ~할 것이다	届くはずだ。　도착할 것이다. 火曜日のはずです。　화요일일 것입니다. 大変なはずだ。　힘들 것이다.
~はずがない ~할 리가 없다	安いはずがない。　쌀 리가 없다. 小学生のはずがない。　초등학생일 리가 없다. 平気なはずがない。　아무렇지 않을 리가 없다.
~とき ~할 때	若いとき　젊을 때 子供のとき　아이일 때 暇なとき　한가할 때

~場合 ~한 경우	変更する場合 변경하는 경우
	未成年の場合 미성년자인 경우
	困難な場合 곤란한 경우
~のに ~한데	寒いのに 추운데
	受験生なのに 수험생인데
	手頃なのに 가격이 적당한데
~ため ~때문에	行っているため 진행하고 있기 때문에
	強風のため 강풍 때문에
	急なため 가파르기 때문에
~まま ~한 채, ~한 그대로	制服のまま 교복인 채
	心は複雑なまま 마음은 복잡한 그대로
	注射が怖いまま 주사가 무서운 그대로
	タグが付いたまま 꼬리표가 붙은 채
~かどうか ~할지 어떨지	参加するかどうか 참가할지 어떨지
	本音かどうか 본심일지 어떨지
	好きかどうか 좋아할지 어떨지
~すぎる 너무 ~하다	子供すぎる。 너무 아이이다.
	歌いすぎた。 너무 노래했다.
	ハードすぎる。 너무 고되다.
	臭すぎます。 너무 냄새 납니다.

※ 교재 p.234에서 학습할 수 있습니다.

명사, 형용사, 동사와 쓰이는 문형 ②

〜のだ 〜한 것이다	事故を起こすのだ。　사고를 일으키는 것이다. 中身は子供なのだ。　속은 아이인 것이다.
〜べきだ 〜해야 한다	自由であるべきだ。　자유로워야 한다. 楽しくあるべきです。　즐거워야 합니다. 挑戦するべきだ。　도전해야 한다.
〜おかげだ 〜덕분이다	先輩が多いおかげだ。　선배가 많은 덕분이다. 先生のおかげで　선생님 덕분에 気候が温暖なおかげだ。　기후가 온난한 덕분이다.
〜かもしれない 〜할지도 모른다	泣くかもしれない。　울지도 모른다. 教会かもしれない。　교회일지도 모른다. 効率的かもしれません。　효율적일지도 모릅니다.
〜ほかに 〜외에	水族館のほかに　수족관 외에 近いほかに　가까운 것 외에 まじめなほかに　성실한 것 외에
〜上に 〜하는 데다가	雪が積もる上に　눈이 쌓이는 데다가 無料である上に　무료인 데다가 おしゃれな上に　멋진 데다가
〜うちに 〜동안에	幼少期のうちに　유소년기인 동안에 元気なうちに　건강한 동안에 安いうちに　싼 동안에 晴れているうちに　날씨가 맑은 동안에

~だけに ~인 만큼	やっているだけに　하고 있는 만큼 デザイナーだけに　디자이너인 만큼 高級^{こうきゅう}なだけに　고급인 만큼
~せいで ~때문에, ~탓에	上京^{じょうきょう}したせいで　상경했기 때문에 大雪^{おおゆき}のせいで　폭설 때문에 下手^{へた}なせいで　서투른 탓에
~くせに ~한 주제에	狭^{せま}いくせに　좁은 주제에 新人^{しんじん}のくせに　신입인 주제에 暇^{ひま}なくせに　한가한 주제에
~ことだし ~하니까	あることだし　있으니까 小説^{しょうせつ}であることだし　소설이니까 豊富^{ほうふ}なことだし　풍부하니까
~わけだ ~할 만도 하다, ~인 것이다	うまいわけだ。　잘할 만도 하다. 人気^{にんき}なわけだ。　인기일 만도 하다. 不要^{ふよう}なわけだ。　불필요한 것이다.
~わけがない ~할 리가 없다	開^あいているわけがない。　열려 있을 리가 없다. 金持^{かねも}ちなわけがない。　부자일 리가 없다. 健康^{けんこう}なわけがない。　건강할 리가 없다.

문장의 틀이 되는 문형 2 | 쉽게 끝내는 왜가스 일본어 문법

※ 교재 p.250에서 학습할 수 있습니다.

명사, 형용사, 동사와 쓰이는 문형 ③

~としたら ~라고 한다면	<ruby>住<rt>す</rt></ruby>めるとしたら　살 수 있다고 한다면
~としても ~라고 할지라도	<ruby>雨<rt>あめ</rt></ruby>だとしても　비라고 할지라도
~といっても ~라고 해도	<ruby>社長<rt>しゃちょう</rt></ruby>だといっても　사장이라고 해도
~というのに ~한데	<ruby>会<rt>あ</rt></ruby>うというのに　만나는데
~だけだ ~뿐이다	<ruby>怖<rt>こわ</rt></ruby>いだけだ。　무서울 뿐이다. <ruby>親友<rt>しんゆう</rt></ruby>だけだ。　친구뿐이다. <ruby>無口<rt>むくち</rt></ruby>なだけだ。　과묵할 뿐이다.
~だけでなく ~뿐 아니라	<ruby>歌<rt>うた</rt></ruby>うだけでなく　노래할 뿐 아니라 ビールだけでなく　맥주뿐 아니라 まじめなだけでなく　성실할 뿐 아니라
~ばかりか ~뿐만 아니라	<ruby>減<rt>へ</rt></ruby>るばかりか　줄 뿐만 아니라 <ruby>中国語<rt>ちゅうごくご</rt></ruby>ばかりか　중국어뿐만 아니라 <ruby>得意<rt>とくい</rt></ruby>なばかりか　잘할 뿐만 아니라
~どころか ~은커녕	<ruby>掛<rt>か</rt></ruby>け<ruby>算<rt>ざん</rt></ruby>どころか　곱셈은커녕 <ruby>簡単<rt>かんたん</rt></ruby>どころか　간단하기는커녕 <ruby>寂<rt>さび</rt></ruby>しいどころか　쓸쓸하기는커녕 <ruby>片付<rt>かたづ</rt></ruby>けるどころか　정리하기는커녕

〜わりに 〜에 비해	評判のわりに　평판에 비해 単純なわりに　단순한 것에 비해 浅いわりに　얕은 것에 비해 描いたわりに　그린 것에 비해
〜に違いない 〜임에 틀림없다	成功するに違いありません。　성공할 것임에 틀림없습니다. 犯人に違いない。　범인임에 틀림없다. 器用に違いない。　손재주 있음에 틀림없다.
〜に決まっている 〜한 게 당연하다	かわいいに決まっている。　귀여운 게 당연하다. 彼女に決まっている。　그녀인 게 당연하다. 迷惑に決まっている。　민폐인 게 당연하다.

※ 교재 p.266에서 학습할 수 있습니다.

4편

문장이 들이 되는 문형 2 | 쉽게 끝내는 해커스 일본어 문법

명사, 형용사, 동사와 쓰이는 문형 ④

~とは限らない ~라는 법은 없다	四角形だとは限らない。 사각형이라는 법은 없다.
~ということだ ~라고 한다	銀行員だったということだ。 은행원이었다고 한다.
~なければならない ~하지 않으면 안 된다	10キロ以内でなければなりません。 10킬로그램 이내이지 않으면 안 됩니다. 明確でなければならない。 명확하지 않으면 안 된다. 礼儀正しくなければならない。 예의 바르지 않으면 안 된다. 納めなければならない。 납부하지 않으면 안 된다.
~ばよかった ~하면 좋았겠다	夢ならばよかった。 꿈이면 좋았겠다. 積極的ならばよかった。 적극적이면 좋았겠다. 大きければよかった。 크면 좋았겠다. 姉がいればよかった。 언니가 있으면 좋았겠다.
~にしても ~라고는 해도	向かうにしても 향한다고는 해도 いたずらにしても 장난이라고는 해도 きらいであるにしても 싫다고는 해도
~というより ~라기보다	かわいいというより 귀엽다기보다 和食というより 일식이라기보다 わがままというより 제멋대로라기보다
~かというと ~하냐 하면	叶うかというと 이루어지냐 하면 20代かというと 20대이냐 하면 安全かというと 안전하냐 하면

~ことか ~하단 말인가	ありがたいことか。 고맙단 말인가. どれほど<ruby>退屈<rt>たいくつ</rt></ruby>なことか。 얼마나 지루하단 말인가.
~からこそ ~하기 때문에	<ruby>親友<rt>しんゆう</rt></ruby>だからこそ　친구이기 때문에
~からといって ~라고 해도	セールだからといって　세일이라고 해도
~ようなら ~할 것 같으면	<ruby>増<rt>ふ</rt></ruby>えるようなら　늘 것 같으면 <ruby>火傷<rt>やけど</rt></ruby>のようなら　화상일 것 같으면 <ruby>無理<rt>むり</rt></ruby>なようなら　무리일 것 같으면

※ 교재 p.278에서 학습할 수 있습니다.

여러 개의 단어와 쓰이는 문형

～は～より ～은 ～보다	福岡は東京より　후쿠오카는 도쿄보다 静岡は思ったより　시즈오카는 생각한 것보다
～の中で～が一番 ～중에서 ～이 제일	食べ物の中で何が一番　음식 중에서 무엇이 제일
～より～のほうが ～보다 ～쪽이	猫より犬のほうが　고양이보다 개 쪽이
～と～と、どちらが ～랑 ～랑, 어느 쪽이	飛行機と新幹線と、どちらが 비행기랑 신칸센이랑, 어느 쪽이
A、BといったC A, B와 같은 C	オレンジ、キウイといった果物 오렌지, 키위와 같은 과일
～ほど～ない ～만큼 ～하지 않다	去年ほど暑くない。　작년만큼 덥지 않다. 心配するほど痛くなかった。　걱정할 만큼 아프지 않았다.
～ほどの～ではない ～할 정도의 ～는 아니다	プロほどの実力ではない。　프로 정도의 실력은 아니다. 泣くほどのことではない。　울 정도의 일은 아니다.
～ば～ほど ～하면 ～할수록	多ければ多いほど　많으면 많을수록 年を取れば取るほど　나이를 먹으면 먹을수록
～という～ ～라는 ～	不採用だという連絡　채용하지 않는다는 연락 いいという記事　좋다는 기사 爆発が起きたというニュース　폭발이 일어났다는 뉴스
～から～にかけて ～에서 ～에 걸쳐	西日本から東日本にかけて　서일본에서 동일본에 걸쳐

~たり~たりする ~하거나 ~하거나 하다	<ruby>暇<rt>ひま</rt></ruby>だったり、<ruby>忙<rt>いそが</rt></ruby>しかったりします。 한가하거나, 바쁘거나 합니다.
~さえ~ば ~만 ~하면	<ruby>試合<rt>しあい</rt></ruby>さえ<ruby>勝<rt>か</rt></ruby>てば　시합만 이기면 あるのかさえわかれば　있는지만 알면 だまってさえいれば　입 다물고만 있으면 <ruby>健康<rt>けんこう</rt></ruby>でいさえすれば　건강하게 있기만 하면
~も~ば~も ~도 ~하고 ~도	<ruby>量<rt>りょう</rt></ruby>も<ruby>多<rt>おお</rt></ruby>ければ<ruby>内容<rt>ないよう</rt></ruby>も　양도 많고 내용도 <ruby>賛成<rt>さんせい</rt></ruby>の<ruby>人<rt>ひと</rt></ruby>もいれば<ruby>反対<rt>はんたい</rt></ruby>の<ruby>人<rt>ひと</rt></ruby>も 찬성인 사람도 있고 반대인 사람도

※ 교재 p.290에서 학습할 수 있습니다.

수수 표현

あげる・くれる・もらう의 사용법

あげる 주다	1) 나 → 너(=대화 상대), 남 2) 너 → 남 3) 나와 가까운 남 → 나와 먼 남
くれる 주다	1) 너, 남 → 나 2) 남 → 대화 상대인 너 3) 나와 먼 남 → 나와 가까운 남
もらう 받다	1) 너, 남 → 나 2) 남 → 너 3) 남 → 남

* → 물건을 주는 방향

あげる・くれる・もらう의 여러 표현

あげる 주다	あげる (동등한 관계의 사람에게) 주다
	さしあげる (손윗사람에게) 드리다
	やる (손아랫사람/동식물에게) 주다
くれる 주다	くれる (동등한 관계의 사람/손아랫사람이) 주다
	くださる (손윗사람이) 주시다
もらう 받다	もらう (동등한 관계의 사람/손아랫사람에게) 받다
	いただく (손윗사람에게) 받다

행동을 제공할 때의 あげる・くれる・もらう

あげる 주다	〜てあげる　(동등한 관계의 사람에게) ~해 주다
	〜てさしあげる　(손윗사람에게) ~해 드리다
	〜てやる　(손아랫사람/동식물에게) ~해 주다
くれる 주다	〜てくれる　(동등한 관계의 사람/손아랫사람이) ~해 주다
	〜てくださる　(손윗사람이) ~해 주시다
もらう 받다	〜てもらう　(동등한 관계의 사람/손아랫사람이) ~해 주다
	〜ていただく　(손윗사람이) ~해 주시다

※ 교재 p.304에서 학습할 수 있습니다.

추측 표현

~そうだ ~것 같다	움직임이나 변화 예감, 외관의 인상을 토대로 한 추측에 사용 止^やみそうだ。 그칠 것 같다. 幸^{しあわ}せそうだ。 행복한 것 같다. 辛^{から}そうだ。 매울 것 같다.
~らしい ~것 같다	객관적인 정보를 토대로 한 추측에 사용 あるらしい。 있는 것 같다. 男性^{だんせい}らしい。 남성인 것 같다. 困難^{こんなん}らしい。 곤란한 것 같다.
~ようだ ~것 같다	감각이나 주관적인 경험을 토대로 한 추측에 사용 起^おきたようだ。 일어난 것 같다. トレンドのようだ。 트렌드인 것 같다. 不明^{ふめい}なようです。 분명하지 않은 것 같습니다.
~みたいだ ~것 같다	감각이나 주관적인 경험을 토대로 한 추측에 사용 (~ようだ보다 회화체적) 迷^{まよ}っているみたいだ。 헤매고 있는 것 같다. 休^{やす}みみたいだ。 휴일인 것 같다. 大変^{たいへん}みたいだ。 힘든 것 같다.

전언 표현

~そうだ ~라고 한다	출처가 분명한 정보를 보거나 듣고 전달할 때 사용 弁護士だそうだ。 변호사라고 한다.
~らしい ~라고 한다	출처가 다소 불분명한 정보를 전달할 때 사용 行くらしい。 간다고 한다. 無料らしい。 무료라고 한다.

비유 표현

~ようだ ~같다	어떤 것을 다른 것에 비유할 때 사용 天使のようだ。 천사 같다. 告げているようだ。 알리고 있는 것 같다.
~みたいだ ~같다	어떤 것을 다른 것에 비유할 때 사용 (~ようだ보다 회화체적) 鬼みたいだ。 귀신 같다. 生きているみたいだ。 살아 있는 것 같다.

존재 표현

いる 있다	움직일 수 있는 것에 사용 人がいる。 사람이 있다.
ある 있다	움직이지 못하는 것에 사용 いすがある。 의자가 있다.

※ 교재 p.314에서 학습할 수 있습니다.

02 추측/전언/비유/존재 표현 **57**

조건 표현

조건 표현

~と ~하면	당연한 일, 반복적인 일, 발견한 사실을 나타낼 때 사용 60点以下だと、不合格です。 60점 이하이면, 불합격입니다. このおもちゃは紐を引っ張ると手足が動く。 이 장난감은 끈을 당기면 손발이 움직인다.
~ば ~하면	어떤 일의 조건, 당연한 일, 반복적인 일을 나타낼 때 사용 市民ならば、無料で使えます。 시민이면, 무료로 사용할 수 있습니다. 要望が多ければ、開催する。 요청이 많으면, 개최한다. バスに乗れば、駅に行けます。 버스를 타면, 역으로 갈 수 있습니다.
~たら ~하면	발견한 사실, 개인적인 일, 반복적인 일을 나타낼 때 사용 テストが満点だったら、まんがを買ってもらえる。 시험이 만점이라면, 만화를 사 받을 수 있다. ハンドルを握ったら運転に集中しましょう。 핸들을 잡았으면 운전에 집중합시다.
~なら ~라면	앞 내용을 토대로 한 조언, 판단, 명령, 의지를 나타낼 때 사용 スーパーに行くなら、牛乳も買ってきて。 슈퍼에 간다면, 우유도 사 와줘. 宝石が本物なら、相当高いはずです。 보석이 진짜라면, 상당히 비쌀 것입니다.

조건 표현의 뉘앙스 비교

~と ~하면	뒤 내용이 반드시 일어날 일임을 나타내는 뉘앙스
~ば ~하면	뒤 내용의 성립을 위해서는 앞 내용의 성립이 필요하다고 강조하는 뉘앙스
~たら ~하면	특별한 뉘앙스 없음
~なら ~라면	상대의 말을 받아 자신의 의견을 말하는 뉘앙스

※ 교재 p.324에서 학습할 수 있습니다.

높임말 표현

존경 표현

お・ご〜になる ~하시다	お帰りになる。 돌아가신다. ご出席になる。 출석하신다.
お・ご〜ください ~해 주세요	お待ちください。 기다려 주세요. ご連絡ください。 연락해 주세요.
〜てくださる ~해 주시다	招待してくださる。 초대해 주신다
〜させてくださる ~하게 해 주시다	学ばせてくださる。 배우게 해 주신다.

겸양 표현

お・ご〜する ~하다	お渡しする。 건넨다. ご説明する。 설명한다.
〜ていただく ~해 주시다	指導していただく。 지도해 주신다.
〜させていただく ~하다	提案させていただく。 제안한다.

존경어/겸양어

존경어	いらっしゃる 계시다, 計시다, ご存じだ 알고 계시다, なさる 하시다 등
겸양어 I	お目にかかる 뵙다, 存じ上げる 알다, 伺う 여쭈다 등
겸양어 II	参る 가다, おる 있다, 存じる 알다 등

정중 표현

~です ~입니다, 합니다	苦いです。 씁니다.
~ます ~합니다	始まります。 시작됩니다.
~でございます ~입니다, 합니다	東京タワーでございます。 도쿄 타워입니다.

미화어

お가 붙는 미화어	お茶 차, お土産 여행 선물, お花 꽃 등
ご가 붙는 미화어	ご祝儀 축의금, ご機嫌 기분, ご馳走 진수성찬 등

※ 교재 p.330에서 학습할 수 있습니다.

- 메 모 -

- 메 모 -